邓小南　著

祖宗之法

北宋前期政治述略

修订版

Invoking
Imperial Ancestors' Instructions
in
Early Northern Song
Politics

Revised Edition

生活·讀書·新知　三联书店

图书在版编目（CIP）数据

祖宗之法：北宋前期政治述略／邓小南著．—修订版．—北京：
生活·读书·新知三联书店，2014.10　（2025.3 重印）
（三联·哈佛燕京学术丛书二十年）
ISBN 978-7-108-04998-8

Ⅰ．①祖…　Ⅱ．①邓…　Ⅲ．①政治制度–研究–中国–北宋
Ⅳ．① D691.2

中国版本图书馆 CIP 数据核字（2014）第 073374 号

责任编辑　曾　诚　孙晓林
装帧设计　蔡立国
责任印制　董　欢
出版发行　生活·讀書·新知 三联书店
　　　　　（北京市东城区美术馆东街 22 号 100010）
网　　址　www.sdxjpc.com
经　　销　新华书店
印　　刷　河北松源印刷有限公司
版　　次　2014 年 10 月北京第 1 版
　　　　　2025 年 3 月北京第 11 次印刷
开　　本　880 毫米 × 1230 毫米　1/32　印张 18.125
字　　数　448 千字
印　　数　38,001–43,000 册
定　　价　78.00 元
（印装查询：01064002715；邮购查询：01084010542）

三联·哈佛燕京学术丛书

从1994年创始至今,

二十年来,推出了近百种中青年学者的学术论著。

◆

本丛书由哈佛大学哈佛—燕京学社

(Harvard–Yenching Institute)

和生活·读书·新知三联书店共同负担出版资金,

保障作者版权权益。

◆

本丛书邀请国内资深专家组成编审委员会,

依照严格的专业标准评审遴选,定出每辑书目。

丛书保证学术品质,力求建立有益的学术规范与评审制度。

◆

展望未来,

本丛书将一如既往,稳健地推出新著,

为中文学术的繁荣发展竭尽绵薄。

目 录

Invoking Imperial Ancestors'Instructions in Early Northern Song Politics

Table of Contents

问题的提出

　　作为儒家礼制的核心，祖宗崇拜的原则与实践对于中国古代的政治、法律、社会等诸多方面都产生过深远的影响。在宋代，这种原则与实践凝聚为所谓"祖宗之法"。围绕"祖宗之法"，在宋代曾有许多不尽相同的提法，例如"祖宗法"、"祖宗家法"、"祖宗之制"、"祖宗典制"等等。诸多说法的共同之处，在于对本朝前代帝王所施行法度中一以贯之的精神之追念与推崇。

　　赵宋王朝的所谓"祖宗之法"，并不是一个新鲜的论题。遵行"祖宗之法"，说得浅白一些，就是"一切按祖宗的既定方针办"。这一类寻求既定方针的思维方式，执行者对于既定方针的界定修饰，以及在"既定方针"的说法下各行其是的做法，自古至今的人们都并不陌生。

　　距今千年之前，宋代的士大夫们对于"祖宗之法"有过许多诠释与阐发。宋人议论中这一提法出现的频率之高、应用之广泛，使得无论做宋代哪一方面研究的学者，都会注意到这个问题。从明清到当代，都有对于赵宋"祖宗之法"的评判，相关的讨论已经持续了将近一千年。

近些年来，关于宋太祖、宋太宗的创法立制以及赵宋"家法"的形成，关于这一"家法"在宋代政治史上的深刻影响，特别是负面影响，学界有不少直接或间接的研究❶。这些研究成果，对后来者很有启发。但以往的一些讨论，受到二元评判模式的局限，尚嫌简单化。时至今日，对于这一问题，应该有更为复杂丰富的认识。而这种认识的形成，显然有赖于我们对于整个宋代政治史的理解与把握。

一　关于政治史研究：以宋代为例

（一）"问题意识"：政治史的研究导向

政治史研究，通常注重时代的走势，注重整体性的把握，是大陆学界的传统优势所在。近些年来，伴随着对于既往史学研究中存在的问题与缺陷的反思，伴随着社会史、文化史的升温，相对于多元研究取向的发展，该领域的研究面临着寻求学科生长点的迫切问题。宋代政治史也不例外。

如所周知，学术领域中实质性的进展，并不仅仅由成果的数量

---

❶　20世纪80年代后期以来，直接或间接研究宋代"祖宗之法"（"祖宗家法"）的论著日多。就其广义进行研究者，有邓广铭《宋朝的家法和北宋的政治改革运动》（《中华文史论丛》1986年3辑，页85—100）、王水照《"祖宗家法"的"近代"指向与文学中的淑世精神》（见氏著《宋代文学通论》"绪论：宋型文化与宋代文学"，页4—18）等；就其狭义进行研究者，有张邦炜《宋代皇亲与政治》等。刘静贞《北宋前期皇帝和他们的权力》一书，虽然并非直接讨论"祖宗之法"，但所涉及的时段与本书接近，所处理的问题具有相当的广度与深度。余英时《朱熹的历史世界——宋代士大夫政治文化的研究》，对于两宋政治文化走势的整体把握，对于"国是"问题的深刻观察，都给予笔者多方面的启发。

决定；只有表层的平推、扩展远远不够。依照某种现成的模式，我们可以填补很多"空白"；但这也许并不意味着对于结构性的社会文化环境、政治体制，对于产生一系列人物、事件、制度的时代之深入理解。描述性的研究提供了再认识的基础，但满足于此，则会造成学术史意义上的停滞不前。如果我们批评宋代的政策政风，还只痛愤于因循保守；剖析宋代的官僚制度，还只斥责其冗滥与叠床架屋——这与宋代士大夫们的认识相比，究竟有多少提高？相对于我们所处的时代而言，实际上是思维方式的倒退。

我们所面临的挑战是：怎样才能在既有的基础之上有所创新，实现认识论意义上的进步？我个人觉得，回应这一挑战，首先需要在"问题意识"方面有所突破。对于"问题意识"的强调，有利于寻找学术前沿、减少浅表层次的重复，有利于促进论点的提炼与思考的深入。

所谓"问题意识"，是指研究者需要通过思考提出问题，把握问题，回应问题。"问题"决定于眼光和视野，体现出切入角度和研究导向，寓含着创新点。突出"问题意识"，就要以直指中心的一系列问题来引导并且组织自己的研究过程。这样的研究，才会言之有物，具备洞察力；才会致力于探索事物发展的实在逻辑，而不以重复大而无当的"普遍规律"为目标。

对于"问题"的关怀，作为研究中的导向，使得各个研究领域的切分界限不再清楚，有利于调动诸多学术门类的研究力，实现多学科的交叉与结合。就宋史研究的不同领域而言，笔者个人曾经接触过宋代政治、文官制度、区域性家族、妇女史等方面的一些论题，在感到捉襟见肘、分身乏术的同时，也体悟到课题之间的关联。历史现实本来没有那么多的界域和屏障，人为地将其拆解开来是为了研究的专门与方便，而这种"拆解"却可能造成理解中的隔膜与偏差。近些年的学术实践使我们看到，以"问题"为中心组织研究，是跨越学科界限、促进交汇融通的有效方式。

宋代政治史研究的生机，来自具有牵动力的议题。如何突破以往各自为战的叙述框架，将政治与社会氛围、与文化环境、与思想活动联系起来考察，把貌似抽象的政治结构、政策取向"还原"到鲜活的政治生活场景中加以认识，赋予政治史研究以应有的蓬勃生命力，我们需要新的问题、新的视角；与此同时，或许更为重要的是，我们应该更加关注提问与回应的方式❶。

略加注意即可发现，在有关宋代研究的大量著述中，作者本人的预设常会或隐或显地表露出来。二元论的认识方式，我们时时可能遇到：对于新政、变法等重大事件，全盘肯定或全盘否定；评价特定群体政治倾向时，笼统的"改革"或"保守"；此外，诸如"前进—倒退"，"传统—现代"等等，迄今仍未完全摆脱贴标签式的简单化提法。当然，我们也颇感欣喜地看到，近年来，对于"国家"与"社会"、"官方"与"民间"等范畴，越来越多的研究者不仅注意其对立，亦注意其参差交错与衔接，出现了更为丰富切当的分析❷。

任何一种具有解释力的研究模式，任何一种评价体系，都需要由微见著的考订论证作为其逻辑支撑，都需要追求问题设计的层次化、细密化。就政治史的讨论而言，要注意鼎革、突变，更应该探求渐次过渡、承接递进的脉络；既要看到时代变迁的影响、制度之间的差异、行为选择趋向的不同，也应该辨识其内在理路的传承与融通。也就是说，要注意前与后、彼与此之间的衔接与区别、延续

---

❶ 在一段历史进程中，找寻到我们希望看到的内容，再容易不过。先罗列制度规定，再填充数件例证，这样的做法，恐怕不能算是"实证"史学。

❷ 这种趋势，在国内的明清史学界表现更为突出。

及断裂，不仅注意演进的端点，还要探究关键的环节、过渡的层面，这或许有助于提出更为新颖而富于启发性的问题。

在讨论这些问题时，我们所追求的，不是非此即彼的一锤定音，而是多元化、多层次的开放空间，是研究者的坦诚合力，以期臻于更富活力的学术境界。

（二）过程·行为·关系：政治史讨论的对象

有学者指出，政治史的研究对象，包括国家的统治机构、制度，国家意志与政策，重要政治事件，政治主体、政治势力❶。而如果我们试图把握政治史跳动的脉搏，则需要注意政治体制的运作实践，注意使诸多要素活动起来、贯穿起来的线索。

事件、人物、制度，始终是政治史研究所关注的内容。近年来，研究者试图摆脱"人物—事件史"的窠臼，超越"就制度讲制度"的描绘式叙述，转而寻求一种"事件路径"（"人物路径"、"制度路径"）的研究范式，也就是说，不再把个别事件、人物、制度视为自足的研究对象，而将其作为透视时代政治的研究取径和视角，去观察探求社会历史的深层结构❷。在这种研究路径之下，政治过程、运作行为、互动关系等等，就成为研究者关注的对象。

就"过程"而言，如今，从事政治史研究的学者们无不注意到长时段研究的必要性。以赵宋开国以来的政治历程为例，如果我们不局限于在朝代更易的框架之下认识问题，则可能注意到，中晚唐、五代乃至北宋初期（太祖、太宗朝至真宗前期）应该属于同一研究单元。新因素的出现，并不一定与新王朝的建立同步。我们不

---

❶ 寺地遵：《南宋初期政治史研究》序章《宋代政治史研究的轨迹与问题意识》，页2。

❷ 参见李里峰：《从"事件史"到"事件路径"的历史——兼论〈历史研究〉两组义和团研究论文》，《历史研究》2003年第4期，页144—153。

能跟在宋人的说法后面亦步亦趋，将自己的思路限制于"（本朝）祖宗创业垂统，为后世法"❶。

所谓"历史过程"，实际上是涉及多方面、起讫点不一、内容性质不一的多种演变过程交错汇聚而成❷。这些过程，或与王朝递嬗同步，或与朝代更迭参差。这样的动态过程正像川流的汇聚，像转动的链条，是由不同的源流、不同的环节与阶段连续构成的，不追寻环节就看不清演进。习惯上，讨论宋代政治，我们首先会讲到宋初中央集权制度的建立；讲到皇权专制主义分割宰相事权，导致行政、军政、财政权的分立。这无疑都是有道理的。但是，如果我们再对这些制度的渊源稍加考察，那么我们还将发现，北宋前期中枢体系之所以如此设置，是晚唐五代以来历史发展、制度变更一环环过程的结果；而北宋建立之初的改革措施，其实是在相当程度上恢复了宰相的事权。此外，备受重视的防弊之政问题、文武关系问题、稳定与变革问题……诸如此类，无疑都需要置于长过程大背景下予以思考。

政治史是丰富鲜活而非干瘪抽象的。这种鲜活，集中体现在它对于政治过程中人的"行为"的关注。在政治史研究中，事件与人物固然是行为的组合；体现为"过程"的制度，其形成、运作与更革，亦与"行为"密不可分。政治原则正是产生于、行用于现实政治行为之中。特定的时间环节、空间位置上发生的行为，即构成为政治运作的动力与经过。在以往过分关注"宏大叙事"的抽象概括方式下，曾经有意无意地筛漏掉许多活生生的行为，遗失了无数宝

---

❶ 《温国文正司马公文集》卷四〇《体要疏》。
❷ 例如中枢机构的设置、王朝实施的法律制度、文书制度、官僚的选任制度乃至同时代的赋役制度、土地制度、家族制度等等，各有其内在的发展轨迹，有起讫不同的历史阶段性。

贵的历史信息；而这种抽象本身，又可能受到某种主观意识的支配，不过是某种"历史想象"的表达。当然，如果考虑到我们用以研究的材料的可靠程度问题，事情实际上还要复杂得多。

政治，就其本质而言，是以特定形态体现出的社会关系。"关系"像贯通肢体骨骼的经络，渗透于社会生活的诸多方面，制约着人的行为。即使是规整成文的制度，亦是由牵涉的各类关系、由关系与制度间的张力，决定着运行的实际曲线。

宋代政治史研究中的一些重大问题，本身即是对于"关系"的探究——例如君权与相权的关系、中央与地方的关系、文臣与武将的关系、制度与人事的关系，等等。在已有研究成果的基础上，我们有充分的条件来重新思考宋代官僚政治与制度方面的问题。比如说，诸多重大事件如何围绕政治秩序、政治权力等核心问题展开；在诸多规章制度、诸多设施措施、诸多利益群体背后，发生着协调制约乃至主导作用的，究竟是一些什么样的关系组合？以"关系"网络为关注点，使我们得以观察公开规则与潜在规则的效用，观察"行为"与"制度"的互动。

以"问题"为导向，注重过程、行为、关系的研究，必然促使研究者注意到与政治史交汇的相关层面。在中国古代，制度的构建与意识形态紧密地结合在一起，通过兼具官僚与文儒特质的士大夫们的实践转化为政治行为，表现为决策、实施过程以及诸多政治事件的交错演进。在这样一种整体背景之下，企图认清复杂政治现实的任何一个片段、任何一个层面，都不是容易的事。政治运行所牵涉的，并不仅仅是行政组织的发达程度问题；活跃的政治人物、纷纭的政治事件，也不仅仅是直接因果关系的推演者与铸成物。导致政治变迁更革的因素、动力都是多元的。这里有王朝的政策选择及倾向问题，有不同政治集团的构成及性质问题，也有体制的传承以及内外压力造成的运行机制转换问题。"话语"体系也会改变人们的思维方式。政治生活中具有象征性的仪制乃至"说法",都可能左右人们的行为,影响事件的过程。正因为如此,需要将更加丰富的内容,纳入我们的研究视野。

(三)学术创新:学人永远的追求

近些年来,急功近利的不正之风日益引起学界同人的警惕与焦虑。学术成果数量大增的同时,一般水准却未能相应提高。对于这种状况的强烈不满,促使人们把审视的目光转向学术活动过程。为保证学术品质,推动研究深入,需要强调学术规范,加强严肃而有锐气的讨论与交流。

强调学术规范,有助于寻找本领域的前沿,激励学术创新。所谓"规范",不仅是一系列技术标准,更是使学术受到应有尊重、取得实质进展的保证。学术规范要求研究者自我审视,自我质疑。它所反映的,事实上是学术路径、学术意识、学术境界;其分量来自"学术"二字,来自思想的内在力量。它反映既有的研究、个人的贡献——包括提出的问题、采用的材料、立论的依据与阐发的方法,充分体现认识演进的过程。

对于学术创新、学术水准的追求,无疑体现为艰苦的历程。只有通过自觉的、群体性的持续努力,创造更加开放的讨论空间,形成坦率密集而具有锋芒的学术交流风气,宋代政治史研究才会真正有整体性的明显突破。

一代人有一代人的史学,一代人应该有一代人推进学术的责任感。大陆宋史学界对于政治史的研究无疑有着深厚的基础,这既是我们的长项,又在一定程度上使我们满足于自说自道而忽略了思想的碰撞与交流。如若我们今天还不注重"问题意识",还不注重学术创新与学术水准，则将愧对我们在相关领域中的同行，愧对从事宋史研究的前辈与后人，也将无以保证历史学的学术尊严。

二　关于宋代的"祖宗之法"

（一）"祖宗之法"：宋代政治史的核心问题

有关"祖宗之法"的讨论，涉及宋代政治史上的核心问题。两宋对于"祖宗之法"（"祖宗家法"）的强调相当自觉，可以说达到了前所未有的程度。宋代历史上许多问题的纽结正在这里。离开对于"祖宗之法"的深切认识，就难以真正透过表层问题揭开宋代政治史的奥秘，同时也难以真正把握宋代制度史的精髓。

宋人心目中的"祖宗之法"，是一动态累积而成、核心精神明确稳定而涉及面宽泛的综合体。它既包括治理国家的基本方略，也包括统治者应该循守的治事态度；既包括贯彻制约精神的规矩设施，也包括不同层次的具体章程。从根本上讲，它是时代的产物，是当时的社会文化传统与政治、制度交互作用的结晶；其出发点着眼于"防弊"，主要目标在于保证政治格局与统治秩序的稳定。

赵宋王朝的"祖宗之法"，并非无本之木、无源之流，它产生于总结继承历史遗产的基础之上；其"本"植根于经历动乱、戒惕动乱的土壤中，其"源"至少需要追溯至晚唐五代。"祖宗之法"精神原则的确立，应该说是奠基于、开始于宋朝的太祖、太宗时期。前辈学者早已指出，"赵匡胤在即位之后，在政治、军事和财政经济诸方面的立法都贯穿着一个总的原则：以防弊之政，为立国之法。"宋太宗总结并且继承了太祖的微妙用意，将其概括为"事为之防，曲为之制"的八字方针，始终不渝地奉为巩固政权之法宝❶。但"祖宗之法"的明确提出、其核心精神的具体化、其涵盖内容的不断丰富，都是在宋代历史上长期汇聚而成，也是经由士大夫群体相继阐发而被认定的。

　　所谓"祖宗之法"，研究者通常认为，包括一些可以举述出来的固定内容。就其通常被赞誉肯定的方面而言，例如限制宗室、外戚、宦官权力，权力的分立与制衡，与士大夫共治天下，不杀言事臣僚，提倡"忠义"气节，后宫皇族谐睦俭约，等等；自北宋中期的石介、邵雍、程颐、吕大防、范祖禹等人就已经在总结本朝诸如此类"超越古今"的"圣政"，今人也有许多深刻精到的分析❷。就其负面内容及影响而言，例如"守内虚外"的内政外交总政策造成的国势不振；中央政府的组织机构间、臣僚间相互牵制带来的效率低下；对于带兵出征的将领，强调"将从中御"，甚至以"阵图"束缚前线统帅手脚；为避免割据局面重演，收缩州郡长官权力；倡导文武臣僚循规蹈矩，防范喜事兴功；不任官而任吏，不任人而任法；在文武关系的处理上，实行以文驭武的方针……凡此种种，不一而足❸。约略一看，即不难发现，其中有豁朗开明之处，也有因循保守的方面；有理性务实的措置，也有颟顸荒唐的做法。而在今人眼中相互矛盾的这些表象背后，却共同渗透出宋人意识中的"防弊"精神。

❶　邓广铭：《宋朝的家法和北宋的政治改革运动》，《中华文史论丛》1986 年 3 辑，页 85—100。

❷　参见张邦炜：《宋代皇亲与政治》，页 334—360；程民生：《论宋代士大夫政治对皇权的限制》，《河南大学学报》1999 年第 3 期，页 56—64。

❸　参见邓广铭：《宋朝的家法和北宋的政治改革运动》，《中华文史论丛》1986 年 3 辑，页 85—100；漆侠：《宋太宗与守内虚外》，载氏著《探知集》，页 151—167。

尽管宋代的"祖宗之法"有其基本固定的精神内涵，宋人也曾列举一些特定方面，但这些内容并非以条款方式出现，没有明确严格的范围界定；宋人对于"祖宗之法"的具体理解，实际上也并不相同。所谓"宋人"、"宋代士大夫"，并不曾作为一个认知一律、行为一致的整体存在。在研究这类题目时，需要区分时代的差异，区分行动的群体；而即便是同一群体甚至同一个人，面对不同社会现实，对于"祖宗之法"的认识和阐述也会有所不同。正因为如此，对于"祖宗之法"的讨论，不能纠缠于逐一指认其具体内容，而要将我们的注意力集中在探求其出现过程、其实质精神以及其时代影响等方面。

　　对于"祖宗之法"的研究，不仅对于宋代政治史的认识有其意义，对于我们求得对帝制政治的通贯理解也有不可忽视的价值❶。宋史研究者们都会注意到，在陈邦瞻作于明代万历三十三年（1605年）的《宋史纪事本末》叙言中，有这样一大段话：

　　　　……宇宙风气，其变之大者有三：鸿荒一变而为唐、虞，以至于周，七国为极；再变而为汉，以至于唐，五季为极；宋其三变，而吾未睹其极也。变未极则治不得不相为因，今国家之制、民间之俗、官司之所行、儒者之所守，有一不与宋近者乎？非慕宋而乐趋之，而势固然矣。舟行乎水而不得不视风以为南北，治出乎人而不得不视世以为上下。故周而上持世者式

---

❶　有关明代祖宗法、"祖制""祖训"的讨论，参见黄彰健：《论〈祖训录〉所记明初宦官制度》、《论〈祖训录〉颁行年代并论明初封建诸王制度》，载氏著《明清史研究丛稿》；吴智和：《明代祖制释义与功能试论》，《史学集刊》，1991 年 3 期，页 20—29；许振兴：《论明太祖的家法——〈皇明祖训〉》，《明清史集刊》第三卷，1997 年 6 月，页 69—96；张德信：《〈祖训录〉与〈皇明祖训〉比较研究》，载《中国法制史考证》乙编第四卷，页 408—447。

道德，汉而下持世者式武力，皆其会也。逮于宋，则仁义礼乐之风既远，而机权诈力之用亦穷，艺祖、太宗睹其然，故举一世之治而绳之于格律，举一世之才而纳之于准绳规矩，循循焉守文应令，雍容顾盼，而世已治。大抵宋三百年间，其家法严，故吕、武之变不生于肘腋；其国体顺，故莽、卓之祸不作于朝廷；吏以仁为治而苍鹰乳虎之暴无所施于郡国，人以法相守而椎埋结驷之侠无所容于闾巷。其制世定俗，盖有汉唐之所不能臻者。独其弱势宜矫而烦议当黜，事权恶其过夺而文法恶其太拘，要以矫枉而得于正则善矣，非必如东西南北之不相为而寒暑昼夜之必相代也。

陈邦瞻立足于明代中叶，勾勒了"宇宙风气"大变的三个阶段，概括了宋代"制世定俗"的基本方略，也注意到"宋三百年间，其家法严"的时代特性。而所谓"今国家之制、民间之俗、官司之所行、儒者之所守，有一不与宋近者乎？非慕宋而乐趋之，而势固然矣"云云，则使我们联想起上个世纪初严复先生在《致熊纯如函》中的一段话：

> 古人好读前四史，亦以其文字耳。若研究人心政俗之变，则赵宋一代历史，最宜究心。中国所以成于今日现象者，为善为恶，姑不具论，而为宋人之所造就，什八九可断言也。❶

就朝廷上的政治气候及具体政治制度的渊源而言，很难说元明

---

❶《严复集》第三册，页 668。

清数朝直接因循于宋代 **❶**；但从近代的"人心政俗"来看，则宋代在政治理念、思想文化方面的历史遗产，确实深深地渗入到中国社会的肌体之中。

（二）"做法"与"说法"

在宋代，信守"祖宗之法"不仅是一种政治行为模式，同时也是一种思想文化模式。所谓"祖宗之法"的轨范，广泛存在于宋代君王及士大夫的理念之中，对于现实政治发生着深刻的影响。但它不是一组可以具象指称的实体，而更接近于一套行为标准、精神原则。

如果我们对宋代的"祖宗之法"加以解析剖分，则可以看到，它实际上是由一系列做法、说法组合而成的。毋庸置疑，两者之间既有区别又有关联；而综括二者的"祖宗之法"，其自身性质、其实际影响，都因此而具有相当的复杂性。诸多相关的做法与说法，有一体两面者，有相互补充呼应者，也有彼此矛盾参差者；对于它们的记载与诠释，有层累叠加，也有涂抹粉饰。正是这些"呼应"或"参差"，"叠加"或"涂抹"，使研究者得以观察提炼问题，得以体悟宋人的感觉，又得以脱出时人对于当朝历史的解释，而进行今日的"聚焦"。

对于宋初政治史上的具体问题，学界已经有了丰厚的研究成果。本书的目标不在于全面系统地叙述铺陈，而是希望通过"祖宗之法"的形成这一侧面，梳理当时的政治过程：考察其"做法"，据以检验宋代历史上相应的"说法"，并进而观察宋人诠释的背景及其寓意。

---

❶ 周良霄即认为："从严格的角度讲，以北宋为代表的中原汉族王朝的政治制度，到南宋灭亡，即陷于中断。"见氏著《元代史》，页 5；参见张帆：《元朝的特性——蒙元史若干问题的思考》，《学术思想评论》第一辑，页 457—480，辽宁大学出版社，1997 年。

近些年来，学界对于"政治文化"有不少讨论●。作为政治体系观念形态的政治文化，反映着长期历史过程中形成的比较稳定的政治倾向和心理。所谓"祖宗之法"，可以说正存在于政治与文化交汇的界面之上，体现着赵宋一代精英世界中流行的政治态度，并且由此而衍生出当时的政治生态环境。

"祖宗之法"源于政治实践中的摸索省思，回应着现实政治的需求；但它所认定的内容又在很大程度上寄寓着宋代士大夫的自身理想，而并非全然是"祖宗"们政治行为、规矩原则的实际总结。作为经由统治集体不断阐发的一种观念，"祖宗之法"体现着士大夫群体基本的认知与共识，他们为塑造与维护"祖宗之法"，曾经投入了相当的热忱——我们甚至可以说，对于"祖宗之法"的批评，也在一定程度上参与着这种"塑造"的过程。这种热忱、这种信念，深深地植根于那个时代的传统之中，影响着当时的行为、制度乃至社会观念，并且就是在那些行为、制度与观念之中，体现出"祖宗之法"精神原则的存在。

应该说明，不宜简单地把赵宋的"祖宗之法"认定为一代政治的"指导思想"。特定决策的产生，首先取决于社会变迁带来的压力，取决于现实政治的需要。但是，距今千年以前的政治家和普通士人们，无论其拥戴、反对，或是依违其间，毕竟都曾经透过这一框架来观察、审视他们周围的一切。因此，从这一视角出发的探讨，无疑有助于了解那一时代的政治特质和思想文化风貌。

● 有关"政治文化"的概念，参见阎步克：《士大夫政治演生史稿》，页2、页23注1；高毅：《法兰西风格：大革命的政治文化》，页7；陈苏镇：《汉代政治与〈春秋〉学》，页7；孟繁华：《政治文化与中国当代文艺学》，《中国社会科学》1999年6期，页146—159。

三 关于本书的基本内容

（一）本书希望讨论的问题

有学者认为，政治制度分析的最好出发点，是追寻导致某种政策产生的最早政治选择。这些最早的政治选择以及从中产生的各种活动，决定着以后的政治和政策趋向。假如我们不理解最早的政治和政策，那么，我们也很难理解其发展的逻辑❶。"祖宗之法"通常被认为反映着宋代"最早的"政治倾向和政策选择，由此入手，使我们有较多的机会去审视宋代——特别是北宋前期——的历史。

赵宋的"祖宗之法"，开创于太祖、太宗时期，当时陆续奠定的政策基调和一系列做法，是宋初政治的中心内容；把这一时期所施行的法度及其精神加以总结概括，将其明确称之为"祖宗典故"、"祖宗之法"，并且奉之为治国理事之圭臬，则肇始于北宋真宗至仁宗前期。因此，本书所包括的主要时间段，大致是从赵宋开国到仁宗前期，亦即自10世纪中叶到11世纪前期。这里值得考察的，实际上是两个相互交错的过程：一是赵宋的"祖宗"们实际上如何讲，怎样做；二是"祖宗之法"（"祖宗家法"）作为一种固定的表述方式被北宋真、仁以来的帝王与士大夫们提出，继而被不断发挥阐释的过程。

众所周知，就两宋而言，"外患"与"内忧"事实上无法断然分割，来自外部的压力无疑会影响到内政决策的走向。在讨论宋代历史的任何问题时，都脱离不了这一总体背景。但在传统中国，外

---

❶ 参见张桂琳：《新制度政治学：研究范式的复归或更新？》，《首都师范大学学报》2002年第3期，页51—56。

交一定程度上是内政的延伸，对外政策又往往取决于内政的需要。赵宋的"祖宗之法"，主要是内政方面的措置，它所强调的防范弊端，也主要是指相对于"外患"的"内忧"。因此，本书的讨论，亦基本上围绕宋代前期的内政进行。

讨论宋代历史上的问题，自然不能脱离宋人留下的史料，而且，如陈寅恪先生所说，"对于古人之学说，应具了解之同情，方可下笔"❶；但与此同时，对于宋人笔下流露的"宋史观"，我们不能不心存一份警觉。记载"祖宗朝"的材料尽管有不少，但其中杂糅着客观的记叙和时人主观的理解，将其剥离开来很不容易。我们今天的讨论，既要重视宋人的种种说法，又不能停留于此，而要去追溯诸般说法形成的过程，考察在特定情境下，人们对于"祖宗之法"的不同认识与诠释。

如前所述，赵宋的"祖宗之法"，就其内容而言，并非"祖宗朝"明确制定、一成不变的，而是在宋代历史进程中经过层累、叠加而成的；对于它的诠释和阐发，则更有突出的涂抹性质。无数层累叠加甚至涂抹的集合，既放大了、凸显了某些影像，也模糊了、遮蔽了某些事实。这一状况本身，要求或者说迫使研究者仔细审视辨析所熟知的种种事件、种种说法，尝试接近历史过程本身，而不满足于接受并复述萦绕于历史过程之上、被重重编排过滤了的"历史记载"。

本书希望讨论的中心问题，是"祖宗之法"与宋代基本政治格局之间的关系。讨论将涉及以下方面的内容：

——赵宋"祖宗朝"的政治举措及其倾向。被认定为祖宗"垂范立制"的内容，例如王朝的开国基调，统治中枢的基本政治格局，宋初的文武关系，宋代的士大夫政治等等在历史上的形成过

---

❶ 陈寅恪：《冯友兰中国哲学史上册审查报告》，《金明馆丛稿二编》，页247。

程，需要从细节的考察入手，探索研求。

——"祖宗之法"的提出及其被崇奉的过程。真宗、仁宗朝，被公认是士大夫思想比较自由开放的历史时期，在这样的政治文化背景之下，赵宋的"祖宗之法"是如何被概括提炼出来的？

——"祖宗"形象的塑造与"祖宗之法"的神圣化。出于因应时政、增重权威的需要，赵宋的"祖宗"与"祖宗之法"，始终经历着不断再塑造、再诠释的过程。我们有必要撷取典型个案予以分析。

——宋代士大夫往往将形形色色的事件是非、制度因革、人物评判纳入到"祖宗之法"的框架中来认识，其深层的原因，也值得我们注意。

宋代的政治文化，在宏阔的时代背景之下，波澜起伏，异彩纷呈，显现出错综复杂、多元交汇的格局。本书试图将聚焦点集中在赵宋的"祖宗之法"，追踪其形成的背景，分析其主导主流话语的经过，并且关注其影响。书中所讨论的，主要是宋朝前期政治史上的一些片段；所反映的，不过是笔者从个人视角出发，对于宋朝史事及政治生态的些许理解；是"个性化"的解说，而非系统全面的阐论。笔者希望与读者共同进入一个内容相对充实丰盈的"学术角"❶，而不是重构整个宋代的政治通史。

十多年前，在拙作《宋代文官选任制度诸层面》中，我曾经写过这样一段话：

> 宋初政治领袖们对于任官制度的贡献，与其说是创建了一套全新的制度，不如说是在强化中央集权的大背景下，对于

---

❶ 陈平原曾经说：与其写一部屡经稀释的百八十万字的"通史"，不如老老实实，讲完自家的点滴体会，引领读者进入某一已相当充盈的"学术角"。见《立足反省的学术史》（《"二十世纪中国学术文存"总序》），《中华读书报》2002 年 9 月 18 日《家园》版。

二百年间不断变更的任官制度加以整理、改造；而且，当时的设官分职，决非先规划出蓝图，再广泛推行，恰好相反，是在"摸着石头过河"的过程中，陆续完成了这样一套体制。❶

其实，不但是任官制度，宋初整个政治制度的建设又何尝不是如此。在写作本书一些章节的过程中，我自己似乎也是在"摸"这河床中若隐若现的一块块石头，企图追寻当年前人踏出的印痕。

选取"祖宗之法"这一角度作为认识宋代政治史的切入点，只是诸多可能的视角之一。由此观察到的问题，可能呈现为"点"状或"线"型，而不可能丰富完备，不可能涵盖一切重大议题。曾经有学者说：人们的眼睛看东西，都是焦点凸显而背景含糊；可是，世界上本来无所谓焦点和背景，只是观看者有了立场，有了视角，有了当下的兴趣，这时回头看去，便有了焦点和背景，面前的世界于是有了清晰的和模糊的差异❷。焦点的凸显显然有利有弊。若想将我们关心的"真实世界"看得更加清楚，需要千千万万双眼睛，需要无数不同的观察视角。赵宋一朝，存在许多看似矛盾而耐人寻味的现象，有着非常开阔的思考余地，需要整体上更为深刻的把握。笔者相信，多元而良性的互动，无数认识与再认识的碰撞、累积，将使我们对于宋代的历史有更为清晰而确切的理解。

（二）本书的篇章安排

赵宋"祖宗之法"的基本框架形成于北宋前四朝。自太祖朝其

---

❶ 见该书页1。
❷ 葛兆光：《七世纪至十九世纪中国的知识、思想与信仰》（《中国思想史》第二卷），页16。

原则开始酝酿行用，至仁宗前期效行"祖宗法"的提法正式出现，其间大约经历了七八十年；其后则对该体系少有实质上的补充与创新。本书的讨论，大体上即集中于太祖朝至仁宗朝前期。

在序引以下，第一章的内容，是希望在较长时段的发展背景中，观察历代统治者对于"祖宗"以及祖宗成规故事的尊崇；考察赵宋时期自"闺门之法"的角度对于李唐史事的反思，沟通"正家"与"治天下"的努力，以及"祖宗家法"一说的渊源和基本内涵。

第二、三两章，追溯自晚唐五代而来的演变脉络，考察宋太祖、太宗的创法立制原则，讨论北宋初期政治史上的一些问题。例如从统治人群的转变入手，讨论时代变迁背景下帝王与臣僚行为模式的转变；以中枢机构二府及其长官为例，观察宋初制度的走势；同时，比对分析宋人有关"祖宗之制"的一些说法，力求把握宋初实际的历史进程。

第四、五两章，考察真宗至仁宗前期"祖宗之法"在朝廷上正式提出及其神圣化的过程，分析"祖宗之法"与士大夫政治间的互动关系。与二、三章大致通贯前两朝的讨论方式不同，四、五两章分别集中于一个时段，以便对"祖宗之法"提出的关键期有更加近距离的观察。

第六章，类似鸟瞰式的概览：循着北宋仁宗中期到南宋后期的不同历史阶段，以一些关键时段为重点，对于赵宋尊崇"祖宗之法"的现象予以粗略的线条勾勒和综括探讨，并进而讨论两宋士大夫对于"祖宗之法"的诠释与对于"祖宗"形象的塑造，藉以观察"祖宗之法"进入主流话语体系之后，对于两宋政治的影响。

在结语部分，将围绕本论题谈到一些个人想法。

在决定篇章结构时，笔者希望能够大致依照时间阶段处理，基本上不背离历史的发展顺序；但为突出中心问题、减少前后文的重复，在部分目次中需要做"纪事本末"式的集中讨论。

20世纪70年代的后期，"文革"刚刚结束，当时，国内理论界曾经围绕两个"凡是"之说展开激烈的辩论。所谓两个"凡是"，即凡是毛主席做出的决策，我们都坚决拥护；凡是毛主席的指示，我们都始终不渝地遵循。这两个"凡是"，也近似于那一时代的"祖宗之法"，应该说是产生于思想界长期被束缚、极不正常的政治背景之下。离开对于特定政治生态的认识，今天的人们很难理解当日两个"凡是"的提出。如果我们把注视的焦距再向前推拉一千年，正是赵宋"祖宗"的各项法度酝酿形成之际。比较一下三十年与一千年的差距，反省自己对于往事的认知与把握能力，不禁感到怵惕。

我知道，在我们的学术史上，"误读"的现象实在是太普遍了。学者笔下的历史与他们孜孜以求的历史真相往往难以契合。除去有意识的误读之外，这里有资料的问题、方法的问题，也有学力或是理解力的问题。就个人而言，自己以往熟悉于线性的思维模式与叙述框架，熟悉于以"进步"、"落后"，"变革"、"保守"作为分析范畴，倾向于对复杂的历史问题做出孰优孰劣的道德价值判别；今次尝试在较为动态的、立体的维度中把握历史事实，是否确实能在现有研究的基础上有所推进，实在不敢预料。我担心自己并没有做好学术基础的积累准备，又缺乏理论上的真知灼见，却因急于贡献一得之见而搅浑了原本容易澄澈清楚的问题。行文干涩，是我写作中的突出毛病，学生们经常批评我的文章难读。一直想改，却收效甚微。这或许是因为，表述的不清晰，其实质原因在于思路未能从根本上豁然贯通。目前书中存在的"隔阂肤廓之论"或"穿凿附会之说"一定不少，祈请师友们有以教我。

家法与国法的混溶
——"祖宗"与"祖宗家法"

在中国古代历史上，"行先王之教""奉先王之制"的理念，自先秦时代即广泛存在并流布。汉唐以降，历代开国者所颁布所实施的具有本朝特色的法令规矩，常被称为"祖宗故事"乃至"祖宗圣训"；后嗣帝王经常引述祖宗朝的典制法规，作为处理目前事务的裁断准则。

汉唐时期通常被认为是中国传统社会之盛世，本章即自汉唐时期出发，开始我们对于历史上"尊祖敬宗"乃至"祖宗家法"之影响的概略考察。

一 "奉宗庙社稷，承祖宗休烈"：
两汉时期对于"祖宗"的尊崇 ❶

自上古以来，"祖宗"即被视为超自然世界中的神灵。帝制社

---

❶ 在中国历史上，对于"祖宗"的崇拜（祖先崇拜）牵涉人类学、社会学方面的许多问题。本节只围绕与国家政治相关的内容进行讨论。

会中，帝王的祖宗更聚血亲崇拜与国家崇拜于一身，被赋予了至高无上的威权。殷周以降，"国之大事，在祀与戎"❶，"祀者，所以昭孝事祖，通神明也"。❷祖先崇拜与祭祀，沟通着现世天子与彼界祖宗。这样一套敬天法祖的礼制体系成为国家政治制度的组成部分，并且指导着国家的日常活动。

（一）"宗庙社稷"与"尊祖敬宗"

"记祖宗人亲之大义"的《礼记·大传》中说：

> 亲亲故尊祖。尊祖故敬宗。敬宗故收族。收族故宗庙严。宗庙严故重社稷。重社稷故爱百姓。爱百姓故刑罚中。刑罚中故庶民安。庶民安故财用足。财用足故百志成。百志成故礼俗刑。礼俗刑然后乐。（注云：收族，序以昭穆也；严，犹尊也……百志，人之志意所欲也；刑，犹成也。）

在"家天下"社会中，指代天下国家的"社稷"，总是被与"宗庙"、"祖宗"联系起来认识；帝国的支配体制和家族秩序有着密切的关联❸。"尊祖敬宗"是礼制的核心内容，也是儒家秩序观和伦理观的基本出发点；帝制国家维系其政治结构的根本性原则，正是浸润在宗法制度的深厚传统之中。藉助于祖宗威灵、依赖于经验与传统、注重前世之"故事"与惯例，这样的决策及施政方式，决定了对于祖宗的崇敬总是与对其规制举措的仿效绞绕在一起，事实

---

❶《春秋左传正义》卷二七，成公十三年三月。

❷《汉书》卷二五上《郊祀志上》。

❸ 有关中国古代帝国的支配体制与家族主义等问题的学术史梳理，可参见日本学者尾形勇《中国古代的"家"和国家——皇帝支配下的秩序构造》序章，页1—79。

上体现着渊源久远的"人治"与"礼治"、"法治"精神的衔接。

汉高祖身后,惠帝柔弱,在位数年而逝。继立之少帝,被吕后废黜。废位的主要理由,是"不能继嗣奉宗庙祭祀,不可属天下"。而群臣表示顺从时也是说:"皇太后为天下齐民计所以安宗庙社稷甚深。"吕后去世后,宗室诸王与大臣合力平定诸吕,解决了汉家政权面临的严重危机。在共谋选立新皇帝时,大臣们反复商议着其"外家"即"母家"的背景问题,也是尽量杜绝再度危及汉家宗庙社稷的可能。之所以选定代王,其主要原因是"代王方今高帝见子,最长,仁孝宽厚",且"太后家薄氏谨良"❶;而在丞相陈平等人劝说代王继立时,最具说服力的过硬理由也是:

> 臣伏计之,大王奉高帝宗庙最宜称,虽天下诸侯万民以为宜。臣等为宗庙社稷计,不敢忽。愿大王幸听臣等。❷

对于"宗庙""社稷"的尊奉,自然与"尊祖敬宗"密切相关。汉景帝元年(前156年)十月,景帝即位之初,在一道有关制礼作乐的诏令中,也着意于对祖宗功德的光大:

> 盖闻古者祖有功而宗有德,(注文:应劭曰:"始取天下者为祖,高帝称高祖是也。始治天下者为宗,文帝称太宗是也。"师古曰:"应说非也。祖,始也,始受命也。宗,尊也,有德可尊。")制礼乐各有由。……然后祖宗之功德,施于万世,永永无穷,朕甚嘉之。……❸

---

❶ 《史记》卷九《吕太后本纪》。
❷ 《史记》卷一〇《孝文本纪》。
❸ 《汉书》卷五《景帝纪第五》。

汉家帝王以"孝"为重，"奉祖宗庙""奉承祖宗"云云，一直被视为继嗣帝王的头等要事。元平元年（前74年）四月，昭帝去世而无子嗣，当时执政的大将军霍光等先立昌邑王贺，继而以其行为淫乱而废之，代之以武帝曾孙病已，是为宣帝。据《汉书》卷六八《霍光传》，丞相杨敞等列数昌邑王罪状时，说：

> 高皇帝建功业为汉太祖，孝文皇帝慈仁节俭为太宗，今陛下嗣孝昭皇帝后，行淫辟不轨。

于是，宣布大臣共议的结论道：

> 宗庙重于君，陛下未见命高庙，不可以承天序，奉祖宗庙，子万姓，当废。

上不能承天之序，下不能正人之统，昌邑王不得不废。《汉书》卷八《宣帝纪》载有同年七月霍光等人选立宣帝作为汉家继嗣的奏议，其中也强调了"尊祖敬宗"的重要性：

> 礼，人道亲亲故尊祖，尊祖故敬宗。大宗毋嗣，择支子孙贤者为嗣。孝武皇帝曾孙病已……可以嗣孝昭皇帝后，奉承祖宗，子万姓。❶

本始二年（前72年）五月，宣帝诏追尊武帝，修立庙乐，开宗明义

---

❶ 《汉书》卷八《宣帝纪第八》。

即表示"朕以眇身奉承祖宗"❶，为自身在宗祀系列中确定了位置。

在汉代，不仅强调嗣天子在宗庙祭祀中"尊祖敬宗""奉承祖宗"的责任，而且强调"国家承祖宗之业"❷，称颂祖宗功德伟业对于国家政治的重要影响❸。在班固为《宣帝纪》所作赞语中，首先称道：

> 孝宣之治，信赏必罚，综核名实，政事文学法理之士咸精其能，至于技巧工匠器械，自元、成间鲜能及之，亦足以知吏称其职，民安其业也。遭值匈奴乖乱，推亡固存，信威北夷，单于慕义，稽首称藩。

既而亦将其功业概括为：

> 功光祖宗，业垂后嗣，可谓中兴，侔德殷宗、周宣矣。

元帝时，为罢郡国庙事，丞相匡衡祷高祖、孝文、孝武庙，向汉家的先祖表白说：

> 嗣曾孙皇帝恭承洪业，夙夜不敢康宁，思育休烈，以章祖宗之盛功。❹

在汉代人笔下、口中，这类语句比比皆是，正反映出当时王朝的宗

---

❶ 《汉书》卷八《宣帝纪第八》。
❷ 《汉书》卷五九《张安世传》。
❸ 即便是在王莽居摄期间"依《周书》"所作之《大诰》中，也不得不反复强调对于汉室"祖宗"事业的敬穆与循守。见《汉书》卷八四《翟方进附子义传》。
❹ 《汉书》卷七三《韦玄成传》。

法性结构及政治气氛。

东汉中期，班固作《典引》，阐释了"表相祖宗"之要义，进呈章帝。蔡邕在注文中说："《典引》者，篇名也。典者，常也，法也。引者，伸也，长也。《尚书》疏尧之常法，谓之《尧典》；汉绍其绪，伸而长之也。"据此，《典引》即为前代常法之阐发。文中，班固说道：

> 矧夫赫赫圣汉，巍巍唐基，泝测其源，乃先孕虞育夏，甄殷陶周，然后宣二祖之重光，袭四宗之缉熙。（注云：宣，遍也；袭，因也。高祖、光武为二祖。孝文曰太宗，孝武曰世宗，孝宣曰中宗，孝明曰显宗。二祖重光天下，四宗盛美相因而起也。）

下文中，班固称颂"陛下仰监唐典，中述祖则，俯蹈宗轨"❶，即以"祖则"、"宗轨"与唐尧之典一脉相承，作为帝王奉行不辍的轨范典则。

（二）"汉家故事"与"祖宗之制"

汉人"每称天子为国家"❷，皇帝之身、之家，与最高权力结构一体两面，无法切分。汉天子所代表的，就是汉家，就是国家❸。而嗣君的传承继体，既体现着皇帝权力的来源，也决定着其权力的

---

❶ 《文选》卷四八。

❷ 洪迈《容斋随笔》卷十一《汉封禅记》；参见刘昭注《后汉书·祭祀志（上）》引应劭《汉官》所载马第伯《封禅仪记》。

❸ 甘怀真在其《皇权、礼仪与经典诠释：中国古代政治史研究》陆《中国中古时期国家的形态》中，对于汉晋以来文献中"国家"一词的意义，做过全面梳理与精深分析。

规范。正是由于这一关联，"汉家故事"与"祖宗之制"对当时的国家有着特别的意义。

"故事"，从字面上看，是指已往之事；在中国古代政治制度史上，这一表述通常有其特定含义。一般说来，"故事"指朝廷的往事前例，包括成形的典章制度和以往的行事惯例。就其性质而言，可以是成文的或不成文的，可以是制度性的，也可以是非制度性的❶。在传统帝制时代，朝廷行政的运作方式往往具有强烈的历史依赖性，时有随宜权变，但基本上又须持经守常。因而"故事"通常受到特殊的重视。

《汉书》卷七四《魏相传》中，说到汉宣帝时的丞相魏相，

> 明《易经》，有师法，好观汉故事及便宜章奏，以为古今异制，方今务在奉行故事而已。数条汉兴以来国家便宜行事，及贤臣贾谊、晁错、董仲舒等所言，奏请施行之。

所谓"汉故事"，也就是"汉家故事"或者"国家故事"。在律、令、科、比之外，"故事"也被朝廷当作一种重要的法律形式❷。东汉以来，本朝前代帝王的故事亦被称之为"祖宗旧事"❸。这些"汉故事""汉家旧典""汉典旧事"被与"国体"联系起来❹，"述修旧事""宜如故典"一类建议不绝于耳❺。《诗经》中"不愆不忘，率由旧章"的说法，也时时见于臣僚章疏。

---

❶ 参见邢义田：《从"如故事"和"便宜从事"看汉代行政中的经常与权变》，见氏著《秦汉史论稿》页 336。

❷ 参见阎晓君：《两汉"故事"论考》，《中国史研究》2000 年 1 期，页 29—36。

❸ 《后汉书》卷三《章帝纪》。

❹ 《后汉书》卷四三《朱穆传》、卷四六《陈忠传》。

❺ 《后汉书》卷六○下《蔡邕传》。

《后汉书》卷二七《杜林传》载，东汉光武帝时，曾经大议郊祀之制，

> 多以为周郊后稷，汉当祀尧。诏复下公卿议，议者佥同，帝亦然之。(杜)林独以为周室之兴，祚由后稷，汉业特起，功不缘尧。祖宗故事，所宜因循。

于是"定从林议"。杜林的"独见"之所以最终胜出，无疑是借重于"祖宗故事"的分量。

汉代已经出现"祖宗之制"的说法，特别是东汉人回顾本朝史事时，时而用到这一表述。《汉书》卷七三《韦贤传附子玄成传》，以很大篇幅谈及汉室宗庙制度事，文末赞语引班彪的话说：

> 司徒掾班彪曰：汉承亡秦绝学之后，祖宗之制因时施宜。自元、成后学者蕃滋，贡禹毁宗庙，匡衡改郊兆，何武定三公，后皆数复，故纷纷不定。何者？礼文缺微，古今异制，各为一家，未易可偏定也。考观诸儒之议，刘歆博而笃矣。

细玩前后文意，可以看出，班彪所谓"祖宗之制"，是指汉家的尊祖敬宗之制，而不是泛指列祖列宗留下的规矩制度。班彪子班固在《汉书》卷二五下《郊祀志下》中，回溯了汉兴以来"昭孝事祖，通神明"的过程，最后在其赞语中总结道：

> 由是言之，祖宗之制盖有自然之应，顺时宜矣。

在这里，"祖宗之制"则是指汉朝的德运之制。不难看出，上述用

法中"祖宗之制"的含义，与后世习惯的说法并不完全相同。

汉代君臣对于"祖宗故事"的追寻，使彼界的祖宗发生着现世的影响，事实上拉近了继嗣们与祖宗的距离，也反映出"祖宗"与此界人事、与现实政治的紧密结缘。

就是在这一时期，帝王对于本朝仪制法度的建设与垂范，也有了更加明确的自觉。武帝时，曾经招纳罗致儒术之士，令其共同制定礼仪制度，而"十余年不就"。针对崇尚太古而轻视本朝的议论，武帝

> 制诏御史曰："盖受命而王，各有所由兴，殊路而同归，谓因民而作，追俗为制也。议者咸称太古，百姓何望？汉亦一家之事，典法不传，谓子孙何？化隆者闳博，治浅者褊狭，可不勉与！"乃以太初之元改正朔，易服色，封泰山，定宗庙百官之仪，以为典常，垂之于后云。❶

所谓"汉亦一家之事"，鲜明地显现出汉家皇帝的立场。这一立场，亦被其后嗣帝王心领神会地予以继承。《汉书》卷九《元帝纪》记载着宣帝教训太子的一段话：

> （太子）壮大，柔仁好儒。见宣帝所用多文法吏，以刑名绳下……尝侍燕从容言："陛下持刑太甚，宜用儒生。"宣帝作色曰："汉家自有制度，本以霸王道杂之。奈何纯任德教，用周政乎！且俗儒不达时宜，好是古非今，使人眩于名实，不知所守，何足委任！"乃叹曰："乱我家者，太子也！"

---

❶《史记》卷二三《礼书第一》。

武帝注重建设汉家"垂之于后"的"典常";宣帝则强调了汉家的特有制度,将其性质概括为"以霸王道杂之",而与"纯任德教"的"周政"作了清楚的区分。所谓"一家之事",所谓"汉家自有制度",其实都是指汉朝帝王自有一套世代相因相袭的"家传"规制与法度,对此若不能执守,即会导致"乱我家"的变故。宣帝只是尚未以"祖宗家法"一语来概括、来表述他想说出的意思罢了。

如邢义田先生所指出,汉代日常行政,多依律令与故事为据。所谓"故事",或者说"国家故事"、"祖宗故事",包括着汉创业以来的往事旧例,基本上就是武帝所说的"汉一家之事"。在当时,尚因循、遵故事,是与秦代以来刀笔吏政治的精神相贯通的❶。

西汉武帝时,酷吏杜周为其谀佞行为辩解时,有所谓"前主所是著为律,后主所是疏为令"❷的说法。这在一定程度上道破了传统社会中律令的真实性质。所谓"前主"、"后主",并非简单的个人概念;而所谓律令法规,都与皇权联系在一起,在一定意义上可以说是皇权的派生物。然而,由于这些法规毕竟以"前主所是"之"祖则""宗轨"的神圣面目出现,因此对于宣称尊祖敬宗的嗣皇帝可能显示为某种约束力❸。也就是说,

> 对汉天子而言,律令由其所发,真正对之有约束力的还是所谓祖宗故事。在宣传"以孝治天下"的汉代政治里,皇帝以敬宗法祖自命,他们对祖宗的故事是不敢也不愿轻易违背的。汉天子诏书以"如故事"作结尾,不仅有形式上,也有若干实

---

❶ 参见邢义田:《从"如故事"和"便宜从事"看汉代行政中的经常与权变》,见氏著《秦汉史论稿》,页334—409。

❷ 《史记》卷一二二《杜周传》。

❸ 参见周良霄:《皇帝与皇权》,页354—356。

质上的意义。❶

这些前主、后主"所是"的整理与累积，这些"汉家制度"、"祖宗故事"，这些"祖则"、"宗轨"，其实可以被视为汉家世代传承的"祖宗法"之内容。它既是祗奉祖制的结果，又因应着历史发展的现实进程。

二 "祖宗之法，期于慎守"：
唐、五代时期对于"祖宗成规"的强调

数百年之后，唐代帝王对于"祖宗"的尊崇奉承，一方面仍然体现为祗畏敬穆的心态；另一方面也更为清晰地反映在对于"祖宗之世"治道的总结与继承的努力之中。

（一）"念尔祖宗，宁我宗社"

对祖宗的祗畏敬穆心态，集中反映在当时涉及皇位继承等重大问题的诸多制敕中。

《唐大诏令集》卷二八《皇太子·册文》，有贞观十七年（643年）立晋王李治为皇太子的册文。长期被立储问题困扰的太宗，此时语重心长地嘱咐任重道远的儿子说：

> 尔其思王道之艰难，遵圣人之炯戒，勤修六德，勉行三

---

❶ 邢义田：《从"如故事"和"便宜从事"看汉代行政中的经常与权变》，见氏著《秦汉史论稿》，页381—382。

第 1 章　家法与国法的混溶　*031*

善。……尔身为善，国家以安；尔身为恶，天下以殆。睦九族而礼庶僚，怀万邦而忧遐裔；兢兢业业，无怠无荒，克念尔祖宗，以宁我宗社。可不慎欤！

在这里，我们读到的不是例行公事的表面文章，而是怀抱忧虑的沉重付托。数年之后，太宗又在写给太子的《帝范》序文中，谈到自己作为"经天纬地之君，纂业承基之主"的切身感受："袭重光之永业，继宝箓之隆基；战战兢兢，若临深而御朽；日慎一日，思善始而令终。"

高宗以降的册皇太子文，尽管行文互不相同，但告谕各位继承人钦敬慎戒、无怠无荒、续祖宗休烈、纂业承基则是一致的。与太宗册晋王文立意命词最为类似的，是肃宗乾元元年（758年）册成王李俶为皇太子文。文中也说：

> 尔其思王道之艰难，遵圣人之炯戒……兢兢业业，庶保于大猷，然后无忝尔祖宗，克宁我邦国。往钦哉！丕膺景命，可不慎欤！❶

肃宗以后，在新皇帝如顺宗、宪宗、穆宗、敬宗等即位的册文中，最为常见的一句结束语是：

> 无忝我祖宗之休烈（"休烈"，或曰"丕烈"、"丕训"、"丕绩休命"）！❷

---

❶ 《唐大诏令集》卷二八《皇太子·册文》。
❷ 参见《唐大诏令集》卷一《帝王·即位册文》。

德宗即位册文中，说法比较具体：

> 於戏！宜遵太宗之法度，肃宗之俭约。任贤勿贰，去邪勿
> 疑，与众守邦，祗敬予训！ ❶

唐代帝王的遗诏，自代宗以后，也是言必称祖宗。代宗遗诏称：

> 朕以眇身，祗奉鸿业，不能光宣大训，嘉靖万邦，奉祖宗
> 重熙之德，答公卿寅亮之勤，旰衣宵食，痛心疾首。❷

贞元二十一年（805年）正月，德宗去世，遗诏中说：

> 朕承八圣之休德，荷上天之眷祐，嗣守丕训，不敢荒
> 宁。……皇太子诵……必能觐祖宗之耿光，绍邦家之大业。❸

在文宗、武宗、宣宗、懿宗的遗诏中都有类似的表述。

此外，在一些改元、大礼、册尊号等大赦制书中，也经常可
以见到诸如"乃圣乃文，祖宗大烈，恭惟缵服，必在钦承"❹，或是
"国家系本仙宗，业承圣祖"❺"躬承祖宗之烈"❻之类文字。

《陆宣公集》卷二《制诰·赦宥中》载有陆贽起草的"贞元改

---

❶ 《唐大诏令集》卷一《帝王·即位册文》"德宗即位册文"。
❷ 《唐大诏令集》卷十一《帝王·遗诏上》。
❸ 同上。
❹ 《唐大诏令集》卷九《帝王·册尊号赦上》"开元二十七年册尊号赦"。
❺ 《唐大诏令集》卷九《帝王·册尊号赦上》"天宝八载册尊号赦"。
❻ 《唐大诏令集》卷六六《典礼·封禅》"东封赦书"、"后土赦书"。

元大赦制"，开篇即云：

> 门下：王者体元立极，钦若乎天地；纂业承统，严奉于祖宗。用能百神允谐，兆庶永赖。立国之本，斯其大经。

颁布于同年（785年）十一月的"冬至大礼大赦制"中也说：

> 君天下者，受命于天地，继业于祖宗；致其诚心，惟敬与孝。……立国之道，始于亲亲，所以厚骨肉之恩，明教化之本。❶

仔细品读一下上引诸多材料，会明显地感到，在这类制诏中，皇家的"治家"与"治国"原则精神紧密地联系在一起。提及"祖宗"时，后世帝王们通常刻意突出所应怀抱的"尊尊""亲亲"的敬畏态度。祖宗对于他们来说，是祗奉仰承的先烈，是超越常世、降灵垂鉴的神异力量；祖宗的遗范、祖宗的鸿业，是感召他们效法弘扬的精神目标。制诏中通常将"严奉祖宗"与"立国之本"联系起来，强调信守祖宗典制的基本原则。

（二）"祖宗成式，修举阙坠"

在一些更为贴近社会现实的材料中，我们注意到李唐祖宗典范所可能起到的实际作用。

记载唐太宗时期"良法善政"的《贞观政要》，进呈于玄宗开

---

❶《陆宣公集》卷二《制诰·赦宥中》。

元十七年（729年）❶。其编撰进呈，事实上是半个多世纪中朝臣们对于贞观以后之政治现实进行总结反思的结果，寄托着8世纪初政治家和史学家的政治理想❷。

《贞观政要》的撰著者吴兢，亲身感受到中宗复辟以来，围绕是否"依贞观故事"而在朝中形成的政治分野❸，在其序文中特别提及当时在任的宰相源乾曜、张嘉贞"克己励精，缅怀故实"的精神，提及他们对于编纂《贞观政要》的倡导与支持。在吴兢看来，此书的编纂目的十分明确：

> 太宗时政化良足可观，振古而来未之有也。至于垂世立教之美、典谟谏奏之词，可以弘阐大猷、增崇至道者，爰命下才备加甄录，体制大略，咸发成规。于是缀集所闻，参详旧史，撮其指要，举其宏纲，词兼质文，义在惩劝。人伦之纪备矣，军国之政存焉。凡一帙十卷，合四十篇，名曰《贞观政要》。庶乎有国有家者克遵前轨，择善而从，则可久之业益彰矣，可大之功尤著矣，岂必祖述尧舜、宪章文武而已哉！❹

早在睿宗景云初年，监察御史韩琬就曾上言说："贞观永徽之天下，亦今日天下；淳薄相反，由治则然。"❺正是重视"家国成规"的政治需要❻，"有国有家者克遵前轨"的效法依凭作用，使《贞观政

---

❶ 《贞观政要》进呈时间之考订，见谢保成《贞观政要集校·叙录》。
❷ 参见吴宗国：《〈贞观政要〉与贞观君臣论治》，《国学研究》第三卷，页355，北京大学出版社，1996年。
❸ 参见谢保成《贞观政要集校·叙录》。
❹ 吴兢《贞观政要·序》，见《贞观政要集校》，页7—8。
❺ 《历代名臣奏议》卷二七《治道》。
❻ 苏颋《为政事请公除状（第三状）》，《文苑英华》卷六四四。

要》成为"可资法鉴"的"历代宝传"❶。

唐代中期以后，纷繁跌宕的政治现实，使得渴望承平的君臣们经常忆及祖宗盛世，也促使他们更为经常地讨论"国朝故事"。对于"高祖太宗著法垂制"的追怀、"国朝故事，足以师法"的提法，越来越频繁地出现在官僚士大夫如颜真卿、陆贽、元稹、李翱、刘蕡等人的奏议或对策当中❷。

宪宗元和十三年（818年），"守职史官"的李翱进《论事疏表》，其中说：

> 若革去弊事，复高祖太宗之旧制……选用骨鲠正直之臣，与之修复故事而行之，以兴太平，可不劳而功成也。若一日不以为事，臣恐大功之后易生逸乐，而群臣进言者必曰："天下既已太平矣，陛下可以高枕而为宴乐矣。"若如此，则高祖太宗之制度不可以复矣，制度不复，则太平未可以遽至矣。❸

值得注意的，还有载于《唐大诏令集》中的一篇文字。该书卷十三《帝王·谥议上》，有《敬宗睿武昭愍孝皇帝谥议》，其中称道敬宗说：

> 夫以睿哲之才，经圣明之业，而祖宗成式，修举罔坠。……

这里，已经不是泛泛地怀念高祖太宗，而是重在"修复故事"、振举"祖宗成式"了。"祖宗"轨则所具有的"垂范"意义，在这里

---

❶ 《四库全书总目》卷五一《史部·杂史类》。
❷ 参见《唐会要》卷二《帝号（下）》、《历代名臣奏议》卷二八《治道》。
❸ 《李文公集》卷九。

已经相当具体化了。

"宗庙社稷"在唐人心目中，并非空泛的概念。从两《唐书》所载当时君臣的有关谈话中，很容易观察到，所谓"宗庙社稷"就是天下国家。中宗复辟后，鉴于"唐历有归，周命已去"，宰相敬晖等建议削去武氏诸王之王爵，在表奏中征引"海内众情，朝廷窃议"，步步紧逼地劝说道：

> 陛下纵欲敦崇外戚，曲流恩贷，奈宗庙社稷之计何？奈卿士黎庶之议何？❶

《旧唐书》卷九六《宋璟传》说到玄宗初年，

> 时太平公主谋不利于玄宗，尝于光范门内乘辇伺执政以讽之，众皆失色。璟昌言曰："东宫有大功于天下，真宗庙社稷之主，安得有异议！"乃与姚崇同奏请令公主就东都。

类似的例证还有许多。

"祖宗之制"、"祖宗之法"的提法，在唐代时而见到；但其内涵却与后世常见者不尽相同，需要加以甄别。例如唐人在讨论宗庙故事时，即有所谓"祖宗之制"的说法。贞观九年（635年）唐高祖去世后，朝廷上讨论增修太庙的仪制：

> 中书侍郎岑文本议曰："……臣等参详，请依晋宋故事，

---

❶《旧唐书》卷一八三《外戚传·武承嗣传》。

立亲庙六，其祖宗之制式遵旧典。"制从之。❶

这里的"祖宗之制"，类似于班彪所说尊祖敬宗之制，是指祖庙宗
祀的制度；而不似宋代以后的常用含义，不是指本朝世代祖宗制定
的法度规矩。

"祖宗之法"的表述，在唐代也已经出现。目前所见较早的，
出自肃宗至德中。时朝廷新复陕地，将军王去荣擅杀富平县令杜
徽，肃宗惜其材，诏贷死，使自效。贾至进《论王去荣打杀本部县
令表》，曰：

> 今之律令，太宗之律令也。陛下不可惜小才而废祖宗之法
> 也。伏惟明主弃琐琐之能，全其远者大者，则祸乱不日而定，
> 师旅因兹整齐矣。天下幸甚。❷

文中所说"祖宗之法"，很明显是与"太宗之律令"相对应的，所
指内容是较为具体的前代帝王施行之律令条法。

《册府元龟》卷一七六《帝王部·姑息》，引述了德宗贞元五年
（789年）十月诏书，其中说：

> 法令者国之典章，藩岳者朕之屏翰。……君人执信，臣人
> 执忠，忠信允叶，邦家乃乂。朕奉祖宗之法，期于慎守；托王
> 公之上，务以存诚。画野分坼，皆有定制。逾宪章则彼此交
> 恶，保封疆则悉庶获安；偃甲息人，所存者大。咨尔方岳，弘

---

❶ 《通典》卷四七《吉礼·天子宗庙》。
❷ 《文苑英华》卷六一九。

宣永图，各守尔典，钦承王度。勋贤列辟，宜体至怀。

这里的"祖宗之法"，应该是指前代帝王处理内外关系的原则和方式。诏书中一方面说"朕奉祖宗之法，期于慎守"；另一方面又要求藩方"各守尔典，钦承王度"。"各守尔典"的表述来自《尚书·汤诰》，孔安国的解释是"守其常法"❶。细读这段文字，给我们的感觉是，当时所谓"祖宗之法"，特指皇帝所恪奉慎守的规矩原则；而藩方则以制节谨度、夹辅帝室为其"典常"。这一意义上的"祖宗之法"，还没有被理解为渗透到国家事务方方面面的法度原则。

《旧唐书》卷一八上《武宗纪》及《唐大诏令集》卷一二〇都载有会昌三年（843年）九月发布的《讨潞州刘稹制》，其中也堂堂正正地提及"祖宗之法"：

> 於戏！蕃维大臣，抗疏于外；耄俊旧老，昌言于朝。戒朕以祖宗之法，不可私一族；刑赏之柄，所以正万邦。宜用甲兵，陈于原野。虽朕以恩不听，而群臣以义固争，询自金谋，谅非获已。布告中外，明体朕怀。

这篇制文，出自李德裕之手。经他奉宣撰拟的《赐回鹘书意》、《赐刘沔张仲武各诏》、《宰相与李执方书》等，都用了类似提法。例如拒绝回鹘可汗"借城"之请的《赐回鹘书意》，有理有据，外柔内刚。在陈说"蕃汉殊壤"后，进而说：

> 且天下者，高祖太宗之天下。朕守祖宗成业，常怀兢畏，

---

❶《尚书正义》卷七《汤诰》。

岂敢上违天地之限，中䠓祖宗之法。每欲发一号、施一令，皆告于宗庙，不敢自专。

与此相近，亦有称说"祖宗之法制"者❶。这些说法，主要出现在唐代中期以后的臣僚奏疏及帝王诏敕之中；其内容所指，大体上是李唐祖宗以来一些具体的法度规矩。

（三）"但遵故事，合举成规"

如果不仅仅着眼于帝王们"绍述祖宗事业"的意愿，也去分析类似表象背后反映出来的追求稳定因素，那么，我们会注意到，即便在唐末五代纷纷攘攘的岁月中，继嗣祖宗、兴复故事、修举成规一类的表示，仍然经常出现在历代帝王的诏敕文字里。

载于《唐大诏令集》卷三十《皇太子·传位》目下的《何皇后命皇太子即位令》，使读者感受到晚唐这对孤儿寡母的万般无奈与苦苦挣扎。唐王朝走至穷途末路时发布的这道令文，借命不逢时而仅免一死的何皇后之口，凄凄哀哀地说道：

予遭家不造，急变爰臻。祸生女职之徒，事起宫奚之辈。皇帝自罹锋刃，以至弥留，不及顾遗，号恸徒切……皇太子枢宜于枢前即皇帝位。其哀制并依祖宗故事，中书门下准前处分。於戏，送往事居，古人之令范；行今报旧，前哲之格言。抆泪布宣，言不能喻。

---

❶ 例如《册府元龟》卷九九四《外臣部·备御第七》，会昌二年十月丁卯条；《文苑英华》卷四三四，会昌三年九月《雨灾减放税钱德音》；《李文饶文集》卷六《赐刘沔张仲武密诏》（赐刘沔等诏）等。

所谓"祸生女职之徒，事起宫奚之辈"云云，不过是朱温、蒋玄晖等人为掩饰弑逆之罪而散布的烟幕。对于此事，司马光在《资治通鉴》中称之为"矫皇后令，太子于枢前即位"[1]。这一诏敕颁出的背景是，天祐元年（904年）八月十二日，唐昭宗被朱温亲信、枢密使蒋玄晖杀害。次日，蒋玄晖矫宣遗诏，传位于辉王祚（即李柷），诏书最后说："百辟卿士，佑兹冲人，载扬我高祖、太宗之休烈。"[2]这种说法，与前代皇帝遗诏十分相似；在矫何皇后命发布的令文中，代拟者也搬出李唐的"祖宗故事"作为哀制依据。在这样的时刻，"祖宗"开创的国家即将倾覆，"并依祖宗故事"事实上成为惨戚凋零中对于"祖宗"及其后嗣的极大讽刺。

公元907年，后梁成功地颠覆了大唐。梁太祖朱温的即位制书，代表着另外一类。作为后梁王朝的首创者，他自然不能以唐朝的列祖列宗为继述对象，而是要强调"受命于天""革故鼎新"云云，但在这一"改天换地"的制书中，也有强调"但遵故事之文"的说法：

> 凡曰轨仪，并遵故实。姬庭多士，比是殷臣；楚国群材，终为晋用。历观前载，自有通规，但遵故事之文，勿替在公之效。应是唐朝中外文武旧臣，见任前资官爵，一切仍旧。凡百有位，无易厥章，陈力济时，尽瘁事我。[3]

到了他的儿子、"雅好儒士"的后梁末帝朱友贞，在登极伊始的改名制书中，即沿袭前朝文人习用的说法，以"绍祖宗之业"为

---

[1]《资治通鉴》卷二六五，天祐元年八月癸卯条。
[2]《旧唐书》卷二〇下《哀帝纪》。
[3]《旧五代史》卷三《太祖纪第三》。

号召，作为自己继统合法性的证明❶。

后唐时期，大字不识的明宗李嗣源，对于"名分"问题始终有着清醒的认识。当与有司议论即位之礼时，他强调自己后唐"宗属""嗣子"的身份，断然驳回了左右臣僚"自建国号"的建议，说：

> 武皇之基业则吾之基业也，先帝之天下则吾之天下也，安有同家而异国乎！❷

于是即位于庄宗柩前，改元天成。天成元年（926年）十二月二十三日，中书的奏疏中表示，"今皇纲再整，坠典咸修，合举成规，冀将集事"。❸兴复坠典，修举成规故事，又一次成为帝王嬗代之际标榜的口号。

应顺元年（934年）四月，后唐末帝李从珂即位。摄中书令李愚宣读的册书中声称：

> 人谣再洽，天命显归，须登宸极之尊，以奉祖宗之祀。❹

后汉帝王同样强调承祧继祖。《旧五代史》卷一〇二《汉书四·隐帝纪中》载乾祐二年（949年）正月制书，开篇即云：

> 朕以眇躬，获缵洪绪，念守器承祧之重，怀临深履薄之忧。

❶《旧五代史》卷八《梁末帝纪上》。
❷《资治通鉴》卷二七五，天成元年四月壬寅条。
❸《五代会要》卷十三《中书省》。
❹《旧五代史》卷四六《唐末帝纪上》。

这些不得不说的套话，不仅出自于拟撰制敕之文士的命词习惯；在其背后，蕴涵着无可置疑的实际意义。强调"祖宗"，强调"继承"，即宣布了继嗣者皇权的合法性；而利用中国传统社会中特殊重要的"家""国"关系纽带，以此去抚慰动荡之中渴求平安的民众，无疑也正是稳定政权的需要。

三 "祖宗法度，乃是家法"：
"正家之法"与赵宋的"祖宗家法"

与前代类似，在宋代，"故事"往往被引为针对现实的范例甚至规矩；政治人物处理政务时"务行故事"的倾向，通常与他们器局规模的"深识大体"相提并论，被认作帝王辅弼应该具备的素质。而赵宋一朝对于"祖宗之法"的尊崇，情形又与汉唐时期有着明显的不同。所谓"不同"，主要的并非反映于提法的差异，而是体现在理解与阐发的区别。

在宋人心目中，"祖宗"的举措施为及其原则被认定为"祖宗之法"，被奉扬为一个朝代神圣的政治号召。大到朝廷决策的理论依据，小到任用官员、确定则例……凡事举述"祖宗家法"，成为赵宋突出的历史现象。对于"祖宗之法"的重视与强调，达到了前所未有的程度。

如前所述，两汉时期，涉及朝廷往例时，常有"汉家制度""汉家故事"一类提法；李唐时期，进而有"祖宗之制""祖宗之法"的说法。赵宋则更有"祖宗家法"一说。既称"家法"，又特意冠以"祖宗"二字，醒目地昭示着前代的轨则，在一定程度上规范着后世统治者的行为 ❶。

在"家"与"国"已经相当程度分离的现实社会中,"祖宗家法"这一表述,反映出传统意识形态对于"家国一体"的认定与强调。所谓"祖宗家法",兼容并包地将赵宋的"家法"与"国法"混溶为一体,在君臣关系方面,突出地体现着"孝"与"忠"价值行为模式的沟通;在王朝设范立制的取向方面,则鲜明地显示出注重秩序、注重承续、注重稳定的政治精神。

从宋人的议论来看,"祖宗家法"与"祖宗之法",实质的含义并没有什么不同。但这种提法的出现,提醒我们注意宋人对于"家""国"关系的思考。

(一)宋人对于李唐史事的反思

宋朝"祖宗家法"之说大行其道,与宋人对李唐史事的反思有关。

公元 11 世纪前期,赵宋王朝的统治已经稳定下来,北宋君臣已经有机会不仅从实际运作的层面而且从价值省思的层面来总结晚唐五代的教训与本朝的经验。他们对于巩固政权问题的思考,不止来自于五代政权倏忽兴亡的殷鉴,更来自大唐帝国由盛变衰提供的警示。

比隆汉唐,始终是深藏宋人心中的追求。对于唐太宗等帝王功业,宋人颇为仰慕;而大唐盛世的一朝殒灭,也在后人心中留下了强烈深刻的震撼。人们自方方面面总结乱亡的原因,思考国家稳定的前提。李唐的历史教训,始终被赵宋视为当代史的前车之鉴。如

---

❶ 参见拙作《试论宋朝的"祖宗之法":以北宋时期为中心》,《国学研究》第七卷,北京大学出版社,2000 年。

果说《旧唐书》中"史臣曰"一类文字从一个侧面反映出五代士人的理解，则我们看到的，主要是对于治乱之分、君臣之际的感想。而到了北宋前期，这种反思，却直接指向了"家"与"国"之间的关系问题。范仲淹曾经说：

> 圣人将成其国，必正其家。一人之家正，然后天下之家正；天下之家正，然后孝悌大兴焉，何不定之有！……故曰：刑于寡妻，以御于家邦。❶

内外家国的格局，是保证有效的社会控制所必需；"将成其国，必正其家"的思想，也是追求"内圣外王"的宋代士大夫之共识。在《新唐书·僖宗皇帝纪》中，欧阳修将批评的矛头直指李唐的"天下之本"、"朝廷之本"以及"人君之本"：

> 唐自穆宗以来八世，而为宦官所立者七君。然则唐之衰亡，岂止方镇之患！盖朝廷，天下之本也；人君者，朝廷之本也；始即位者，人君之本也。其本始不正，欲以正天下，其可得乎！

"本始不正"的问题，在宋儒的代表人物看来，并非仅仅出自晚唐的宦官。他们对于唐代祸乱因由的溯源，往往直接导向其前期诸帝，导向李唐的"家法"。总结治乱之经验教训，以警示当世，这是北宋从石介、孙甫、欧阳修到司马光、范祖禹、晁补之等人评述唐史之目的。

仁宗朝，被称为"宋初三先生"之一的石介，既作宋太祖、太

---

❶《范文正公集》卷五《易义·家人》。

宗、真宗《三朝圣政录》，又作《唐鉴》。无独有偶，与他同时期的孙甫，一方面在庆历年间"按祖宗故实，校当世之治有所不逮者，论述以为讽谏，名《三圣政范》"❶；一方面于康定至嘉祐间著《唐史记》七十五卷，意在"明治乱之本，谨劝戒之道"❷。陈振孙《直斋书录解题》称孙甫"以《唐书》烦冗遗略，多失体法，乃修为《唐史》，用编年体，自康定元年逮嘉祐元年，成七十五卷，为论九十二首"❸。四库馆臣为《唐史论断》所作提要中，也指出"甫以刘昫《唐书》猥杂失体，改用编年法，著《唐史记》七十五卷。其间善恶分明、可为龟鉴者，复著论以明焉"❹。据说孙甫生平自重此书，至于盥手启笥。但这部《唐史记》，自南宋时已经罕有睹其全帙者。流传至今的，只有其中"论"的部分，即今存三卷本《唐史论断》。从目前所见内容来看，他对于太宗评价颇高，对高祖及高宗以下诸帝则有具体批评，例如批评高宗不能遵尚武德、贞观的建元方式，即是"不奉祖宗之法"❺等。孙甫撰著《唐史》的目标，是"彰明贞观功德法制之本，一代兴衰之由"，为赵宋的"人君""人臣"提供借鉴❻。

范祖禹著《唐鉴》，则对李唐王朝的"祖宗"提出了更为严厉的批评。元祐元年（1086 年），范祖禹向太皇太后高氏及哲宗进《唐鉴》十二卷。在其《上太皇太后表》中，他说明了"彰往察来"的用意：

> 臣闻观古所以知今，章往所以察来。唐于本朝如夏之于

---

❶ 《宋史》卷二九五《孙甫传》。
❷ 孙甫《唐史论断》序。
❸ 《直斋书录解题》卷四《唐史论断》。
❹ 影印文渊阁四库全书《唐史论断》书前提要。
❺ 《唐史论断》卷上"显庆改元"条。
❻ 《唐史论断》序。

商、商之于周也。厥监不远，著而易见。

在呈给哲宗的《进唐鉴表》中，他也向尚在少年的皇帝解释了撰著此书的目的：

> 臣窃以自昔下之戒上、臣之戒君，必以古验今、以前示后。……臣昔在先朝承乏书局，典司载籍，实董有唐。尝于绅次之余，稽其成败之迹，折以义理，缉成一书。……伏遇皇帝陛下嗣膺大统，睿智日跻，详延耆儒，启沃圣学。监于前代，宜莫如唐。仪刑祖宗之典则，四方承式，万世永赖。

《唐鉴》的通篇立意，如其标题所提示的，是以唐为鉴。在开篇论及李渊父子太原起兵事时，范祖禹即将批评的矛头指向唐代的开国帝王，批评其"图王业，举大事"却发端不正："太宗陷父于罪而胁之以起兵，高祖昵裴寂之邪，受其宫女而不辞，又称臣于突厥，倚以为助，何以示后世矣！"并继而说：

> 夫创业之君，其子孙则而象之，如影响之应形声，尤不可不慎举也。是以唐世人主无正家之法，戎狄多猾夏之乱。❶

在《唐鉴》一书的最后，范祖禹总结唐代教训说：

> 昔三代之君莫不修身齐家以正天下，而唐之人主起兵而诛其亲者，谓之"定内难"；逼父而夺其位者，谓之"受内禅"。此

---

❶《唐鉴》卷一，隋大业十三年五月。

其闺门无法不足以正天下，乱之大者也。其治安之久者，不过数十年；或变生于内，或乱作于外，未有内外无患承平百年者也。

显然，范祖禹是将帝王的正家之法与治国之政联系起来看的。

范祖禹其人，论事追求判别治乱，"义理明白"。他曾经参预修撰《资治通鉴》，分职唐史，注重于"考其兴废治乱之所由"❶。《唐鉴》一书问世后，曾经得到很高的评价，他本人也被尊称为"唐鉴公"❷。《晁氏客语》中记载着程颐对于《唐鉴》的称赞：

> 元祐中，客有见伊川先生者，几案间无他书，惟印行《唐鉴》一部。先生谓客曰："近方见此书。自三代以后，无此议论。"

据说范祖禹在书中所采用的议论，许多直接出自程颐的意见。《二程外书》卷十一《时氏本拾遗》中有条记载说：

> 范淳夫尝与伊川论唐事，及为《唐鉴》，尽用先生之论。先生谓门人曰："淳夫乃能相信如此。"

《唐鉴》一书自义理出发，对于唐世帝王的文治绩效评价不高，甚至持强烈批评态度。如清代四库馆臣所说，他所追求的是"探本寻源，以明治乱之由"，因此，"虽或阔于事情，而大旨严正"。他的说法在今天看来，自然不尽可取，但在宋儒圈内，对其认识有着明

---

❶《唐鉴》序。
❷《宋史》卷三三七《范祖禹传》。

显的呼应。从判别内外亲疏贵贱尊卑、维护社会等级秩序的角度出发，不仅唐代后期的"乱世"被宋儒们引为鉴戒，即使是以唐太宗为代表的"治世"，也遭遇到不留情面的批评。程颐即曾说：

> 唐有天下，如贞观、开元间，虽号治平，然亦有夷狄之风。三纲不正，无父子、君臣、夫妇，其原始于太宗也。故其后世子孙皆不可使。❶

苏门四学士之一的晁补之，在其《鸡肋集》中，以五卷文字一百一十篇的篇幅集中讨论唐事，尤其着力于其政事处置非宜及"唐旧书"褒贬失当处❷。

南宋儒家学者仍然继续着对于李唐严苛的批评态度。绍兴二十七年（1157年）的状元王十朋，在其《上舍试策三道》第二道中，对于李唐时期有关"孝友"、"忠义"的记叙都予以"解构"式的理解：

> 李唐之有孝友、有忠义，非李唐美事。盖自高祖变节于晋阳，而唐无忠义之风；文皇行亏于闺门之内，而唐无孝友之俗。秉史笔者表孝友忠义而出之，盖伤当时忠孝之难能而仅有为足贵也。❸

名儒陈傅良在其《永嘉先生八面锋》中，批评"唐世人主"说：

---

❶ 《二程遗书》卷十八。按，此段文字亦见于《苏轼文集》卷六五《历代世变》。
❷ 《鸡肋集》卷四五至四九《唐旧书杂论》。
❸ 《王十朋全集·文集》卷七。

唐世之法，大抵严于治人臣而简于人主之身，遍于四境而不及乎其家。州间乡井断断然施之实政，而宗庙朝廷之上所谓"礼乐"者皆虚文也。当是时，坊团有伍而闺门无政，古人制度宜不如此；上下以相维而父子夫妇不足保，古人纪纲宜不如此。❶

南宋后期的理学家真德秀在其《讲筵卷子》"治国必先齐其家"篇中，也警示皇帝说：

唐太宗英主也，然于事亲友兄弟一有惭德，三百年之家法遂不复正。然则处父子昆弟之间，其可不尽其道乎？❷

朱熹关于"唐源流出于夷狄，故闺门失礼之事不以为异"❸的概括，更是尽人皆知。所谓"闺门"，是指唐室宫阃之内。"唐世人主无正家之法""闺门失礼不以为异"之说，实在不无偏颇；但在宋代，对于前车之鉴的重视、讲求义理之风的勃兴，促使新儒家的代表人物们去重新思考、评判前代史中的诸多问题。而"家"与"天下"的沟通，闺门之内的礼法秩序，正是他们所关注的中心之一。陈寅恪先生在其《唐代政治史述论稿》上篇《统治阶级之氏族及其升降》开篇即引述了朱子此语，并且进而指出：

朱子之语颇为简略，其意未能详知。然即此简略之语句亦

❶《永嘉先生八面锋》卷一。
❷《西山先生真文忠公文集》卷十八。
❸《朱子语类》卷一三六《历代三》。

含有种族及文化二问题，而此二问题实李唐一代史事关键之所在，治唐史者不可忽视者也。

寥寥数语，使我们领悟出"闺门失礼"表象背后含寓的大段文章。

宋儒把政治与历史伦理化的倾向十分明显❶，他们有关李唐"闺门失礼"的结论，重在道德义理的评判而略于分析。唐代的"失礼"与"循礼"，事实上并非如此简单，而是涉及相当复杂的政治与社会现象，涉及时代的变迁。

在中国传统社会中，作为兴教化的目标，"礼义"、"纲纪"，"厚人伦"、"端王政"，总是被相提并论的❷。所谓"源流出于夷狄"的李唐，即便在立国初期，对于"闺门之礼"（亦即严格意义上之"家法"），亦非不予顾及。这与君王立国致治的要求有关，也与士大夫家族讲求礼法的需要与推动有关。有学者自研究唐律入手，指出中国封建社会的法律理论体系，是以"礼"为核心，以君主专制、等级制度和宗法制度为支柱而构筑起来的；而唐律的真髓即蕴涵在"律"与"礼"的密切关系之中❸。亦有学者自研究礼制入手，讨论唐代社会结构的演化与礼法合流的趋向❹。

"礼之重，莫大于婚姻。"❺今仅就联结皇室与士大夫之家的公主出嫁及婚后执礼问题略举数例，藉窥士大夫"正家之法"与皇家"闺门之礼"互动关系之一斑。

《贞观政要》卷七中载有这样一例：

---

❶ 参见范立舟：《论两宋理学家的政治理想》，《政治学研究》2005 年 1 期，页 107—114。
❷ 例如《册府元龟》卷五九《帝王部·兴教化》序，天宝七载五月诏。
❸ 参见刘俊文：《唐律疏议·点校说明》、《唐律疏议笺解·序论》。
❹ 参见任爽：《唐代礼制研究》下编《礼制与唐代社会》；吴丽娱：《唐礼摭遗》。
❺ 《唐大诏令集》卷四二《公主·出降册文》"册嘉成公主出降文"。

礼部尚书王珪子敬直，尚太宗女南平公主。珪曰："《礼》有妇见舅姑之仪，自近代风俗鄙薄，公主出降，此礼皆废。主上钦明，动循法制，吾受公主谒见，岂为身荣，所以成国家之美耳。"遂与其妻就位而坐，令公主亲执巾，行盥馈之道，礼成而退。太宗闻而称善。是后公主下降，有舅姑者，皆遣备行此礼。

王珪的这段话，把家内之"仪礼"与帝王之"法制"联系起来，公主依礼见舅姑，被认为是"成国家之美"的举动；而太宗对此也予以称赞。

下距贞观一百年后，在玄宗天宝五载（746年）《册平昌公主出降文》中，也郑重表示说：

> 於戏！婚姻之序，人伦为大，家道以正，王化乃贞。……尔其虔修令德，祗服厥训，循于法度，宜尔室家。可不慎欤！❶

又一百年后，被后世史臣称为"李之英主"的唐宣宗，自其为政之始，即"思厚儒风"❷。这一倾向明显地反映在他对于"闺门之礼"的处理原则上。当其爱女万寿公主出嫁郑颢之前，宣宗下诏说："先王制礼，贵贱共之。万寿公主奉舅姑，宜从士人法。"并且宣布，"夫妇，教化之端。其公主、县主有子而寡，不得复嫁。"许嫁于琮的永福公主，素来娇纵，即便在皇帝面前亦不肯稍加收敛，宣宗意识到这种脾性不可为士人妻，于是改将广德公主嫁给于琮。

---

❶《唐大诏令集》卷四二《公主·出降册文》。
❷《旧唐书》卷十八下《宣宗本纪》。

广德公主"治家有礼法，尝从琼贬韶州，侍者才数人，却州县馈遗。凡内外冠、婚、丧、祭，主皆身答劳，疏戚咸得其心，为世闻妇"，后与于琮同死于黄巢之变 **❶**。

唐代前后期的社会情势自然有着很大的不同，但从太宗、玄宗、宣宗嫁女前后的诏敕及态度来看，帝王之家的举动措置，明显地受到了当时社会上"士人法"的影响；而他们对于士人家族尊奉之礼法的肯定，又转而成为士人正家之法得以发扬的有利条件，成为"国家之美"、"王化乃贞"的必备内容。

中期以后的唐代，社会上涌动着不同趋向的潮流。宋人自总结前朝乱离教训的角度出发，更多地注意到其衰败的征象；随着义理之说的兴行，更进而对于李唐的立国根基提出了严厉的批评。而事实上，正是唐代以来的社会变迁，奠定了宋代赖以出发的基础。随着门阀制度的解体、庶族势力的上升，"士族"的构成发生着深刻的变化 **❷**；在波动不宁的外部环境中，"正家之法"成为一些士大夫家族藉以自保的手段。旧世家炫示其礼法门风，以期高自标帜；而后起家族亦需要寻求整齐家风、绵延世祚的轨范。就在这种背景之下，"家法"愈益受到重视。

汉代所谓"家法"，通常是指讲习传授经典章句之学的传统，指儒生世代相传的一家之学术。魏晋南北朝时期，与保持门户的努力相关，代表礼法门风的"家法"堂皇地登上台面。刘宋前期，王导曾孙、曾任宰相的王弘

明敏有思致，既以民望所宗，造次必存礼法，凡动止施

---

❶ 《新唐书》卷八三《诸帝公主》。

❷ 参见吴宗国：《唐代科举制度研究》，页 284—288。

为，及书翰仪体，后人皆依仿之，谓为王太保家法。❶

这些世代高门的士族精英，举止仪体皆为后人仿效，其刻意传承的家学礼法，则构成其"家法"的内在文化特征。

治家意义上的"家法"一词，到唐代中期，已经用得十分普遍。《旧唐书》卷一五四《孔戡传》称他"方严有家法，重然诺，尚忠义"。《旧唐书》卷一五五《穆宁传》附其子赞、质、员、赏传，称"赞与弟质、员、赏以家行人材为缙绅所仰。赞官达，父母尚无恙，家法清严"；又说"近代士大夫言家法者，以穆氏为高"。诸如此类的表述，还可以找到许多。欧阳修在其《新唐书》卷七一上《宰相世系表》小序中说：

> 唐为国久，传世多，而诸臣亦各修其家法，务以门族相高。其材子贤孙不殒其世德，或父子相继居相位，或累数世而屡显，或终唐之世不绝。……其所以盛衰者，虽由功德薄厚，亦在其子孙。

这里所说的"各修其家法"，包括辨别流派脉系的意思在内，反映着当时的臣僚之家对于"姓望分明"的企求。这种做法，恰恰反衬出士庶之别渐趋湮灭的大环境 ❷，也使我们注意到出自不同背景的诸臣之家各自维系"门族"的努力。所谓"修其家法"，不仅包括续谱修牒的做法，更是指材子贤孙整饬修行以期"不殒世德"的实

---

❶ 《宋书》卷四二《王弘传》。
❷ 参见唐长孺：《魏晋南北朝隋唐史三论》，页378—393；唐耕耦：《敦煌唐写本天下姓望氏族谱残卷的若干问题》，《魏晋隋唐史论集》第二辑，页312—314，中国社会科学出版社，1983年。

践。有学者就此指出，家法是士族社会的灵魂，通过家法，士族文化遗留的影响十分深远 ❶。

士大夫修饬家法的努力，不仅关系到家族的内部事务，也直接关系到士大夫的政治作为。《唐大诏令集》卷四七《大臣·宰相·命相四》有颁布于元和十五年（820年）八月的"崔植平章事制"，其中特别说道：

> 惟尔先太傅，当德宗始初清明，首居相位，克固直道，于今称之。尔其嗣乃家法，无废朕命。

制词中所谓"家法"云云，并非无根之谈。崔植，是德宗朝宰相（即所谓"先太傅"）崔祐甫的侄子，祐甫以为继嗣。祐甫系出博陵崔氏第二房，据《旧唐书》卷一一九《崔祐甫传》，祐甫"家以清俭礼法，为士流之则"。早年安禄山陷洛阳，当士庶奔迸之际，崔祐甫独能不避矢石，潜入家庙，背负祖先木主出逃；朱泚之乱，祐甫妻王氏被困于城中，"泚以尝与祐甫同列，雅重其为人，乃遗王氏缯帛菽粟，王氏受而缄封之，及德宗还京，具陈其状以献。士君子益重祐甫家法，宜其享令名也"。显然，崔氏的"家法"，即其治家礼法，实际上包含着处理家族内外事务时遵行的诸多规矩及道德准则。

《唐大诏令集》卷五二《大臣·宰相·判使》有大和九年（835年）十月三日"王涯诸道榷茶使制"，其中也褒扬系出太原王氏的王涯"处剧而神虑益闲，在贵而家法愈俭"。《旧唐书》卷一六五《柳公绰传》及所附《柳仲郢传》、《柳玼传》，说到柳氏的

---

❶ 吴丽娱：《唐礼摭遗——中古书仪研究》，页215。

家风礼法：

> 公绰性谨重，动循礼法。属岁饥，其家虽给，而每饭不过一器。岁稔复初。家甚贫，有书千卷，不读非圣之书，为文不尚浮靡。

> （公绰子）仲郢，元和十三年进士擢第，释褐秘书省校书郎。牛僧孺镇江夏，辟为从事。仲郢有父风，动修礼法。僧孺叹曰："非积习名教，安能及此？"……

> 仲郢严礼法，重气义。……以礼法自持，私居未尝不拱手，内斋未尝不束带。三为大镇，厩无名马，衣不薰香，退公布卷，不舍昼夜。

仲郢的儿子柳玭，曾经作《家训》告诫子弟：

> 夫门第高者，可畏不可恃。可畏者，立身行己，一事有坠先训，则罪大于他人。虽生可以苟取名位，死何以见祖先于地下？不可恃者，门高则自骄，族盛则人之所嫉。实艺懿行，人未必信；纤瑕微累，十手争指矣。所以承世胄者，修己不得不恳，为学不得不坚。

他并且说：

> 予幼闻先训，讲论家法。立身以孝悌为基，以恭默为本，以畏怯为务，以勤俭为法，以交结为末事，以气义为凶人。肥家以忍顺，保交以简敬。

两《唐书》所载柳玭《家训》，文字颇不相同。据《新唐书》，其《家训》末段云：

> 余家本以学识礼法称于士林，比见诸家于吉凶礼制有疑者，多取正焉。丧乱以来，门祚衰落，基构之重，属于后生。夫行道之人，德行文学为根株，正直刚毅为柯叶。……至于孝慈、友悌、忠信、笃行，乃食之醯酱，可一日无哉？

柳氏《家训》，全篇浸透着深沉的忧患感，小心谨慎，戒惧战兢。正是这种危机意识，使得中唐以后的士大夫之家修饬门风、“讲论家法”有了特殊的意义。

上引《旧唐书》卷一六五中，对于公绰以来柳氏之家法评价甚高：“初，公绰理家甚严，子弟克禀诚训，言家法者世称柳氏云。”司马光《资治通鉴》中也说：“柳氏自公绰以来，世以孝悌礼法为士大夫所宗。”❶

柳公绰之从孙柳璨，做宰相后曾经参与诛戮朝廷宿望，胡三省注《资治通鉴》时，就此感叹道：“自元和以来，柳氏以清正文雅，世济其美。至柳璨而陨其家声，所谓‘九世卿族一举而灭之’。柳玭之《家训》为空言矣。”❷ 这正说明，士大夫之家的“家法”与参预之“国事”密切相关；所谓“家声”，是与其成员之事业操履紧密联系在一起的。

五代时期，被认作末世衰俗，而即便如此，对于礼法教化亦非不闻不问；统治阶级中的一些人物，对于“孝友”与“忠贞”、“保

---

❶《资治通鉴》卷二五九，景福二年三月条。
❷《资治通鉴》卷二六四，天祐元年正月丙午条胡注。

家"与"治民"的关联，仍然有所顾及。在号称"不倒翁"的四朝元老冯道撰写的《长乐老自叙》中，他自己说：

> 静思本末，庆及存亡，盖自国恩，尽从家法，承训诲之旨，关教化之源，在孝于家，在忠于国。❶

冯道将"家法"与"孝""忠"联系起来。这正印映着后唐明宗天成二年（927年）十月诏书中的说法："许国之心，忠贞为本；承家之法，孝友为先。"❷

在敦煌文书斯坦因4473号写卷上，抄有后晋宰相李崧所撰《大晋皇帝祭文》，其中称颂晋高祖石敬瑭"始自奉亲，泊乎御众，得保家之法，有治民之术。"❸从其内容来看，这无疑是谄谀之词；但若将我们的着眼点自石敬瑭个人身上移开，那么，从该文的着墨处来看，它所强调的是，作为皇帝，既要"奉亲"又须"御众"，"保家之法"与"治民之术"是彼此密切关联的。

五代政治由乱向治的过渡，伴随着对于忠孝观、对于士大夫闺门礼法的注意。《五代史补》卷四《世宗问相于张昭远》条，说到李涛"于闺门之内不存礼法"，因而周世宗"以为无大臣体，不复任用"。

结合李唐的史实来看，我们或许不会称赞宋人有关唐代"闺门无法"的批评公允全面，但无论如何，他们的意见与评价反映着宋人的"唐史观"。而宋代对于前车之鉴的整体性反思，正是建立在这些认识之上的。

---

❶ 《旧五代史》卷一二六《冯道传》。
❷ 《册府元龟》卷五九《帝王部·兴教化》。
❸ 许福谦、郝春文：《斯四四七三号写卷〈大晋皇帝祭文〉〈大行皇帝谥状〉校注及跋》，《敦煌吐鲁番文献研究论集》五辑，北京大学出版社，1990年，页237—262。

(二) 从 "保守门户" 到 "嗣守祖宗基业"

郑樵《通志》卷二五《氏族略第一》开篇即云：

> 自隋唐而上，官有簿状，家有谱系。官之选举必由于簿状，家之婚姻必由于谱系。……此近古之制，以绳天下，使贵有常尊，贱有等威者也。所以人尚谱系之学，家藏谱系之书。自五季以来，取士不问家世，婚姻不问阀阅，故其书散佚而其学不传。

作为对于社会发展趋势的敏锐把握及概括性叙述，这段话每每被今人引用。所谓 "取士不问家世，婚姻不问阀阅"，是指科举以文取士，淡化了士子的族系背景；择偶联姻时，双方门第的差互也不再构成重要障碍。隋唐而上士庶间如同天隔的森严界限已经不复存在；门阀士族用来炫耀血脉统系、显示尊威的谱牒因之而罕有续修。这种状况早被时人观察到，欧阳修就曾经说：

> 前世常多丧乱，而士大夫之世谱未尝绝也。自五代迄今，家家亡之。由士不自重、礼俗苟简之使然。❶

苏洵在其《谱例》中也说：

> 盖自唐衰，谱牒废绝，士大夫不讲而士人不载，于是乎由

---

❶《欧阳修全集》卷七〇《与王深甫论世谱帖》。

贱而贵者耻言其先，由贫而富者不录其祖，而谱遂大废。❶

但是，在礼俗苟简、谱牒废绝的大背景之下，有少数士大夫家族仍然顽强地保守着其"家法"。例如刘温叟，据《宋史》卷二六二《刘温叟传》：

> 五代以来，言执礼者惟温叟焉。立朝有德望，精赏鉴。
> ……唐末五代乱，衣冠旧族多离去乡里，或爵命中绝而世系无所考。惟刘氏自十二代祖北齐中书侍郎环隽以下，仕者相继，而世牒具存焉。

仁宗嘉祐年间，欧阳修在为杜衍所作墓志铭中，提及唐代末年至北宋前期的一般情形，并且说到杜氏的家法：

> 其为家有法：其吉凶祭祀、斋戒日时、币祝从事，一用其家书。自唐灭，士丧其旧礼而一切苟简，独杜氏守其家法，不迁于世俗。盖自春秋诸侯之子孙，历秦汉千有余岁，得不绝其世谱；而唐之盛时公卿家法存于今者惟杜氏。公自曾高以来，以恭俭孝谨称乡里。至公，为人尤洁廉自刿。其为大臣，事其上以不欺为忠，推于人以行己取信，故其动静纤悉，谨而有法，至考其大节，伟如也。❷

据欧阳修自己说，这篇墓志，他写得相当慎重用心，"纪大而略

❶ 《嘉祐集》卷一三。
❷ 《欧阳修全集》卷三一《太子太师致仕杜祁公墓志铭》。

小"，"所纪事皆录实有稽据，皆大节与人之所难者。"❶志文中"自唐灭，士丧其旧礼而一切苟简；独杜氏守其家法，不迁于世俗"的对比应该是可信的。而这种家法，又成为杜衍本人忠信大节、"谨而有法"的直接背景。

自从赵宋统治稳定之后，士大夫治家之法的严整与否，日渐进入人们视野。成文的家范、家训、家规频频出现，成为建立并维护民间社会家族秩序的准则。确立这类"世世守之"的规式，目的在于"为私门久远之法"❷。更值得注意的是，在注重秩序建设的大环境之下，士大夫家族的家法，事实上已经走出了私门，不仅广泛弥散于民间社会，也成为朝廷关注的对象，君臣们在朝廷之上时而有所议论。《宋史》卷二六三《窦偁传》中记录了宋太祖评价近代士人、称赞窦仪兄弟的一段话：

> 太祖尝谓宰相曰："近朝卿士，窦仪质重严整，有家法，闺门敦睦，人无谰语，诸弟不能及。偁亦中人材尔，偶有操尚，可嘉也。"

作为开国君主，注意到臣僚的"家法""闺门"，并在朝廷上与宰相讨论，这种做派，看上去与汉高帝、唐高祖颇为不同。在柳开为其父撰写的墓志铭中，也说到太祖曾经召他上殿，

> 言曰："闻尔治家严而平，如朕治天下也。"❸

---

❶ 《欧阳修全集》卷七〇《与杜诉论祁公墓志书》、《再与杜诉论祁公墓志书》。
❷ 赵鼎《忠正德文集》卷一〇《家训笔录》。
❸ 《河东集》卷一四《宋故中大夫行监察御史赠秘书少监柳公墓志铭》。

两宋时期，"能守家法"或"家法不正"，往往成为官员受举荐或被弹劾的因由❶。太宗时，"端谨能守家法，廉白无私"的贾黄中，受到皇帝赏识，一度就任参知政事❷；而雷有终因被讼"家法不谨"，责授衡州团练副使，且夺章服❸。真宗即位后，多次明确表示"谨遵圣训，绍继前烈"的意向：

> 朕每念太祖、太宗丕变衰俗，崇尚斯文，垂世教人，实有深意。朕谨遵圣训，绍继前烈，庶警学者。……此天下之达理，先王之治，犹指诸掌，孰曰难哉？❹

同时，他也对士大夫的正家之法予以关注。张师德即曾因"孝谨有家法"而受推荐、被擢用❺。太宗辅臣李昉家族世居京城之北，其子孙辈能守家法，"凡七世不异爨"。据司马光《涑水记闻》记载，真宗曾经特别召见李昉之子、能够"敦睦宗族，不陨家声"的李宗谔，表示

> 朕今保守祖宗基业，亦犹卿之治家也。❻

这同一句话，在李焘的笔下，记载为"朕嗣守二圣基业，亦如卿辈之保守门户也"。❼此事在文莹《玉壶清话》卷四有更详细的记载：

---

❶ 例如《续资治通鉴长编》卷三七六元祐元年四月辛亥条载韩缜推荐江懋相事；卷三六八元祐元年闰二月甲午条载苏辙奏劾韩缜事；又如《宋会要辑稿·职官》七二之四载淳熙四年四月陆杞放罢事，等等。
❷ 《宋史》卷二六五《贾黄中传》。
❸ 《宋史》卷二七八《雷有终传》。
❹ 《宋朝事实》卷三。
❺ 《长编》卷一〇四，天圣四年闰五月辛未条。
❻ 《涑水记闻》卷六。
❼ 《长编》卷七六，大中祥符元年十月戊辰条。

在玉堂，真宗召公（按指李宗谔）同丁晋公侍宴玉宸殿。上曰："朕常思国朝将相之家，世绪不坠，相惟昉、将惟曹彬尔。闻卿家尤更雍睦有法，朕继二圣基业，亦如卿家保守门阀。"

"朕嗣守二圣基业，亦如卿辈之保守门户也"，这短短一句话，称得上点睛之语。它将赵宋帝王世代嗣守的"祖宗基业"与士大夫之家的"保守门户"并列齐观，道出了赵宋倡行"祖宗家法"一说的深意所在。

"祖宗家法"（"陛下家法"、"祖宗法"）的提法在仁宗朝正式出现，并在日后凝固为一成说。这一方面与北宋前中期统治者及士人阶层对于家法的普遍重视有关 ❶；同时，也与士人"以忠事君，以孝事亲"传家精神的重新确立有关。

欧阳修所作《欧阳氏谱图序》（集本）在叙述修续图谱目的时，谈及其"祖考遗德"：

> 某不幸幼孤，不得备闻祖考之遗德，然传于其家者，以忠事君，以孝事亲，以廉为吏，以学立身。吾先君诸父之所以行于其躬、教于其子弟者，获承其一二矣。……《传》曰：积善之家必有余庆。今八祖之子孙甚众，苟吾先君诸父之行于其躬、教于其子孙者守而不失，其必有当之者矣。故图其世次，传于族人，又志于其石以待。❷

---

❶ 王善军在其《宋代真定韩氏家族研究》一文中，即曾将二者联系起来讨论，说"有宋一代，皇帝以家法治国，士大夫以家法保守门阀，蔚蔚成风。"见《新史学》第八卷第四期，页130，1997年。

❷ 《欧阳修全集·居士外集》卷二一。

这种把"事君"与"事亲"、"为吏"与"立身"联系对举的提法，简捷鲜明地体现出"孝"与"忠"之间的关联与切换，体现出《氏谱》希望"守而不失"的原则内容，也体现出当时官僚士大夫之家"传于其家"的实质精神。南宋中期，陈亮曾经称赞他的朋友潘友文"临民而有父母之心，固其家法当如此"❶。凡此种种，都使我们明白即便是士人之家的"家法"，也并非仅仅行用于私家内室的原则。以敬奉祖宗的虔诚去对待国家事业，推治家之法以临民，这正是士大夫心目中维持良好社会秩序的理想状态。

北宋中期的儒家人物，当中唐以来激剧社会变革冲击之后，都试图重建新时期以家族为基础的社会秩序。横渠先生张载与河南程氏两夫子都是这方面的代表人物。张载曾经说："公卿各保其家，忠义岂有不立？忠义既立，朝廷之本岂有不固？"❷当有人向程颢请教"如何是道"时，明道先生回答说："于君臣、父子、兄弟、朋友、夫妇上求。"❸谈及礼乐对于"安上治下，移风易俗"的作用，程颐说："推本而言，礼只是一个序，乐只是一个和。只此两字，含蓄多少义理！"❹这类说法，将人际关系准则与"天道""义理"联系起来，把谐睦秩序与天下国家联系起来，就是要通过对于家国秩序关系的体认来把握"道理"。

二程对于《大学》篇"格物、致知、诚意、正心、修身、齐家、治国、平天下"特别地尊信表章，既是对于社会现实的批判，也是他们心目中建立理想社会秩序的途径。《二程遗书》卷二《二先生语二上》中，有吕大临元丰年间所记如下一段话：

---

❶《陈亮集（增订本）》卷二五《信州永丰县社坛记》。
❷《经学理窟·宗法》，见《张载集》页259。
❸《二程外书》卷一二《传闻杂记》祁宽记尹和静语。
❹《二程遗书》卷一八《伊川先生语四》。

谈经论道则有之，少有及治体者。如有用我者，正心以正身，正身以正家，正家以正朝廷百官，至于天下。

程颐曾经说："今无宗子法，故朝廷无世臣。若立宗子法，则人知尊祖重本。人既重本，则朝廷之势自尊。"❶游酢也记录过程颐议论"二南之诗"的一段话：

二南之诗，盖圣人取之以为天下国家之法，使邦家乡人皆得歌咏之也。有天下国家者，未有不自齐家始。❷

朱熹在点拨其门人读《诗》时，亦肯定了程氏关于《诗》有《二南》，犹《易》有《乾》《坤》的说法❸。

天下国家之法，以齐家之法为其出发点，推治家之道以治国。这一方面反映着理学家们谨守伦理纲常道德，治根本、"正君心"的要求；另一方面也反映着理想中"家国一体"的治理模式。南宋孝宗时，张栻向皇帝进讲说：

古人论治如木之有根，如水之有源；言治外必先治内，言治国必先齐家。须是如此，方为善治。❹

理宗时，真德秀在讲筵进读《大学》"治国在齐其家"章之后，曾经写下一段手记，回忆当时讲论的情形：

---

❶《二程遗书》卷一八《伊川先生语四》。
❷《二程遗书》卷四《二先生语四》。
❸《朱子语类》卷八一《诗二·周南关雎》。
❹《南轩集》卷八《经筵讲义》。

进读《大学》"治国在齐其家"章,奏云:"……以治家之道推之治国,其理一耳。非先治家,后却旋去学治国也。"❶

《古今合璧事类备要》续集卷四《家训》条小序中亦说:

人有常言:"天下国家。"天下之本在国,国之本在家。故《大学》之治国平天下之道,而必以齐家为本也。天子不能齐其家,则不可以化天下……士庶人不能齐其家,则不能以化诲其子弟。自天子以至于庶人,壹是皆以齐家为第一义。

当时,士大夫之家注重齐家之法,是对于社会地位流动不居之总体背景的反应措置之一;帝王之家倡行家法,根本意义亦着眼于建立稳定的家国秩序。赵宋的"祖宗家法",实际上就是宋代帝王累代相承的正家治国方略与规则。

(三)"祖宗家法":帝王的"家事"与"国事"

近年来,有学者讨论中古士族之家"家法"概念的变化 ❷,张国刚自礼法文化的角度出发,对于汉唐"家法"从经典文本的诠释传统到世俗伦理规范的大致演变脉络,进行了如下概括:

家法最初是指研究儒家经典的章句之学,是一种根据家

---

❶ 《西山集》卷一八《讲筵进读手记》。
❷ 例如吴丽娱:《唐礼撷遗——中古书仪研究》七章一节《古礼与家法相结合的吉凶书仪制作背景》,页204—224;张国刚:《汉唐"家法"观念的演变》,牟发松主编:《社会与国家关系视野下的汉唐历史变迁》,页66—73。

学传统讲述的经学解释文本和解释传统。家法在魏晋隋唐时代成为士族的礼法门风，士族的伦理行为和礼仪规范被推定为家法。魏晋隋唐士族的家法原本是具有个性化的，士族之家各有各的家法，但是随着儒家经典文本及其解释的规范化，随着士族家法的文本化，社会上有整齐家法、规范吉凶礼仪的呼声和要求。于是，家法仪范的统一化成为历史的趋势。正是通过这样的演变，儒家伦理完成了从国家意识形态向社会和个人伦理规约的转变，国家的意志最终变成了社会和家庭的意志。**❶**

"家法"观念的演变，是个复杂问题。就宋代"祖宗家法"的提出而言，其背后显然有着两个相互交织的过程：一是"家法"的世俗伦理化过程；二是士大夫之家的"家法"被借鉴吸纳，进入"天子之家"——"国家"——的过程。

赵宋用以规范综括统治行为的所谓"家法"，是一相当宽泛的概念。宋孝宗曾经概括说："祖宗法度，乃是家法。"**❷**也就是说，这一"家法"囊括着自祖宗朝以来包含法令在内的原则与规矩**❸**。就其原始意义而言，"祖宗家法"特指太祖太宗创法立制所贯彻的精神及其定立的诸多法度；而随着宋代历史的推移，逐渐扩展为泛指赵宋列祖列宗建立与维持的轨范。

我们讨论宋代中央集权的活力与僵滞、各层级权力结构的分立与集中、"守内虚外"格局的展开、文武制衡关系的形成、官僚机

---

❶ 张国刚：《汉唐"家法"观念的演变》，牟发松主编：《社会与国家关系视野下的汉唐历史变迁》，页66—73。

❷ 《中兴两朝圣政》卷五〇，乾道七年二月丙辰条。

❸ 参见张邦炜：《宋代皇亲与政治》，页339。

制运作过程中上下左右的维系，乃至赵宋王朝的兴与衰……如此等等，处处都会遇到所谓"祖宗家法"的问题。这种动辄援引列祖列宗的做法，在其后的元明清诸代，也都曾对当时的政治发生过深刻的影响。

赵宋王朝的治国原则以"祖宗家法"的名义出现，在当时并非偶然，这既是反思前代鉴戒的结果，是凝聚君臣之心的号召，同时也是出自朝政建设的需要。宋宁宗嘉定十四年（1221 年）十一月十八日，经筵官员叶时、盛章等上疏称：

> 窃谓圣学无倦，固治道之所当先。皇祖有训，尤圣学之不可后。商宗学于甘盘，其永无愆，必监先王成宪；成王学有缉熙，其养天下，必酌先祖之道。盖近承家法，皆易知而易行；视泛稽于古昔，又不侔也。❶

这番话颇为实在地道出了讲求"家法"对于帝王施政的意义，即"近承家法，皆易知而易行"。

在学术思想史的研究中，有学者指出，中国人表达思想的传统方法，就是明明属于自己的新创，也要将其纳入对某种已有的经典之诠释或阐发中 ❷。而在政治史中，我们也经常看到这样的现象：在面对原本陌生的新环境之际，决策者们倾向于寻找轻车熟路，通过历史记忆去发掘思想资源，依靠对于原本熟悉的固有精神原则的重新阐发，奠定比较安宁的施政基础；为了保持稳定感甚至建构起某种信任格局，在面对当前的挑战、铺展通向未知的道路时，常常

---

❶ 《宋会要辑稿·崇儒》七之三七至三八。
❷ 谢维扬：《至高的哲理：千古奇书〈周易〉》，页187。

强调与既往、与"已知"的延续 ❶。"易知而易行"的"祖宗家法",正是赵宋沟通既往、应对"未知"的途径。

"祖宗家法"自其被提出之日始,从内涵到外延,都处于不断被诠释、被归纳、被阐发的过程之中。大致而言,宋人对于"祖宗家法"的解释,有狭义、广义之不同。狭义主要指与皇家事务有关的处置原则,广义则包括处理国家事务时所遵奉的精神。不过,即便是狭义的理解,也会从皇室的家事联系到国家的政事。

嘉祐六七年(1061—1062年)间,为兖国公主宅内臣梁怀吉等事,身为谏官的司马光与杨畋、龚鼎臣等纷纷上言。司马光先后上《论公主内宅状》及《正家札子》,批评仁宗"曲徇公主之意,不复裁以礼法",他要求皇帝

> 仍戒饬公主,以法者天下之公器,若屡违诏命,不遵规矩,虽天子之子,亦不可得而私。庶几有所戒惧,率循善道,可以永保福禄,不失善名。❷

这真是直接且又具体地干预到皇帝的家事了。"祖宗家法"一旦被树为旗帜,即出现了一套衡量帝王内外言行举止的理想参照系,进而使其举措经常地被臣僚比较议论。不仅帝王处理子女问题

---

❶ 也有研究社会经济制度的学者曾经说明,制度的演变和改进是通过自身不断获得新的信息、通过实践不断学习而实现的。而在"减少成本"的经济规律制约下,为了更有效率地获取和加工信息,往往倾向于在自己熟悉的"近邻"那里获取新的信息。由此而来的"近邻效应"表现为制度行为的历史依赖性,即过去的行为对新的行为趋向发生着重要的制约。在这个意义上,制度在最需要变迁的时候,其"汲取"行为反过来却有可能强化现有的结构。参见周雪光:《西方社会学关于中国组织与制度变迁研究状况述评》,《社会学研究》1999 年 4 期,页 26—43。

❷《温公集》卷二一《正家札子》。

之原则，即便是有关遴选后妃等类事宜，也不被宋代的士大夫承认为单纯私密的"陛下家事"。

北宋一朝，凡遇皇帝年幼、太后听政的时期，朝廷中的官僚们总是紧张而小心地注视着内廷的动向。仁宗初即位的乾兴年，哲宗刚登基的元丰末，女后的作用都受到空前的关注。元祐（1086—1094）年间，朝野以熙宁（1068—1077）时期对于"祖宗法度"的冲击为鉴戒，应该说，是赵宋历史上"本朝家法"受到最为严密注意的阶段。

元祐五年，范祖禹就哲宗纳后事上疏太皇太后高氏，说道：

> 本朝太祖皇帝以来，家道正而人伦明，历世皆有圣后内德之助。自三代以来，未有如本朝家法也。……惟陛下远观上古，近监后世，上思天地宗庙之奉，下为万世子孙之计……

在章奏的最后部分，范祖禹又驳斥所谓"陛下家事非外人所预"说，云：

> 进言者必曰："此陛下家事，非外人所预。"自古误人主者，多由此言。天子以四海为家，中外之事，孰非陛下家事？无不可预之事，亦无不可预之人。❶

由"陛下家事"而言及"本朝家法"，这本来是就"祖宗家法"的狭义出发的；但他旋即以"天子以四海为家，中外之事，孰非陛下家事"的立论，将"陛下家事"推而广之，突出了本朝家法的广泛

---

❶《长编》卷四五一，元祐五年十一月。

包容性，以此提醒皇帝：既为天子，即无私事可言，一言一行、一举一动都自然要处于臣僚的目光及议论之下。这也使我们联想到明道（1032—1033）年间，面对临朝称制的刘太后，宰相吕夷简正气凛然的说法："臣待罪宰相，内外事无不当与。"❶这也表示出，宫中府中，内事外事，无不在外廷关注之中。

在宋代的臣僚们看来，从根本上说，"子道修者仁之本，家道正者礼之源，而君道之立则又天下大义所由定"。就孝道而言，他们强调"天子之孝与臣庶不同"，"欲报先皇之大德，则继志述事所当先，衰麻之数、哭踊之节其次也。"❷从而在肯定一致性的前提下，拉开了"天子家法"与"臣庶家法"的距离。

正是由于天子之家与臣庶之家不同，帝王之家所奉守的"祖宗家法"，自然也就具有比较宽泛的意义。仁宗时，当朝廷上议论到"山泽之利"的问题时，皇帝表示"山泽之利当与民共之"。辅臣丁度立刻说：

> 臣事陛下二十年，每奉德音，未始不本于忧勤。此盖祖宗家法尔。❸

在这里，丁度把仁宗的德音美意提炼为"忧勤"二字，并进而将其与"祖宗家法"的精神联系起来，这种概括，在当时得到了普遍认同。直到哲宗元祐后期，宰相执政们与讲读官进读《宝训》时，还特别自丁度这番对答出发，长篇大论地予以阐释。

对于"祖宗家法"最为详尽的说明，应该说是吕大防苦口婆心

---

❶《东都事略》卷五二《吕夷简传》。

❷《西山集》卷四《对越甲稿·召除礼侍上殿奏札一》。

❸《清波杂志校注》卷一《祖宗家法》。

的一番话。元祐八年，时任宰相的吕大防借迩英阁讲读的机会，向哲宗"推广祖宗家法以进"，他说：

> 祖宗家法甚多。自三代以后，惟本朝百三十年中外无事，盖由祖宗所立家法最善。……陛下不须远法前代，但尽行家法，足以为天下。

关于祖宗家法的具体内容，吕大防分析为"事亲之法、事长之法、治内之法、待外戚之法、尚俭之法、勤身之法、尚礼之法、宽仁之法"八项。他说：

> 自古人主事母后，朝见有时……祖宗以来，事母后皆朝夕见，此事亲之法也。前代大长公主用臣妾之礼，本朝必先致恭……此事长之法也。前代宫闱多不肃，宫人或与廷臣相见……本朝官禁严密，内外整肃，此治内之法也。前代外戚多预政事，常致败乱；本朝皇后之族皆不预事，此待外戚之法也。前代宫室皆尚华侈，本朝宫殿止用赤白，此尚俭之法也。前代人君虽在宫禁，出舆入辇；祖宗皆步自内庭，出御后殿，岂乏人力哉？亦欲涉历广庭，稍冒寒暑耳，此勤身之法也。前代人主在禁中，冠服苟简；祖宗以来，燕居必以礼……此尚礼之法也。前代多深于用刑，大者诛戮，小者远窜；唯本朝用法最轻，臣下有罪，止于罢斥，此宽仁之法也。
>
> 至于虚己纳谏，不好畋猎，不尚玩好，不用玉器，饮食不贵异味，御厨止用羊肉，此皆祖宗家法所以致太平者。❶

---

❶ 《长编》卷四八〇，元祐八年正月丁亥条。

吕大防向皇帝列述的，主要是调整皇族内部关系、限制宗室外戚权势的一些法则。这些法则并非成文，而是经由士大夫们根据本朝实践提炼出来，又用以指导其实践。这正如王称所说："前事诚后事之师，家法乃治法所出。"❶

在帝制社会中，帝王的"家法"与"国法"本相贯通。吕大防既然是向哲宗讲述国家"百三十年中外无事"的原因，在宗室、外戚关系之外，自然也涉及皇帝如何处理与臣僚关系的内容，例如宽仁之法。不过，从讲述的方式与内容来看，与其说他是在全面阐释祖宗家法，不如说他是在特定背景下，有针对性、有侧重点地向年轻的哲宗皇帝进言。

元丰（1078—1085）年间，二程曾经称赞吕大防"才高"，并说他的学问"恺悌严重宽大处多"。他谈及祖宗家法的这一番话，本意在于揭示祖宗家法的丰富内涵，也体现着注重日常义理的倾向。但是，话中的寓意尽管出自防微杜渐之思，却非立意高远；尽管可效仿、可操作性很强，但亦相当烦琐细碎，似与二程称道的"才学"不相符应。

吕大防有关祖宗家法的解释，不久即遭到其政治对立派别的激烈批评：

> 大防奏对十余，有论"人主步自内庭，出御便殿，欲涉历广庭，稍冒寒暑，此勤身之法也"。览之扼腕。盖大防以腐儒之学、斗筲之器，循至台鼎，因事辄发，以邪说猥词钤制人主，愚玩而已。强悍跋扈，莫此为甚。❷

---

❶ 《东都事略》附《除直秘阁谢表》。
❷ 《长编》卷四八〇，元祐八年正月丁亥条。

这使我们想到程颢评价吕大防时所说的另一句话:"宰相,吕微仲须做。只是这汉俗。"❶ 即便与吕大防同一阵营中人,也并不认为他的表述足以概括祖宗家法的内容。例如,苏辙就曾补充说:

> 祖宗别更有家法:殊不杀人,大辟则案条,疑狱则奏上,有司不若唐之州县得专杀人也。❷

其实,不仅是吕大防,也不仅是当时人,无论何方贤能,想要列举"祖宗家法"的内容,肯定只能事倍功半。赵宋的"祖宗家法",从来无法归纳出确切全面的固定条款。

明清之交的思想家顾炎武作《日知录》,在其阐论礼制部分有《宋朝家法》一条,说:

> 宋世典常不立,政事丛脞,一代之制殊不足言。然其过于前人者数事:如人君宫中自行三年之丧,一也;外言不入于梱,二也;未及末命即立族子为皇嗣,三也;不杀大臣及言事官,四也。此皆汉唐之所不及,故得继世享国至三百余年。若其职官军旅食货之制,冗杂无纪,后之为国者并当取以为戒。❸

这里既说到皇室的服丧、立嗣等问题,也涉及君臣关系问题。但他所谈论的宋朝家法,似乎与当时的"典常"、"政事"以及"一代之制"无干,这显然与宋代的情形不相符合。

从"一代之制"角度理解"祖宗家法"的叙说,在宋代比比皆

---

❶《二程外书》卷一二《传闻杂记》引《上蔡语录》。
❷《长编》卷四八○,元祐八年正月丁亥条。
❸《日知录集释》卷一五。

是，不胜枚举。绍兴元年（1131年）四月辛巳，在与执政范宗尹等人议论程俱所进有关"名臣列传"之札子时，宋高宗曾经谈道：

> 初止令进累朝《实录》，盖欲尽见祖宗规模。此是朕家法，要得遵守。❶

将祖宗时的治国规模概括为"朕家法"，这显然是自"一代之制"的意义上加以理解的。不仅皇帝，在士大夫中，也广泛存在着此类共识。《诚斋集》卷一一二《东宫劝读录》中，有杨万里关于"初读《三朝宝训》"的记载：

> 万里曰：一代之治体，必有一代之家法。夏之家法以禹，如所谓皇祖有训、有典有则是也；商之家法以汤，如所谓视乃厥祖、率乃祖攸行是也；周之家法以文武，如所谓丕显哉文王谟、丕承哉武王烈是也。东方朔告汉武帝，谓臣未暇远引尧舜，请近举孝文皇帝，是汉之家法在孝文；陆贽告德宗，谓求言纳谏当法太宗，是唐之家法在太宗。
>
> 本朝仁宗皇帝在位四十二年，海内富庶，中外安靖，人才众多，风俗醇厚，民心爱戴，国祚延长，号为本朝之尧舜。此虽仁宗仁圣之所致，亦由不自用其圣，不自矜其能，动以太祖、太宗、【真宗】三圣为家法之效也。

紧接着，他又在批评时习的同时，一一列举出自己所理解的"祖宗家法"的要义，其中包括畏天、敬民、薄赋敛、简力役、进君子、

---

❶《中兴两朝圣政》卷九，绍兴元年四月辛巳条。

退小人、纳谏以通下情、省刑以结人心，以及近习不预事、宦官不预政、与夷狄坚盟好息边衅等诸多内容。他继而说：

> 观仁宗之法祖宗与后世之背祖训，而治乱兴亡之鉴昭昭矣，可不痛哉！可不惧哉！

很清楚，与"一代之治体"相应的"一代之家法"，是自治国角度而言，正是广义上的"祖宗家法"。

宝庆元年（1225 年）六月，真德秀在《召除礼侍上殿奏札》中，将赵宋祖宗家法总结为"事亲教子之法、正家睦族之道、尊主御臣之方"三项，亦家亦国，有典有则，督励"圣子神孙兢兢保持而勿坠"。

在宋代，也有将祖宗以来的种种具体措置、法度，甚至细致而微的规矩皆认定为"家法"内容的。比如，宁宗嘉定（1208—1224）时，经筵官员俞烈、范之柔等呈进札子说：

> 惟我皇家，列圣相承，右文尊经，以为家法。❶

刘克庄在其《进故事》中，讲到杜衍任相时抑绝侥幸之事，又联系到建国初年，赵普佐助太祖，凡事定立规矩的做法，说：

> 我朝家法最善，虽一熏笼之微，必由朝廷出令。列圣相承，莫之有改。……此所以为极治之朝也。❷

---

❶《宋会要辑稿·崇儒》七之三〇至三一。
❷《后村先生大全集》卷八六。

马端临《文献通考·征榷考·征商》则记载着陈傅良的一段话，说是：

> 我艺祖开基之岁，首定商税则例，自后累朝守为家法。

从以上讨论可以看出，对于"祖宗家法"，宋人通常作宽泛的理解。赵宋的"家法"，内外包容，巨细无遗，既涉及帝王的"家事"，也关系到范围广泛的"国事"，实际上就是自"祖宗"以来累代相承的正家治国方略与规则。所谓"祖宗家法"与"祖宗之法"，在时人心目中基本上是同一概念。在某些情况下，"家法"一说更加强调对于皇族宗室的约束，但并非区分严格。

在中国传统社会中，国家的正式法典难以全面覆盖现实生活的各领域各层面；礼制轨则、家法族规，遂在"家国同构"体制下发生作用，从而形成了家法补充国法、家法辅助国法的独特现象❶。赵宋祖宗家法与民间家法的关键区别在于，它既包括维系皇族家内秩序、制约姻戚关系的规矩，又包括处理时政的法度原则；自根本精神上规定着、制约着"国法"的取向与施行❷。身为人主，帝王之家的"家法"突出地体现着与"国法"的高度混溶。

在赵宋之后，蒙元对于祖宗所传《大札撒》很是尊奉褒崇。元世祖忽必烈在其即位诏书中，一方面理直气壮地播告了"祖述变通"的统治方略；一方面宣称"祖训传国大典，于是乎在，孰敢不

---

❶ 许振兴在其《论明太祖的家法——〈皇明祖训〉》一文中，曾经就此作过较为详尽的论述。见《明清史集刊》第3卷，页69—96，1997年6月。

❷ 张邦炜在其《宋代皇亲与政治》一书的"导言"中，曾经论及研究"皇族"的意义所在，以及"皇族"与"素族"相同之中的不同。见该书页2。

从"❶。明太祖朱元璋更是亲定《祖训》，明示以为"家法"：

> 朕观自古国家，建立法制，皆在始受命之君。当时法已
> 定，人已守，是以恩威加于海内，民用平康。……故以所见所
> 行，与群臣定为国法……至于开导后人，复为《祖训》一编，
> 立为家法，大书揭于西庑，朝夕观览，以求至当。首尾六年，
> 凡七誊稿，至今方定，岂非难哉！盖俗儒多是古非今，奸吏常
> 舞文弄法，自非博采众长，即与果断，则被其眩惑，莫能有所
> 成也。今令翰林编辑成书，礼部刊印，以传永久。❷

在这里，与群臣共定的"国法"及"开导后人"的"家法"，既有
关联，又有区别。《皇明祖训》十三章节，"多言亲藩体制"❸，主要
是针对子孙须执守之礼法的告谕与要求。既为皇室后裔，其中自然
包括"慎国政"之类的内容。在该《祖训》的序文中，明太祖训诫
后人说：

> 凡我子孙钦成朕命，无作聪明，乱我已成之法。一字不可
> 改易。非但不负朕垂法之意，而天地祖宗亦将孚佑于无穷矣！
> 呜呼！其敬戒之哉！

吴智和在《明代祖制释义与功能试论》一文中，指出明代的"祖
制"问题，周缘复杂；其释义界定是由狭而广，次第推衍的。他将
其分为四个层次：一、祖训即祖制；二、洪武间典制即祖制；三、

---

❶ 《元史》卷四《世祖本纪一》。
❷ 《皇明祖训》序。
❸ 《四库全书总目》卷八三《明祖训》提要。

洪武、永乐典制即祖制；四、祖训、会典，累朝功令（政令？）即祖制。其中，祖训即"皇明家法"，是一切祖制的施政纲领 ❶。这样的情形，与宋代颇有些类似。

综上所述，治家意义上的"家法"，本是一种基于亲缘关系之上的约束；而将帝王之家的"家法"扩大，乃至与"国法"混溶为一体，则反映出国家政治内在的宗法性。"祖宗家法"提法的出现，一方面，使现世的法度笼罩在宗族秩序乃至道德伦理的体系之下，具有了双重的权威；也使"祖宗"的意旨与现实政治联系在一起，使其形象更为鲜明生动，并因而在现世获得了"永生"。另一方面，这一说法又将已经进入彼界的"祖宗"与用以处置世俗政务的"法度"固定联系起来，从而使"祖宗"不再是"高处不胜寒"的神灵，在拉近了距离、保存了亲切感的同时，也降低了祖宗们的超越度与凌驾度。

❶《史学集刊》1991 年 3 期，页 20—29。

第2章

走出五代

——10世纪中原王朝统治人群的转变

赵宋一代政治的展开，奠立于"革五代之弊"的基础之上，对此宋人不乏阐论。但这并不意味着五代是一不变整体，也不是说宋代对于前朝只是"革弊"而无所因袭。在《五代时期北部中国的权力结构》（*The Structure of Power in North China during the Five Dynasties*）一书中，王赓武先生曾经指出，中国历史上很多重大的课题，往往被传统的以王朝为单位的研究方式遮蔽模糊了 ❶。如果我们更多地着眼于历史发展运行的实际状况，而不是朝代的兴废，那么，很明显，自唐朝末年经五代至北宋初年，在政治、军事、文化等方面面临的社会矛盾性质类似，统治者在挣扎摸索中致力于解决的问题也类似，从这一意义上说，这段期间事实上属于同一单元。北宋的政治局面，正是从五代"走出"来的。

经常作为通称的"五代"，尽管有着明显的继承性与诸多共同特点，却远非一个板块式的整体单元，而是饱含变更异动的时期。逯耀东先生在《魏晋史学的思想与社会基础》一书的序言中说，魏

---

❶ *The Structure of Power in North China during the Five Dynasties*, Stanford: Stanford University Press, 1967, p.2.

晋"是一个解构与重组的时代","一个离乱与动荡的时代"❶。介于中国历史上两个重要王朝唐朝与宋朝之间的五代，也正是这样一个充满着变革的时期。近一二十年来，为了解决有关唐、宋转变过程的若干历史疑难，不少学者致力于研究这一为时短暂却又极为错综复杂的历史时期 ❷。时至今日，我们不应再以"黑暗政治"这类简单浮泛的表述，对该时期的特性加以概括。

五代时期之所以重要，原因之一在于它的过渡性。它是一个破坏、杂糅与整合的时期。它自唐代后期藩镇割据局面脱胎发育而来，同时又为打破长期僵持之局面创造着条件；它是"礼崩乐坏"的时期，同时又是大规模整理旧制度、建设新局面的时期；它是上上下下空前分裂的时期，同时又是走向新层次统一的时期。当然，它在解决旧有问题的同时，也在内部外部产生了新的问题。

赵宋以后，中国历史上再没有通过兵变或所谓"禅让"等方式篡取中央政权成功者；再没有严重的地方分裂割据局面发生。这种状况不仅与宋朝开国之后的一系列政治措置有关，也与它所承袭的五代时期的政治积累直接相关。今天，要讨论北宋开国后的创法立制，以及赵宋"祖宗之法"的形成背景问题，我们必须把视野拉得更长。

众所周知，一些曾经困扰大唐帝国后期政治史、甚至对唐王朝的统治造成直接威胁的问题，诸如宦官专权、朋党之争、藩镇割据等，是在唐末五代激剧酷烈的动荡之中渐趋消释。与上述过程同时，前后一个世纪之中，在统治阶层的构成、民族关系的整合、文武制衡的发展乃至人们的文化心理等方面，也都发生着深刻的变

---

❶ 逯耀东：《魏晋史学的思想与社会基础》，页 2。

❷ 例如陶懋炳：《五代史略》；郑学檬：《五代十国史研究》、《中国古代经济重心南移和唐宋江南经济研究》；张其凡：《五代禁军初探》，等等。

化。本章将着力于分析该时段中武将文臣的出身背景、素质演化以及宋初文武关系格局的形成等问题。

一 五代宋初统治人群中民族色彩的淡出

华北地区的"汉化""胡化"问题，是从事隋唐史研究的学者们所一向关心的，学界对此有过不少深入的研究。如学者所指出，安史乱后，唐朝出现排斥胡人的情绪，大量胡人迁居河朔，加重了该地区的胡化倾向，也增强了河北藩镇的力量。这些胡人最终整合入晚唐强劲的北方民族沙陀部，成为五代王朝的中坚 ❶。而这一问题在历史上如何归于"消解"，又牵涉稍后的历史阶段中的诸多史实。

公元9世纪末黄巢起义以后的北方历史，大体上是以朱温（朱全忠）、李克用两大势力集团为中心而展开的。五代王朝中，除朱梁外，其余四朝均出于沙陀部李克用系统，赵宋王朝就其统治者的"底盘"而言，亦与之有着一脉相承的关系 ❷。而正如大家所知道的，中原地区的"胡/汉"问题，经过五代（其中有三个沙陀王朝）的统治之后，到宋代不再频频出现于历史记载，不再被当时的人们所关注，已经从时人的话语中逐渐淡出。

（一）五代时期的民族混溶

陈寅恪先生曾经精辟地指出："种族及文化二问题"，"实李唐

---

❶ 参见荣新江：《安史之乱后粟特胡人的动向》，《暨南史学》第二辑，暨南大学出版社，2003年，页102—123。

❷ 参见樊文礼：《唐末五代的代北集团·自序》，页1—4。

一代史事关键之所在"❶。这两个问题，既关系到唐代三百年统治阶级的族属与升降，关系到其创业垂统之根本政策；又影响着有唐一代的社会性质及其内忧外患等诸多问题。而李唐所提供的多民族交汇互动的广阔舞台，一方面造就了盛世的辉煌，另方面也曾带来阶段性的困扰。

陈先生亦曾指出：

> 今试检新唐书之藩镇传，并取其他有关诸传之人其活动范围在河朔或河朔以外者以相参考，则发见二点：一为其人之氏族本是胡类，而非汉族；一为其人之氏族虽为汉族，而久居河朔，渐染胡化，与胡人不异。前者属于种族，后者属于文化。质言之，唐代安史乱后之世局，凡河朔及其他藩镇与中央政府之问题，其核心实属种族文化之关系也。❷

文中特别说到的河朔地区，事实上即五代（尤其是后唐以来）立业之基盘。而就后唐以来上层统治者的"种族"与"文化"问题而言，似不难看出多民族日益混溶的特点。

以"胡化"或者"汉化"来笼统概括中唐以后民族混溶的过程，都会失之于简单。华北地区民族关系的整合，是在空前混乱的政治局面之中自然交错地完成的。

唐代"内附"少数民族的一些上层人物，通过联姻，在血统上不复纯粹；同时或被动或自觉地改易着自身的籍贯地望以至姓氏族属，甚至浪托汉人名门为其先祖，以示自己为华夏正宗传

---

❶ 陈寅恪：《唐代政治史述论稿》，页1。

❷ 同上书，页28。

人❶。这正反映出唐代中期以后社会上与谱牒无考并行的攀附习俗，反映出这些叱咤于政治军事舞台的"蕃人"，已经与汉族士人有着趋同的心理状态 ❷。

五代时期尽管有"沙陀三王朝"，但这一阶段重重叠叠的割据分裂，主要自政治原因引发，而不是由民族矛盾导致的社会冲突。沙陀族建立的后唐、后晋与后汉王朝，并未带来严重的种族歧视与压迫，反而历经摸爬滚打而促成了各民族的融汇。恰恰是在这一时期之后，所谓蕃兵胡将问题，河北、河东地区的"胡化"问题，不再成为纳入士大夫视野的严重问题。活动在中原地区的沙陀、粟特以及回鹘、奚等民族成分，有许多就地融入了汉族社会。从历史发展的长过程来看，这对于整个中华民族的发育与进步，具有不可磨灭的贡献 ❸。

后唐的实际创立者、出自沙陀部落的李克用，唐末大顺（890—891）年间曾经遣使向昭宗上表"讼冤"，并且责备皇帝说：

> 朝廷当阽危之时，则誉臣为韩彭伊吕；及既安之后，则骂

❶ 荣新江在《安史之乱后粟特胡人的动向》一文中指出："过去人们常常用汉化来笼统地解说安史乱后唐朝粟特胡人的转变，事实上并不那么简单，……因发动安史之乱的安禄山、史思明出身粟特，因此在安史之乱被平定后，唐朝统辖地区有一种排斥胡化的思潮，从而对这里的粟特人心理和生存产生一定的影响，除了用改变姓氏、郡望等方法来主动使自己'变'胡为汉外，同时也有大量的粟特人迁徙到河北地区，在安史部将建立的藩镇里得到生存和发展。"见《暨南史学》第二辑，页116—117。

❷ 参见马驰：《唐代蕃将》第七章《蕃将的汉化》，页196—237。

❸ 樊文礼在其《唐末五代的代北集团》一书中指出："沙陀人之所以能够以一个基本人口不过万余的小族建立国家乃至统一北方，关键在于组建了一个代北集团。而其所以没有实行民族歧视、民族压迫的政策，是因为代北集团本身就是一个多民族的结合体。"而所谓"代北集团"，是指唐末兴起于代北地区，即今山西北部、河北西部和内蒙古中部一带，以沙陀三部落为核心，融合突厥、回鹘、吐谷浑、奚、契苾、鞑靼等五部之众以及汉族等多种民族成分在内而组成的军人政治集团。见该书页1—2。

臣为戎羯胡夷。❶

针对这番抱怨，傅乐成先生曾经指出："此当时实况，非虚语也。"❷
这一方面反映出晚唐朝廷对于外族的疑忌，另一方面却也让我们看
到这些内附蕃人对于"戎羯胡夷"一类称谓的反感。陶岳《五代史
补》卷二《徐寅摈弃》条说道，号称"独眼龙"的李克用因被称为
"一眼胡奴"而怒不可遏 ❸，这固然与徐寅对其生理缺陷的讥讽有关，
但所谓"胡奴"，无疑也是对于他的深痛刺伤。

后唐以"大唐"继承人的身份作为号召，反映出对于统治中原
的明智认识以及对于汉文化的钦慕。李克用的儿子庄宗存勖，父沙
陀，母粟特，而本人所受教育则据说是"十三习《春秋》，手自缮
写，略通大义"❹，尽管他"尝谓左右曰：'我本蕃人，以羊马为活
业'"❺，执掌权力后却成为推行汉化政策的突出代表。明宗李嗣源，
"本胡人，名邈佶烈，无姓"❻，保留着比较鲜明的胡人特质；而据
欧阳修在《新五代史》卷六《后唐明宗纪》中说：

> 予闻长老为予言："明宗虽出夷狄，而为人纯质，宽仁爱
> 人。"于五代之君，有足称也。尝夜焚香，仰天而祝曰："臣本
> 蕃人，岂足治天下！世乱久矣，愿天早生圣人。"❼

---

❶ 《资治通鉴》卷二五八，大顺元年十一月。
❷ 傅乐成：《唐代夷夏观念之演变》，收入《汉唐史论集》，页 225。
❸ 《五代史补》卷二《徐寅摈弃》条："武皇眇一目而又出自沙陀部落，寅欲曲媚梁祖，
   故词及之"；参见《五代史补》卷二《太祖号独眼龙》条。
❹ 《旧五代史》卷二七《唐庄宗纪一》。
❺ 《旧五代史》卷九一《康福传》。
❻ 《资治通鉴》卷二五五，中和四年五月。
❼ 王禹偁：《五代史阙文》，是句作"愿上天早生圣人，与百姓为主"。

明宗全然不以居高临下的异族统治者面目出现，而是坦承作为"蕃人"治理天下之困难，其向心于汉地"圣人"的姿态十分明朗。在他的左右，既有"其先本北部豪长"的枢密使安重诲❶统揽大政，又有如任圜、冯道、赵凤等汉族士大夫参预谋议。时人明知明宗出自"夷狄"，却不以"夷狄"视之，而将其与前后"五代之君"相提并论，认为他颇有值得称道之处。

　　讨论五代时期的民族混溶问题，如果只将沙陀与汉族视为相对的两极，而对于粟特等民族在其中所起的作用无所认识，研究的视野将受到严重的局限❷。沙陀民族共同体包括着多种部族成分。以后晋的创立者石敬瑭为例，其曾祖母安氏、祖母米氏、母亲何氏，应该都是源自沙陀三部之一的索葛（萨葛）部，即属于突厥化的粟特族裔❸。石敬瑭的父系"本出于西夷"❹，长期随沙陀朱邪部跋涉转战，已经在相当程度上沙陀化。岑仲勉先生在其《隋唐史》中曾经"辨石晋不是突厥族沙陀"❺，非沙陀而称沙陀，这种族系混糅不清的状况，正反映出五代时期是中国历史上大规模民族融合的又一阶段。石敬瑭的父亲，"番字臬捩鸡"❻，欧阳修在《新五代史》卷八《晋高祖纪》中称"其姓石氏，不知得其姓之始也"；同书卷十七《晋家人传》中，也说"晋氏始出夷狄而微，终为夷狄所灭，故其宗室次序本末不能究见"。凡此种种，都提示着其出身之卑微。

---

❶《旧五代史》卷六六《安重诲传》。

❷ 参见李锋敏：《唐五代时期的沙陀汉化》，《甘肃社会科学》1999 年 3 期，页 49—52。

❸《旧五代史》卷七五《晋高祖纪一》。并参见徐庭云：《沙陀与昭武九姓》，《庆祝王钟翰先生八十寿辰学术论文集》，页 335—346。而《新五代史》卷八《晋高祖纪》称其"祖妣来氏"，又据同书卷九《出帝纪》，石敬瑭所生母为刘氏。

❹《新五代史》卷八《晋高祖纪》。

❺ 岑仲勉：《隋唐史》下册，页 546。

❻《旧五代史》卷七五《晋书·高祖纪一》。

事实上，取姓石氏，正可以看出其与昭武九姓的密切族属关系。

这位出身背景与粟特关系密切的后晋高祖石敬瑭，被标榜为"本卫大夫碏、汉丞相奋之后"❶，显然是受到汉地士大夫攀附祖先的影响，并藉以作为争取中原民心的策略。后汉高祖刘知远，"其先沙陀部人也"；系出沙陀，却"以汉高皇帝为高祖，光武皇帝为世祖"❷。五代时期层出不穷的这类事例，正反映出当时的"种族"问题，自其深层次来说关系着"文化"的问题，也反映出唐代中期以来民族整合过程的进展。

说到族属背景问题，既关系到种族交互混溶的客观状况，也关系到时人的自我主观认同。在这一方面，或许可以引两《唐书》及墓志材料中对于史宪诚父子的相关记载以资比对。穆宗时曾任魏博节度的史宪诚，"其先出于奚房"，亦自称"蕃人"❸；而他的儿子史孝章，自幼号为"书生"，成年后不满于父亲对唐廷的狡谲翻覆，

> 一旦跪于父母前，进苦言曰："臣窃惟大河之北，地雄兵精，而天下贤士心侮之，目河朔间视犹夷狄。何也？盖有土者多乘兵机际会，非以义取。今臣家父侯母封，化为贵门，君恩至矣。非痛折节砺行，彰信于朝廷，无以弭识者之讥、瘳明君之意。节著于外，福延于家；乘时蹈机，祸不旋踵。"言讫，泣下数行。❹

从血统的角度来看，父子二人无论是"奚"还是"粟特史姓的后

---

❶《旧五代史》卷七五《晋书·高祖纪一》。

❷《新五代史》卷十《汉本纪十》。

❸《旧唐书》卷一八一《史宪诚传》。

❹《全唐文》卷六〇九，刘禹锡：《唐故邠宁庆等州节度观察处置使朝散大夫检校户部尚书兼御史大夫赐紫金鱼袋赠右仆射史公神道碑》；又见《新唐书》卷一四八《史孝章传》。

裔"❶，显然都是"蕃人"；但站在中原王朝立场上的史孝章，已经不认为自己仍属"夷狄"，而且要极力说服父亲脱出于"夷狄"之境。在史孝章心目中，"夷狄"并非纯具族属意义，而显然是一文化概念，是与政治立场、精神认同紧密地相互联结的。

五代时期活跃在中原地区的骁将中，有不少出自沙陀、粟特、奚、回鹘等民族。沙陀民族的入主中原，事实上提供了使他们得以更加贴近中原社会的机会，他们对于中原文化的认同，亦表现得十分强烈。宋本《册府元龟》卷九九六《外臣部·鞮译》记述了这样一件事：

> 晋康福善诸蕃语。初仕后唐，明宗视政之暇，每召入便殿，谘访时之利病。福即以蕃语奏之。枢密使安重诲恶焉，尝面戒之曰："康福但乱奏事，有日斩之！"福惧。

康福以沙陀军校起家，以擅长"蕃语"为荣，并且"自言沙陀种"❷，而即便是这样的人物，也忌讳把自己比附于"奚"。《旧五代史》卷九一《康福传》中说：

> 福无军功，属（后唐）明宗龙跃，有际会之幸，擢自小校，暴为贵人，每食非羊之全髀不能饫腹，与士大夫交言，懵无所别。在天水日，尝有疾，幕客谒问，福拥衾而坐。客有退

---

❶ 有学者考证，史宪诚为误列入奚族的粟特人，可参看李鸿宾：《史道德族属问题再考察》，见《庆祝王钟翰先生八十寿辰学术论文集》，页358—365；罗丰：《固原南郊隋唐墓地》，页196—199；荣新江：《安史之乱后粟特胡人的动向》，《暨南史学》第二辑，页102—103。

❷ 《新五代史》卷四六《康福传》。

者，谓同列曰："锦衾烂兮。"福闻之，遽召言者，怒视曰："吾虽生于塞下，乃唐人也，何得以为烂奚！"**❶**因叱出之。由是诸客不敢措辞。

懵然不通文辞的沙陀军将康福，强调自己是"唐人"而不肯认同于"奚"，有着明确无疑的归属或曰"挂靠"意识 **❷**。

另有一例。《新五代史》卷七二《四夷附录第一》，记载着契丹述律后对后晋使节的一番话：

> 是时，天下旱蝗，晋人苦兵，乃遣开封府军将张晖假供奉官聘于契丹，奉表称臣，以修和好。德光语不逊。然契丹亦自厌兵。德光母述律尝谓晋人曰："南朝汉儿争得一向卧邪？自古闻汉来和蕃，不闻蕃去和汉，若汉儿实有回心，则我亦何惜通好！"

大致相同的记载，亦见于《旧五代史》卷一三七《外国列传》中。在以"蕃"自居的契丹统治者耶律德光及其母述律后等人的心目中，显然并不在意石晋之系出沙陀，而径将其称为"南朝汉儿"。看来，对于长期活跃在中原的这些少数族裔，无论他们本身或是周围人群，包括契丹民族在内，都渐以"唐人""汉人（汉儿）"视之。

与西北胡族进入中土、多民族混溶同时，东北地区契丹民族建

---

❶ 在欧阳修《新五代史·康福传》中，相应的记载为："福闻之，怒曰：'我沙陀种也，安得谓我为奚！'"

❷ 2003 年 4 月，在韩国魏晋南北朝隋唐史研究会主办的国际研讨会上，承汉城大学朴汉济教授指出，"唐人"概念，在当时即所谓"国际人"。但本段材料之中，康福以"唐人"与"奚"对举，则其口之"唐人"，似应指中原"大国"之人。

立的政权势力，被石敬瑭引入中原，加深了民族关系的紧张因素。后晋天福元年（936年）十一月，

> 契丹主作册书，命敬瑭为大晋皇帝，自解衣冠授之，筑坛于柳林。是日，即皇帝位。割幽、蓟、瀛、莫、涿、檀、顺、新、妫、儒、武、云、应、寰、朔、蔚十六州以与契丹，仍许岁输帛三十万匹。❶

由"契丹主"册立为帝，这一事实，透露出源自沙陀之石敬瑭面对契丹的心理弱势。吕思勉先生在其读史札记《唐高祖称臣于突厥》条中，曾将李渊称臣于突厥事与石敬瑭之称儿皇帝于契丹事相比，说：

> 盖唐室先世，出自武川，其自视原与鲜卑无异，以中国而称臣于突厥，则可耻矣，鲜卑则何有焉！此正犹石敬瑭称臣于耶律德光，沙陀之种，原未必贵于契丹也。❷

"称臣"事，首先决定于政治时势。将种族背景作为分析"称臣""称儿"问题的出发角度之一，有助于丰富我们对于这一问题的认识。不过，石晋觊觎中原帝王之权位，却置保全疆域之"帝王责任"于不顾，以称儿、纳币、割地为代价换取一己之皇位，终使石敬瑭难逃千古骂名。而且，这一格局，事实上构成为其后宋辽双方交涉的基础。特别是幽云地区的割出，不仅伤害了中原人民的民

---

❶《资治通鉴》卷二八〇，天福元年十一月。
❷《吕思勉读史札记》下册，页993。

族情感，亦直接影响到此后数百年的民族关系走势及政局起伏。

胡三省在《资治通鉴》卷二八〇载石敬瑭割地事下之注文中说：

> 人皆以石晋割十六州为北方自撤藩篱之始，余谓雁门以
> 北诸州，弃之犹有关隘可守。汉建安丧乱，弃陉北之地，不
> 害为魏、晋之强是也。若割燕、蓟、顺等州，则为失地险。
> 然卢龙之险在营、平二州界，自刘守光僭窃，周德威攻取，
> 契丹乘间遂据营、平。自同光以来，契丹南牧直抵涿、易，
> 其失险也久矣。

中原的"失险"实际上是一个步步退缩的过程，而石敬瑭将
"卢龙一道及雁门关以北诸州"❶拱手割让给契丹，显然是这一过程
的阶段性终结。该区域本系多民族聚居地区，在华夏民族发展史上
是重要的地域分水岭，也是不同文化的交汇地带❷。这一地带大体
上由两个部分组成：一是雁门关以北的云、朔、蔚诸州，这里本
属所谓"代北集团"根据地范围，石敬瑭将这一区域割给契丹，也
说明该军事政治集团之活动重心已经移入中原，而与其起家之根基
地域分离开来。另一区域是卢龙道的幽、蓟、营诸州，自唐末五代
以来，该地区长期处于半独立状态，窥伺首鼠于东北两蕃与中原河
朔之间。这一地区的韩、刘等汉族大姓归属契丹后，为辽朝的社会
发展、制度创设做出了贡献。而与此同时，中原王朝东北边陲的疆
界，退至华北平原拒马河一线，彻底丧失了抵御北方民族进犯的天
然地理屏障。如张方平所说，"至于石晋割幽蓟之地以入契丹，遂

---

❶《资治通鉴》卷二八〇，天福元年七月条。

❷ 参见范恩实：《石敬瑭割让燕云（幽蓟）的历史背景》，《盛唐时代与东北亚政局》，页
306—323。

与强敌共平原之利"●，这成为此后北宋对辽关系始终被动的重要原因之一。

当然，自唐代特别是"安史之乱"以来，中央王朝对于东北地区的控御即非直接有效。陈寅恪先生曾在其《唐代政治史述论稿》下篇中指出："李唐承袭宇文泰'关中本位政策'，全国重心本在西北一隅"，面对吐蕃等外民族之盛强势力，"当唐代中国极盛之时，已不能不于东北方面采维持现状之消极政略"，以确保关中安全；而"此东北消极政策不独有关李唐一代之大局，即五代、赵宋数朝之国势亦因以构成"。从这一意义上，有学者进而指出，"石敬瑭割幽蓟可说是唐朝东北消极防御政策的必然结果"●。

石敬瑭不惜以称臣割地、贡绢帛献珍异为代价，换取契丹统治者对其称帝于中原的支持，以"儿皇帝"面目而贻羞于后世。他本人曾经引述"前世"例证，自我解释说："前世与虏和亲，皆所以为天下计"●；而他所谓"天下"，不过是指他个人图谋夺取天下之事。这种自一己之政治利益出发，纵横捭阖于中原、契丹之间的做法，在当时统治集团的上层人物中，并非仅见。而后唐清泰年间，即便是末帝及其谋士李崧、吕琦等人，在警觉到石敬瑭陆梁异谋的危险之后，也曾一度考虑厚赂契丹、纳币和亲以争取支援的可能性 ●。像"政坛不倒翁"冯道，在其《长乐老自叙》中说道"又授戎太傅，又授汉太师"●，颇洋溢着几分得意。二三十年后登极的宋太祖赵匡胤，尽管有收复幽蓟的考虑，但心底似乎

● 《乐全集》卷二三《论京师军储事》。
● 《盛唐时代与东北亚政局》总论《隋唐五代东北亚政治关系大势》，页15。
● 《新五代史》卷五一《安重荣传》。
● 《资治通鉴》卷二八〇，天福元年三月条。
● 《旧五代史》卷一二六《冯道传》。

并不以石敬瑭及其左右主谋者的行迹为耻，甚至于渴求"得宰相如桑维翰者与之谋"❶。

占据要地的成德军节度使安重荣，朔州人氏，小字"铁胡"，应是出自昭武九姓。他一方面曾经谴责石敬瑭的屈节行为，另一方面亦"阴遣人与幽州节度使刘晞相结。契丹亦利晋多事，幸重荣之乱，期两敝之，欲因以窥中国"❷。《旧五代史》卷九八《安重荣传》中说，他"指斥高祖（按指石敬瑭）称臣奉表，罄中国珍异，贡献契丹，凌虐汉人，竟无厌足"。欧阳修《新五代史》中也记载，安重荣曾经"愤然以谓'诎中国以尊夷狄，困已敝之民，而充无厌之欲，此晋万世耻也'"！❸ 安重荣在当时以酷暴跋扈著称，他本人亦有交结契丹的行迹，因此，对其指斥石敬瑭的言论，不必估计过高。而值得回味的是，作为朔州胡人，他在发泄不满时，着意标榜"中国"代言人之立场，为"汉人"伸张民意，而诋契丹为"夷狄"，这显然是受到中原文化及内地民族情绪渐染之结果，他本人亦因此而"名振北方"❹。

"其先本沙陀部人"❺的后汉高祖刘知远，所创立的后汉王朝不旋踵即倾覆，隐帝时被枢密使郭威取而代之。隐帝被杀，郭威"监国"，以"志安刘氏，愿报汉恩"为标榜；而汉太后李氏的"让国"诰书中称"邃古以来，受命相继，是不一姓"❻。当时人们注意到的首先是王朝易代，而并未突出地感到最高统治者民族背景的更易。这既是长期活跃于河朔地区的多民族成分相互混溶

---

❶《东轩笔录》卷一。
❷《新五代史》卷五一《安重荣传》。
❸ 同上。
❹《旧五代史》卷九八《安重荣传》。
❺《旧五代史》卷九九《汉高祖纪上》。
❻《旧五代史》卷一一〇《周书·太祖纪第一》。

的结果，也是沙陀之外的契丹民族作为"外族"参照系之凸显所造成。

（二）宋初民族色彩的淡出与"胡/汉"语境的消解

宋初民族色彩的淡出与"胡/汉"语境的消解，是一体两面的过程。就笔者的理解而言，所谓"语境"问题，是指某一说法得以流行的现实情境，涉及特定的历史文化背景，涉及时人的认识心理与解释角度。所谓"胡/汉"语境的"消解"，在历史上体现为一个并非与朝代兴亡同步的长过程。它一方面是民族冲突与民族融合进程的自然结果；另一方面，在特定历史背景下，人们观念与认识的演变也是促成这种"消解"的重要因素。

如若我们仔细观察赵宋初年统治集团上层及活跃于华北地区的军将之背景，事实上仍然看得出比较鲜明的多民族构成之色彩。但对于这一现象，入宋后却逐渐改换了解说的语境及语汇。或许可以说，历史记录者有所选择的表述"话语"、表述方式，是值得今天研究者注意的方面之一。

赵匡胤父赵弘殷早年所跟从的王镕，本出自回鹘部 ❶。赵匡胤同母妹（后封秦国大长公主）所嫁米福德 ❷，从其姓氏来看，很可能具有粟特背景。赵匡胤本人做了皇帝之后，开宝元年（968年）迎娶宋延渥（后改名宋偓）的长女为皇后 ❸。用王禹偁

---

❶ 《旧五代史》卷五四《王镕传》。

❷ 《宋史》卷二四八《秦国大长公主传》。

❸ 关于太祖纳宋氏为后的年代，这里是采用《长编》卷九开宝元年二月条和《宋史》卷二四二《孝章宋皇后传》中的说法。王禹偁所作宋偓神道碑，系之于乾德元年（见四部丛刊本《小畜集》卷二八），按孝明王皇后卒于是年十二月，颇疑碑文"元年"系"六年"之误，且存疑俟考。

的话说，宋偓"于后唐为外孙，于汉室为驸马"❶，这位皇后在当时出身可谓高贵：她的祖母是后唐庄宗的女儿义宁公主，母亲是后汉高祖的女儿永宁公主。而对于宋皇后血统中"杂有胡族血胤"❷的情形，在当时似乎无人注意：太祖看重的，是宋偓的将领身份，是其阀阅勋戚；为人所提及的，也只是这一家族"近代贵盛鲜有其比"❸。

宋代初年的军事将领中，具有沙陀、奚等外民族背景者绝非个别。如所周知，后梁的军事班底多出身于"豪横""田家"或牙校军吏；随着沙陀势力的入主中原，军事统帅集团中"蕃将"所占比率明显上升。直至宋初，自五代承继下来的高级军事将领，逐渐已非驰骋疆场的主力，但他们在军队中、社会上，仍然颇具影响力。若追溯其家世背景，大约不出两类：一类势力出于中原地方基层——有的出自一方豪强（如张永德等），有的出自世代力田家（例如侯益、王景、王晏等），有的是微贱无以为生者（如杨廷璋等）；其中不乏"不事生业"、"壮勇无赖"❹之徒。另外一类，则出自沙陀或奚等部族，他们之中既有世代军将者，亦有靠自身勇力从戎者。宋初带使相衔的郭从义，"其先沙陀部人"❺；另一使相杨承信，同样"其先沙陀部人"❻；同系使相的郭崇，"父祖俱代北酋长"❼；检校太尉李万全，则系"吐谷浑部人"❽。白重赞，

---

❶ 《小畜集》卷二八《右卫上将军赠侍中宋公神道碑》。
❷ 借用陈寅恪先生《唐代政治史述论稿》中语，见该书页1。
❸ 《宋史》卷二五五《宋偓传》。
❹ 《宋史》卷二五二《王景传》《王晏传》。
❺ 《宋史》卷二五二《郭从义传》。
❻ 《宋史》卷二五二《杨承信传》。
❼ 《宋史》卷二五五《郭崇传》。
❽ 《宋史》卷二六一《李万全传》。

"其先沙陀部族"❶；石曦，"晋祖弟韩王晖之子"❷，系出沙陀；康延泽，乃前文述及的沙陀军将康福之子❸。另外，薛怀让，"其先戎人"❹；党进，"本虏族"❺；米信，"本奚族"❻，且"亲族多在塞外"❼；此外还有来自"云中大族"的折德扆❽等等。这批人及其族裔，事实上已经渐染了相当深厚的中原文化特征，其交际、联姻圈也不再局限于沙陀、粟特等族群。久而久之，已经无人再以"夷狄"称之、视之。这些人的后代，有的曾与赵宋皇室联姻。例如郭从义的曾孙承祐，娶了舒王元偁的女儿。郭崇的儿子守璘，与宋太宗为"僚婿"，郭崇的曾孙女（守璘孙女）则嫁给了宋仁宗。而米信的一个孙女，成为仁宗从侄赵从恪的夫人。其他社会阶层的跨民族联姻则更为普遍。一代代相互通婚造成的血缘混溶关系，长期磨合中发展起来的共有文化倾向、文化心理，使他们步步融入了中原社会。

世家代北、三代为将的康延泽，即前述康福之子，他入宋后的事历颇有意思。平蜀战争后一度因事被黜为唐州教练使，"筑室垦田聚书训子而已，十年间辟草莱植桑柘，居泌上，遂为富家"❾。其后"开宝中起为供奉官"，太宗时又"坐与诸侄争家财失官，居西洛"❿，

---

❶《宋史》卷二六一《白重赞传》。
❷《宋史》卷二七一《石曦传》。
❸《宋史》卷二五五《康延泽传》。
❹《宋史》卷二五四《薛怀让传》。
❺《玉壶清话》卷一。
❻《宋史》卷二六〇《米信传》。经王小甫教授提示，米信本人是否系混入奚族的粟特人，值得查考。
❼《长编》卷二〇，太平兴国四年十月乙亥条。
❽《宋史》卷二五三《折德扆传》。
❾《小畜集》卷二八《前普州刺史康公预撰神道碑》。
❿《宋史》卷二五五《康延泽传》。

他自己表示，"运逢治平，使子与孙去橐鞬、袭缝掖，熙熙自乐，以终天年，吾愿足矣。"康延泽先后两娶，始娶安氏，蔚州别驾之女，应为粟特血统；再娶李氏，秦王李俨之女，汉人军阀门第。五个儿子中，长怀玉，曾举进士而不第；次怀珪，任文职（平江军节度推官、试大理司直）；孙辈中亦有举进士者。淳化三年（992年），时年七十六自感衰耄的康延泽竟突发奇想："思预刻吾墓"，"欲生前自视其文"。他冠冕堂皇的理由，是要"知辞无愧而功不诬"，于是由其子出面请往日同僚王禹偁作《前普州刺史康公预撰神道碑》❶。

康延泽一系，"世本夷狄"❷，尽管他的父亲康福据说自称"唐人"，但康福本身的"蕃人"色彩还是相当浓重的；而延沼、延泽一辈，自五代入宋，长期活动于内地，"夷狄"背景及"夷狄"气息皆逐渐销蚀。康延泽期以耕读传家的姿态，正是这种过渡的证明；而他特邀名士预撰墓志的做法，则显示出他对于时论评价的敏感及关切❸。

康延泽一家三代的例子，或许在一定程度上反映出五代宋初民族融合的自然过程；而宋人观念乃至叙事书写方式的演变，也是促成"胡/汉"语境消解的因素之一。我们不妨以宋初累守藩方的将领安守忠为例，看看这些人的少数族裔背景是如何在宋代的记载中——亦在时人的心目中——淡化以至于逐渐消逝了的。

安守忠的祖父安金全、父亲安审琦、伯父安审晖、安审信，都是后唐乃至后周时期的重要将领。《旧五代史》卷六一《安金全

---

❶ 《小畜集》卷二八《前普州刺史康公预撰神道碑》，四部丛刊本，据影印文渊阁四库全书本校。

❷ 《新五代史》卷四六《康福传》。

❸ 参见刘静贞：《北宋前期墓志书写活动初探》，《东吴历史学报》第十一期，2004年6月，页77—78。

传》，称他为

> 代北人，世为边将，少骁果，便骑射。

同书卷一二三《安审琦传》，讲到守忠的父亲及其家世时，说：

> 安审琦，字国瑞，其先沙陀部人也。祖山盛，（唐）朔州
> 牢城都校，赠太傅。父金全，安北都护、振武军节度使，累赠
> 太师……

同书同卷《安审信传》说道：

> 安审信，字行光，审琦之从父兄也。父金祐，世为沙陀部
> 偏裨，名闻边塞。

由此看来，安审琦一家的沙陀背景（实际上，很可能是沙陀索葛
部即粟特人）应该是没有疑问的。安审琦的儿子安守忠，入宋后，
"累为郡守"❶，去世于咸平三年（1001 年）。在张宗诲为他撰写的
墓志中，尽管历数其显赫家世，却只是有选择地提及：

> 曾祖讳山盛，唐朔州都指挥使，累赠太傅；祖金全，唐振
> 武节度使、同中书门下平章事、安北都护，累赠太师、邠国
> 公；烈考讳审琦，周平卢军节度使、守太师、兼中书令、陈

---

❶《旧五代史》卷一二三《安审琦传》。

王，累追赠秦王。妣曹氏，封巨鹿郡夫人。❶

这里，除了其姓氏与"妣曹氏"略略透出其父系、母系的一点隐约
讯息外，已经很难看到其实际族属背景。

《宋史》卷二七五《安守忠传》中，对其背景的介绍，更使我
们难寻究竟：

> 安守忠字信臣，并州晋阳人。父审琦，为周平卢军节度
> 使，封陈王。

这一传记中，不再提及其祖辈的沙陀族属，而只是据其地缘出
身，淡淡地称之为"并州晋阳人"，所叙事迹更与其民族背景全
然无关。

此类情形并非仅见。《旧五代史》卷六六《安重诲传》称"其
先本北部豪长"；而在李象为安重诲侄、葬于开宝四年（971年）
的安崇礼所撰墓志中，便显得淡化，只是从地缘的角度说"其先
雁门人也"❷。《旧五代史》卷一二三《安叔千传》说"安叔千，沙
陀三部落之种也"；而《宋史》卷二七六《安忠传》中，却只平淡
地称叔千孙"安忠，河南洛阳人"。《宋史》卷二五四《张从恩传》
中泛泛地介绍他是"并州太原人。父存信，振武军节度"；而比对
《旧五代史》卷一《梁太祖纪》与卷五三《李存信传》，我们可以清
楚地看到，张从恩的父亲李存信本名张污落，"回鹘部人也"。宋初
镇守潞州的药继能，葬于太平兴国九年（984年）四月，在《新五

---

❶ 《安守忠墓志》，见《北京图书馆藏中国历代石刻拓本汇编》38册《北宋》，志3714。
❷ 同上书，37册《北宋》，志3695。

代史》卷二七《药彦稠传》中，毫不含糊地称继能父药彦稠为"沙陀三部落人也"；而北宋时在继能之同宗药永图为他撰写的墓志中，只含混地说他是"应州金城人❶"。又如，《宋史》卷二五五《郭崇传》说到郭崇的"父祖俱代北酋长"；而在《宋史·后妃传》中讲到他的曾孙女仁宗郭皇后时，自然不再提及她是"代北酋长"之后，而只是说"其先应州金城人。平卢军节度使崇之孙也❷"。欧阳修作赵从恪夫人米氏墓志铭，称其"治家训子，皆有法"；她在时人心目中的出身背景，只是"将家子"，而绝无族属之异同 ❸。

这种状况的出现，反映出传记撰写者在决定材料取舍时的不同倾向，事实上体现着时代变化的踪迹。类似事例在安史之乱后粟特胡人的动向中亦可清楚地观察到。荣新江即曾指出，"安史之乱以后，粟特人墓志中所书的出身和籍贯有了明显的变化"。作为对于李唐朝野上下排斥胡化局面的应对措置，讳言出身乃至改换郡望，成为这些人物压力之下普遍的选择 ❹。

五代到宋初的演变，时代背景与之不尽相同；表述方式及语汇的转换，似乎也更加接近于历史与观念发展的自然进程。主导"胡／汉"语境消解过程的，首先是动荡中的交错与混溶；而历史书写者、传布者意识的转变，也扮演着重要的角色。主要根据五代资料编纂而成的《旧五代史》、《新五代史》等书，对于传记主人的沙陀、代北、回鹘等族属记载得相对明白 ❺；而入宋有年之

---

❶ 《药继能墓志》，见《北京图书馆藏中国历代石刻拓本汇编》37 册《北宋》，志 3703。

❷ 《宋史》卷二四二《后妃上》。

❸ 《欧阳修全集·居士集》卷三七《东莱侯夫人平原郡夫人米氏墓志铭》。

❹ 参见荣新江：《安史之乱后粟特胡人的动向》，《暨南史学》第二辑，2003 年，页102—111。

❺ 欧阳修《新五代史》注重褒贬义例，以"垂劝戒、示后世"为史书的撰著目标（见《宋朝诸臣奏议》卷六十《上仁宗论修日历》），但其材料依据，大多是五代人的记载。

后，宋人所写墓志、所修国史以及在其基础上编撰的《宋史》，在谈到后辈传主时，则倾向于只回溯籍贯地而不涉及其族属背景。从安审琦一家、张从恩父子与药彦稠父子等人的传记资料中，可以明显地看出这种趋向 ❶。这种倾向，最终导致历史记录中宋初民族色彩的淡出，也使后世研究者们较少注意到这一过程 ❷。随着时代与观念的转变，"胡／汉"之类的区分绝少再被提及，而"文／武"对举的表述则愈益凸显出来 ❸。

作为民族传统中持续最久的文化因子，粟特胡人所信奉的宗教在中原长期留存着痕迹 ❹。中晚唐时期，大量粟特胡人迁居河北，也有的进入宣武节度所在的开封。直到北宋后期，东京开封城北还有他们崇祀的"祆庙"，"俗以火神祠之。京师人畏其威灵，甚重之"，以一史姓"家世为祝累代" ❺。自唐代以来，祆祝例以胡人充职，这家史氏，也应该是粟特人。除去城北这一祆庙外，开封"大内西去右掖门"也有祆庙 ❻。尽管东京城内祆庙不止一处，但看来已经很少有人知悉火祆教之详悉来历 ❼。早年进入中土的"胡人"（特别是粟特）属裔，除祆祝之类的宗教人士外，似乎少有能够坚持本民族之固有文化信仰者。有学者根据米芾当年曾戏称自己为

---

❶ 个中缘由，值得我们深入思考。北宋初期是士人"华夷观"形成过程中重要的奠基阶段，应该对于其间思想文化观念的演变做出进一步梳理。

❷ 在中国历史上，在经历了剧烈的政治动荡、民族冲突与融合之后，一些新建立的王朝在其整合过程中，往往致力于建构新的话语体系，也对于前此有影响的诸多政治势力予以重新认定。这种现象并非北宋初所仅见。

❸ 五代以来的"胡人"，大多身处武职序列。

❹ 参见荣新江：《安史之乱后粟特胡人的动向》，《暨南史学》第二辑，2003 年，页 115—116。

❺ 张邦基：《墨庄漫录》卷四。另外，宋敏求《东京记》（今佚）亦载宁远坊有祆神庙。

❻ 孟元老：《东京梦华录》卷三。

❼ 参见陈垣：《火祆教入中国考》，载《陈垣学术论文集》，页 322—328。

"火正后人"，认定其祖上信奉祆教 ❶；但即便如此，时人也并不视之为粟特后裔。真宗朝在澶渊定盟过程中起过重要作用的曹利用，亦有可能存在类似背景，他是赵州宁晋人，或许通晓胡语，却绝不会以"胡人"族裔自居 ❷。

综上，唐末五代时期，沙陀民族对于中原地区政治军事活动的积极直接介入，推动着本民族的汉化进程。而且，这段时期中，东北部的外在环境发生了明显的变化：契丹民族崛起，新的外族势力对于内地的压力日甚一日。与此同时，石晋将燕云地区割为契丹属地，客观上使得已经进入中原一带的原代北诸族属脱离了与部族根基之地的密切关联。契丹势力突入中原，激起了活动于中原地区的各个民族共同的对立与警惧。新的外族威胁的形成，事实上促进了中原地区民族融合过程的加速。

---

❶ 《说郛》卷十九录史浩《两钞摘腴》、周密《志雅堂杂钞》，称米芾有印曰"火正后人"。姜伯勤先生释"火正"为"祆教之穆护长"，认为是其祖上信奉祆教之印证（见姜伯勤：《萨宝府制度源流论略——汉文粟特人墓志考释之一》，《华学》第三辑，页290—308，紫禁城出版社，1998年）；但据李冶《敬斋古今黈》，米芾另有印称"火宋米芾"，则所谓"火正"，有指赵宋火德之另解。而且，据岳珂《宝真斋法书赞》卷二〇，米芾又有印曰"鬻熊后人"，按鬻熊芈姓，传为高辛氏火正祝融之后，如此看来，"火正后人"，反映着米芾对其姓氏来源之考订，而非指萨宝府之祆正。

❷ 据广雅书局本《通鉴长编纪事本末》卷十五《真宗皇帝·亲征契丹》，曹利用出使契丹前，曾向真宗表示"臣乡（向）使胡，晓胡语"。姚从吾先生在其《宋五百家播芳大全文粹对宋代史研究的贡献》（见《大陆杂志》第三十卷七期）一文中，也强调身为宋朝北方沿边（鄜延路）走马修好的曹利用"能胡语"，并且指出在宋辽修好的诸多条件中，"曹利用的通晓契丹话（当时说是'能胡语'）实与经济援助同样重要。"蒋复璁先生《宋真宗与澶渊之盟》（见《大陆杂志》第二二卷一〇期）一文中，亦提及"曹利用说：'臣乡（向）使晓契丹语'，他是赵州宁晋人，当时与辽邻近，所以能说契丹语，这恐是用他的条件之一。"今查浙江书局本《长编》卷五八，景德元年十二月庚辰条，曹利用对真宗所为，"臣乡（向）使，晓契丹语（按'契丹'二字可能为清四库馆臣所改），又密伺（契丹使者）韩杞"；而文渊阁四库本《长编》该句作"臣乡使晓契丹语人密伺韩杞"云云，据此则曹利用本人有可能并不通晓"胡语"（契丹语）。且存疑待考。

应该说，五代宋初华北地区"胡/汉"语境的消解，与民族关系整合的总体走势有关，也与时人的观念意识有关。在唐末到宋初这段时期中，民族问题的解决是与政治问题的解决缠绕交错在一起的，而政治斗争始终是更为凸出的主线。中原地区的五代迭兴，民族色彩逐渐淡薄而政治色彩愈益凸显；人们意识中印象更深的是政权的兴替而非统治民族的更迭。时至宋代，时人更倾向于淡化处理业已卷进中原地区、逐渐融入一体的沙陀等外来民族之背景。北宋士大夫中严"华夷"之辨观念的强化，是伴随着与契丹、党项矛盾之日形突出，伴随着新儒学的复兴而来。时移世变，那时的"夷狄"所指，与南北朝以来的"胡族"、"胡化"问题已经全然不是同一概念了。

陈寅恪先生认为，唐代中后期古文运动之初起，"乃安史变叛刺激之反应"："唐代当时之人既视安史之变叛为戎狄之乱华，不仅同于地方藩镇之抗拒中央政府，宜乎尊王必先攘夷之理论，成为古文运动之一要点矣。"❶葛兆光也指出，韩愈、李翱等人发掘历史资源、建构历史系谱并重新加以诠释的努力，反映着士人们对于当时民族、国家与社会状况的深深忧虑，表现出他们对于强大的国家权威和统一的思想秩序之诉求 ❷。这种经过阐发的"尊王攘夷"之思想观念，在宋代无疑有了长足的发展；同时我们又看到，不同时代的人们对于异民族、对于"内/外"之辨的认识，深刻地映射出时代变迁的轨迹。

唐史研究中经常涉及的"胡汉之分"与宋史研究中讨论的"华夷之辨"，是既相关联又有区别的两组概念。"胡汉之分"尽管涉及外族问题，但在唐代，"胡"既包括塞外胡族势力，也包括内附诸

---

❶ 《陈寅恪集·元白诗笺证稿》，页 149—150。

❷ 葛兆光：《重建国家权威与思想秩序——八至九世纪之间思想史的再认识》，《中国学术》2004 年第 1 期，商务印书馆，页 100—129。

族，并不纯属对外关系范畴，而经常牵涉到唐朝内部的文化差异与认同关系。当时内附诸族在政治、军事上的活跃，外来胡人在贸易、艺术等方面的影响，使得"胡/汉"知觉广泛存在于唐代的内部生活之中。也正因为如此，安史之乱后，异族压力不仅构成为"外患"；作为国家内部问题凸显出来的"胡/汉"区分，也成为令唐廷刻骨铭心的"内忧"。而宋代的"华夷之辨"，大倡于契丹、党项等外族压力之下，既体现着民族辨判、文化识别，又是宋廷对待外部（"外患"）问题的基本信念乃至政策依据。"华夷之辨"针对外部"夷狄"政权而发，将"夷狄"之民族、文化与其政权、其辖界视为一体。但与中唐以后相较，北宋的"华夷之辨"，一方面透露出强烈的紧张与危机感，另方面却反而少了一些切身的腹心之痛❶。当然，南宋的情形大为不同。

在中国历史上，国人的"天下"观，实际上是"对这个世界政治秩序的概念"；长期以来，"中国"被视为一个文化体，而不是一定的政治疆域❷。有学者指出，古代中国关于民族、国家和天下的朝贡体制和华夷观念，正是在两宋时期，发生了重要的变化。由于北方辽、西夏和后来金、元等异族政权的先后崛起，才真正打破了唐以前汉族中国人关于天下、中国与四夷的传统观念和想象，有了实际的敌国意识和边界意识，有了关于"中国"有限的空间意识，形成了"多元国际系统"的观念❸。北宋时期"正统"理论的出现与张扬，正与这种情形有关❹。

---

❶ 实际上，北宋对待辽与西夏的态度并不完全相同。其中部分的原因是，契丹崛起于唐末五代时期，赵宋大致上是继承了五代以来的局面；而西夏则强梁于赵宋王朝建立之后。

❷ 邢义田：《天下一家——传统中国天下观的形成》，见氏著《秦汉史论稿》，页3。

❸ 参见陶晋生：《宋辽关系史研究》第五章《北宋朝野人士对于契丹的看法》，页97—130；葛兆光：《宋代"中国"意识的凸显》，《文史哲》2004年1期，页5—12。

❹ 参见陈学霖：《欧阳修〈正统论〉新释》，见氏著《宋史论集》，页141—145。

二 走向再造：10 世纪前中期的文臣群体 ❶

　　研究者经常讨论唐末至宋初之文武关系问题 ❷，近一二十年来，有不少研究成果问世 ❸。应该看到，五代时期，文臣武将群体以及文武关系都经历着重组与调整的过程。一方面，所谓"文""武"，既相互排抑制约，又相互依存补充，在特定条件下相互参与着对方特质的塑造；在当时，既有双方关系的空前紧张，又有接触之频密直接，有彼此间更多的沟通机会。另一方面，在"文""武"群体各自内部，也存在着家世背景、出身途径及个人资质等方面的重大差异，存在着摩擦与调适。不注意这些关系的丰富与复杂性，即有可能导致我们自己认识上的失误。

　　宋代的士大夫政治，是长期以来被学界关注的重要议题；与此

---

❶ 本节所谓"群体"，是指社会上的某些类属，指具有某些认同感的人们的集合。群体中的成员，可能有出身背景、阶层品级、个人经历与价值观念等方面的诸多不同，他们之间的关系可能并非紧密谐肯，但就其整体而言，有着明显的共同特征。从这一意义上，本节将 10 世纪前中期的文臣称为"群体"。这一群体，就其文职官员身份而言，可以笼统归之为"士大夫"；但就其整体资质而言，却并非兼具"官僚"与"学人"的特性。出于这一考虑，本节尽量回避"士大夫"这一概括方式。本节的讨论重点，不在于文官体制中的设官分职及权力行使等问题，也不在于士人道德观念的演变与思想的转型，而试图围绕文臣群体内各类人物之能力素质及其相互关系进行探讨。

❷ 所谓"文武关系"，不仅包括文臣武将群体之间的关系，还应该包括文武两类不同职业需求以及术业专长的关系。以往学界所讨论的，多在于前者；本节的侧重面更限制于文职臣僚及其相关范围之内。

❸ 仅就笔者注意到的，即有宁可：《宋代重文轻武风气的形成》，《学林漫录》第三集，中华书局，1981 年，页 59—66；漆侠：《宋太宗与守内虚外》，载《庆祝邓广铭教授九十华诞论文集》，页 161—170；王曾瑜：《宋朝兵制初探》；方震华：《帝制中国的权力结构与文化特性：晚唐至宋初的文武权力》(*Power Structures and Cultural Identities in Imperial China: Civil and Military Power from Late Tang to Early Song Dynasties,A.D.875—1063*)；陈峰：《北宋武将群体与相关问题研究》。何冠环亦有系列文章自个案出发深入讨论这一时期的文武关系问题，见氏著《北宋武将研究》。

相关的士人群体之特性，也经常在讨论之中。学界普遍注意到，北宋政治文化舞台上的士人，作为具有学养的文职官僚、作为社会和政治的精英，其身份属性、价值观念与能力素质都已经明显地不同于前代 ❶。这种"不同"的产生，经过了一个世纪以上的历程。本节希望聚焦于迄今研究尚嫌不足的 10 世纪前中期，讨论社会变迁过程中不同类型文臣的遭遇与"再造"，争取对其演进脉络有所梳理 ❷，并藉以了解该时期统治人群变化之一端。

（一）重"流品"与抑"浮薄"

唐末五代时期，与"武将"相对应的"文臣"，就其组合成分而言，实际上是一个相当庞杂的群体。在他们之中，有的来自往日的名门、官宦世家，有的自身即前朝旧臣，有的则逢风云际会或凭藉自己的能力起自民间。他们有的曾经从文业儒，有的素来不学无术；有的长于治事，有的不堪繁剧；有的洁身自好，有的则谄谀无行。他们中既有"儒生""文士"，亦有所谓"文吏" ❸。

文臣群体的构成特点，一定程度上决定着其内部关系。以"华族科名" ❹ 为特征的"衣冠之士"，自唐末长期居于领袖群伦的朝廷

---

❶ 参见包弼德（Peter Bol）：《斯文：唐宋思想的转型》第二章《士的转型》；孙国栋：《唐宋之际社会门第之消融》，《唐宋史论丛（增订本）》，页 211—308；王水照：《宋代文学通论》绪论《宋型文化与宋代文学》。

❷ 加入并影响这一过程的因素很多。仅就文臣群体而言，10 世纪前中期，在中国版图之内曾经先后存在多个政权，文臣状况亦互不相同。本节重点在于考察自唐末至宋初的文臣群体，而赵宋开国时期所继承的，主要是五代后周的臣僚班底；故姑且不涉及北方的辽与南方诸国之情形。

❸ 本文所谓"文吏"，主要是指文臣中原吏职出身、特别是以吏能见长者，而不是指低级属吏序列中人。汪篯先生将吏治与文学之争视为唐代"玄宗朝政治史发微"的关键问题，见《汪篯隋唐史论稿》；阎步克在其研究中，将学士、儒生与文吏的分化与融合关系，作为理解中国古代士大夫政治演生史的主要线索之一，见《士大夫政治演生史稿》。

❹ 《北梦琐言》卷十二《铁补阙贞濬》。

重臣宰相之位；而五代的近臣谋士班底，则主要由一批沉浮于社会基层、在战乱及重建过程中涌现出来的善断繁剧、兼具刀笔吏干之才者组成。文臣群体中不同类型人物之间素存的芥蒂，在动荡之中显露无遗。只要看看李振者流对于"清流"的嫉恨，杨邠、王章等人对于礼乐文章的鄙薄，就不难明白，"文臣"们彼此之间的成见有多深。这些人虽然起家方式、素质能力各异，在当时却攀升向同类目标，在同一出路中搏争。这种艰难生涯中之挤抑排斥、升降成败造成的敌视是刻骨铭心的。横亘于他们之间的沟壑，实际上并不浅于文武之间的畛域区分。

1. 唐末讲求流品的回潮

10世纪前期，兼具"名族"与"文学"背景的所谓"衣冠之士"，在朝廷决策过程中所能起到的实际作用已经相当有限，但他们仍在竭力利用自身在社会上的影响力，试图维持其最后的地位。这种状况在唐末以及号称承继"大唐"的后唐时期反映得尤其突出。

唐朝末年的中央朝廷，从君主到官僚回天乏术，却出现了讲求士族流品的回潮。学界早有研究指出晚唐贡举为官宦士族、权豪子弟所充塞 ❶。咸通中举进士不第的胡曾，曾在其《下第》诗中抱怨道："上林新桂年年发，不许平人折一枝。"❷ 昭宗朝进士黄滔也说，"咸通乾符之际，豪贵塞龙门之路，平人艺士，十攻九败。"❸ 风气所向，"当时士大夫以流品相尚，推名德者为之首"❹，一时间之朝廷重

---

❶ 吴宗国：《唐代科举制度研究》第十一章第三节《晚唐微妙的形势》，页 250—253。

❷《全唐诗》卷六四七。

❸《全唐文》卷八二五《莆山灵岩寺碑铭》。

❹《新唐书》卷一八二《崔澹传》。

臣多系出身于公卿之家或累代名族❶且科举及第者。以昭宗后期的宰相为例：孔纬，曲阜孔氏之后，擢大中进士第；韦昭度，属京兆韦氏，咸通进士；崔昭纬，清河崔氏，亦进士及第；裴枢，出自"代袭冠冕"的河东著族闻喜裴氏，咸通进士❷；崔远，博陵崔氏，龙纪进士，"诸崔自咸通后有名，历台阁藩镇者数十人，天下推士族之冠"❸；陆扆，祖系吴郡陆氏，光启进士，曾被皇帝寄予"斯文不坠"的期望❹；柳璨，出自河东柳氏，光化登第，因学术博奥而"时誉日洽"❺……这批人的"衣冠声望"成为唐廷在无望中的希望。

　　唐代的历史走到这一步，所谓的"衣冠""士族"，本已衍生出新的含义❻；依郡望系等第的"名族"，早已与权力中心疏离而风光不再。既为大士族之后而复纷纷投身于科举，正反映出历史的发展趋势❼。而在经历了黄巢起义"天街踏尽公卿骨"式的扫荡之后，上层社会中反而出现了朝廷与"衣冠流品"的紧密结合。不过，此时会聚起来的这些兼具"阀阅"与"冠冕"者，实际上不可能再构成

---

❶ 这些"名族"，既有魏晋南北朝以来一直具有社会影响的旧有世族，也有隋唐以来形成的新士族。究其实质，此时的"名族"，时代特征已与往昔大不相同。参见胡戟、张弓、李斌城、葛承雍主编《二十世纪唐研究·社会卷》第一章《社会阶层》。

❷ 《旧唐书》卷一一三《裴枢传》。

❸ 《新唐书》卷一八二《崔远传》。

❹ 《旧唐书》卷一七九《陆扆传》。

❺ 《旧唐书》卷一七九《柳璨传》。按河东为柳氏郡望，柳璨为柳公绰族孙，据两《唐书·柳公绰传》，公绰为京兆华原人。

❻ 在中国古代社会中，"衣冠"通常是指文士、缙绅。该词的含义，像历史上许多词汇一样，寓有明显的时代印痕。张泽咸先生在其《唐代阶级结构研究》一书中谈道，唐代后期随着门阀士族势力的衰颓，"士族、衣冠的内涵也相应发生了变化"，见该书页506；参见吴宗国：《唐代科举制度研究》第十四章《科举与社会等级再编制》，页279—297。旅美学人陆扬等亦曾指出，门第升降，不仅是社会现实变化的结果，也是观念变化的结果；观念的变化，最终使社会变化得以完成。进士科取代魏晋南北朝的士庶之隔，成为新的清浊区分标准；本属才能层面的"文学"，具有了官场评判层面的价值意义。

❼ 参见毛汉光：《唐代大士族的进士第》，载《中国中古社会史论》，页339—363。

为封闭排他的贵族权势集团，除去可以增重些许身份作为号召之外别无意义。而且，"衣冠流品"对于政权的强烈依附，直接削弱了他们在乱世中的适应能力❶。这些人不幸在朝廷面对着内官中使乃至禁军将领的戒惕与抵制，在外部面临着强藩咄咄逼人的压力，全无震慑扭转之功。如韦昭度者，"旧族名人，位非忝窃"，却被宦官田令孜讥讽为"在中书则开铺卖官，居翰林则借人把笔"❷；至于裴枢等，更只被军阀朱温及其腹心视为"衣冠宿望难制者"❸。

正当王朝末路的这批士大夫，其资质构成有着令人瞩目的特点。唐廷为乞灵求助而寻觅得来的这批官僚，尽管兼备科举与门户背景，却多非学识干才兼长，惟其如此，他们对于"流品"有着特殊的维护与自矜。而这批人当危难之际的所作所为（或者说是"无所作无所为"），则暴露出他们的致命弱点。

2. 斥"浮薄"与白马驿事件

唐哀帝天祐二年（905 年）三月，"朝廷宿望"裴枢、崔远、独孤损等人之相职被罢。事情的直接起因在于，操持重柄的朱温"欲以嬖吏张廷范为太常卿，唐宰相裴枢以谓太常卿唐常以清流为之，廷范乃梁客将，不可。梁王由此大怒，曰：'吾常语裴枢纯厚不陷浮薄，今亦为此邪！'"❹

裴枢强调"将吏"与"清流"区别的做法，激起朱温的强烈不满。《旧唐书》卷二〇下《哀帝纪》，载有是年四月癸巳针对此事的一份诏书：

❶ 参见毛汉光：《五代之政治延续与政权转移》，《中研院史语所集刊》五十一本二分，页 233—280；宋德熹：《唐代后半期门阀与官宦之关系》，载淡江大学中文系主编《晚唐的社会与文化》，页 113—161。

❷ 《北梦琐言》卷六《田军容擞韦太尉》。

❸ 《旧唐书》卷一七九《柳璨传》。

❹ 《新五代史》卷三五《唐六臣传》。

敕曰："文武二柄，国家大纲；东西两班，官职同体。咸匡圣运，共列明廷；品秩相对于高卑，禄俸皆均于厚薄。不论前代，只考本朝：太宗皇帝以中外臣僚文武参用，或自军卫而居台省，亦由衣冠而秉节旄，足明于武列文班，不令分清浊优劣。近代浮薄相尚，凌蔑旧章，假偃武以修文，竟弃本而逐末。虽蓝衫鱼简，当一见而便许升堂；纵拖紫腰金，若非类而无令接席。以是显扬荣辱，分别重轻，遽失人心，尽隳朝体。致其今日，实此之由。须议改更，渐期通济。文武百官，自一品以下，逐月所给料钱，并须均匀，数目多少，一般支给。兼差使诸道，亦依轮次，既就公平，必期开泰。凡百臣庶，宜体朕怀。"

诏书之后又有这样一段说明：

　　和王溥张廷范者，全忠将吏也，以善音律，求为太常卿，全忠荐用之。宰相裴枢以廷范非乐卿之才，全忠怒，罢枢相位。柳璨希旨，又降此诏斥枢辈，故有白马之祸。

这段说明有其不确切处。裴枢对于张廷范的抵制，主要不在于其"非乐卿之才"，而在于他不属"清流"。同为《旧唐书》，《裴枢传》中所载朱温"切齿含怒"的一番话，也是指责裴枢说："吾常以裴十四器识真纯，不入浮薄之伍，观此议论，本态露矣。"

　　这篇指斥"浮薄"的诏书，出自亦属"衣冠流品"的宰相柳璨之手 ❶。柳璨任相后，为同列之裴枢、独孤损、崔远等"宿素名德"

<hr>

❶ 按柳璨虽出自河东柳氏，而自幼孤贫，宗人之贵显者，"不以诸宗齿之"（《旧唐书》卷一七九《柳璨传》）；这种背景或许使其对于"衣冠清流"素有积怨。

所轻，因而"深蓄怨"❶。该诏书可以说是对于士大夫"清流"势力的一次清算。它将唐王朝当时面临的严重危机归因于长期以来对于文武清浊的区分。这种说法，在点破了一个重要事实——"朝廷宿望"集体性的被清算，背后存在着自关陇集团破坏以来文武矛盾酿就的严重问题❷——之同时，也刻意掩饰着另外一些事实：例如朱温清除异议障碍的篡国企图；例如此次对于衣冠之士的翦除，事实上与文人之间的种种积怨有关。

同年五月，出现星变。柳璨"首疏素所不快者三十余人"❸，且言于朱温曰："此曹皆聚徒横议，怨望腹非，宜以之塞灾异"❹；被朱温称作"张夫子"、倚为"谋府"的张策，因当年出家归俗、数就贡籍而被知举官赵崇所抑，亦"极力媒蘖"❺；曾经屡举不第的朱温谋士李振也建议说："朝廷所以不理，良由衣冠浮薄之徒紊乱纲纪；且王欲图大事，此曹皆朝廷之难制者也，不若尽去之。"❻于是，不但裴枢、独孤损、崔远三人与陆扆、王溥等相继外贬，"自余或门胄高华，或科第自进，居三省台阁，以名检自处、声迹稍著者，皆指为'浮薄'，贬逐无虚日，搢绅为之一空。"❼六月戊子，遂有白马之祸：

---

❶ 《旧唐书》卷一七九《柳璨传》。
❷ 陈寅恪先生在其《唐代政治史述论稿》中说，"关陇集团本融合胡汉文武为一体，故文武不殊途，而将相可兼任"，而自该集团衰腐破坏之后，至玄宗朝，"将相文武蕃汉进用之途，遂分歧不可复合。"见该书页48—49。
❸ 《旧唐书》卷一七九《柳璨传》。
❹ 《资治通鉴》卷二六五，昭宗天祐二年五月乙丑条。
❺ 《唐摭言》卷十一《反初不第》。又，《北梦琐言》卷三《赵大夫号无字碑（张策附）》条亦载，"清河公乃东依梁主而求际会，盖为天水拒弃，竟为梁相也"。
❻ 《资治通鉴》卷二六五，昭宗天祐二年五月乙丑条。
❼ 《资治通鉴》卷二六五，昭宗天祐二年五月庚辰条。

左仆射裴枢、独孤损，右仆射崔远，守太保致仕赵崇，兵部侍郎王赞，工部尚书王溥，吏部尚书陆扆皆以无罪贬，同日赐死于白马驿。凡搢绅之士与唐而不与梁者，皆诬以朋党，坐贬死者数百人，而朝廷为之空。❶

"白马驿事件"的建议人与决策者之泄愤、打击的对象虽非完全一致❷，但事件的直接目标，显然是针对"衣冠清流"的。事件中罹难的主要人物，都是昭宗时期的唐廷重臣。尽管"唐自昭宗迁都之后，王室微弱，朝廷班行备员而已"❸，但直至白马驿事件，才算是残忍而明确地宣判了一个时代的结束。

"白马之祸"之所以在时人心目中以及后世议论中留下挥之不去的深刻印象，不仅在于杀戮本身的惨酷，更在于继之以将"衣冠清流"之尸投入黄河之浊流。正是这一"清"一"浊"，彰显出这件事的深层次意义所在。《旧五代史》卷十八《李振传》中说：

> 天祐中，唐宰相柳璨希太祖（按指朱温）旨，谮杀大臣裴枢、陆扆等七人于滑州白马驿。时振自以咸通、乾符中尝应进士举，累上不第，尤愤愤，乃谓太祖曰："此辈自谓清流，宜投于黄河，永为浊流。"太祖笑而从之。

在事变面前，李振等人不仅全无物伤其类的悲哀，甚且落井下

---

❶ 《新五代史》卷三五《唐六臣传》。
❷ 例如，柳璨、张策针对有宿憾的"朝士大夫"，李振针对科场仕途得意之"清流"，而朱温则既忿忿于流品问题，更欲为新政权扫除潜在的障碍。
❸ 《旧五代史》卷十八《李振传》。

石。一些"书生"成为整肃"清流"事件的直接推动者❶;而一向鄙薄敌视"清流"的朱温,实际上也是"家世为儒"的书生后代❷。这使我们注意到当时"流品""清浊"问题影响之广及其严重程度。

这场"清流"之祸,显然不能简单地归咎于柳、李、张等个别人物❸。白马驿事件的导因,从字面上看,起自当时的权势者对于"浮薄"风气的憎恨。除指责裴枢等人"浮薄"之外,朱温也曾斥骂赵崇为"轻薄团头"❹。在唐代,"浮薄"一词的高频率出现,是在词科取士兴盛之后。彼时所谓"浮薄",多是相对于经术笃厚学风而言,指词科进身者艺业的华而不实❺,在一定程度上反映着"礼法旧门"对于"词科新贵"的轻蔑❻。而唐末裴枢、赵崇等人所抑制的,是急于晋身的"浮薄";至于朱温、李振等人以及天祐诏书中的"浮薄"之说,尽管利用了这一习见词语,却将其与"衣

❶ 李振"深疾缙绅之士"的举措被视为"鸱枭"之行(《资治通鉴》卷二六五,天祐二年六月戊子条);而柳璨亦因其助纣为虐而被称为"陨其家声,所谓'九世卿族一举而灭之'"(《资治通鉴》卷二六四,天祐元年正月丙午条下胡注)。这些批评,主要是针对其书生身份及家世背景而言的。

❷ 《北梦琐言》卷十七"梁祖为佣保"条称其"家世为儒,祖信、父诚,皆以教授为业";朱温本人,亦曾称其父为"朱五经",见《新五代史》卷十三《梁家人传一·文惠皇后王氏》。

❸ 唐末至五代初期,不得志文人利用机会挟怨报复的事例很多。例如李山甫,"咸通中不第,后流落河朔,为(魏博节度)乐彦祯从事,多怨朝廷之执政,尝有诗云:'劝君不用夸头角,梦里输赢总未真。'"伺机决一胜负的企冀跃然纸上。中和四年(884年)十二月,前宰相王铎被害于魏博,导因之一即李山甫"以咸通中数举不第,尤私愤于中朝贵达,因劝(彦祯子)从训图之。"参见《南部新书》丁、《资治通鉴》卷二五六、《北梦琐言》卷十三"草贼号令公"。

❹ 《南部新书》甲。

❺ 参见《新唐书》卷四四《选举志上》、《旧唐书》卷一一九《杨绾传》、卷一三五《韦渠牟传》、卷一六八《钱徽传》。

❻ 参见陈寅恪:《唐代政治史述论稿》,页92。

冠""清流"直接联系在一起❶，流露出社会上的新起势力对于名流士大夫发自内心的不信任甚至仇视。词义的变迁背后，事实上寓含着深刻的社会变迁之轨迹❷。

陈寅恪先生曾经指出，

> 唐末黄巢失败后，朱全忠遂执统治之大权。凡藉进士词科仕进之士大夫，不论其为旧族或新门，俱目为清流，而使同罹白马之祸，斯又中古政治社会之一大变也。❸

白马驿事件的意义，与其说是使唐室重臣受到斩尽杀绝式的打击，不如说是一次时代鼎革的警示。正是这种"梁有禅代之谋"，而"衣冠自相残害"的状况，迫使当时的许多士人避世不出❹。欧阳修在所作《唐六臣传》中开篇即慨叹道："甚哉，白马之祸；悲夫，可为流涕者矣！"❺一个是"笑而从之"，一个是"可为流涕"，如此鲜明强烈的感情色彩对比，背后透露出来的，是煌煌大唐穷途末路之际士大夫们的无奈与悲哀。

---

❶ 唐末五代时期取类似说法者不为罕见。朱温称帝后，疑唐进士崔禹昌有讥讽意，以"轻薄"怒斥之（《北梦琐言》卷四"崔禹昌不识牛"）；《太平广记》卷二六二"郡牧"条引王仁裕《玉堂闲话》，批评行止无当之"膏粱子出刺者"曰："士流中亦有故为轻薄者。"《北梦琐言》卷三"河中钱刘相瞻"条也说到河中"幕僚有贵族浮薄者"云云。

❷ 至北宋时，对于"浮薄"的批评，则多与游惰、虚誉、锐进喜事等作风相联系。可参看《长编》卷三十，端拱二年正月乙未王禹偁奏疏；卷四四，咸平二年二月己酉真宗诏；卷五六，景德元年七月丙戌李沆进言等。

❸ 《唐代政治史述论稿》，页92。

❹ 《旧五代史》卷六七《李愚传》。

❺ 《新五代史》卷三五。

114

（二）"崇尚"与"荡涤"

即便在唐末五代最为混乱的政治局面之下，把握着各层级统治权力的职业军将们，事实上都不能无视诸雄对峙的压力以及政权运作的需求，都不曾全然排拒文人们作为治事参谋、行政助手的作用。而不同背景、不同资质的文人，各居其位，充当着不同的政治角色。

1. 后梁：文吏型实权人物的崛起

开平元年（907 年）五月，后梁建立之初，朱温组建的执政班子是：以唐朝旧臣张文蔚、杨涉、薛贻矩为宰相 ❶，而由"预帷幄之谋"的近臣敬翔担任掌领机要的崇政院使。易代之际的这批宰相，张文蔚父张袆"朝望既高，号为流品"❷，他本人"以文行知名"，"梁初制度皆文蔚所裁定"；杨涉出"唐名家，世守礼法"；薛贻矩"名家子，擢进士第"❸。其后任相的张策、赵光逢、杜晓，都是"衣冠子弟"，两三辈唐室重臣 ❹。这些人无疑仍然属于"清流"之绪余，他们对于制度的熟悉以及在社会上的影响力，有利于新朝统治的稳定。但是，这批人物，其活动形象树立于前朝，在时人心目中难遽割断他们与前朝的关联，创业君主对他们也并不放心：

> 时全忠恐唐室旧臣不利于己，往往阴访群情，疑贰之间，及祸者甚众 ❺。

---

❶ 任韩建为相的日期，两《五代史》记载不同。旧史在是年五月，新史在六月。
❷ 《北梦琐言》卷八《三朝士以名取戏》。
❸ 《北梦琐言》卷十六《薛贻矩画赞》。
❹ 《旧五代史》卷十八《张策传》，《新五代史》卷三五《唐六臣传》。
❺ 《游宦记闻》卷十引杨凝式传。

也就是说，他们可能是某种连贯性的象征，却不会是新朝的决策核心。而值得一提的是，一方面当时的唐室旧臣人人自危，另方面这些宰相在位却相当稳定❶。正是由于王朝的实际决策权牢牢把握在梁太祖及其亲信谋臣手中，而中书门下职任则无关紧要（或者说一定程度上"虚仪化"），终致保全了这些居位的宰相。

与李振同样在唐末"举进士不中"的敬翔，"尤长刀笔，应用敏捷"。陶岳《五代史补》说他：

> 应《三传》数举不第，发愤投太祖，愿备行阵。太祖问曰："足下通《春秋》久矣，今吾主盟，其为战欲效春秋时，可乎？"翔曰："不可。夫礼乐犹不相沿袭，况兵者诡道，其变化无穷，若复如春秋时，则所谓务虚名而丧其实效，大王之事去矣。"太祖大悦，以为知兵。遽延之幕府，委以军事，竟至作相。❷

对于"务虚名而丧其实效"的警惕，显现出敬翔不同于唐末一般文人的眼光。归附朱温后，他"扈从征伐，出入帷幄，庶务丛委，恒达旦不寝"❸，典掌机要，前后跟随梁太祖三十年，宠任不替，"军谋、民政，帝一以委之"❹。胡三省称"全忠之移唐祚，敬翔之力也"❺。

被梁太祖誉为"叶赞之功，惟裴公有之，他人不足当也"的裴

---

❶ 张文蔚卒于相位，杨涉、杜晓在位三年，薛贻矩、赵光逢、于兢任相几六年。
❷《五代史补》卷一《梁·景翔禅赞》。
❸《旧五代史》卷十八《敬翔传》。
❹《资治通鉴》卷二六六，开平元年四月。
❺《资治通鉴》卷二五七，光启三年十一月。

迪 ❶，"敏事慎言，达吏治，明筹算"，

> 帝初建节旄于夷门，迪一谒见如故知，乃辟为从事。自是
> 之后，历三十年，委四镇租赋、兵籍、帑廪、官吏、狱讼、赏
> 罚、经费、运漕，事无巨细，皆得专之。帝每出师，即知军州
> 事，逮于二纪，不出梁之阃阈，甚有裨赞之道。❷

以上我们看到后梁上层文臣集团中的不同类别：一类来自前朝
旧臣，所谓"楚国群材，终为晋用"❸，他们的功用虽不仅仅在于
为新朝装点门面，但隐约之间的"旧臣"身份使其经常处于尴尬地
位之中；另外一类来自新皇帝的旧部僚属，与帝王关系更为亲近密
切。前类人多为所谓文士，他们习熟于朝章，参预议定制度礼仪，
却几乎不预机要；后一类人则多是起于基层、"事无巨细，皆得专
之"的文吏型实权人物。这种区分，在维持了三百年的大唐帝国一
朝顿殒、唐梁递嬗之际反映得尤为明显。

2. 后唐：自"流品"向"能力"的倾斜

"白马之祸"宣示了一个时代的结束，但那一时代所崇尚的价
值观念并未随之而彻底销声匿迹 ❹。

后唐政权以赓续"大唐"为号召，尤其重视"求访本朝衣

---

❶ 《新五代史》卷四三《裴迪传》。

❷ 《旧五代史》卷四《太祖纪四》，开平二年四月甲寅条。

❸ 《旧五代史》卷三《太祖纪三》，开平元年四月戊辰梁太祖即位制书。

❹ 如宁志新、朱绍华《门阀士族的衰落与衰亡原因》一文所指出，"门阀士族在文化与
礼俗这两个方面优势的丧失，是一个长期的渐进的过程，绝不会靠一两次农民起义
的打击就能达到的，也不会因朱梁代唐时的屠戮行为所能实现的。"见《河北学刊》
2002 年 5 期，页 130。

冠"❶。同光元年（923年）二月，李存勖下令"于四镇判官中选前朝士族，欲以为相"❷。唐末兼重家世背景与本人进士第的做法再度泛起。这种现象，在庄宗朝十分突出。当时先后任用的四位宰相豆卢革、卢程、赵光胤、韦说，都主要是凭藉家世背景登上相位的。这些人偏爱标榜"名家""名流"身份，却缺乏实际才能；硬撑起的门面，掩不住"名族之后"没落衰败的景况。

《新五代史》卷二八《豆卢革传》中说：

> 豆卢为世名族，唐末天下乱，革避地之中山，唐亡，为王处直掌书记。庄宗在魏，议建唐国，而故唐公卿之族遭乱丧亡且尽，以革名家子，召为行台左丞相。庄宗即位，拜同中书门下平章事。革虽唐名族，而素不学问，除拜官吏，多失其序。

卢程是这类"名家子"中的一个典型。据《旧五代史》卷六七《卢程传》：

> 卢程，唐朝右族。祖懿、父蕴，历仕通显。程，天复末登进士第……程与革、（卢汝）弼皆朝族知旧，因往来依革……程褊浅无他才，惟矜恃门地，口多是非，笃厚君子尤薄之。

卢程兼具"右族"与"进士"背景，却"褊浅无他才，惟矜恃门地"，他自称"叨忝成名，不闲笔砚"❸，章奏文翰非其所长。胡柳之役后，时为晋王的李存勖选取巡官冯道为掌书记，而以卢程为支

---

❶《旧五代史》卷六〇《苏循传》。
❷《资治通鉴》卷二七二。
❸《旧五代史》卷六七《卢程传》。

使。据《新五代史》卷二八《卢程传》说，

　　程大恨曰："用人不以门阀而先田舍儿邪！"❶

同样这句话，在《旧五代史》卷六七《卢程传》中记作："主上不重人物，使田里儿居余上。"两相印证，正从一个侧面表明，在卢程等人的眼中，所谓"人物"，是据其"门阀"来判断的。

　　庄宗看重"豆卢革与程皆故唐时名族"❷，故即位伊始便并命为宰相。二人之不识时务，于受命之日即暴露出来：

　　程本非重器，骤历显位，举止不恒。时朝廷草创，庶物未备，班列萧然，寺署多缺。程、革受命之日，即乘肩舆，驺导喧沸。庄宗闻诃导之声，询于左右，曰："宰相担子入门。"庄宗骇异，登楼视之，笑曰："所谓似是而非者也。"❸

庄宗灭梁后任命的宰相赵光胤，其父赵隐为僖宗咸通时宰相，兄光逢仕梁为相；他本人"以词艺知名，亦登进士第"，但他被置于重位，则是因为"议者以为国朝典礼故实，须访前代名家"❹。由豆卢革推荐的另一宰相韦说，是唐福建观察使韦岫之子，"亦无学术，徒以流品自高"。"时郭崇韬秉政，说等承顺而已，政事得失，无所措言。"❺ 由此也可以得知，当时的朝廷主要是以"衣冠""名流"

---

❶《新五代史》卷二八《卢程传》。

❷ 同上。

❸《旧五代史》卷六七《卢程传》。

❹《旧唐书》卷一七八《赵隐传》、《旧五代史》卷五八《赵光胤传》。

❺《旧五代史》卷六七《韦说传》。

缘饰政治，而并非真正依靠他们。

被李存勖呼为"七哥"且佐其"中兴之业"的张承业（唐僖宗时宦者，本姓康，当出于粟特），"尤不悦本朝（按指唐朝）宰辅子孙"❶，对于"名门之后"的实际治事能力提出了强烈的质疑。即便是庄宗本人，忿于卢程之自傲而无能，亦曾有"误相此痴物"之悔❷。

后唐明宗时的宰相组合，逐渐自"名家""流品"向个人能力方面倾斜。

明宗登基之初，机要决策仍倚重于藩邸侍臣，对于宰相的选择具有明显的过渡性特征。豆卢革、韦说相位一度保留，同时任郑珏、任圜为相。郑珏是唐代宰相郑畋的侄孙，后梁时曾任宰相。史称其前后两度"在相位既碌碌无所为，又病聋"❸。天成二年（927年）罢豆卢革、韦说，明宗考虑提拔韦肃作宰相，他所举述的原因之一，即"世言肃名家子"❹。此番任命的崔协，出自唐代"盛为流品"的清河崔氏小房。清河崔氏"自后魏、隋、唐，与卢、郑皆为甲族，吉凶之事，各著家礼。至其后世子孙，专以门望自高，为世所嫉"❺。崔协本人虽然"器宇宏爽"，却"高谈虚论，多不近理，时人以为虚有其表"；"登庸之后，庙堂代笔，假手于人"❻，"在位无所发明"❼。这批人物能够居于相位，事实上与宰相群体在当时的微妙地位有着直接的关系。

长兴初，情况有所变化。明宗拟罢枢密使安重诲，派使至中书，

---

❶《旧五代史》卷六〇《李敬义传》。
❷《旧五代史》卷六七《卢程传》。
❸《新五代史》卷五四《郑珏传》。
❹《新五代史》卷二八《任圜传》。
❺《新五代史》卷五五《崔居俭传》。
❻《旧五代史》卷五八《崔协传》。
❼《新五代史》卷五五《马胤孙传》。

趣宰相冯道等议其代；反映出中书门下在朝廷谋议过程中地位的上升。而在"后安重诲时代"，与宰相参预决策机会的增加相应，入选者的家世背景逐渐淡化而个人因素相对受到重视。明宗朝八年间先后任用宰相十人，除豆卢革、韦说（庄宗朝宰相留用者）、郑珏、崔协称得上是"名门之后"，任圜、冯道、王建立❶、赵凤、李愚❷、刘昫等其他六人都没有特殊的名族高门背景。豆卢革、韦说在任不足三月，郑珏、崔协亦不过两年。长兴中，"与明宗有旧"的唐朝宗属李镃，自称"家代重侯累相"，游说时相"唐祚中兴，宜敦叙宗室"，本人"常贮入相之意"，却终于未在朝廷考虑之中❸。在长兴以后的政坛上，很少再见到以"高门"自恃、靠"名家之后"的身份攀升成功之人❹。这背后发生着两个参差交错的过程：一是中书门下掌管的行政权力逐渐有所增重，一是"名门之后"面临社会激剧变迁的不适应，日益凸显出来。

3. "阀阅""流品"的消泯

能力素质的欠缺，是导致"右族"衰败的根本原因之一。所谓"名家子"们，矜于门望却一无所长，张承业曾经质问卢程："公所能者何也？"❺这事实上已经是无法回避的严重问题。在长期动荡之中，"名族"往昔藉以发展延续的政治经济根基严重动摇，而且

---

❶ "少历军校"而"目不知书"的王建立，天成三年三月自镇州节度使被任命为右仆射兼中书侍郎、平章事、集贤殿大学士、判三司，是五代时期少数由武职而任宰相者之一。同年十一月罢，在相位八月。参见《旧五代史》卷三九《明宗纪第五》、《旧五代史》卷九一《王建立传》、《资治通鉴》卷二七六，天成三年八月甲戌、十一月甲午条。

❷ 《旧五代史》卷六七《李愚传》中，说他"自称赵郡平棘西祖之后"。

❸ 《旧五代史》卷一〇八《李镃传》。

❹ 当然，这并不意味着此时官僚制度与朝廷要员素质的调整已经完成，更不意味着政治的清明。特别是明宗晚年多病，王淑妃"专内以干政，宦者孟汉琼因以用事"，加剧了朝政的紊乱，见《新五代史》卷一五《唐明宗家人传》、卷三八《宦者传》。

❺ 《旧五代史》卷六七《卢程传》。

既不讲求"礼法门风",又丢弃了赖以炫世的家学传承,全不具备原本意义上的士族所看重的文化传统。"素不学问"、俯仰于时成为他们共同的特征。他们的征引门户、骄矜作态,充其量不过是一种回光返照,这决非名族势力在此时转而强盛的反映,恰恰相反,是由于他们感受到处处被炙手可热之新起势力逼迫的切肤之痛,无助之下而彼此牵引故旧,"徒以流品自高"❶。

不仅如此,他们还利用自己熟悉且仅有的这一切,试图去影响、去"规范"身边新起的权势人物。豆卢革等人对于当时执掌大权的郭崇韬之诱导,就是明显的一例。《旧五代史》卷五七《郭崇韬传》:

> ……及权倾四海,车骑盈门,士人诣奉,渐别流品。同列豆卢革谓崇韬曰:"汾阳王代北人,徙家华阴,侍中世在雁门,得非祖德欤?"崇韬应曰:"经乱失谱牒,先人常云去汾阳王四世。"革曰:"故祖德也。"因是旌别流品,援引薄徒(笔者按:这里对于郭崇韬的批评,仍然是将"流品"问题与"薄徒[浮薄之徒]"联系在一起的),委之心腹;佐命勋旧,一切鄙弃。旧僚有干进者,崇韬谓之曰:"公虽代邸之旧,然家无门阀。深知公才技,不敢骤进者,虑名流嗤余故也。"

《新五代史》卷二四《郭崇韬传》中也说:

> 当崇韬用事,自宰相豆卢革、韦悦等皆倾附之。……以其姓郭,因以为子仪之后,崇韬遂以为然。其伐蜀也,过子仪墓,下马号恸而去,闻者颇以为笑。

---

❶《旧五代史》卷六七、《新五代史》卷二八《豆卢革传》。

另有一例是，如前所述，"本出于西夷"❶的石敬瑭，父系原本卑微，却攀援上溯，号称"本卫大夫碏、汉丞相奋之后"❷。在这种风气浸淫渐染下，不少"暴为贵人"者附庸风雅，滥称"门族"❸。

这些并非名门之后的上层统治者，例如郭崇韬、石敬瑭等，也去联宗合谱，标榜"祖德"，攀附"流品"，反映出当时影响该群体的特定文化心理，实际上也是他们骤然面对中原传统文明而不够自信的表现❹。

豆卢革们的举措使人们看到，自晚唐到五代前期，中原地区一些"名门之后"，一方面家业实力难以自保，一方面又卷入政治旋涡之中心，以"阀阅""冠冕"双重身份合一的面目出现❺。面对剧烈的变动，其知识与能力结构遇到了严酷而艰巨的挑战，他们的头脑中，全然缺乏走出困境、应对时代变局的方略，因而顽固抱持旧有传统，试图以门第观念去影响新一代的统治者。而自唐代以来这种追求门第流品，甚至冒称谱系的做法，既遭致左右侧目，又稀释乃至淹没了"名族"，使其不再为时人所重。这使我们觉察到在旧士族覆没过程中，"扫荡"与"崇尚"的合力。

孙国栋先生在其《唐宋之际社会门第之消融》一文中，以晚唐

---

❶ 《新五代史》卷八《晋高祖纪》。

❷ 《旧五代史》卷七五《晋书·高祖本纪一》。

❸ 《旧五代史》卷九一《康福传》。

❹ 沈括《梦溪笔谈》卷九有一段文字，将北宋中期出身卒伍的狄青与郭崇韬相比："狄青为枢密使，有狄梁公之后，持梁公画像及告身十余通，诣青献之，以为青之远祖。青谢之曰：'一时遭际，安敢自比梁公！'厚有所赠而还之。比之郭崇韬哭子仪之墓，青所得多矣。"

❺ 张泽咸先生也曾指出，自黄巢起义失败至五代时期，博陵崔氏、范阳卢氏、荥阳郑氏的子孙，迭居高位，代有闻人。见《唐代阶级结构研究》页504。当然，对其中一些人来说，乱世出仕非其本愿。例如杨涉，唐哀帝时，"拜相之日，与家人相对泣下"，唐亡，事梁为相，"在位三年，俛首无所施为"。见《新五代史》卷三五《唐六臣传》。

五代北宋各代人物之出身家世统计作为基础，讨论动乱前后社会各阶层人物升沉转换、兴衰交替之迹象，指出：

> 唐代以名族贵胄为政治、社会之中坚。五代以由军校出身之寒人为中坚。北宋则以由科举上进之寒人为中坚。所以唐宋之际，实贵胄与寒人之一转换过程，亦阶级消融之一过程。深言之，实社会组织之一转换过程也。❶

就这一消融过程而言，新旧社会势力冲突激荡的流程，远比极端化的"白马驿"式的处置方式影响深刻且奏效。郑樵所说"自五季以来，取士不问家世，婚姻不问阀阅，故其书散佚而其学不传"❷，一方面是唐末农民起义与遍及南北的大动乱予名门望族以沉重打击的结果，另方面也是社会变迁背景之下"联宗合谱"鱼龙混杂，最终丧失了族系辨识意义的结果。"阀阅"背景的消泯，无疑为北宋士大夫阶层在新基础上的发展创造了条件。

（三）"文士"与"吏能"

欧阳修在撰著《新五代史》的过程中，曾经痛感

> 五代文章陋矣，而史官之职废于丧乱，传记小说多失其传，故其事迹终始不完，而杂以讹缪。至于英豪奋起，战争胜

---

❶ 《唐宋史论丛（增订本）》，页285。毛汉光在其《五代之政治延续与政权转移》一文中，作《五代文职官吏身分比较统计表》与《五代武职官吏身分比较统计表》（台湾《中研院史语所集刊》五十一本二分，页249、274），也指出，自五代"初期与末期比较而观之，士族没落的迹象甚为明显"。

❷ 《通志》卷二五《氏族略第一》。

败，国家兴废之际，岂无谋臣之略、辩士之谈？而文字不足以发之，遂使泯然无传于后世。❶

或许与这一原因有关，今天的研究者较少见到当年文臣在政治舞台上挺特隽迈的形象；时时扑入我们眼帘、令人印象深刻的，是文士的基本素质与"吏能"需求之关系问题。

1. 文士与文吏：以后汉为例

在武人政治的大环境下，文臣参预议政、决策的活动空间被大大挤压；而在文书运行、财赋管理、刑事鞫断等文职事务中，具备专门化的吏能者显然更为习熟、更有优势，他们事实上成为官僚行政的主要承担者。后唐以降，所谓"前朝"问题不再突出，而文士能力则愈益受到怀疑与訾议。后唐清泰（934—936）年间，太常丞史在德上疏言事，指责"称文士者，鲜有艺能，多无士行，问策谋则杜口，作文字则倩人。所谓虚设具员，枉耗国力"❷；尽管他的批评受到来自末帝重臣的抵制，但其不满显然代表着一批人的意见。

时至后汉，文士与文吏出身者之间的矛盾越发凸现出来。当时即便是身为文臣的杨邠、王章等人，对于文士的轻蔑亦溢于言表。

论者在分析五代的文武关系时，经常引用后汉时期禁军统帅史弘肇的一句话，即"文人难耐，轻我辈，谓我辈为卒。可恨！可恨！"❸据《旧五代史》卷一○七《史弘肇传》，在一次"贵臣悉集"的场合中，

　　弘肇又厉声言曰："安朝廷，定祸乱，直须长枪大剑，至

---

❶《新五代史》卷三八《宦者传》。
❷《旧五代史》卷四七《末帝纪中》。
❸《旧五代史》卷一○七《史弘肇传》。

如'毛锥子'（按，指文职官吏手中之笔），焉足用哉！"三司使王章曰："虽有长枪大剑，若无'毛锥子'，赡军财赋自何而集？"

就是这个挺身而出为"毛锥子"辩白的王章，亦"常轻视文臣"。据《旧五代史》卷一〇七其本传记叙：

> 章与杨邠同郡，尤相亲爱，其奖用进拔者，莫非乡旧。常轻视文臣，曰："此等若与一把算子，未知颠倒，何益于事！"

"常轻视文臣"一句，在《新五代史》卷三〇《王章传》中，作"尤不喜文士"，更加明晰地点破了他所不满的对象。王章的密友杨邠，出身"州掌籍吏"，后汉高祖时曾任枢密使，至隐帝时，更自枢密使而兼任宰相。他"出于小吏，不喜文士……虽长于吏事，而不知大体，以谓为国家者，帑廪实、甲兵完而已，礼乐文物皆虚器也"。据说杨邠因此而"不在清议"❶。

可以看出，以簿籍筹算之能自恃的这些"毛锥子"，一方面处于咄咄逼人的武夫之对立面，另一方面也立场鲜明地与文士儒生相互判分。文士与专长吏干者之间的隔阂，之所以在这一阶段显现得格外突出，不仅是长期以来行政事务的类别分野所造成，也是晚唐以降文士自身的操履素质与才学结构大不适应变异丛生之新环境的结果。不具备专门化行政技能的文士们之"好学""明敏"与其应对变局、处理繁剧时的迟滞恰形成为鲜明的对照。

---

❶ 参见《南部新书》癸"杨邠起于小吏"条、《新五代史》卷三十《杨邠传》。《旧五代史》卷一〇七《杨邠传》称"邠缮甲兵，实帑廪，俾国用不阙，边鄙粗宁，亦其功也。"

五代时期，文人出路狭窄，选择机会有限；文士与文吏之间，尽管观念上泾渭两分，现实中却往往只有模糊的界域。在特殊的时代背景之下，一方面，文臣们所面临的责任，被简单干脆地化约为"治剧"，"吏能"受到空前的重视；另一方面，由于长期动乱的影响，尽管民间士人颇有沉潜于学问、读书业儒者 ❶，而活跃于当时政治舞台上的"文士"中，很少有崇尚学术而修养深厚之人。从这一意义上讲，当时文臣内部的差异和矛盾，与其说体现着"文学"、"经术"与"吏干"之争，毋宁说反映出不同职业素质在"治剧"需求面前的参差。

2. "通变者鲜"：儒生文士的局限

　　"时中原多难，文章之士缩影窜迹不自显" ❷，文书运行却不容暂停。了解并擅长章表笺奏程序的文人，受到特别的重视 ❸；而表状笺启类文书的撰作，甚至造就出时代大变动之下一种新的文化形式 ❹。而就当时的行政内容而言，钱谷调度占据着尤其重要的地

---

❶ 这方面资料很多，值得专门研究。可参见李乾贞撰《宋赠殿中丞河南源府君墓志铭》（《全宋文》第四册，页795），《旧五代史》卷六七《李愚传》、卷六八《刘赞传》，《宋史》卷四五七《戚同文传》等。《曾巩集》卷十二《先大夫集后序》中也说道："方五代之际，儒学既摈焉，后生小子治术业于闾巷，文多浅近。"此外，晁公武在其《郡斋读书志》卷十六《景德传灯录》中，讲到禅学诸宗兴盛时，亦说："尝考其世，皆出唐末五代兵戈极乱之际。意者乱世聪明贤豪之士无所施其能，故愤世嫉邪，长往不返，而其名言至行，譬犹联珠叠璧，虽山渊之高深，终能掩覆其光彩，而必辉润于外也。"

❷ 《旧五代史》卷二四《孙隲传》。

❸ 举例言之，《旧五代史》卷一〇八《李崧传》中，提到他在同光初年批评魏王推官李荛书辞不工，说："令公皇子，天下瞻望，至于尺牍往来，章表论列，稍须文理合宜。"他本人即因此而受到赏识，"独掌奏记"。

❹ 吴丽娱在其《略论表状笺启书仪文集与晚唐五代政治》中指出，"唐五代表状笺启书仪文集虽渊源有渐，但其发展深受政治影响"，"晚唐五代藩镇动乱与军阀混战，使这一文学与政治的结合空前密切，'笺表'体裁的制作及相关掌记人才应运而生，畸形发展，造就了晚唐五代表状书仪文集高度繁荣和辉煌的形势，体现了时代大变动之下的一种新文化"。（《中国社会科学院历史研究所学刊》第二集，页339，商务印书馆，2004年）

位。在战事扰攘的时期，文翰、理财能力成为衡量文臣价值的关键指标。

"专制河东留守事"的张承业，曾经重用有"器量"的文士吕琦，设法保护了恃才傲物的卢质；但如前所述，他也曾叱责另一文士卢程：

> 时张承业专制河东留守事，人皆敬惮。旧例支使监诸廩出纳，（卢）程诉于承业曰："此事非仆所长，请择能者。"承业叱之曰："公称文士，即合飞文染翰，以济霸国，尝命草辞，自陈短拙；及留职务，又以为辞，公所能者何也？"程垂泣谢之。❶

在张承业等人看来，僚属的价值应该直接体现于其治事功能，既称"文士"，则应或善于文翰，或长于筹算。出自"望族"的凤翔节度掌书记李专美，与节度判官韩昭胤等共同佐助后唐末帝起事，末帝进入洛阳后，曾因犒军金帛不足事责备他说：

> 韩昭胤首鼠，我不责办；卿士人子弟，常言有才术，今致我至此，不能运度以济时事，留才术何所施也！❷

韩昭胤其后由枢密使而致宰相，末帝不曾加责于他，而寄厚望于"尝言有才术"的"士人子弟"李专美。这些不足以应付时事的文士，在当时局面下的尴尬是显而易见的。无怪乎时人经常慨叹：

---

❶ 《旧五代史》卷六七《卢程传》。
❷ 《册府元龟》卷五一〇《重敛》，后唐末帝清泰元年；参见《旧五代史》卷九三《李专美传》。

"儒生中通变者鲜矣!"❶

这种状况,责任并不仅仅在于儒生文士个人,而是长期政治措置的结果。曾在荆南掌政事的孙光宪,讲过这样一段话:

> 古者文武一体,出将入相,近代裴行俭、郭元振、裴度、韦皋是也。然而时有夷险,不可一概而论。……客有谓葆光子(笔者按,孙氏自号葆光子)曰:"儒将诚则有之。唐自大中以来,以兵为戏者久矣。廊庙之上,耻言韬略,以櫜鞬为凶物,以铃匣为凶言。……一旦宇内尘惊,闾左飙起,遽以褒衣博带,令押燕颔虎头,适足以取笑耳!"❷

国家稍微安定之后,讲求典故、修饰制度即会提上日程。身为文士而不熟悉军事、不长于吏干,或可为之解说;而他们之不善于控御变局、不熟悉政务体制,则更致贻误国政。而这偏偏是五代文士中普遍存在的情形。在当时的上层文人圈中,颇有一些自命不凡却"卒无所发明"者。

后唐历经明宗、闵帝、末帝三朝的宰相李愚,为人谨重好学且清廉刚介,却"欲依古以创理",行事迂阔❸;与他大约同时的刘昫,"以好学知名燕蓟之间",而"在相位,不习典故","议者多窃笑之"❹。末帝"选当时清望官知名于世者"为宰相,得卢文纪与姚顗:卢文纪"语音高朗,占对铿锵",然而"处经纶之地,

---

❶《北梦琐言》卷七《李商隐草进剑表(蜀庾传昌顾云附)》。
❷《北梦琐言》卷十四《儒将成败》。
❸《新五代史》卷五四《李愚传》。
❹《新五代史》卷五五《刘昫传》。

无辅弼之谋"❶；姚顗则"不知钱陌铢两之数，御家无法，在相位
齪齪无所为"。❷另一宰相马胤孙"少好学，学韩愈为文章"，然
而"不通世务，故事多壅塞。……临事多不能决，当时号为'三
不开'：谓其不开口以论议，不开印以行事，不开门以延士大夫
也。"❸后晋的翰林学士承旨崔梲，"少好学，颇涉经史，工于文
辞"，然而"专于文学，不能莅事"，"不能举职"❹。后汉的宰相苏
逢吉，当制度草创之时，"朝廷大事皆出逢吉，逢吉以为己任。然
素不学问，随事裁决，出其意见，是故汉世尤无法度，而不施德
政，民莫有所称焉"。❺

　　当天下多事之时，面对一些无所发明而不能举职者，后唐末
帝曾经"目宰相曰：'此粥饭僧尔！'以谓饱食终日，而无所用心
也。"❻宋初史臣在总结明宗统治时所说，"惜乎！君亲可辅，臣子非
才，遽泯焱尝，良可深叹矣"❼，不能说全无道理。

　　更可一叹的是，"文士"中的一些人，即便对于儒学礼教也并
非见长。后唐明宗时的太常卿刘岳，"名家子，好学，敏于文辞，
善谈论"；奉诏修订《书仪》，而"事出鄙俚，皆当时家人女子传习
所见，往往转失其本"。身为文士学者而兼重政务、吏事的欧阳修
将这些"当时儒者"与"夷狄""武君"对举，感慨万端地批评说：

　　　　呜呼！……五代干戈之乱，不暇于礼久矣！明宗武君，出

---

❶ 《旧五代史》卷一二七《卢文纪传》。
❷ 《新五代史》卷五五《姚顗传》。
❸ 《新五代史》卷五五《马胤孙传》。
❹ 《新五代史》卷五五《崔梲传》。
❺ 《新五代史》卷三〇《苏逢吉传》。
❻ 《新五代史》卷五四《李愚传》。
❼ 《旧五代史》卷四四《明宗纪十》。

于夷狄，而不通文字，乃能有意使民知礼。而岳等皆当时儒
者，卒无所发明，但因其书增损而已。然其后世士庶吉凶，皆
取岳书以为法，而十又转失其三四也，可胜叹哉！ **❶**

像这样或不通礼仪之学，或不懂军旅之务，或不善词理，或不能莅
事的"儒生""文士"，在当时并非少数。生逢时代变迁之际，他们
既不长于举职任事，又不是称职的文化传承者。

3. 面对挑战的困惑：文士的分化与追求

有学者指出，五代十国的知识分子有两种不同的追求，一类
向往功名，切于仕进；一类消极避世，寻求自身道德的净化和完
善 **❷**。同时，我们也注意到仕进者的避事与避世者的抱负。后晋的
御史中丞薛融，"少以儒学知名"，早在石敬瑭准备起事，征求群
僚意见时，身为观察判官的他说：

> 融本儒生，只曾读三五卷书，至于军旅之事、进退存亡之
> 机，未之学也。**❸**

《旧五代史》卷一二六《冯道传》中说，

> 晋祖曾以用兵事问道，道曰："陛下历试诸艰，创成大
> 业……讨伐不庭，须从独断。臣本自书生，为陛下在中书守历
> 代成规，不敢有一毫之失也。臣在明宗朝，曾以戎事问臣，臣
> 亦以斯言答之。"

---

❶《新五代史》卷五五《刘岳传》。
❷ 郑学檬：《五代十国史研究》，页231—232。
❸《旧五代史》卷九三《薛融传》。

天福七年（942年）后晋少帝继位后，宰相冯道一再奏请复置高祖时被废罢的枢密使，以求"各归职分"❶。薛融、冯道的避事，并非一二书生明哲保身的个人行为，它反映着动乱年代中的文士历经血腥教训之后，收缩自身职守的倾向。这种避离敏感机要之事而听任君主乃至权臣"独断"，自己居处一面、恪守成规的职分界定，既体现着自我保护的企图，也是当时制度运行的客观状况所促成。

后汉隐帝时，"史弘肇为都指挥使，与宰相、枢密使并执国政"❷，"树党恣横，专权凌上"，身为首相的窦贞固"但端庄自持，不能规救"❸，导致事态的恶化。据《旧五代史》卷一〇七《史弘肇传》，隐帝

> 欲诛弘肇等，议定，入白太后。太后曰："此事岂可轻发耶！更问宰臣等。"李业在侧，曰："先皇帝言，朝廷大事，莫共措大商量。"

这同一件事，在《新五代史》卷十八汉高祖皇后李氏的传记中作：

> 初，帝与允明等谋诛杨邠、史弘肇等，议已定，入白太后。太后曰："此大事也，当与宰相议之。"李业从旁对曰："先皇帝平生言，朝廷大事，勿问书生。"太后深以为不可，帝拂衣而去，曰："何必谋于闺门！"

---

❶《旧五代史》卷八一《晋少帝纪一》。
❷《新五代史》卷二七《康义诚传》。
❸《宋史》卷二六二《窦贞固传》。

132

两相对照，所谓"措大"所指，即十分清楚了。这种对于书生文士的贱称，使我们意识到他们——即使贵为宰相——在后汉统治者心目中的实际地位。他们既不见容于杨邠、史弘肇等文史、军将集团，又不见重于隐帝及其左右内职私党。事发之后，宰相苏逢吉曾说："萧墙之变，太觉匆遽，主上若有一言见问，必不至是矣。"可见当时的宰相，并没有充分参预重要决策的机会。

　　毋庸讳言，唐末五代特别是后梁、后汉时期，出仕于中央或地方的文士们所面临的生存环境是相当严酷的。《旧五代史》卷一〇一《汉书·隐帝纪上》说：

> 　　是时，法尚深刻，藩郡凡奏刑杀，不究其实，即顺其请。故当时从事鲜宾客之礼，重足累迹而事之，犹不能免其祸焉。

藩镇军将对于竭诚效力的幕府文士个人尚能礼待❶，而对于文士阶层却缺乏认识。以往文士所习熟的活动空间，在此时变得相当狭窄。

　　激剧的社会更革与政局跌宕，使当时的士人之价值观念、道德标准、处世方式、能力结构乃至生活节奏、欣赏品位等等，都受到了严重的挑战。"时不我与，道之难行"❷，使他们感到相当的困惑与迷失。他们中的一些人隐遁不仕，如赵令畤《侯鲭录》卷八所载：

> 　　唐末五季士大夫有言曰："贵不如贱，富不如贫，智不如愚，仕不如闲。"

---

❶ 《五代史补》记郑准事，提供了反面的例证。见该书卷一《郑准作归姓表》条。

❷ 李乾贞：《宋赠殿中丞河南源府君墓志铭》，《全宋文》第四册，页795。

有的皈佛入道 ❶，另一些人则徘徊于进退之间。例如"慷慨有大志，以经纶为己任"的李涛 ❷，"谏晋主不从"，赋诗自悼，有"一言寤主宁复听，三谏不从归去来"之句 ❸；他在所作《杂诗》中则称：

> 明主不弃士，我自志山林。爵服岂无华，才疏力难任。❹

也有许多文士，寂寞难耐，渴盼着出头的机会。例如在后梁末帝时做到宰相的李琪，据《北梦琐言》卷六《李琪书树叶》条：

> 梁李相国琪，唐末以文学策名，仕至御史。昭宗播迁，衣冠荡析……藏迹于荆、楚间……盘桓于夷道之清江，自晦其迹，号华原李长官。……琪相寂寞，每临流踞石，摘树叶而试草制词，吁嗟怏怅，而投于水中。梁祖受禅，征入，拜翰林学士，寻登廊庙。

不少人抱着"官职有来须与做"❺的态度，混迹于世。也是在这种大背景之下，一些不得意士人愤而离开科举考场，转而"归霸国以求用"，甚至游走于诸政权之间。罗隐即为其中一例 ❻。

当时晚唐流风余韵尚存，一些文士所羡慕推崇的，是华而不实的风度、谈吐，是如郑韬光式神爽气清、不妄喜怒的"名节"❼，如

---

❶ 《五代史补》卷一《杜光庭入道》条。
❷ 《宋史》卷二六二《李涛传》。
❸ 《全宋诗》卷一引《吟窗杂录》卷二八。
❹ 《全宋诗》卷一引《永乐大典》卷九〇三。
❺ 文莹《续湘山野录》录陶毅《题玉堂壁》诗。
❻ 参见《五代史补》卷一《梁·罗隐东归》、《唐才子传》卷七《罗隐传》。
❼ 《旧五代史》卷九二《郑韬光传》说"其先世居荥阳，自隋唐三百余年，公卿辅相，蝉

冯道式谨慎从容、清俭宽弘的"德量"❶；而杨凝式之类的"非常"行为则不见称于时：

> 杨凝式父涉为唐宰相。太祖（按指朱温）之篡唐祚也，涉当送传国玺。时凝式方冠，谏曰："大人为宰相而国家至此，不可谓之无过。而更手持天子印绶以付他人保富贵，其如千载之后云云何？其宜辞免之。"时太祖恐唐室大臣不利于己，往往阴使人来采访群议，缙绅之士及祸甚众。涉常不自保，忽闻凝式言，大骇曰："汝灭吾族！"于是神色沮丧者数日。凝式恐事泄，即日遂佯狂，时人谓之"杨风子"也。❷

杨凝式本因"精神颖悟，富有文藻"而"大为时辈所推"，此时却因"时人以其纵诞，有'风子'（按即'疯子'）之号焉"❸。文士好尚的趋时转变，不禁令人喟叹。后唐明宗时的大理少卿康澄曾经把当时的形势概括为"贤士藏匿，四民迁业，上下相徇，廉耻道消，毁誉乱真，直言不闻"❹。

当时尽管不乏正身持家乃至刚强执法者，而各层文臣圈中"全节之士、死事之臣"却少而又少，正所谓"士大夫忠义之气，至于五季，变化殆尽"❺。书生们自己也承认，"口不饶人"却又"薄德无顾藉"者，"措大打头，优伶次之"❻。"儒者""缙绅之

（接上页）联一门"，他本人"凡事（三朝）十一君，越七十载，所仕无官谤，无私过"。

❶ 《资治通鉴》卷二九一，显德元年四月庚申条。

❷ 《五代史补》卷一《梁·杨凝式佯狂》。

❸ 《旧五代史》卷一二八《杨凝式传》。

❹ 参见《新五代史》卷六《明宗纪》、《宋史》卷三八一《晏敦复传》。

❺ 《宋史》卷四四六《忠义传（序）》。

❻ 陶谷：《清异录》卷三《黑京》。

士"在此时的道德形象其后引起了特别的关注 **❶**。后周以来，统治者开始警惕类似的问题，从而导致了"宋初政治伦理和社会道德的重建"**❷**。

问题的暴露、时代的呼唤，虽然已经足够充分，但是，群体性而非个别新型人材的养育，却并非一朝一夕所能成就。

（四）交汇与再造

在"云雷构屯，龙蛇起陆；势均者交斗，力败者先亡"**❸**的环境下，社会上追求的首先是"势"与"力"，统治方略中重武轻文自是题中之义。但是，如宁可先生所指出的：

> 就在这种极度的重武轻文的政治风气之下，唐中叶以来所发生的武人出身和社会地位的变化却仍在悄悄地继续着。**❹**

这一深层次的变化，正为政治气候与社会风气的转化创造着内在的条件。而主要由"文士"与"文吏"两部分构成的文臣群体，自身亦经历着艰难的演变过程。这一过程的阶段性完成，或者说初见成效，已经到了后周后期至北宋初期。

1."文"与"武"的相互依存
北宋真宗年间，陶岳在其《五代史补》序中说：

---

❶ 参见《新五代史》卷三三《死事传（序）》、卷三四《一行传（序）》、卷五四《杂传（序）》，《资治通鉴》卷二九一，显德元年四月"臣光曰"。

❷ 参见王德毅：《宋代士大夫的道德观》，《宋史研究集》第二十八辑，页1—28。关于晚唐五代以来士大夫的道德气节问题，自宋初以降即有不少讨论，本节不拟展开。

❸《旧五代史》卷一三传赞。

❹ 宁可：《宋代重文轻武风气的形成》，《学林漫录》第三集，页62。

五代之相承也，其辟土则不广，享祚则不永，干戈尚被于原野，声教未浃于华夏。虽唐室名儒或有存者，然俎豆军旅势不两立。

我们确实注意到"俎豆军旅势不两立"的现象，例如，

秦王从荣，明宗之爱子，好为诗，判河南府，辟高辇为推官。辇尤能为诗，宾主相遇甚欢。自是出入门下者，当时名士有若张杭、高文蔚、何仲举之徒，莫不分廷抗礼，更唱迭和。时干戈之后，武夫用事，睹从荣所为，皆不悦。于是康知训等窃议曰："秦王好文，交游者多词客。此子若一旦南面，则我等转死沟壑。不如早图之。"❶

在粗有文治的明宗时代，一批更迭唱和的"词客"与"新进小生"❷，竟引惹出如此强烈的反应，可见武人集团对于前途的敏感。此后从荣及祸，确实与此有关。

不过，"俎豆、军旅"亦非截然对立。文武从来都是相互依存的，更何况是在政权图求生存的激烈对外竞争之中。或许可以说，正是扩展自身权力的过程，使本不熟悉行政财政领域的武将认识到了文人（首先是文吏）的用处；而出身于武将的统治者们对于身份地位提升的自我意识、对于以往同为统兵将帅的"比肩同气"者的警惕，更使得他们有了藉助谋士、笼络"秀才"（文士）的愿望。而在当时的环境下，效力于这些统治者的文人，其特有长处

---

❶ 《五代史补》卷二《秦王掇祸》。

❷ 《旧五代史》卷六八《刘赞传》。

的被承认、地位的提高与价值的实现，从总体上说，又是随着这般武将涉足领域的扩大而同步进展的。《旧五代史》卷六十《李袭吉传》中说：

> 自广明大乱之后，诸侯割据方面，竞延名士，以掌书檄。是时梁有敬翔，燕有马郁，华州有李巨川，荆南有郑准，凤翔有王超，钱塘有罗隐，魏博有李山甫，皆有文称，与袭吉齐名于时。

显然，所谓"竞延名士，以掌书檄"的现象，正是伴随着"诸侯割据方面"的状况而普遍出现的。

本对"书生"颇具敌意的梁太祖朱温，自幕府至朝廷运作皆自觉依靠敬翔、李振、裴迪等人，并且曾对青州节度使韩建表示，"政事之暇，省览经籍，此亦士君子之大务"❶；他的儿子末帝朱友贞，更是"雅好儒士"❷。大约与后梁同时的前蜀王建，亦以"礼待翰林学士"著称 ❸。

后唐明宗李嗣源所委信的枢密使安重海，"身为中令，任过其才"❹，这一问题，皇帝、朝臣乃至安重海本人都意识到了。据《资治通鉴》卷二七五，天成元年（926年）四月乙亥条：

> 帝目不知书，四方奏事皆令安重海读之。重海亦不能尽通，乃奏称："臣徒以忠实之心事陛下，得典枢机，今事粗能晓知，至于古事，非臣所及。愿仿效前朝侍讲、侍读，近代直

---

❶ 《旧五代史》卷十三《王师范传》。
❷ 《旧五代史》卷八《梁末帝纪上》。
❸ 《五代史补》卷一《梁·王建礼待翰林学士》。
❹ 《旧五代史》卷六六《安重海传》。

崇政、枢密院，选文学之臣与之共事，以备应对。"乃置端明殿学士。乙亥，以翰林学士冯道、赵凤为之。

对于冯道等文学之臣进谏的内容，身为"武君"的明宗，并不能完全理解，往往当他们离开之后，又"召侍臣讲说其义"❶，足见他对于这类意见的重视。他自称"于经义虽不能晓，然尚喜屡闻之"；皇子出镇，他"选儒雅，赖其裨佐"❷。其子从荣"颇喜儒，学为歌诗，多招文学之士"；从厚也是"髫龀好读《春秋》，略通大义"❸。

权倾一时的安重诲，倚枢密直学士史圭以备顾问，而且从端明殿学士之设到枢密直学士之升殿都与他的建议有关❹；尽管如此，当他败亡之后，仍然有"不亲文士"的批评。《旧五代史》卷六六《安重诲传》：

> 议者以重诲有经纶社稷之大功，然志大才短，不能回避权宠、亲礼士大夫，求周身辅国之远图，而悉自恣胸襟，果贻颠覆。

《新五代史》卷二四《安重诲传》则说：

---

❶ 《新五代史》卷五四《冯道传》。
❷ 《旧五代史》卷五一《秦王从荣传》。
❸ 参见《北梦琐言》卷十八《明宗睿相》、《新五代史》卷一五《唐明宗家人传·秦王从荣传》、《旧五代史》卷四五《闵帝纪》。当然，对于他们（特别是其中惯于征战者）的文化程度不能估计过高。明宗曾经劝诫其子从荣说，"将家子文非素习，未能尽妙，讽于人口，恐被诸儒窃笑"（《北梦琐言》卷十九《明宗戒秦王》）；他的养子末帝从珂曾有诗作流传，据《南部新书》卷癸，"清泰朝，李专美除北院，甚有舟楫之叹。时韩昭裔已登庸，因赐之诗曰：'昭裔登庸汝未登，凤池鸡树冷如冰。如何且作宣徽使，免被人呼粥饭僧。'"（按《全唐诗》卷七三七将此诗系于韩昭裔名下）辞句浅陋无华。
❹ 《新五代史》卷五六《史圭传》。

虽其尽忠劳心，时有补益，而恃功矜宠，威福自出，旁无贤人君子之助，其独见之虑，祸衅所生，至于臣主俱伤，几灭其族，斯其可哀者也。

所谓"亲礼士大夫"与"贤人君子之助"，被认为是立足于不败的重要保证，这种观念，应即出现于时人（"议者"）的反思之中，而非肇始于先后撰著《五代史》的薛居正与欧阳修。

唐末五代，一方面"书生""措大"为人鄙夷，另一方面人们心目中的"士大夫"却又维持着操守清正的形象。李袭吉

在武皇幕府垂十五年，视事之暇，唯读书业文，手不释卷。性恬于荣利，奖诱后进，不以己能格物。参决府事，务在公平，不交赂遗，绰绰有士大夫之风概焉。❶

后唐明宗称赞冯道"真士大夫也"，是看重他

性纯俭，顷在德胜寨居一茅庵，与从人同器食，卧则刍藁一束，其心晏如也。及以父忧退归乡里，自耕樵采，与农夫杂处，略不以素贵介怀。❷

接近士人的倾向，出现于不同层级的武将及其子弟圈中。不少藩镇将帅不惜本钱延辟文士名流，江西军阀钟傅重金酬赠诸葛浩事即为突出的一例 ❸。湖湘马希范竟然仿唐太宗故事，设天策府，置

---

❶《旧五代史》卷六〇《李袭吉传》。
❷《旧五代史》卷一二六《冯道传》。
❸《五代史补》卷一《钟傅重士》条。

十八学士❶。后梁"位极人臣"的张全义，"起战士而忘功名，尊儒业而乐善道。家非士族，而奖爱衣冠，开幕府辟士，必求望实。属邑补奏，不任吏人"❷；后梁、后唐的开封府尹王瓒，"能优礼搢绅，抑挫豪猾，故当时士流皆称仰焉"❸；相里金"为人勇悍，而能折节下士"❹；后晋的凤翔节度使李从曮，"厚文士而薄武人"❺；后周太祖内弟、"家世素微贱"的节度使杨廷璋，"善待士，幕府多知名人"❻。类似事例不胜枚举。

诚如学者所说，"当时或有优礼文士者，然仅限于文辞秀句，以掌书檄而已，于儒行无与焉"❼；但接近乃至"优礼"文士之过程既已开始，便难免朝向其特有的路径展开。唐末的魏博节度韩简、凤翔节度李茂贞雄鸷跋扈，而"每对文士，不晓其说，心常耻之"，因令身边儒生讲说《论语》、《春秋》❽；后梁的魏博节度罗绍威，"喜文学，好儒士"，且能"下笔成文"❾；"少为牙将"且"累居右职"的赵克裕，祖、父皆为军吏，自己却"好读书，谨仪范"❿；后唐出自"世以军功为牙校"之家的张宪，本人"喜儒学"，"尽通诸经，尤精《左传》"⓫；"昆仲为军职"的庄宗内兄韩恽，"亲狎儒士，好为歌诗，聚书数千卷"⓬；平素蔑视"毛锥子"的后汉将领史弘肇，其子德珫，

---

❶ 《五代史补》卷二《何仲举及第》条。
❷ 《旧五代史》卷六三《张全义传》。
❸ 《旧五代史》卷五九《王瓒传》。
❹ 《新五代史》卷四七《相里金传》。
❺ 《资治通鉴》卷二八一，天福三年末。
❻ 《宋史》卷二五五《杨廷璋传》。
❼ 孙国栋：《唐宋之际社会门第之消融》，载氏著《唐宋史论丛》，页233。
❽ 《北梦琐言》卷十三《韩简听书（李茂贞附）》。
❾ 《北梦琐言》卷十七《邺王偷江东诗》。
❿ 《旧五代史》卷一五《赵克裕传》。
⓫ 《旧五代史》卷六九《张宪传》。
⓬ 《旧五代史》卷九二《韩恽传》。

却是"粗读书，亲儒者，常不悦父之所为"❶。后晋高祖妹婿史匡翰，系李克用骁将史建瑭之子，据《旧五代史》卷五五《史建瑭传》、卷八八《史匡翰传》及陶穀所作史匡翰碑铭❷，自建瑭父史敬思始，这一家三代皆任安庆九府都督，应系沙陀三部落人❸；"史氏世为将，而匡翰好读书，尤喜《春秋》三传，与学者讲论，终日无倦"❹，几乎予人以"儒将"印象。

我们看到，唐末五代时期，一方面，出入于朝廷的上层文士之才能结构不敷需要暴露得日益充分；与此同时"儒学既摈焉，后生小子治术业于闾巷，文多浅近"❺，学术的发展受到了严重的制约。而另一方面，动乱中斯文不绝如缕，恰如冰河下之潜流；这一阶段又是教育趋于社会化，知识普及与文字能力扩展下移的时期。缺乏晋身途径而活动在社会基层，活动在乡里闾巷、佛道寺观乃至行伍军旅的文士，对于推动这一进程起着关键的作用❻。

仅举"军旅"为例：《宋史》卷二六三《张昭传》中提道，"后唐庄宗入魏，河朔游士，多自效军门。"士人们的"自效"与被接纳，引起的是双向的改变与调整。如周太祖郭威，早年本以"好斗多力"知名，尽管"性聪敏，喜笔札"，厕身部伍之中，也不过"多阅簿书"而已；恰逢自幼好学、"涉猎史传"的李琼走投无路，"杖策诣太原依唐庄宗，属募勇士，即应募"，在军中与郭威等十人约为兄弟：

---

❶ 《旧五代史》卷一〇七《史弘肇传》。
❷ 《全唐文》卷八六三《义成军节度使赠太保史匡翰碑铭》。
❸ 参见樊文礼：《试论唐末五代代北集团的形成》，《民族研究》2002年2期，页54—62。
❹ 《新五代史》卷二五《史匡翰传》。
❺ 《曾巩集》卷十二《先大夫集后序》。
❻ 参阅孙国栋：《唐宋之际社会门第之消融》，《唐宋史论丛》，页251—255。

周祖与琼情好尤密，尝过琼，见其危坐读书，因问所读何书，琼曰："此《阃外春秋》，所谓以正守国，以奇用兵，较存亡治乱，记贤愚成败，皆在此也。"周祖令读之，谓琼曰："兄当教我。"自是周祖出入常袖以自随，遇暇辄读，每问难琼，谓琼为师。❶

本非得已的选择，使一些读书人不得不放下身段，同时也有机会以自身的价值观念影响武人 ❷，双方在远较此前密切的接触中经历着相互改造的过程。

专掌一方的军阀、图谋进取的武将如韩建、罗绍威、郭威以及赵匡胤等，其追求与文士们迥然有异，其"好学"显然非性格嗜好所能解释。这尽管与科举兴行以来社会风气的浸染有关，与大批在传统圈子内走投无路的士人效力于地方权势有关；而更主要的，却是由于现实竞争的压力与基本程度治理的需求。这实际上也为文士们提供了更多的机遇与更高的要求 ❸。

2. 文臣能力结构的变化

如果我们把前后相继的五代作为"一个"阶段、把文职臣僚作为"一个"群体来看，那么，在这一时期中重武轻文的极端事例举不胜举；假若我们着眼于不同的时期、着眼于不同类别的文臣，将这一个个"板块"拆解开来，更加逼近地予以考察，或许能将文武

---

❶ 《宋史》卷二六一《李琼传》。
❷ 唐末五代时期如李琼之类事例很多。唐末三举进士而不中的谢瞳，在黄巢占领长安后，投迹于朱温门下，"未尝一日不在左右"，后"署右职"，建议朱温归附唐朝。见《旧五代史》卷二十《谢瞳传》。
❸ 孙光宪曾针对唐末的情形说："武臣未必轻儒，但未睹通儒，多逢鄙薄之辈，沮其学善也。惜哉！"见《北梦琐言》卷十三《韩简听书》。

关系以及文臣能力素质的调整脉络看得更为清晰。

就最高统治者而言，对于文职官吏的利用与依靠，事实上不容暂缺。而在文臣群体中，通常居于主导地位、作为被关注中心的，是其中的"文士"❶。研究者通常所说的"轻文"，主要是就轻视文士的状况而言。五代时期，经历着一个自重用"文吏"向重用"文士"转化的过程，伴随着这一过程的，一方面是半个多世纪中官僚制度的演变与权力重心的调整，一方面是文士自身的痛苦改造与调适，是发生于社会转型背景下的文臣群体的转型。

这一时期的文臣群体，其性格特质的塑造，其能力结构的调整，其人员组合的方式，实际上都处于开敛整合的过程之中。从表面上看，尚武的浪潮将无数士人及其前程吞噬席卷而去；而实际上，从正常轨道抛掷出来的文士（如李袭吉、谢瞳、敬翔、李琼等人），却在调适自身的同时，自觉不自觉地影响着、改变着周围的武人与所处的环境。

从唐末到宋初的文臣之遭际，与官僚政治制度的更革有直接的关系。从宰相职任的一度"虚仪化"到中书门下权力的逐渐回归，从枢密院自内廷走向外朝到机要、行政事权的分任，制度的变迁给予文士们日益增多的展示作为之机遇。强化君主集权的努力，使得"职系禁庭，地居亲近"❷的翰林学士、备应对顾问的端明殿学士、得以"升殿侍立"的枢密直学士❸等，有了接近皇权的更多机会，给这般身任"近职"❹的所谓"文学之臣"创造了直接或间接参预决策的可能。

---

❶ 即便在"吏能"型人物大行其道时也是如此。历经士大夫政治近千年的演生发展，如"秦政"般彻底的"文吏政治"事实上已经不可能再度稳定呈现。

❷《五代会要》卷十三《翰林院》。

❸《新五代史》卷五六《史圭传》。

❹《文献通考》卷五四《职官考八·殿学士·端明殿》。

从敬翔等人开始，时而有一些"好读书"而"擅吏能"的综合式人物出现；我们可以观察到文臣群体中"文士"与"文吏"式的角色素质在碰撞中的融通，注意到其边际的不断模糊化。例如，梁太祖称为"必办吾事"的李珽，"聪悟有才学，尤工词赋"，在紧急被召草檄之际，"笔不停缀，登时而成"，"大为太祖嗟赏"❶。唐庄宗的北京留守张宪，"学识优深，尤精吏道，剖析听断，人不敢欺"❷。"论议纵横"的"儒士"任圜，"每以天下为己任"，明宗时兼任宰相及三司使，"忧公如家，简拔贤俊，杜绝侥幸，期年之间，府库充实，军民皆足，朝纲粗立"❸。祖辈为牙校的史圭，"好学工诗，长于吏道"，做到枢密直学士，且"有入相之望"❹。后晋宰相和凝"文武全才"而修饬严整、管理有序❺。冯道"好学能文"且擅长政务❻，于万民倒悬之际历任四朝而自诩"长乐"，其曲逢韬晦实不足称，但就能力结构而言，应该说他属于过渡型的人物。在融会贯通的过程中，具备"文吏"特性者所受之推动，亦不容忽视。即便是一向轻蔑文士的杨邠，也是"末年留意缙绅，延客门下，知经史有用，乃课吏传写"❼。

后周参预执政的文臣群体，已经显现出一番较新的气象。据《资治通鉴》卷二九〇，周太祖广顺元年（951年）六月条：

> 时国家新造，四方多故，王峻夙夜尽心，知无不为，军旅之谋，多所裨益。范质明敏强记，谨守法度。李穀沉毅有器

❶ 《旧五代史》卷二四《李珽传》。
❷ 《旧五代史》卷六九《张宪传》。
❸ 《资治通鉴》卷二七五，天成元年五月丙辰条。
❹ 《旧五代史》卷九二《史圭传》。
❺ 《旧五代史》卷一二七《和凝传》。
❻ 《旧五代史》卷一二六《冯道传》。
❼ 《旧五代史》卷一〇七《杨邠传》录《旧五代史考异》引《宣和书谱》。

略，在帝前议论，辞气慷慨，善譬谕以开主意。

到世宗时，更是

> 天子英武，乐延天下奇才，而尤礼文士。❶

显德年间的几位宰相中，范质"以儒者晓畅军事，及其为相，廉慎守法"；李穀"厚重刚毅"而"辞气明畅"；王溥"刀笔家子，而好学终始不倦"；而"尝为小史"的魏仁浦，则不仅"善书记"，且"以宽厚长者著称"❷。明经出身而曾任吏掾的景范，被任为宰相且判三司，在命相制词中，称之为"奉上得大臣之体，检身为君子之儒"❸。几位枢密使中，王朴"好学善属文"，既有器识又善理庶务，备受世宗倚信❹；"右职"出身的郑仁诲，"为人端厚谦损，造次必由于礼"❺；本系郭威亲校的吴廷祚，读书好学而"谨厚寡言"❻。尽管这批人出身、经历、特性各异，却大都谨慎端方而熟悉吏道。这使我们看到，此时的朝廷重臣，素质与能力结构已经与唐末相当不同。

廉介自守的范质，入宋之后，曾被太祖称道"真贤相也"；他尽管从来不是新皇帝亲近信赖之人，却始终受到礼遇。在赵匡胤已然黄袍加身回到京城时，面对着既成事实，范质仍称之为"太尉"，并且当面质问说："先帝养太尉如子，今身未冷，奈何？"❼与冯道

---

❶ 《新五代史》卷三一《周臣传》。
❷ 《宋史》卷二四九《范质、王溥、魏仁浦传》赞语、卷二六二《李穀传》。
❸ 《旧五代史》卷一二七《景范传》引《册府元龟》。
❹ 《旧五代史》卷一二八《王朴传》。
❺ 《旧五代史》卷一二三《郑仁诲传》。
❻ 《宋史》卷二五七《吴廷祚传》。
❼ 《东都事略》卷十八《范质传》。

等人相比，算得上有相当的胆量❶。即便如此，他内心仍然承受着"欠世宗一死"的沉重精神压力，因而在疾革之时，"戒其子旻以毋请谥、毋刻墓碑"❷。针对范质的表现，南宋吕中《类编皇朝大事记讲义》说："士君子进退岂可少哉！"❸王应麟《困学纪闻》中也说："所以立万世为臣者之训"❹。而11世纪中叶范仲淹、欧阳修等"大厉名节，振作士气"的作为，以及理学家对于"振作士大夫之功"的褒誉❺，正反映出两宋士大夫义理道德观念的实践与发展。

3. 谨慎低调的"书生"群

"沉舟侧畔千帆过，病树前头万木春。"与唐末以来"衣冠殆尽"相先后，一些饶有实践经验、兼具文字与治事能力的士人之崛起，成为惹眼的现象。经过数十年由个别而扩展的历程，逐渐现出了综合型人材的端倪。这一过程事实上并非出于某种自觉的"右文政策"之推动，而首先是以文士在生存压力下个人吏能的提高、在实践中对于吏道的熟悉为突破口的。

数十年间，人们的观念发生了明显的变化。在范质所作《诫儿侄八百字》诗中，自称"吾家本寒素，门地寡公侯"；而且谆谆告诫儿孙们说："战战复兢兢，造次必于是。"❻王溥的《咏牡丹》诗，辞句浅白而寓意鲜明："枣花至小能成实，桑叶虽柔解吐丝。堪笑牡丹如斗大，不成一事又空枝。"❼

---

❶ 当郭威意欲代汉之时，冯道亦曾以其旧职称之为"侍中"，对其蓄谋有所沮缓；但当时郭威之意图毕竟尚未公之于众。
❷《长编》卷五，乾德二年九月甲寅。
❸《类编皇朝大事记讲义》卷二《太祖·宰相》。
❹《困学纪闻》卷十四。
❺《朱子语类》卷一二九《本朝三·自国初至熙宁人物》。
❻《宋文鉴》卷十四。
❼《全宋诗》卷一一引祝穆《历代吟谱》卷三三。

北宋《国老谈苑》卷一记叙的一段后周故事很能说明当时的倾向:

> 范质在中书,急于铨品人物。凡清资华级未尝虚授于人。延士大夫讲贯世务以观器识。显德中,殿中侍御史柴自牧、右补阙裴英同谒质于中书,质语及民间利病,因谓自牧曰:"尝历州县乎?"自牧对以数任职事。次问英,英唐相赟之后,以门地自负,乃曰:"徒劳之役,惟英偶免。"质怒,责英曰:"质虽不才,备位宰相,坐政事堂,与谏官御史论生民疾苦,非戏言也。浮薄之徒安可居谏署!"英惭惧而退。明日质具奏其事,英遂授散秩。

《旧五代史·冯道传》中曾经称赞冯道当政时,"凡孤寒士子抱才业素知识者,皆与引用;唐末衣冠履行浮躁者,必抑而镇之。"我们看到,到了五代末年,"浮薄""浮躁"仍然是对"以门地自负"而不重实务者的斥责用语,不同的是,以往的斥责来自武夫悍将,而此时则出于文官首脑。

在社会变迁过程中,不仅"科举制度汲引寒士之效用,愈久而愈见",而且,吏能突出者自下层的升进、藩府对于宾幕校吏之辟署,都为寒士的崛起提供着更多的机会 ❶。在文士们自我能力素质再造的历程中,"清流""浊流"、"文学""吏治"、"文章""经术"之类传统分野受到了强烈冲击。个人家世背景的淡化、能力素质的凸显、不同特长的兼纳以及内部关系的调整,为北宋时期文臣群体面貌的形成创造了前提条件。

---

❶ 参见孙国栋:《唐宋之际社会门第之消融》,《唐宋史论丛》,页 242—250。

较之前代，宋初的文臣确实获得了相对宽松而可以有所施为的环境。但与此同时，我们了解太祖对于"彼谓国家事皆由汝书生尔"的感叹❶，也了解即便如赵普般居于高位者，也并未因自己的"书生"身份而意气风发❷。赵普告诫其子弟说：

> 吾本书生，偶逢昌运，受宠逾分，固当以身许国，私家之事，吾无预焉。尔等宜各勉励，勿重吾过。❸

这种谨慎低调的语气，人们并不陌生。这不仅与宋初帝王对"书生"的估价和态度相关，也与五代以来"书生"们的自我定位有明显的承继关系。后唐张宪对庄宗的感戴："我本书生，见知主上，位至保釐，乃布衣之极。苟腼颜求生，何面目见主于地下？"❹冯道对晋高祖的回答："臣本自书生，为陛下在中书守历代成规，不敢有一毫之失❺；王朴《平边策》中对周世宗的表白："臣书生也，不足以讲大事，至于不达大体，不合机变，惟陛下宽之。"❻……凡此种种，既体现着书生们对于自身责任的认识，又反映出他们对于自身地位不稳定的感觉。即便是"太祖皇帝既定天下"之后的情形，充其量也不过是"白袍举子，大裾长绅，杂出戎马介士之间"❼。陈傅良等人所谓"事业付之书生"❽的豪迈，尚非赵宋开国初期之事。

---

❶ 《宋史》卷二五六《赵普传》。

❷ 在国家事务的治理中，宋太祖较前代帝王更加注意到文臣不同于武人的特质，更有意识地将其视为一个群体，但仍对于文士有相当的距离感。详见下节。

❸ 《长编》卷二九，端拱元年闰五月己丑条。

❹ 《宋史》卷二六三《张昭传》。

❺ 《旧五代史》卷一二六《冯道传》。

❻ 《新五代史》卷三一《王朴传》。

❼ 《文献通考》卷三〇引晁补之所作张肃《觸鳞集》序。

❽ 《止斋集》卷三〇《乾道壬辰进士赐第谢太上皇帝表》。

北宋初年，执政的文臣们虽然往往以进士起家，但多数精通吏道，具备丰富的基层实践经验，他们更为关心的是社会现实而反感于浮泛的高谈阔论。他们中的多数以镇重勤勉著称，例如"习吏事"而"晚年手不释卷"、果断深沉的赵普❶，"少好学，有大志"而修政事、任宽简的薛居正❷，"清介醇谨"、"有祗畏谨守之美"的沈义伦❸，"重厚简易"、举重若轻的吕余庆❹，博通经史、"淳谨"俭素的刘熙古等人，都是赵宋开国后一系列"祖宗法度"的参预制定者和忠实维护者。这正如朱熹所说："国初人材，是五代时已生得了。"❺

不过，真正形成为具备明确的主体意识、道德责任感张扬、兼具才学识见与行政能力的新型士大夫群体，还是要到 11 世纪的前中期。有宋一朝士大夫与帝王"共治天下"的格局，也直至此时才终于确立。这既与朝廷政治体制的调整与规范化过程有关，也与文臣群体综合型素质的长育成熟有关。

三　导向的确立：　　"欲武臣读书"与"用读书人"

在学界对于北宋初期朝廷政策的讨论中，"文武关系"是重要的议题之一；而宋初对于"读书"的提倡以及"书生"（"读书人"）地位的变化，又经常被用作判断当时文武关系的重要指标。在叙述

---

❶《宋史》卷二五六《赵普传》。
❷《宋史》卷二六四《薛居正传》。
❸《宋史》卷二六四《沈义伦传》。
❹《宋史》卷二六三《吕余庆传》。
❺《朱子语类》卷一二九。

相关问题时，论者往往引述宋太祖"欲武臣尽读书以通治道"以及"宰相须用读书人"的说法。这两种说法，严格讲，反映着两方面不同的问题，但其中共同贯穿着走向"文治"的清晰导向，这无疑正是历来的著史者与读史者所着意阐发的。

本节所要讨论的，是与上述导向相关的二三说法，希望能够藉以加深我们对于宋初实际变化过程的理解。

（一）宋初对于"读书"的提倡

从宋代的史料中看，赵宋王朝建立后，太祖赵匡胤曾经大力提倡读书。据《宋史》卷一《太祖本纪一》，建隆三年（962年）二月 ❶，太祖曾经对其侍臣们说：

> 朕欲武臣尽读书以通治道，何如？

结果，"左右不知所对"。类似的记载，也见于李焘《续资治通鉴长编》卷三建隆三年二月壬寅条：

> 上谓近臣曰："今之武臣，欲尽令读书，贵知为治之道。"近臣皆莫对。

这种不知如何作答的懵然，正说明这一话题在此前从来未曾提上议程。李焘继而在按语中引述李沆等人的话说：

> 史臣李沆等曰：昔光武中兴，不责功臣以吏事；及天下已

---

❶ 《宋史》将该条系于二月壬午日，按是月无壬午，应据《长编》卷三系于壬寅。

定，数引公卿郎将讲论经义，夜分乃罢。盖创业致治自有次第。今太祖欲令武臣读书，可谓有意于治矣。近臣不能引以为对，识者非之。

朝廷上话题的转换，使人们察觉到时代变迁的迹象。如今看来普普通通的一句话，在宋人眼中却被认为有着划时代的意义。

这同一段话，在司马光的《涑水记闻》中，记载不尽相同：

太祖闻国子监集诸生讲书，喜，遣人赐之酒果，曰："今之武臣，亦当使其读经书，欲其知为治之道也。"

《涑水记闻》与《长编》、《宋史》两处记叙最主要的不同，在于司马光提到太祖这一号召的背景，以及明确要求武臣"读经书"以通治道。据司马光所说，这一叙述是出自李淑等人编纂的《三朝训鉴图》❶。范祖禹《帝学》卷三的记述较《涑水记闻》更进一步：

（建隆）三年六月，以右谏议大夫崔颂判国子监，始叙生徒讲学。帝遣中使以酒果赐之，因谓侍臣曰："今之武臣欲尽令读书，贵知为治之道。"

在他笔下，事件更加具体，而且索性将诸事一并系于是年六月。李焘《长编》则未将诸事"捆绑"处理，在考订了"聚生徒"时日的基础上，逐一分别记载，他在注文中说：

---

❶《涑水记闻》卷一该条注文。

赐崔颂等酒果，据《实录》在此年六月。《崔颂传》亦云：
"三年夏始聚生徒。"《宝训》载武臣读书事乃因赐颂等，误也。

司马光与范祖禹的说法，将奖赏国子监"集诸生讲书"与"欲令武臣读书"联系起来，给人们的印象是，赵匡胤胸中综合考虑文武治道，已经展布开相当宏阔的目标。

倡导武臣读书，寄寓着太祖对于规约引导武臣的关心，目的在于使其"通治道"，而不仅是善兵机，通谋略。要求武臣"读经书"的说法，似乎仅见于司马光笔下，究竟太祖是否曾经把武臣读书的范围指示得如此清楚，遽难断言。就赵匡胤"黄袍加身"前的个人经验而言，他将读书的目的解释为"广闻见，增智虑"[1]，所读之书似乎涉及颇广；登上帝位之后，尤其注意前代历史的经验与教训，据说"极好读书，每夜于寝殿中看历代史，或至夜分"[2]。而面临着宋初"初定天下，扫五代之失，日不暇给"[3]的情形，作为君主向武臣所倡导者，显然又不是要人人都去博览群书，成为"有脚书橱"。考虑到太祖对于建立君臣秩序的强烈关心，则"读书"之要义，恐怕不在于研习某些具体内容，而更在于转向"文治"的姿态，在于营造一种上下尊卑次第井然的氛围。而"经""史"在这一关键"大纲"处自有其独到作用。

《演繁露》续集卷一"太祖右文"条，使我们看到程大昌对于"欲令武臣读书"一事的理解：

五代间凡为节度使皆补亲随为镇将。镇将者如两京军巡诸

---

[1] 《长编》卷七，乾德四年五月条。
[2] 《元城语录》卷上。
[3] 《豫章文集》卷二《遵尧录一》。

州马步军判官是也。此等既是武人，又皆有所凭恃，得以肆为非法，民间甚苦之。太祖微时深知其弊。建隆（二）【三】年二月谓近臣曰："今之武臣欲尽令读书，贵知为治之道。"近臣皆莫对。

程大昌把武臣读书事与纠镇将扰民之弊联系起来，寓示着一种可能性：即太祖在当时是希望通过读书改善武臣参预"为治"的方式。联想到"宋初诸将，率奋自草野，出身戎行，虽盗贼无赖亦厕其间，与屠狗贩缯者何以异哉"的现实 ❶，太祖确实有提高武臣素质的用心。但是，"欲令武臣尽读书"的深刻用意却不在于此处。赵匡胤自己点题说：读书"贵知为治之道"；而这"为治之道"背后的潜台词，李沆等人无疑把握得很准："昔光武中兴，不责功臣以吏事；及天下已定，数引公卿郎将讲论经义"——引导将帅们读书、讲论经义，是从属于"天下已定"这一总体政治背景的：其目标不在于变武夫为操持"吏事"的治国能手或饱读经书的儒臣，而是要使他们明悉君臣大义。《宋史》卷二六一的论赞中说：

> 太祖事汉周，同时将校多联事兵间；及分藩立朝，位或相亚。宋国建，皆折其猛悍不可屈之气，俛首改事，且为尽力焉。扬雄有言："御之得其道，则狙诈咸作使。"此太祖之英武而为创业之君也欤！

提倡武将读书，正是希望"折其猛悍不可屈之气"，这是太祖的"御将之道"，其目标首先在于将这些"出身戎行""位或相亚"者

------

❶ 《宋史》卷二七五论赞。

改造成为明瞭尊卑名份、自觉维护治国秩序的将佐官僚。这显然是安定政权的关键一步，也正是宋初决意革除武人政治的根本原因所在。

宋人津津乐道于宋初武将的读书风气，并将其归因于太祖的提倡。实际上，"提倡"并非唯一的因由。当时的武将及其后代听讲、读书，是一渐次趋于普遍化的过程，正如前述，这与他们来自实践的感受，以及身边读书人的影响有直接关系。当然，我们也确实看到，"官家"提倡读书，在武将心中的导向作用是实实在在的，对其意义不可低估。

太祖时的骁将党进，"本出溪（奚）戎，不识一字"，

> 一岁，朝廷遣进防秋于高阳，朝辞日，须欲致词叙别天陛，阁门使吏谓进曰："太尉边臣，不须如此。"进性强很，坚欲之。知班不免写其词于笏，俾进于庭，教令熟诵。进抱笏前跪，移时不能道一字。忽仰面瞻圣容，厉声曰："臣闻上古其风朴略，愿官家好将息。"仗卫掩口，几至失容。后左右问之曰："太尉何故忽念此二句？"进曰："我尝见措大们爱掉书袋，我亦掉一两句，也要官家知道我读书来。"❶

党进这番"怪异"举措，使当时的"仗卫掩口，几至失容"，后人也常把这件事作为笑料引述。实际上，这番表演意在"也要官家知道我读书来"，这一方面使人感觉到性格强悍的党进面对"措大"们不肯服输的心态，感觉到他心中憋积的一腔闷气；另一方面也使人们注意到，这般貌似憨痴的武将，却很明白朝廷中的风向。

---

❶ 参见《玉壶清话》卷八、《宋史》卷二六〇《党进传》。

感受到"变家为国"的压力，宋太祖对于"读书以通治道"的提倡贯穿于方方面面。对于子弟的教育，自然为帝王所注重。《三朝圣政录》有"帝王家儿不要文章"一条，虽然不大被后世文士们引述，却使我们从中看出，在"祖宗"的头脑中，"读书"显然有着明确的目的性。

> 太祖问王宫侍讲曰："秦王学业何如？"曰："近日所作文词甚好。"上曰："帝王家儿不必要会文章，但令通晓经义、古今治乱，他日免为舞文弄法吏欺罔耳。"❶

"帝王家儿"读书，与王朝的长久天下相关；诵经读史，通晓经义与古今治乱之由，自然是其中要旨❷。而太祖的特别交代，也让人看到读书的功用之一，是得以控御官吏，免受"舞文弄法"者之蒙蔽。

对于近在身旁的"文吏"式人物，太祖则担心因其学识不足而影响到治国的方略。他督促赵普读书的故事，是人人都熟悉的。其读书的重点，也应该在于经、史。北宋僧人文莹在其《玉壶清话》卷二中记载，

> 太祖尝谓赵普曰："卿苦不读书。今学臣角立，隽轨高驾，卿得无愧乎？"普由是手不释卷，然太祖亦因是广阅经史。

在《续资治通鉴长编》中，李焘也曾记载道：

---

❶ 《类说》卷十九，参见《涑水记闻》卷一。
❷ "帝王家儿""读书缀文"逐渐蔚为风气，真宗时，对读经书又有进一步的强调。见《长编》卷七七，大中祥符五年五月癸酉条。

赵普初以吏道闻，寡学术，上每劝以读书，普遂手不释卷。❶

"以吏道闻"而"寡学术"，这大约是赵普"品牌"式的标志；即便读书，似乎也限于《论语》而已。《宋史》卷二五六《赵普传》说他：

少习吏事，寡学术。及为相，太祖常劝以读书。晚年手不释卷，每归私第，阖户启箧取书，读之竟日。及次日临政，处决如流。既薨，家人发箧视之，则《论语》二十篇也。

而赵普自己的说法给我们的感觉却与此颇为不同。宋太宗雍熙三年（986年）五月，赵普在其《谏伐燕疏》中说：

臣虽寡智谋，粗亲坟典。千古兴亡之理，得自简编；百王善恶之由，闻于经史。其间祸淫福善，莫不如影随形，焕若丹青，明如日月。常为大训，历代宝之。

他继而列述了自己阅读汉唐史籍的感受，并且表示抄录下来，"专具奏呈，伏望圣慈特垂披览"❷。出自他本人口中的这个"虽寡智谋，粗亲坟典"的形象，与人们习知的"善心机而寡学术"的赵普，显然有着相当的参差。

《宋朝事实》卷三《御制》中，载有《太宗皇帝御制太师魏国公尚书令真定王神道碑》，其中说及赵普"手不释卷"的内容：

---

❶ 《长编》卷七，乾德四年五月乙亥条。
❷ 参见《宋朝诸臣奏议》卷一二九《上太宗请班师》、《三朝北盟会编》卷一"赵普《谏伐燕疏》并札子"。

性本俊迈，幼不好学；及至晚岁，酷爱读书。经史百家，
常存几案，强记默识，经目谙心。硕学老儒，宛有不及。既博
达于古今，尤雅善于谈谐。

一说"箧中《论语》二十篇"，一说"经史百家，常存几案"，二者
差距鲜明，太宗笔下的赵普，至其晚年博通经史，竟至"硕学老
儒，宛有不及"，文化修养大为提高。洪业先生曾有专文辨所谓赵
普"半部论语治天下"事❶。从前引《谏伐燕疏》来看，赵普对于
自己的学识颇具自信。无论如何，早岁疏于学术的赵普晚年手不释
卷，应该是不争的事实。

由此看来，宋太祖对于"读书以通治道"的认识及倡导，在当
时的社会上激起了从上至下的积极反响，对于官员层有着明显的宣示
与警劝作用。当然我们也要注意，"欲令武臣读书"在现实生活中主
要反映为一种导向，而并不等同于武臣身体力行的践履。武臣们不习
惯、不喜欢读书的例证很多。《宋史》卷二五〇《高怀德传》说，"怀
德将家子，练习戎事，不喜读书"；太宗也曾经说："方今天下诸侯，
贤明知书者，唯（张）永德一人而已"❷，都反映出这种状况。而真正
"居常读书，手不释卷"的武将，往往不为周围同侪所接受，真宗时
曾任殿前都指挥使、保静节度使的王汉忠，就是其中一例❸。

（二）关于"宰相须用读书人"

宋代士大夫竭力宣扬的"用读书人"，其实是指宋太祖"宰相
须用读书人"的说法。研究者有时据以论证宋初的"文臣治国"。

---

❶ 洪业：《半部论语治天下辨》，载氏著《洪业论学集》，页 405—426。
❷ 《长编》卷四七，咸平三年九月壬寅条。
❸ 《长编》卷五二，咸平五年七月己亥条。

而实际上恐非如此简单。该说出自李焘《续资治通鉴长编》卷七，乾德四年（966年）五月乙亥条：

> 上初命宰相谋前世所无年号，以改今元。既平蜀，蜀官人有入掖庭者，上因阅其奁具，得旧鉴，鉴背有"乾德四年铸"。上大惊，出鉴以示宰相曰："安得已有四年所铸乎？"皆不能答。乃召学士陶毂、窦仪问之，仪曰："此必蜀物。昔伪蜀王衍有此号，当是其岁所铸也。"上乃悟，因叹曰："宰相须用读书人。"由是益重儒臣矣。……（原注：此事不知果何时。既无所系，因附见收伪蜀图书法物之后。）❶

太祖平蜀，在乾德三年；阅蜀法物、图书，在四年五月。尽管李焘说明"此事不知果何时"，但玩其文意，应在乾德年间；应召的学士窦仪去世于乾德四年冬，则此事不得晚于是年。这一期间的宰相为赵普。前文既曰"皆不能答"，所问似不止一人。若将所谓"宰相"的范围扩大至正副宰相，则又有参知政事薛居正、吕余庆。构成为当时治国班底的此数人中，薛居正进士出身，赵普、吕余庆则起自"文史"，无疑都可以算入"读书人"之列。但他们的知闻、学问自然算不上广博。由此看来，宋太祖心目中能做宰相的"读书人"，似乎要更高一筹，是指富于才学的"文儒之臣"。

"宰相须用读书人。"像这种能够"垂范后世"的警句，通常受到后世修史的"读书人"们重视，也受到后世研究前代史事者的重视。所谓"书生"、"读书人"，本来都是相当含混的概念。若以为

---

❶ 李华瑞在其《宋代建元与政治》一文中，比对了相关材料，认为"上述记载似不可信"。见氏著《宋史论集》，页43—45。

"读书人"是指通典故、有才学的文臣，则太祖的这一说法、这一意向，似乎并未被他这一阶段内的行为措置所验证。从当时的政治实践来看，宋初所重用的，主要是富于"吏干"的官僚❶。太祖话音落地时的宰相赵普，"少习吏事"，精吏干而"寡学术"❷，但恰恰是他，自乾德二年范质、王溥、魏仁浦罢相后，独相达十年之久。若就泛泛意义上的"读书人"而言，此前被替换的宰相范质、王溥都是五代进士，不能说不是"读书人"，但他们在相位时地位尽管尊崇，却并非要近；而且，他们正是参预选择了"乾德"年号的宰相。若说是以陶穀、窦仪等人作为标准，将饱学之士视为"读书人"，则我们也看不到太祖意欲优先起用他们为宰相之明显迹象。

　　窦仪学问优博，为人清介重厚。《宋史》本传中说："太祖屡对大臣称仪有执守，欲相之。赵普忌仪刚直，乃引薛居正参知政事。及仪卒，太祖悯然谓左右曰：'天何夺我窦仪之速耶！'盖惜其未大用也。"❸从这一记载中看，太祖确实对窦仪相当赏识眷顾，也可能曾经有过"大用"的打算；不过，即便是太祖真正有意大用，仿佛也并不是要以这位典型的读书人来取代寡学术的赵普，否则将非赵普能够阻挡。窦仪的突然去世，距太祖发出"宰相须用读书人"的慨叹至少有四五个月时间，假若皇帝"用读书人"的决心已定，应该来得及任命；既然没有类似举措，只能使人们感到，太祖即便有这种说法，在当时也不过是表示一种导向而已。又据《遵尧录》：

---

❶ 张其凡在论及太祖朝的用人方针时，曾经正面讨论过"宋初重吏道"的现象，并且将其纳入"祖宗之法"的范畴予以认识。参见《宋初政治探研》卷二《宋初诸政平议》"试论太祖朝的用人"，页109—126。
❷ 《宋史》卷二五六《赵普传》。
❸ 《宋史》卷二六三《窦仪传》。

太祖尝患赵普专政，欲闻其过。一日，召翰林学士窦仪，语及普所为不法，且誉仪蚤负才望之意。仪盛言普开国勋臣，公忠亮直，社稷之镇。帝不悦。仪归家，召其诸弟，张酒食，语曰："我必不作宰相，然亦不诣珠崖。吾门可保矣。"❶

这段话让我们感觉，窦仪确曾有过任相的可能；而由于他的耿直操守，自己葬送了这一前景。如若此说属实，那么，看起来太祖所需要者是顺心贴己的近臣，而并不欣赏这种"读书人"的风范。

　　陶穀的情形不大相同。他对于法物制度的熟悉，超越同侪；但他轻薄翻覆的为人，在宋初却受到鄙夷："太祖将受禅，未有禅文，翰林学士承旨陶穀在旁，出诸怀中而进之，曰：'已成矣。'太祖由是薄其为人。"❷我们今天看到的《太祖即位赦天下制》也是出自他的手笔❸。惯于征战而处事爽快的赵匡胤，对于陶穀一类儒士并非无所了解。据《归田录》：

　　陶尚书穀为学士，尝晚召对。太祖御便殿，陶至，望其上，将前而复却者数四。左右催宣甚急，穀终彷徨不进。太祖笑曰："此措大索事分！"顾左右取袍带来。上已束带，穀遽趋入。❹

对于陶穀，太祖既肯容忍，大面上也能尊重，但全然谈不上倚信，只是充分使用而已。魏泰《东轩笔录》中说：

---

❶ 《豫章文集》卷二《遵尧录一》。

❷ 《涑水记闻》卷一。

❸ 参见文渊阁四库全书本《宋朝事实》卷二《登极赦》馆臣按语引赵普《飞龙记》注。

❹ 《归田录》卷上。《丁晋公谈录》、《国老谈苑》等记作窦仪事；《王文正笔录》则系之为太宗与窦俨事。

陶毂自五代至国初，文翰为一时之冠。然其为人倾险狠
媚……太祖虽不喜，然藉其词章足用，故尚置于翰苑。毂自以
久次旧人，意希大用。建隆以后为宰相者，往往不由文翰，而
闻望皆出毂下。毂不能平，乃俾其党与因事荐引，以为久在词
禁，宣力实多，亦以微伺上旨。太祖笑曰："颇闻翰林草制，
皆检前人旧本，改换词语，此乃俗所谓'依样画葫芦'耳，何
宣力之有！"毂闻之，乃作诗，书于玉堂之壁，曰："官职须
由生处有，才能不管用时无。堪笑翰林陶学士，年年依样画葫
芦。"太祖益薄其怨望，遂决意不用矣。❶

文莹《续湘山野录》所录陶毂《题玉堂壁》诗与魏泰所引不尽相同：

> 官职有来须与做，才能用处不忧无。堪笑翰林陶学士，一
> 生依样画葫芦。

但其诗意，无疑是一致的。这样心怀怨望的"读书人"，显然亦非
太祖所垂青。

关于镜鉴年号事，李攸《宋朝事实》卷二《纪元》所载，承袭
了欧阳修在《归田录》中的说法，而与李焘在《续资治通鉴长编》
中的记载有些不同：

> 帝于禁中见内人镜背有"乾德"之号，以问翰林学士陶
> 毂。毂对曰："伪蜀时年号也。"宫人果故蜀王时人。帝于是益
> 重儒者，而叹宰相寡闻也。

---

❶ 《东轩笔录》卷一。

这段记载，索性将陶榖一人推到了前台。回答引出的结果，是皇帝"益重儒者，而叹宰相寡闻"。这一说法，尽管不如"宰相须用读书人"之说精辟，却可能比较接近事实。

"宰相须用读书人"这一说法还有一个类似的版本，见于《王文正笔录》：

> 太祖皇帝以神武定天下，儒学之士初未甚进用。及卜郊肆类，备法驾，乘大辂，翰林学士卢多逊摄太仆卿，升辂执绥，且备顾问。上因叹仪物之盛，询政理之要。多逊占对详敏，动皆称旨。他日，上谓左右曰："作宰相须用儒者。"卢后果大用，盖兆于此。

在王曾笔下，太祖"作宰相须用儒者"的论断，似乎是应验于卢多逊之个案的。今按卢多逊任翰林学士，在开宝四年（971年）冬；据此，则太祖这一说法发生在距乾德四年（966年）五载之后。如果说到卢多逊本人的"大用"，开宝六年赵普罢相后，他被任用为参知政事；而终太祖一世，并未因其博识而被用为宰相。

其实，宋人并非不清楚"祖宗"选择辅相的标准。不仅魏泰明白"建隆以后为宰相者，往往不由文翰"，哲宗元祐（1086—1093）初年，监察御史孙升也曾说过：

> 祖宗之用人，创业佐命如赵普，守成致理如王旦，受遗定策如韩琦，此三人者，文章学问不见于世，然观其德业器识、功烈行治，近日辅相未有其比。

不仅是赵普、王旦、韩琦，如果我们仔细分析一下赵宋真正担当国家要事的人物之组合，不难看出，即便是在重视"儒者"的调门渐高的阶段，执掌国务的宰执群体中，大多并不以儒学著称，而是比较擅长于治事的。孙升对于"一代文宗"王安石的设施之方，全然持批评态度。比较之后，他总结说：

> 由是言之，则辅佐经纶之业，不在乎文章学问也。❶

宋太祖事实上并没有依据"益重儒臣"的原则对宰执班子进行调整。在随后的几年间，没有发生任何重大的人事更动；只在乾德五年，沈义伦取代王仁赡为枢密副使。尽管沈义伦曾经"习《三礼》于嵩、洛间，以讲学自给"❷，但他之所以被擢用，是因为他居官清廉，而并非由于其儒学背景。

总体上讲，乾德二年（964年）后周留任的三相罢任后，由赵普任相而李崇矩任枢密使"分秉国政"的格局，直至八年后的开宝五年（972年）才开始有所变化。看起来，在当时，尽管太祖对于"读书人"的重要性有所认识，而鉴于国事方殷，首先需要的是既可信赖，又善处繁剧的行政首脑。这种选择标准，实际上范质等人心中早就清楚。建隆（960—963）初年，范质曾以宰相身份"举贤能，以辅佐天子"❸，他说：

> 端明殿学士吕余庆、枢密副使赵普，富有时才，精通治道，经事霸府，历岁滋深，自陛下委以重难，不孤倚任，每因款接，备睹公忠。伏乞授以台司，俾申才用。今宰辅未

---

❶ 《长编》卷三八八，哲宗元祐元年九月癸未条。
❷ 《宋史》卷二六四《沈义伦传》。
❸ 《宋史》卷二四九《范质传》。

备，久难其人，以二臣之器能，攀附之幸会，置之此任，孰谓不然？ **❶**

一方面"精通治道"，一方面又"经事霸府"而且"历岁滋深"，既具"器能"，又缘"攀附"，吏干、亲信两全，这正是国家建立之初腹心股肱的首选标准。如果说对于前朝重臣范质等人有所保留，则赵普、吕余庆等人应该成为被倚重的理想人材。

但是，即便是对这些被认为"富有时才""备极公忠"的"贤能"人物，太祖之倚信仍然是有限度的。《续资治通鉴长编》卷十二，在开宝四年（971年）十一月癸巳条后记载着这样一件事：

> 上因出，忽幸（赵）普第。时吴越王俶方遗普书及海物十瓶列庑下，会车驾卒至，普亟出迎，弗及屏也。上顾见，问何物，普以实对。上曰："此海物必佳。"即命启之，皆满贮瓜子金也。普皇恐，顿首谢曰："臣未发书，实不知此。若知此，当奏闻而却之。"上笑曰："但受之，无害。彼谓国家事皆由汝书生耳。"因命普谢而受之。

李焘在注文中说，此事"不知的在何时"，他只是斟酌情形附书于李从善入贡事之后。

"彼谓国家事皆由汝书生耳"，淡淡一句话，蕴涵着耐人咀嚼的意味，真切地道破了当时的实情。这句话，在显示出太祖的襟怀、解脱了尴尬的赵普的同时，也使人们惊讶地了解到身在相位的"书生"与"国家事"之间某种程度的疏离。而这显然与我们一向熟悉

---

❶《长编》卷二，建隆二年七月壬午条。

的说法颇不相同。太祖对于书生们的实在态度，由他自己坦坦荡荡地说了出来：既任用他们执掌政务，又不使国家要事皆出其手。一"笑"而过，正体现出太祖对于自己控御朝政、控御书生能力的充分自信。

《东都事略》中的《赵普传》说：

> （普既拜相，）事无大小皆决于普。

司马光《涑水记闻》卷一也说：

> 太祖初登极时，杜太后尚康宁，常与上议军国事，犹呼赵普为书记，尝抚劳之曰："赵书记且为尽心，吾儿未更事也。"太祖宠待赵韩王如左右手。

徐自明在其《宰辅编年录》中亦有类似的记载：

> 世多言本朝任相不专，自罢坐论之礼始。尝观赵普相太祖十年，虽置参知政事，而不押班不知印，普亦自信不挠，讫用成功。……兵权所在，人臣最难言，而赵普罢符彦卿成命于已行之后，贷重赟之死于将戮之时，任相犹谓之不专乎？ ❶

而实际上，太祖尽管"宠待赵韩王如左右手"，却并不把身为宰相的赵普视为"国家事"的决定者，这一方面反映出，当时的皇帝似乎仍把政府的行政首脑视同于私人的幕僚谋主；另一方面，也

---

❶ 《宋宰辅编年录校补》卷一，乾德二年正月庚寅条。

显示出当时的行政体制在决策过程中所处的从属而非充分独立运
作的地位。

就"宰相须用读书人"的说法而言，与"读书人"们的理解
不尽相同的是，在开国皇帝心目之中，重要的或许在于一个"用"
字。在为他所用的前提之下，不同类型的文臣开始活跃于当时的政
治历史舞台：首先，其当务之急，是要建立统治秩序，安定赵宋政
权；而这项使命的完成，无疑有赖一批富有实践经验、长于吏干的
文职官僚。其次，为大宋王朝的长治久安计，又要自根本处着手，
"丕变敝俗，崇尚斯文"❶；这当然又离不开淹博饱学、精通礼仪伦
理的儒生。

（三）关于"事业付之书生"

《宋史》卷四三九《文苑传一》总序中说：

> 自古创业垂统之君，即其一时之好尚，而一代之规橅，可
> 以豫知矣。艺祖革命，首用文吏而夺武臣之权，宋之尚文，端
> 本乎此。

今天的研究者，仍然称道宋太祖"决定改变前代重武轻文的传统，
与士大夫共治天下"，赞扬他"在重武轻文风气延续了几百年之后
毅然起用文人治国"❷的举措。

"起用文人治国"，事实上是历代创业之君不得不采用的共同做
法。远自汉，近至唐，莫不如此。贞观初年，黄门侍郎王珪与唐太

---

❶ 《长编》卷七九，大中祥符五年十月辛酉条。
❷ 毛元佑、雷家宏：《宋太祖》，页 150、153。

宗议论"近代君臣治国"时，即曾批评"近代重武轻儒"的问题，引起太宗同感 ❶。而予人以深刻印象的是，相比较于唐末五代，当宋代的士大夫们提及"祖宗朝"的文武关系，讲到"儒生""读书人"地位的骤然提高时，掩盖不住的那份强烈自豪。

在《大事记讲义》卷三《太祖·幸太学》中，吕中说：

> 我朝以儒立国，故命宰相读书，用儒臣典狱，以文臣知州，卒成一代文明之治。

陈傅良《止斋集》卷三十有《乾道壬辰进士赐第谢太上皇帝表》，其中称道：

> 窃迹本朝家法之详，究观列圣心传之要，规模一以经术，事业付之书生。

魏了翁《鹤山先生大全文集》卷三八《成都府学三先生祠堂记》则说：

> 艺祖造宋，首崇经术，加重儒生，列圣相承，先后一揆，感召之至，七八十年间，豪杰并出。

在吴渊为《鹤山先生大全文集》所作序文中，也说：

> 艺祖救百王之弊，以"道理最大"一语开国，以"用读书

---

❶ 见《贞观政要》卷一《政体第二》。

人"一念厚苍生。

陈傅良将"本朝家法之详"、"列圣心传之要"归结为"规模一以经术，事业付之书生"，把处于"文武制衡"中的一方拔擢出来，置于"祖宗事业"主持者的超越地位。而魏了翁、吴渊等都将本朝这一"家法"的首创之功归结于宋太祖，归结于他"用读书人"的主导思想。上引诸多高度概括的说法，主要出自于南宋的士大夫，所反映的主要是他们对于大约两个世纪之前的"祖宗"之行为措置的成就感与无限怀恋。这种感慨，既来自对于无所作为的时政之不满，也来自对于五代宋初政局反差之认识。

应该说，就一个时代的导向而言，北宋初年承继了五代（尤其是后周）以来的发展势头，文臣的作用越来越得到重视；原本军阀习气相当浓厚的赵匡胤等人，也在"变家为国"的过程中调整着个人的意识与作风。但毋庸讳言的是，如前所述，太祖对于文臣的宽和，在某种程度上恰是源于他对于控御"书生"的自信，源于他相对于"书生"们的居高临下感觉。

曾任翰林学士的王著，原是周世宗的藩邸旧臣，不拘细行而受到太祖优容。《国老谈苑》卷一讲到他某次参加太祖宴会之后的失态：

> 御宴既罢，著乘醉喧哗。太祖以前朝学士，优容之，令扶以出。著不肯退，即趋近屏风，掩袂恸哭，左右拽之而去。明日或奏曰："王著逼宫门大恸，思念世宗。"太祖曰："此酒徒也。在世宗幕府，吾所素谙。况一书生，虽哭世宗，能何为也！"

此事虽然不见于《宋史·王著传》及《长编》等书，但所记太祖谈吐，颇类其平日风格。

宋初的人们深知，五代时风气的颓坏并不能完全归因于胆敢宣称"天子宁有种乎"的武人，这正像北宋中期田况《儒林公议》指出的：

> 自朱梁至郭周五十余年，凡五易姓，天下无定主。文武大臣朝比肩、暮北面，忠义之风荡然矣。

陈傅良在其《内引札子》中也说，"祖宗承五代之后，士风极衰；而一旦作兴之，至过汉唐而无愧三代。"❶太祖、太宗任用文臣治理国家事务，并不意味着他们无条件地倚信"读书人"。在他们心目中，"文""武"分野并非唯一的措意范畴，"作兴士风"、端正"君臣之道"，才是帝王所更加关注的。

据《宋史》卷二六四《薛居正传》：

> 先是，太祖尝谓居正曰："自古为君者鲜克正己，为臣者多无远略，虽居显位，不能垂名后代，而身陷不义，子孙罹殃，盖君臣之道有所未尽。吾观唐太宗受人谏疏，直诋其非而不耻。以朕所见，不若自不为之，使人无异词。又观古之人臣多不终始，能保全而享厚福者，由忠正也。"

这里虽然也委婉地批评了唐太宗，但显然主要是说给自己的臣僚们听的。

在宋人笔下、心中，似乎北宋建国伊始，即进入了读书人的黄

---

❶ 《止斋集》卷二十四。

金时代。而事实上，职业军人出身的皇帝赵匡胤与读书业儒的文臣之间有着相当的距离感。人们熟知宋太祖在对赵普言及派文臣"分治大藩"的考虑时所说的一段话，即：

> 朕今选儒臣干事者百余，分治大藩，纵皆贪浊，亦未及武臣一人也。❶

"纵皆贪浊"一语使我们注意到，太祖当时对于"儒臣"的评价，是相当低调、很有保留的；这像是一种"两害相权取其轻"的选择，正反映出太祖对于儒臣事实上的陌生感与伴随而来的警惕。《杨文公谈苑》有这样一段记载：

> 太祖尝与赵普议事不合，太祖曰："安得宰相如桑维翰者与之谋乎！"普对曰："使维翰在，陛下亦不用。"盖维翰爱钱。太祖曰："苟用其长，亦当护其短。措大眼孔小，赐与十万贯，则塞破屋子矣。"

这番对话提示人们，赵匡胤虽然看重有干才的儒臣，但在他心底，无疑存在着对于"书生""措大"们人格上的几分轻蔑。

在注意到宋初帝王越来越多地起用文臣刷新政治、措置政务的同时，我们也注意到同时存在的另一方面事实。太祖等人对于文士的任用，更多地着意于建构统治秩序，着意于文武制衡；对于他们以往所不熟悉的读书人，并非完全放心倚用。真宗年间，杨亿在为宋初的著名文士杨徽之所作行状中说：

---

❶《长编》卷十三，开宝五年。

太祖多遣近臣廉访谣俗，使者即公（按指杨徽之，时监唐州方城商税）之故旧，公因言"应天顺人，海内宁一，所宜崇儒术以厚民风"。使还，具白其语。太祖怒，以其讪上，左迁凤翔天兴令，未几，又移嘉州峨嵋令。❶

此事应该发生在乾德年间。在后人看来，杨徽之的建议并无特殊之处，而这在当时之所以会触怒皇帝，显然是由于太祖忌讳这一类批评，也不喜欢这一类人物在一旁风言风语指手画脚。直到开宝（968—976）年间，阁门使梁迥挑拨文武关系、"轻鄙儒士"的进言，仍然能够在太祖处寻得认同 ❷；而太祖也仍习惯于以亲校伺察朝廷正式文职命官的非体制性施政行为。

开宝七年，发生了这样一件事：当时，国子监丞梁梦升知德州。刺史郭贵的族人、亲吏在德州颇为奸利，梁梦升以法惩办了他们。郭贵派亲信来到京都，与太祖亲校史珪商议，合谋除去梁梦升。一天，宋太祖提到"迩来中外所任，皆得其人"，史珪马上进言说："今之文臣，亦不必皆善。"并且以梁梦升为例，说："只如梁梦升权知德州，欺蔑刺史郭贵，几至于死。"太祖听后，自有判断："此必刺史所为不法，梦升真清强吏也。"即刻决定以梦升为左赞善大夫，仍知德州。史珪于是不敢再发一言 ❸。北宋罗从彦《遵尧录》、南宋刘光祖《两朝圣范》及李焘《续资治通鉴长编》等，无不将此事作为太祖护佑文臣的范例。但应该注意的是，像史珪这样的人之所以在太祖身边有发言权，主要原因是

❶《武夷新集》卷十一《杨公（徽之）行状》。
❷《宋会要辑稿·职官》六之四七；《长编》卷三四，淳化四年十一月丁卯条。
❸《长编》卷十五，开宝七年二月甲申条。

> 上初临御，欲周知外事，令军校史珪博访。珪廉得数事，白于上，案验皆实，由是信之。累迁马军都军头，领毅州刺史，渐肆威福。[1]

史珪的进谗方式，显然是经过考虑，有其居心的。他选择以"文臣"作为切入点，很可能是希望迎合太祖对于这部分人素有的疑惑。但是，已经做皇帝十五年的宋太祖，尽管仍然不肯放弃任用私人的手段，可他毕竟对于国家方略已经有了很多思索，处理各类传言讯息的方式，相应地显得比较成熟了。

伴随着宋初政策调整而来的文武关系调整，在社会上激起了方方面面势力的强烈反响。这里既有"书生"对于自我价值的肯定，对于群体利益的维护；又有武将既妒忌又艳羡的复杂心情，以及对于"书生"能力的深刻质疑。

与文臣知州郡制度的铺展同时，文武职事官员之间的矛盾逐渐显露出来。这种迹象直至太宗前期仍然可以清楚地感觉到。太平兴国四年（979 年）太宗分命常参官八人知忻、代等州。其中，右赞善大夫臧丙知辽州，秘书丞马汝士知石州。不久，发生了这样一件意外：

> 汝士与监军不协，一夕剚刃于腹而死。（臧）丙上疏言汝士之死非自杀，愿按其状。上览奏惊骇，遽遣使鞫之，召丙赴阙问状。丙曰："汝士在牧守之任，不闻有大罪，何至自杀？若冤死不明，宿直者又不加谴责，则自今书生不复能治边郡

矣。"上善其言。丙,大名人,汝士同年生也。**❶**

宋初监军多以武资官充当,臧丙认为他的"同年"(与他同年考中进士者)马汝士死得蹊跷,自然而然地联想到汝士与监军的紧张关系,并且明确站在"书生"的立场上,要求追查。臧丙其后得到了提升,而马某之死却未见下文。不过,太宗"览奏惊骇"且问状追查的姿态,无疑对于出知州郡的书生们形成为实际的支持。

太宗朝一方面确立了文臣政治,另一方面太宗本人对于臣僚(包括文臣们)的蔑视与猜忌却仍然时时流露出来。这类记载在《续资治通鉴长编》中颇为不少,如该书卷四一,至道三年(997年)六月甲辰"工部侍郎同知枢密院事钱若水罢为集贤院学士判院事"条下,记载了钱若水执意"解机务"的原因:

> 及(前执政)刘昌言罢,太宗问赵镕等曰:"见昌言否?"镕等曰:"屡见之。"上曰:"涕泣否?"曰:"与臣等言,多至流涕。"太宗曰:"大率如此。当进用时不能悉心称职,一旦斥去即汍澜涕泗。"若水曰:"昌言实未尝涕泗,盖镕等迎合上意尔。"
>
> 吕蒙正罢,太宗又谓若水曰:"人臣当思竭节以保富贵。蒙正前日布衣,朕擢为宰相,今退在班列,想其目穿望复位矣。"若水对曰:"蒙正虽登显贵,然其风望亦不为忝冒。仆射师长百僚,资品崇重,又非寂寞之地也;且蒙正固未尝以退罢郁悒。当今岩穴高士不求荣爵者甚多,如臣等辈但苟贪官禄,诚不足以自重。"太宗默然。

---

❶ 《长编》卷二十,太平兴国四年五月乙酉条。事主马汝士,《宋史》卷二七六《臧丙传》中作"冯汝士"。

174

若水因自念人主待辅臣如此，盖未尝有秉节高迈、不贪名势、能全进退之道以感动人主故也。

太宗的揣度，反映着他对于亲自拔擢的刘昌言、吕蒙正等人的基本估计；而字里行间浸透的轻蔑感，是出自他心底对于这类"人臣"的不信任。钱若水的辩解，显然未能说服这位青年时代出入军旅、至其晚年仍然有待辅臣（其中主要是文臣）"感动"的"人主"。

从五代到北宋前期的情形来看，当时的文臣群体，无疑在经验磨砺的过程中有所改造、有所成长，也在国家事务中争取着更大的发言权。宋代士大夫的尊严，也正是在这样的长期过程中生成的。

有学者自较长时段中的发展变化观察分析"文""武"关系问题，指出：唐朝中叶以后，随着封建社会的发展和当时政治生活中的变化，逐渐形成了文武殊途和相轻的局面；武将的实权超过文臣，而文臣的社会地位却高于武将。这种状况经历了唐末五代重武轻文的阶段，发展到北宋，形成了重文轻武的局面 ❶。这里所说的"文""武"，主要不是指治国方针中的文武大计，不是民政或军政方面的偏倚，而是就文武官员的相对地位而言。

所谓"重""轻"，本是相对的两端。但重用文士，绝不意味着轻视武人。职业军人出身的宋太祖夺取帝位后，要应对四方压力乃至推进统一，首先离不开禁军将领们的支持；而他心目中所着重警惕防范的，也正是曾经与他"比肩"的这些高级将领——在此基础之上建立的政策，显然只会是"制武""驭武"而不可能是"轻武"。五代的多数君主，都曾经在任用文士方面作出过不同程度的努力。就他们而言，之所以有这种努力，并不仅仅由于意识到了治

---

❶ 宁可：《宋代重文轻武风气的形成》，见《学林漫录》第三集，页59—66。

国的需求；更现实的，是这些马上得天下的君主需要抑制武将权势膨胀的趋势，需要对付来自武将们的直接威胁。宋初的情形同样如此。由戒惕而制御，赵匡胤这位"创业之君"的举措，有效地消磨了"同时将校"的"猛悍不可屈之气"❶。这决非"轻武"所能奏效。如果无视太祖心目中防范的重点所在，而紧步宋人后尘，认为开国之初即奠立了"重文轻武"之国策，显然失之于草率。

说到"重文"，则不得不指出，尽管有"用读书人"的种种说法，但如前所述，太祖对于"文士""书生"的信用，是掌控在一定限度之内的。南宋大儒朱熹与他的学生曾经有这样一段对话：

广曰："自汉唐来，惟有本朝臣下最难做事，故议论胜而功名少。"曰："议论胜亦自仁庙后，而蔓衍于熙丰。若是太祖时，虽有议论，亦不过说当时欲行之事耳，无许多闲言语也。"❷

朱熹并且严厉批评"秀才"们言盛行弱的作风说：

秀才好立虚论事，朝廷才做一事，闲闲地闹过了，事又只休。且如黄河事，合即其处看其势如何，朝夕只在朝廷上闹，河东决西决。凡作一事皆然。太祖当时亦无秀才，全无许多闲说。只是今日何处看修器械，明日何处看习水战，又明日何处教阅。日日著实做，故事成。❸

---

❶《宋史》卷二六一论赞。
❷《朱子语类》卷一二七《本朝一·钦宗朝》。
❸《朱子语类》卷一二七《本朝一·太祖朝》。

考虑到二百年间的教训，朱熹很羡慕太祖时"日日著实做"，"无许多闲言语"的状况；而他所谓"太祖当时亦无秀才"的说法，实际上是指"秀才"们在当时的影响力有限。在一定意义上，这正反映出历史的真实。

（四）文武兼长与文武分途

近年间，随着对于宋朝文武关系问题研究的日渐深入，概括性的提法日趋丰富。其中有对于宋朝"重文轻武"倾向的批评，有对于"崇文抑武"方针的分析，也有对于"以文驭武"政策的讨论 ❶。无论自哪个角度观察宋朝的文武关系，研究者通常都会指出，"在晚唐，特别在五代，是武夫横行之世，文官们只能低眉拱手，听任他们摆布。到了宋代，这种情形就完全颠倒过来。"❷

晚唐时期的中央，尽管皇帝与宰相都迫切希望解决藩镇割据与宦官专权问题，但事实上却是一筹莫展。无法有效地控制军事力量，是穷途末路中诸多严重的制约因素之一。控制努力的碰壁，不仅来自宦官，来自强藩重镇，也来自于禁军将领的强烈抵制。

令人瞩目的一例是，天复元年（901年）正月，宰相崔胤在神策军将领孙德昭、周承诲、董彦弼等人协助下，擒杀神策左军中尉刘季述、右军中尉王仲先与枢密使王彦范、薛齐偓等垄断朝政的宦官，迎昭宗复位。崔胤希望乘势实现禁军控御权的转移，继而建议由宰相亲领神策军。昭宗犹豫不决，而孙德昭、周承诲、董彦弼等神策军将领则坚决反对：

---

❶ 参见陈峰：《北宋武将群体与相关问题研究》第六章第一节《"崇文抑武"概念与宋朝之国运》，页 251—255。

❷ 王曾瑜：《宋朝兵制初探》，页 3。

皆曰:"臣等累世在军中,未闻书生为军主。若属南司,必多所变更,不若归之北司为便。"上乃谓胤、寂曰:"将士意不欲属文臣,卿曹勿坚求。"❶

这使我们看到,尽管禁军将领们与宰相共同参预了诛除专权宦官的生死斗争,但即使在这种背景之下,他们对于"书生"的不信任感仍然是根深蒂固的。长期以来文武殊途造成的"书生"对于军事事务的疏离,文武双方之间的隔膜与戒惕,并未由于这类事件而发生根本性质的转变。将领们希望能够维持禁军集团自身的既得利益,宁可选择在新的宦官"军主"之下带兵,也不肯与朝士结成新的前途未卜的政治阵线联盟。

类似的疑虑,同样存在于他们后辈的军将之中。不过,如前所述,经历了五代的动荡与严酷的外部环境之挤压,武将与文臣之间有了更多的相互观察与进一步接近的机会。出身于军将又已经"变家为国"的赵匡胤,手中掌握的实力决非势单力薄、仰人鼻息之晚唐皇帝可比,他以居高临下的气势,希望能够通过新的路径解决"文/武"问题。

宋代历史上经常讨论的"文武关系"问题,其实并非"文""武"之间的问题,而是君臣之间的问题,是帝王如何统御文武臣僚的问题。从中央集权与国家政务正常运转的角度出发,宋初致力于使文武官员各就其位,逐渐将武臣从"亲吏事"、"主钱谷"的位置上剥离开来,而以文臣取而代之,主持各级行政事务。这类举措,恢复了前代常轨,奠定了宋代文武分途任事的基础 ❷。而与此同时,在

---

❶ 《资治通鉴》卷二六二,昭宗天复元年正月条。
❷ 宋代的文资、武资与文职、武职,是相互关联却又明显不同的两组概念。对此学界已有讨论,兹不赘。

宋太祖的心目中，理想的人材状态似乎是武将懂文治，而文臣通武干。

以文臣知州县，被认为是太祖在位期间制度建设的一大成就。谈到考察文臣人选问题，研究者经常引述到这样一件事：据《续资治通鉴长编》卷十三，开宝五年（972 年）末，

> 初，上问宰相赵普曰："儒臣有武干者何人？"普以知彭州、左补阙辛仲甫对。乃徙仲甫为西川兵马都监。于是召见，面试射，且问："能擐甲否？"仲甫曰："臣在郭崇幕府，屡从征讨，固尝被介胄矣。"上曰："汝见王明乎？朕已用为刺史。汝颇忠淳，若公勤不懈，不日亦当为牧伯也。"仲甫顿首谢。
>
> 上因谓普曰："五代方镇残虐，民受其祸。朕今选儒臣干事者百余，分治大藩，纵皆贪浊，亦未及武臣一人也。"

如果这段记载大致可靠，那么，应该说，宋太祖不仅曾经提倡武臣读书，也曾提倡文臣习武。只不过这后一项提倡未被其后的臣僚们阐发渲染而已。

围绕辛仲甫之事，太祖想到的，实际上是两类不同的职任。首先是要在某些地方任用文臣作兵马都监，因而需要寻求"儒臣有武干者"；另外，作为"分治大藩"的理想人选，也应该是忠淳而又公勤、略具武干的儒臣，起码是"儒臣干事者"。他对于不肯放下身段的"迂儒"之厌恶 ❶，可谓众所周知。

太祖与赵普、辛仲甫的对话，给我们的印象是，他在当时着意物色的，首先是允文允武、文武兼长的"忠淳"者；退一步说，纵

---

❶ 参见《类说》卷十九引《见闻录》中"置县尉"条。

使文臣贪浊，也不似武臣残虐致祸。

文莹在其《玉壶清话》卷一记载着同一件事，但说法颇有不同：

> 太祖问赵韩王："儒臣中有武勇兼济者何人？"赵以辛仲甫为对。……遂召见。
>
> 时太祖方以武臣戡定寰宇，更不暇他试，便令武库以乌漆新劲弓令射。仲甫轻挽即圆，破的而中。又取坚铠令擐之，若被单衣。太祖大称爱。
>
> 仲甫奏曰："臣不幸，本学先王之道，愿致陛下于尧舜之上；臣虽遇昌时，陛下止以武夫之艺试臣，一弧一矢，其谁不能？"上慰之曰："果有奇节，用卿非晚。"后敭历险易，雍熙三年参大政。

太祖对于"武夫之艺"的重视与偏好，引起了本为儒臣的辛仲甫的不满。叙述者文莹觉察到太祖形象可能的尴尬，于是为皇帝寻得了一种合理的解释，说"时太祖方以武臣戡定寰宇，更不暇他试"。考虑到开宝中期的实际情形，这一理由显然有些牵强。

开宝八年，王嗣宗在太祖鼓励下，靠"角力"、"手搏"夺得状元的故事[1]，也印证着赵匡胤对于"武夫之艺"的偏好。此事后人以为笑谈，但在当年，这段轶事正带有这位开国皇帝本人不拘一格的清晰印记，其中亦隐隐透露出祖宗朝对于文臣而强悍武勇的提倡。

太祖以后的诸帝，似乎很少再有倡导文武兼长的实际努力。太祖对于文武清冗乃至"流品"区分即已有所注意[2]，太宗时崇文抑

---

[1] 参见《涑水记闻》卷三、《玉照新志》卷六、《宋史》卷二八七《王嗣宗传》。

[2]《豫章文集》卷二《遵尧录一》钱昱、陈舜封条。

武倾向趋于明显，而真宗时则更加强调文武分途。景德澶渊事件期间，"上在澶渊南城，殿前都指挥使高琼固请幸河北，曰：'陛下不幸北城，北城百姓如丧考妣。'"宋辽盟约签订后不久，这位资深禁军将领却受到了皇帝的警告："上命寇準召琼诣中书，戒之曰：'卿本武臣，勿强学儒士作经书语也。'"●

大中祥符二年（1009年）十一月，真宗作文武七条，分别颁赐给外任文武官员：

其文臣七条：一曰清心，谓平心待物，不为喜怒爱憎之所迁，则庶事自正；二曰奉公，谓公直洁己，则民自畏服；三曰修德，谓以德化人，不必专尚威猛；四曰责实，谓专求实效，勿竞虚誉；五曰勤察，谓勤察民情，勿使赋役不平、刑罚不中；六曰劝课，谓劝谕下民，勤于孝弟之行、农桑之务；七曰革弊，谓求民疾苦而厘革之。以赐京朝官任转运使、提点刑狱、知州府军监、通判、知县者。

武臣七条：一曰修身，谓修饬其身，使士卒有所法则；二曰守职，谓不越其职，侵挠州县民政；三曰公平，谓均抚士卒，无有偏党；四曰训习，谓教训士卒，勤习武艺；五曰简阅，谓阅视士卒，识其勤惰勇怯；六曰存恤，谓安抚士卒，甘苦皆同，常使齐心，无令失所；七曰威严，谓制驭士卒，无使犯禁。以赐节度使以下至刺史，及诸司使以下任部署、钤辖、知州军县、监押、驻泊、巡抚者。●

● 《涑水记闻》卷六。
● 《潞公文集》卷三〇《奏赐儒行中庸篇并七条事》，据《经帷管见》卷四校。

这些倡导与诫饬，与宋代地方官课绩中"善""最"条目的设计精神有类似之处 ❶。

分别制订文臣七条、武臣七条，当然以文武分途为其前提；就职事任务的分化而言，"分途"自然有其合理性。但是，对比一下文武七条，又不难发现，尽管二者行文条款大不相同，其中贯彻的精神实质却颇为类似：即严格自我约束（例如文臣"清心"、"奉公"、"修德"诸项，武臣"修身"、"守职"、"公平"等项）与恪勤职守（文臣如"责实"、"勤察"、"劝课"，武臣如"训习"、"简阅"、"存恤"），另外还有关涉到惩治弊端的内容（像文臣的"革弊"和武臣的"威严"条）。有学者在分析了武臣七条之后正确地指出，这看似全面的要求，要害在于修身、守职及所谓威严三项，即强调武将具有循谨、本分和能管束部属的能力，却无一条要求武臣果敢用兵的内容 ❷。这恰恰是文武分途定位失误的表现，是赵宋防范内患政策的自然反映。这使我们想起雍熙元年（984年）二月，太宗在检阅诸军将校时的一段话：

> 朕选擢将校，先取其循谨能御下者，武勇次之。若不自谨饬，则士卒不畏服，虽有一夫之勇，亦何用耶！ ❸

所谓"循谨"，即循规蹈矩、小心谨慎之同义语；太宗将其作为选擢将校的头等要素，首先考虑驯顺而非辨识勇懦。这自然是有鉴于五代武夫跋扈的教训而提出，却也是出自阴暗心理的矫枉过正之举。颁赐文武七条的宋真宗，比起他的伯父太祖，显然对于武将已

❶ 参见拙著《宋代文官选任制度诸层面》，页70—75。
❷ 陈峰：《北宋武将群体与相关问题研究》，页321。
❸ 《长编》卷二五，雍熙元年二月壬午条。

经感觉陌生，难以企及"恩威并施"的控御境界，他只能步其父之后尘，在提倡忠顺循谨方面再下功夫。

宋初的统治者提倡武臣读书、鼓励文臣通达武事，这自然可以说构成为文武谐睦的必要前提。但北宋前期的文武关系调整，更重要的，是通过文武分途与文武定位实现的。文武殊途，武臣"出将入相"的困难，自国家政务重心变化、科举考试重要地位确立以来，即成为定势。文武分工的明确化以及职业距离的拉大，从一定意义上讲，有益于排解文武纠纷。这种"分途"与各自"定位"，不仅体现为职任分工的迥异，也体现为所要求资质的不同；这既是由双方各异的出身与事业性质所造成，也是经统治者有意倡导塑造而得到强化的。这一趋势，在太宗以后显露得愈发清楚。而其后刘平等"儒将"神话的破灭，也与文武分途的固定化有关。

何冠环在其《败军之将刘平——兼论宋代的儒将》中，自时代风尚及实际需要两方面，分析了"宋初儒将辈出的原因"。他并且指出：

> 宋初推行以文驭武的政策，一方面优待文臣，让他们操持国柄；另一方面，则以丰厚俸禄及快速的升迁，笼络补偿赖以打江山及御外侮的武臣。故宋初的官制设计，武资要比文资升迁较快，俸禄较丰。在宋初诸帝的眼中，将有武干之儒臣转为武资，是赏识眷顾之表示，而不是贬责。❶

这段话提醒人们避免对于宋初文武问题的简单化认识。在宋初的官制设计背后，显然有着明确的文武分途的观念与安排；而将有武干之儒臣转为武资，也正是宋初诸帝希望改造武资队伍之努力

---

❶ 香港中文大学《中国文化研究所学报》新第八期，页 113，1999 年。

的反映。

文武分途本身，并不说明孰轻孰重。但赵宋的政策，特别是太宗朝的治国驭将方针，明显地走上了"崇文抑武"的道路。这一原则，在太宗时期得到实质性的发展，并且最终构成为赵宋"祖宗家法"之重要内容。这一方针在当时得以施行，以一系列措施为其铺垫，亦与文士被大批拔擢有关。如田况《儒林公议》所说，"太祖皇帝天启神赞，举无遗算。开端创制，事未成就，遂厌区夏"，而

> 太宗皇帝以亲邸勋望，绍有大统，深惩五代之乱，以刷涤污俗、劝人忠义为本。连辟礼闱，收采时俊。每临轩试士，中第者不下数百人。虽俊特者相踵而起，然冗滥亦不可胜言。当时议者多以为非古选士之法。故真皇嗣位之初，王禹偁首上疏言得失，谓举选非天子亲临之事，请以归有司。然太宗涤污革旧，一新簪笏，则明者亦默知其意焉。

太宗时期"涤污革旧，一新簪笏"的努力，收到了明显的效果。士人们通过科举考试等方式源源不断地涌入仕途，终于形成了"文治"的气象。《宋史》的撰著者曾经议论说：

> 自唐末词气浸散，迄于五季甚矣。先民有言："政庞土裂，大音不完，必混一而后振。"宋一海内，文治日起。❶

赵宋开国半个世纪之后，士人们开始在国家政治与制度运转方面有所作为，在政坛上有了自己的声音；他们找到了自信，开始振奋起

---

❶《宋史》卷三〇五论赞。

"读书人"指点江山、激扬文字的锐气。

　　崇文资而抑武职，在一定程度上加剧了文武关系的紧张，甚至造成了新的文武关系失衡；以隔膜于武事的文臣掌管军政事务，也往往造成军事上的决策失当。但如果因此而认为，宋代长期以来军事上的退缩局面系由文臣的懦畏倾向酿成，则未免失之于简单化。文臣固然不熟悉战事，却并不一定选择逢敌退避；武将们通常是长养自行伍，但这也不意味着他们自然倾向于用兵征伐。除敌我力量对比外，整体军事局面形成的关键，在于国家的政策倾向与指挥体制。具体的攻势与守势、进取与退保，以及由此造成的胜与负、利与害，都是因人因时因地而变易，由多种因素决定的；尽管与掌管军政事务者的勇怯与判断有直接关系，却与"文资"或"武资"没有固定必然的牵连。

　　10世纪中后期中原王朝统治人群中所发生的演变，并非如宋人通常所说，是取决于"祖宗"远见卓识的突然转折。民族色彩的淡出、文臣群体的转化、文武关系的调整，都是历史演进过程的产物。赵宋"祖宗朝"的重要收获，是成功地走出了五代，超越了五代。对于这种"超越"，需要实事求是的观察与分析。既要注意其"话语"，又须把握其寓意；既要注意其说法，又须体察其做法。我们从中看到的，是宋初曲折反复的渐变过程，是国家政治秩序建设过程中"导向"的确立。正是这无数复杂错综的内容，布成为宋初政治舞台上丰富多彩的场景。

"事为之防，曲为之制"

——宋太祖、太宗的创法立制与 "祖宗之法" 基调的形成

赵宋 "祖宗之法" 的提出，不仅如前所述，与唐代以来的社会变迁及振举 "家法"、保守基业的努力有关，也与北宋前期的政治进程有关。

两宋长达三个多世纪的统治开始于公元 960 年初。时任后周禁军统帅的赵匡胤于开封附近的陈桥驿发动兵变，"黄袍加身" 取代后周，自柴氏孤儿寡母手中夺得了国家政权，建立了大宋王朝。此时的人们，尽管无不渴盼安定太平，却没有充足的根据相信赵匡胤能够稳固他所篡夺来的政权。这个赵宋王朝很可能不过是继梁、唐、晋、汉、周 "五代" 之后的 "第六代"，正像人们数十年来习见的那样，如过眼云烟一般，新建的政权转瞬间又会随风飘散。

正因为如此，后人对于宋太祖如何成功地巩固了赵宋王朝怀有强烈的兴趣，千年以来有过无数的讨论。

一 "变家为国"：北宋初年政治格局的形成

建隆元年（960 年）正月初五日，登基伊始的宋太祖向他的

臣民们颁布了新王朝的第一份"赦天下制",新皇帝踌躇满志地宣布:

> 於戏!革故鼎新,皇祚初膺于景命;变家为国,鸿恩宜被于寰区。更赖将相王公,同心协力,共裨寡昧,以致升平。凡百军民,深体朕意。❶

从"变家为国"的这一天起,开始了赵宋"革故鼎新"的历程。

宋太祖登极的赦文,在当时无疑受到了广泛的关注。"变家为国"一说,称得上是其中的点睛之笔。赵匡胤去世后,"嗣皇帝"赵炅又在《太祖谥册》中提及"既应天以顺人,乃变家而为国",说到太祖"端拱九重,留心万务,向明而治,惟道是求"的努力 ❷。

所谓"变家为国",在五代十国时期常被用作新王朝崛起的指称。后周代汉之际,汉家的太后李氏即曾回忆起后汉高祖"翦乱除凶,变家为国;救生灵于涂炭,创王业于艰难"的昔日辉煌 ❸。一度度"变家为国",政权更迭,旋兴旋废。新一轮"变家为国"的鼎革,既是精心谋划的结果,又使得刚刚变换了身份的新统治者感受到实实在在的压力。这种沉重的压力,从此伴随着赵宋帝王走过了一代又一代。

(一)从军阀到君主

在讨论天下的治乱问题时,史臣们通常会将其与"天命""历数"联系起来。《旧唐书》卷二十下《哀帝本纪》中的"史臣曰",即有这样一番慨叹:

---

❶《宋大诏令集》卷一《帝统一·即位》。《宋朝事实》卷二所载,文字略有不同。
❷《宋大诏令集》卷九《帝统九·谥册》。
❸《旧五代史》卷一〇三《隐帝纪下》。

何九六之数穷，偶天人之道尽，目击斯乱，言之伤心。哀帝之时，政由凶族。虽揖让之令，有类于山阳；而凌逼之权，过逾于侯景。人道浸薄，阴隲难征，然以此受终，如何延永！

五代时期，"帝王天命"说事实上遭遇过强劲的挑战。谈到当时的"君不君，臣不臣"，人们经常提及《旧五代史》卷九八《安重荣传》中的一段话：

重荣起于军伍，暴获富贵，复睹累朝自节镇遽升大位，每谓人曰："天子，兵强马壮者当为之，宁有种耶！"

在当时的高级将领中，这种觊觎相当普遍，可以说是"公开的秘密"，关键在于条件的创造与时机的把握而已。

陈桥兵变发生在后周恭帝显德七年（960年）正月甲辰（初四日），黄袍加身的赵匡胤回师开封，入至禁中，

诸将拥宰相范质等至，太祖见之，呜咽流涕曰："违负天地，今至于此。"❶

而据说面对着既成事实，在剑拔弩张的气氛当中，后周的宰相范质也还敢于质问道：

"先帝养太尉如子，今身未冷，奈何如此？"❷

---

❶《宋史》卷一《太祖纪一》。
❷《龙川别志》卷上。

此刻的赵匡胤，面对世宗旧臣，或许并非全无愧疚之感。作为支应之辞，所谓"违负天地"的表示，也让人感觉到，当时这对话双方似乎都并不确信"运历推移""天命有归"一类说法。

有后周禅代铺垫在前，此番王朝易手，几乎没有遇到任何实质性的阻力。被反叛将士环拥的宰相，范质"不知所为"，王溥"降阶先拜"●，内廷中年方七岁的周室少帝以及与赵家兄弟有姻亲关系的符太后，显然更无招架之功。尽管如此，为消弭各方疑虑与侧目，新皇帝及其智囊人物们还是要强调天命。

次日，定国号曰宋，改元大赦。在发布《即位赦天下制》的同时，遣中使乘传赍《即位谕郡国诏》颁行天下。前者开宗明义第一句话就是"五运推移，上帝于焉眷命；三灵改卜，王者所以膺图"❷，后者亦反复称说"帝王之兴，历数先定"，"辅臣共述于讴谣，少主自知于运命"❸。

"天命"问题，总是与帝王统治的政治正当性问题联系在一起。从表象上看，宋太祖的"运历""天命"，曾经传布得沸沸扬扬。李焘在其《续资治通鉴长编》卷一中引述了《龟鉴》中的说法："帝王之兴自有珍符，信不诬也。居有云气，出有日晕，天心之眷顾笃矣"❹，把这归纳为"天与之，人与之"❺。

无奈并非人人相信这"天命攸归"。太祖本人亦未被这"天命"说所桎梏，并未丝毫松懈自己的戒惕。做了皇帝后不久，赵匡胤曾

---

❶ 《长编》卷一，建隆元年正月甲辰条。

❷ 《宋大诏令集》卷一《太祖即位赦天下制》。

❸ 《宋大诏令集》卷一八七《即位谕郡国诏》。

❹ 赵匡胤诞生之日，据说"赤光绕室，异香经宿不散，体有金色，三日不变"；兵赴陈桥之时，据说有昭示"天命"的"日下复有一日，黑光久相摩荡"之天象。参见《宋史》卷一《太祖本纪一》、《长编》卷一，建隆元年正月癸卯条。

❺ 《长编》卷一，建隆元年正月乙巳条李焘按语。

经托人转告桀骜不臣的昭义节度李筠说：

> 我未为天子时，任汝自为之；我既为天子，汝独不能小让
> 我耶？ ❶

赵匡胤初"受禅"，李筠被迫向其使者下拜，是由于"左右为陈历
数"❷；而到此时，已经登上帝座数月的宋太祖，并未刻意强调自
己"真龙天子"的"命数"，而是相当坦率地承认身为使相的李筠
本来也可能有着同等的机会。以往比肩者们对于帝王之"种"的
质疑，对于帝王之"位"的期冀，赵匡胤心知肚明，而他终究高
出群侪一筹。

《涑水记闻》卷一有这样一段叙述：

> 太祖初即位，亟出微行，或谏曰："陛下新得天下，人心
> 未安，今数轻出，万一有不虞之变，其可悔乎？"上笑曰：
> "帝王之兴，自有天命。求之亦不能得，拒之亦不能止。万一
> 有不虞之变，其可免乎！周世宗见诸将方面大耳者皆杀之，然
> 我终日侍侧，不能害我。若应为天下主，谁能图之？不应为天
> 下主，虽闭户深居何益也！"由是微行愈数，曰："有天命者
> 任自为之，我不汝禁也。"于是众心惧服，中外大安。

朱弁在《曲洧旧闻》中则说得更加有鼻有眼：

---

❶ 《长编》卷一，建隆元年四月。
❷ 《宋史》卷四八四《李筠传》。

太祖皇帝即位后，车驾初出，过大溪桥，飞矢中黄伞。禁
卫惊骇，帝披其胸笑曰："教射，教射！"既还内，左右密启
捕贼，帝不听。久之亦无事。

他并且感叹道："太祖皇帝抱帝王雄伟之姿，殆出于生知天纵。"❶

　　赵匡胤是个具有雄豪性格，又粗中有细的人。他初即位时这些
举止，无疑是显示给观伺其动静的臣僚庶民看的。而这一套号称
"天命"的手法，却被王夫之看透了底细。《宋论》在谈及这条记载
时说：

　　太祖数微行，或以不虞为戒，而曰："有天命者，任自为
之。"英雄欺人，为大言耳。其微行也，以己之幸获，虞人之
相效，察群情以思豫制。私利之褊衷，猜防之小智，宋德之所
以衰也。❷

　　实际上，刚刚夺得了天下的皇帝显然知道，赵宋的"正统"，只有
靠持续不断的努力才可能最终确立 ❸。这里既需要完善自己为万人
观瞻的帝王形象，又需要有"拨乱世而反之正"的切实措置。刘静
贞在其《皇帝和他们的权力：北宋前期》一书中，对此有着确当的
论述，她指出：

---

❶ 《曲洧旧闻》卷一。
❷ 《宋论》卷一《太祖六》。
❸ 中国历史上的王朝"正统"，是一复杂问题。自秦汉直至宋辽金时代，"五德终始"说
一直是历代王朝阐释其政权合法性的基本理论框架。参见刘浦江：《"五德终始"说之
终结——兼论宋代以降传统政治文化的嬗变》，载《中国社会科学》2006 年 2 期，页
177—190。本节的讨论仅自宋初政治实践的角度展开。

皇帝这个政治角色已经具有它可期望的规约性，它的权力与义务都已经由历史经验的累积，在整个文化体系中有了相当确定的模式。因此，一旦黄袍加身，新天子就可以从这个早已被大家所习惯去尊崇的皇帝名号中，获得某种程度的权威性。❶

在中国古代历史上，"帝王"所体现的并不仅仅是一种地位，也是一种众目睽睽之下的"角色"，集中着对于这一特定身份的种种社会规范与"众善汇聚"的行为期待。赵匡胤由黄袍加身而具备了帝王的身份，还须努力扮演帝王的角色。所谓"变家为国"，实际上体现为一个过程，而非一日所能成功。

赵匡胤做皇帝后不久，就曾发出"尔谓天子为容易耶"的感慨。李焘在其《续资治通鉴长编》卷一建隆元年（960年）记事之末，引述石介《三朝圣政录》与司马光《涑水记闻》中的文字，记载了太祖的两件"嘉言懿行"：

> 一日罢朝，坐便殿，不乐者久之。左右请其故，上曰："尔谓天子为容易耶？属乘快指挥一事而误，故不乐耳。"
>
> 尝弹雀于后苑，或称有急事请见。上亟见之，所奏乃常事耳。上怒诘之，对曰："臣以为尚亟于弹雀。"上愈怒，举斧柄撞其口，堕两齿。其人徐俯拾齿置怀中。上骂曰："汝怀齿，欲讼我乎？"对曰："臣不能讼陛下，自当有史官书之也。"上悦，赐金帛慰劳之。

这正反映出自军阀向帝王身份转换过程中出现的问题以及不断调适

---

❶《皇帝和他们的权力：北宋前期》，页24。

的过程。无论"乘快指挥",还是对奏事臣僚的"怒骂",都是军阀习性的自然流露;而反思时的"不乐",及对于臣下的"慰劳",正体现出太祖对于自身角色的认识与行为矫正。

柳立言曾经通过分析宋初两种类型的"御驾亲征",看宋太祖的创业与转型。他认为,出身于武夫悍将的五代君主,发挥才华和累积政治资本的空间,是战场而非庙堂,

> 从没有需要但仍要亲征李重进来看,太祖仍未脱军人尚勇的习气,仍未摆脱五代的政治文化,只算是武功型的君主,仍停留在马上得天下的阶段。但是,在平定二李、确定得到了后周的天下后,赵匡胤很快就把角色从将军调整过来,成为一位兼顾武功和文治的皇帝,开启了右文的新政治文化。

他并且指出,在统一未完成之前,赵匡胤仍然注重武功,但方式已由"御兵"转而"御将",空间也由"沙场"转到"沙盘"。"对前半生是职业军人的太祖来说,在统一未完成前便退出疆场投入庙堂,可说是重要的转型,而他的过渡似乎相当成功。"❶

从军阀到帝王,不仅涉及活动空间场域的"转型",也还需要决策断事态度方式的变化。这样一种角色转换,是在赵宋建国后君臣互动的过程中逐渐走向完成的。建国之初,先是前代重臣、复为今朝宰相的范质等人,主要是在制度方面执守规矩;而对太祖更为了解、关系更为密切的赵普等人,则更加积极地介入着帝王行为举止的匡正。这类事例很多,《涑水记闻》卷一记叙说:

---

❶ 《从御驾亲征看宋太祖的创业与转型》,《庆祝邓广铭教授九十华诞论文集》,页151—159。

太祖时尝有群臣立功，当迁官。上素嫌其人，不与，赵普坚以为请。上怒，曰："朕固不为迁官，将若何？"普曰："刑以惩恶，赏以酬功，古今之通道也。刑与赏者，天下之刑赏，非陛下之刑赏也。岂得以喜怒专之？"上怒甚，起，普亦随之。上入宫，普立宫门，久之不去。上悟，乃可其奏。

《类说》卷十五《御宴值雨》条载：

太祖大宴，雨暴作，上不悦。赵普奏曰："外面百姓正望雨，官家大宴何妨？只是损得些陈设，湿得些乐官衣裳，但令雨中作杂剧，更可笑。此时雨难得，百姓快活时正好饮酒。"太祖大喜。

丁谓《谈录》、王曾《笔录》、欧阳修《归田录》和李焘《续资治通鉴长编》（卷七）都曾记载宋初有臣僚因皇帝衣冠不整而却立不进事 ❶，他们说到的人物虽不相同，希望表达的意念却应类似。其中以李焘叙述得最为明白：

上尝纳凉后苑，召仪草制。仪至苑门，见上岸帻跣足而坐，因却立不肯进。阎门使以奏，上自视微笑，遽索冠带，而后召入。未及宣诏意，仪亟言曰："陛下创业垂统，宜以礼示天下。臣虽不才，不足以动圣顾，第恐豪杰闻而解体也。"上敛容谢之。自是对近臣未尝不冠带。❷

---

❶ 参见本书 161 页注❹。
❷ 《长编》卷七，乾德四年十一月癸丑条。

窦仪所说"创业垂统"数语，看来是使太祖"敛容谢之"的原因。

邵伯温曾经记载宋太祖朝太庙事：

> 太祖初即位，朝太庙，见其所陈笾豆簠簋，则曰："此何
> 等物也？"侍臣以礼器为对。帝曰："我之祖宗宁曾识此！"
> 命彻去。亟令进常膳。亲享毕，顾近臣曰："却令设向来礼器，
> 俾儒士辈行事。"❶

这两件小事，都让我们注意到，"变家为国""创业垂统"的压力，
是促使帝王自我行为矫正的直接动力。

从具备帝王身份到具备帝王形象，这一"形象工程"实际上是
一并非痛快顺畅的改造过程。诸如"上悟"、"上悦"、"大喜"等
等，所反映的，与其简单地认定为史官的缘饰 ❷，不如说是赵匡胤
省悟到自身的"皇帝"身份后，特意做出的一种符合其角色期待的
姿态。之所以说这一角色转换过程"逐渐走向完成"，是因为直到
开宝后期，做了十多年皇帝的宋太祖，举手投足还时时流露出鲁莽
率直的一面 ❸。

马永卿《元城语录》卷上，记载着北宋后期元城先生刘安世的

---

❶ 《邵氏闻见录》卷一。

❷ 梁启超在其《中国历史研究法补编·分论三·文物的专史》中，讲到中国史学史中不
容忽视的"史官"一职，他认为"史官在法律上有独立的资格，地位又极尊严，而且
有很好的人才充任"，是中国史学发达的原因之一（页 329—330）。上引臣僚与赵匡
胤有关"史官"的对话，反映当时在一般士大夫心中，认为史官是具有秉笔直书的
独立性的；而从宋代朝政记录的实际情形来看，史官有矫饰当朝政治的倾向。但这
种"矫饰"所带来的，并不全是负面效果。从"垂范"的意义上讲，士大夫有意在历
史记录中"矫正"前代帝王的行为，有可能是希望给后世帝王留下可供效法的正面楷
模。参见本书第六章第三节。

❸ 例如《长编》卷十六，开宝八年九月壬申条载太祖引刀刺马事。

一些回忆与议论。其中广为人知的一条，是太祖年间"熏笼"与"条贯"的故事：

> 太祖即位，常令后苑作造熏笼，数日不至。太祖责怒，左右对以"事下尚书省、尚书省下本部、本部下本曹、本曹下本局，覆奏，又得旨，复依，方下制造，乃进御。以经历诸处，行遣至速须数日"。
>
> 太祖怒曰："谁做这般条贯来约束我？"
>
> 左右曰："可问宰相。"
>
> 上曰："呼赵学究来！"
>
> 赵相既至，上曰："我在民间时，用数十钱可买一熏笼。今为天子，乃数日不得，何也？"
>
> 普曰："此是自来条贯，盖不为陛下设，乃为陛下子孙设。使后代子孙若非理制造奢侈之物，破坏钱物，以经诸处行遣，须有台谏理会：此条贯深意也。"
>
> 太祖大喜曰："此条贯极妙！"

所谓"条贯"，即是法则条规。"谁做这般条贯来约束我？"太祖显然气愤于条贯对君主个人产生的限制。以"赵学究"称呼宰相赵普，无疑传达着皇帝的不满与轻蔑，表现出对于宰相制定奉行的"条贯"之不屑。而应召到来的赵普解说条贯深意的一番话，特别是其中"为陛下子孙设"诸语，显然打动了太祖。由"怒"到"喜"的态度变化，活生生描绘出皇帝自不情愿忍受制度约束，转而鼓励条贯设置的"顿悟"过程。

马永卿记载的故事中，所叙述之细节，涉及"尚书省"、"本部"等，有差互于宋初制度之处，周必大即曾指出"元城刘忠定公于本朝故实洞达该贯，无毫厘差，而马永卿录造熏笼语犹以元丰后官制为太祖时官"❶，但这并未影响南宋士大夫们传说此事的热情。据目前能够见到的资料，刘珙进言、杨万里转对、刘克庄进故事，都曾经引述"艺祖熏笼事"❷，向皇帝强调凡事恪守条贯的重要。

自赵宋建国之日起，规约"人君"角色、塑造帝王完美形象以期垂范后世的努力，即一直在进行之中。所谓"角色"，无疑由帝王的个人行为所体现；但从特定时代的角度观察，符合规范的角色不仅是由宋初帝王个人扮演而成，而且是由当时的士大夫参预塑就的。不仅如此，其后嗣君臣们仍然共同继续着这一规约与塑造的过程。

如何保证长治久安，使宋代不致成为五代之后短命的第六代，始终是萦绕在宋初统治者心间的重大问题。不仅赵普说到"为陛下子孙设置条贯"，太祖本人也与赵普谈及"使子孙谨守法度"事。南宋绍兴初年，宰相吕颐浩曾经对高宗赵构说：

> 臣尝见太祖皇帝与赵普论事书数百通，其一有云："朕与卿定祸乱以取天下，所创法度，子孙若能谨守，虽百世可也。"❸

开国皇帝的殷切期冀，使我们感觉到他心中挥之不去的担忧。政权刚刚稳定，"继述父祖基业"的问题即被提上日程。而这些沉甸甸的考虑，实际上已经奠立了指示赵宋后世帝王"谨守"祖宗法度的基调。

---

❶《文忠集》卷五二《苏文定公遗言后序》。
❷ 参见《晦庵集》卷八八《观文殿学士刘公神道碑》、《诚斋集》卷六九《转对札子》、《历代名臣奏议》卷一五一《用人》。
❸《建炎以来系年要录》卷六一，绍兴二年十二月癸巳条。

在讨论宋初政治取向以及"赵匡胤是怎样巩固政权的"一类问题时，学者通常指出："赵匡胤此时的总方针应当说是以文官政治取代武将专政。"❶应该说，这一概括基本上是准确的。所谓"文官政治"，当然与前章所述"文臣群体"、"读书人"有关联，但更是指国家体制特定的组织与运作方式。赵宋开国初年，这一根本性立国方略之确定、这一总方针的渐次推展，都体现为一个政治过程，需要更为贴近、更有层次感的认识。考察这一过程，会使我们对于赵宋一朝的起步阶段有更为深切的认识。

说到赵宋的"祖宗之法"，人们通常想到的，是指北宋初期太祖、太宗朝所创建的一代制度，所贯彻的诸多原则。例如中枢政治格局的奠立，例如重纪纲，施仁义，讲"道理"，倚重士大夫，以文制武，爱惜民力等方方面面的内容。其实，赵匡胤们"出人意料"的成功，首先是历史发展趋势使然。晚唐五代以来历史演进的线索与脉络，从一定意义上说，正是阶段性地收束在赵宋初期。前行者们在蹉跌动荡中留下了丰厚的历史遗产，继之而起的精英人物，对于所处的时代有独到的体认，成功地探寻着可行的路径。

宋初稳定统治、实现集权的一系列措置，显示出长期乱离之中磨炼出来的承上启下的领袖人物们政治上的不断成熟，也赋予赵宋不同于五代王朝的开国气象。对于这一根本性转变的实现，北宋的统治阶层及士人们都怀着很高的历史成就感。对于立足于防范事变、化解矛盾的"祖宗之法"的体味、概括与景仰，也就发端于这一过程之中。

（二）重建集权：从"收兵权"开始

当北宋王朝开始对中原地区的统治时，北方有契丹民族建立的

---

❶ 李裕民：《赵匡胤是怎样夺取政权和巩固政权的》，《宋史新探》，页11。

辽朝以及辽朝支持的北汉，南方则有吴越、南唐、荆南、南汉、后蜀等割据政权。宋廷在平定了辖境之内节度使李筠、李重进的反叛之后，采取"先南后北"的战略方针，首先集中兵力攻取经济富庶而军事实力薄弱的南方诸国，转而进取北汉，在后周事业的基础之上，利用了大约二十年的时间，基本解决了安史之乱以来持续二百余年的军阀割据局面，实现了大体上的统一。

宋太祖、太宗及其谋臣在统一国家的过程中，稳步而有层次地采取了一系列措施，从统兵体制的变革开始，重建中央集权，有效地杜绝了割据再起的可能性。而这些措施既是有鉴于五代旋兴踵逝的教训，也是在五代提供的基础上得以成功的。

正是在晚唐五代那种纷纷扰扰、天下大乱的局面当中，潜移默化地孕育出一些带有崭新性质的"治"的因素。

晚唐时期的强藩重镇，"既有其土地，又有其人民，又有其甲兵，又有其财赋"❶，凭藉实力为后盾，在激烈竞争中招贤纳士，生机勃勃。藩镇对于土地、人民、赋税等行政、财政事务的把持，使其中掌管相应事务的文职僚属人数日增，地位日形重要，日益完备的行政机构也逐渐形成。地方势力不断扩充权力的事实，为盘桓于地方的士人之发展提供了机会。其中出类拔萃者，则直接介入了藩镇的机要乃至决策过程。对于中央集权造成严重威胁的藩镇如宣武节度等，内部逐渐发展起便于操作的集权体制。

与此同时，晚唐的中央，已经无力解决当时面临的任何重大政治问题，昭宗后期，宣武节度朱温的势力被引入朝廷，具备了直接左右中央局势的实力，首先给予宦官集团致命打击，继而毁灭了曾经主持朝政的朝士集团。长期困扰唐代后期政治生活的宦官专权以

---

❶《新唐书》卷五〇《兵志》。

及士大夫中的朋党之争等严重问题，被割据中崛起的强藩代表势力以残酷野蛮的手段干脆地解决了。

藩镇割据局面本身，随着强藩重镇对于中央事务的直接干预而发生了深刻的变化。自后梁代唐始，割据混战中成长起来的精锐武力转而成为中央政权所倚恃之军事力量。前后相继而持续不断的努力，使得中央武力与地方武力的对比关系发生了根本性的转变。张国刚在《唐代藩镇研究》一书中，分析"唐代藩镇的问题究竟在哪里"，他回答道，"简言之有两点：一是军事权与行政权的合一，二是地方拥重兵而中央却没有一支能控摄全局的武装。"❶前一问题的解决，涉及更长的过程；而决定朝廷命脉的后一问题，正是在拼搏扰攘的五代得以基本解决的。

随之而来的问题是，五代"各朝兴亡，多视禁军向背"❷，禁军统御权的掌握，成为王朝命运攸关的问题。正如聂崇岐先生在其《论宋太祖收兵权》一文中指出的：

> 尝考五代之际，政治上之大患有二：曰腹心之患，即禁兵；曰肢体之患，即藩镇。

北宋初年进行的诸多改革中，对于统兵体制的改革是一中心环节 ❸。当时的"收兵权"，实际上是要继续解决两个层次的问题，一是禁军的统领权，二是方镇兵的统领权。而在前代奠定的政治基础之上，对于"腹心之患"的解决，显然刻不容缓。

南宋王明清在其《挥麈录·后录》卷十一中说，建炎末年，他

---

❶ 《唐代藩镇研究》，页 27。

❷ 《论宋太祖收兵权》，《宋史丛考》上册，页 268。

❸ 参见王曾瑜：《宋朝兵制初探》；张其凡：《五代禁军初探》。

父亲王铚为枢密院编修官，曾经"被旨专一纂集祖宗兵制"，书成进呈，高宗皇帝览之称善，赐其书名曰《枢庭（廷）备检》。而他在《挥麈录·后录余话》卷一中引述的王铚所修《兵制》，首句即是：

> 臣窃闻祖宗兵制之精者，盖能深鉴唐末、五代之弊也。

所谓"唐末、五代之弊"，王铚是指晚唐昭宗时内无亲兵，外则遐方孤镇即便忠义亦势力难成，"内外俱轻"，因而"盗臣得志"；后唐庄宗"兵制不立"，未能扭转内轻外重之势，致使其后自李嗣源、李从珂、石敬瑭、刘知远至郭威"皆提本镇之兵，直入中原，而内外拱手听命"。王铚认为，至周世宗才认识到禁军（"内"）与方镇（"外"）的实力轻重对比问题，"始募天下亡命，置于帐下，立亲卫之兵，为腹心肘腋之用。未及朞年，兵威大振"，终于"内外兼济，莫之能御。"❶

针对上述文字，张其凡在其《五代禁军初探》卷三《作用篇》中指出，"这段话实际讲的是禁军与方镇之兵在五代政权递嬗中的作用"。但王铚的这番叙述，事实上没有抓准五代时期政权频繁更迭的症结所在。张其凡分析了五代政权递嬗的五种方式，指出李嗣源、李从珂、郭威都是依靠禁兵拥戴夺得政权的，而这种方式在当时恰恰具有典型意义；后来赵匡胤的陈桥兵变，不过是郭威澶州兵变的翻版。事实证明，"五代时，禁军之地位与作用日趋重要，在政权递嬗中能起决定性作用"❷。

职业军人出身、又靠禁军兵变上台的宋太祖，显然对于中央禁

---

❶ 《挥麈录·后录余话》卷一《祖宗兵制名〈枢廷备检〉》条。

❷ 张其凡：《五代禁军初探》，页77—91。

军的统御权问题尤其敏感。自建国之初，他即着手对禁军将领及统军体制进行调整：先以与自己"情好亲密"的积极支持者韩令坤取代关系对立者李重进❶，任侍卫司马步亲军都指挥使；进而将禁军统帅殿前司都点检慕容延钊，以及马步军都指挥使韩令坤调易为镇守方面的兵马都部署，地处要害的殿前都点检一职则悬置不补；随即迫使"昔常比肩，义同骨肉"❷的石守信、高怀德、王审琦等禁军高级将领自请辞职，从而成功地解除了来自禁军的威胁，分步收缴了长期把握于高级军事集团手中的禁军领导权。对于拥戴有功、地位密迩的禁军诸将，太祖以利益交换的方式换取其合作，使这一命运攸关的兵权收缴过程，进行得平稳从容。

在这一过程中，据说有被艳称作"杯酒释兵权"的事件发生。丁谓《谈录》和王曾《笔录》中都谈及此事。司马光在《涑水记闻》中，根据庞籍的说法，写下大段叙述，使当代的读者感觉一幕幕场景历历在目，似乎在观赏影视剧的分镜头剧本：

> 上因晚朝，与故人石守信、王审琦等饮酒。酒酣，上屏左右，谓曰："我非尔曹之力不得至此，念尔之德无有穷已。然为天子亦大艰难，殊不若为郡节度使之乐。吾今终夕未尝敢安枕而卧也。"
>
> 守信等皆曰："何故？"
>
> 上曰："是不难知之：居此位者，谁不欲为之？"
>
> 守信等皆惶恐起，顿首曰："陛下何为出此言？今天命已定，谁敢复有异心？"

---

❶《宋史》卷二五一《韩令坤传》。
❷《王文正笔录》。

上曰：“不然。汝曹虽无心，其如汝麾下之人欲富贵者何？一旦以黄袍加汝之身，汝虽欲不为，不可得也。”

话说到这个程度，石守信等即便是“无心”，无疑也清楚地了解到皇帝此番谈话的用意。外柔内刚的言语背后，透露出凛凛的逼迫。往日共享荣华的“故人”，如今已经是高下悬隔。石守信等或许直至此时才意识到，这种“悬隔”意味着什么。想到自己的性命前程把捏于皇帝之手，诸将不由得汗流浃背：

> （守信等）皆顿首涕泣曰：“臣等愚不及此，惟陛下哀怜，指示以可生之途。”
> 上曰：“人生如白驹之过隙。所谓好富贵者，不过欲多积金银、厚自娱乐，使子孙无贫乏耳。汝曹何不释去兵权，择便好田宅市之，为子孙立永久之业。多置歌儿舞女，日饮酒相欢，以终其天年。君臣之间两无猜嫌，上下相安，不亦善乎！”
> 皆再拜，谢曰：“陛下念臣及此，所谓生死而肉骨也。”❶

第二天，事实上无从选择的诸将“皆称疾，请解军权。上许之。皆以散官就第，所以慰抚赐赉之者甚厚”。❷南宋史家李焘在其《续资治通鉴长编》中，基本照搬了以上的大段文字，并于其后增补云：

> 庚午，以侍卫都指挥使、归德节度使石守信为天平节度

---

❶《涑水记闻》卷一。
❷《邵氏闻见录》卷一记载大致相同。

使，殿前副都点检、忠武节度使高怀德为归德节度使，殿前都指挥使、义成节度使王审琦为忠正节度使，侍卫都虞侯、镇安节度使张令铎为镇安节度使，皆罢军职。独守信兼侍卫都指挥使如故，其实兵权不在也。殿前副都点检自是亦不复除授云。❶

对于《涑水记闻》与《续资治通鉴长编》中绘声绘色记载的"杯酒释兵权"事是否属实，学界已有不少讨论❷，争议的关键实际上在于是否曾经存在"杯酒"现场，对于宋太祖针对高级将领"释兵权"一事的"通体"真实性，则无重大异议。也就是说，意见的异同主要是"释兵权"之事是否确实发生在觥筹交错之间，讨论的目的是要厘清"收兵权"一事渐变与突变的脉络关系。

如学者所指出，"宋初收取禁军宿将兵权，罢去他们担任的高职，再重新分配这些高职，是经历了一个较长时间，分了好几个步骤，进行了好多次"才完成的❸。而贯彻于收宿将兵权事始终的，是以金银、田宅、官爵、婚姻为代价，"藉利益交换的方式，和平转移大将兵权"的做法❹。

在丁谓、王曾、司马光和李焘的记载中，作为事件的背景，都推出了一位宴席中未出场的人物：赵普，而强调的侧重有所不同。《笔录》说，"太祖创业，在位历年，石守信、王审琦等犹分其禁兵如故，相国赵普屡以为言"；《谈录》亦记赵普奏太祖不可令石、王

---

❶ 《长编》卷二，建隆二年七月戊辰、庚午条。
❷ 参见徐规、方建新：《"杯酒释兵权"说献疑》，见《仰素集》，页526—532；柳立言：《"杯酒释兵权"新说质疑》，《宋史研究集》二十二辑；徐规：《再论"杯酒释兵权"》，《仰素集》，页616—633；王育济：《论"杯酒释兵权"》，《中国史研究》1996年3期，页116—125。
❸ 徐规：《再论"杯酒释兵权"》，《仰素集》，页628。
❹ 黄宽重评议意见，《再论"杯酒释兵权"》附注，《仰素集》，页632。

等主兵。而《记闻》和《长编》则谈到太祖与赵普之间关于"方镇太重，君弱臣强"的对话。提及赵普，或许反映出记叙者对于宋初士大夫角色的共同关注。相较之下，丁谓、王曾所说似乎更为准确：赵普和太祖所系怀的，首先是可能兴王易姓的禁军统帅；"杯酒"所释去的兵权，也非针对方镇问题。

今天，引起笔者注意的，是另一方面的比对。

《资治通鉴》卷二六二，天复元年（901 年）九月癸丑、壬戌条先后记载着这样一件事：晚唐的皇帝昭宗急召近臣韩偓，与他密议神策军将领跋扈之事，

> 上又谓偓曰："继诲、彦弼辈骄横益甚……令人惊骇。"对曰："臣知其必然。兹事失之于初。当正旦立功之时，但应以官爵、田宅、金帛酬之，不应听其出入禁中。"

周承诲（即李继诲）、董彦弼与孙德昭同为曾经冒死助昭宗复位之将官，当时皆赐姓李、任使相，赏赐倾府库，而且"俱留宿卫"，一时宠遇无比。这几位禁军将领协助宰臣崔胤等诛杀了刘季述、王仲先等巨珰，却"意不欲属文臣"，反对以外朝宰相典领神策军，认为"不若归之北司为便"❶。昭宗一概顺从。春去秋来，他们却不再把皇帝放在眼中了。

韩偓痛陈"兹事失之于初"的教训，君臣对于当初的处置不当追悔莫及。至于昭宗复位之时，屡弱的朝廷是否可能处置得当，是另一问题；而我们却可以注意到，这种"当正旦立功之时，但应以官爵、田宅、金帛酬之，不应听其出入禁中"的思路，在赵

---

❶《资治通鉴》卷二六二，唐昭宗天复元年正月庚寅、丙午条。

匡胤将近六十年后在禁军将领拥戴下作了皇帝之后，却是次第付诸实施了。

赵匡胤对于禁军统属权力的改革，无疑是继承了周世宗以来的趋势 ❶。但是，他的着眼点与世宗有一明显的不同，即周世宗对于可能发动兵变的禁军将领的提防，主要针对有"疑点"的个人（例如张永德，例如所谓"方面大耳"、有帝王像者）；而宋太祖的戒备，则是针对禁军将领这一潜在的"疑点群体"的。他的防范，实际上引发的是对于整个禁军统兵体制的更革；在此大背景之下，对于领兵戍边的军事将领、对于分布各地的方镇节度、对于卸去禁军核心权力出居"大藩"的将领个人，他却示以充分的信任与宠遇。

此后，太祖任用资历位望浅弱者代宿将典领禁兵，侍卫司之马军、步军很少再由一人兼领，而与殿前司并立为三衙。三衙格局的出现，发端于后周太祖时期。郭威去世前，对于当时的殿前都指挥使、马军都指挥使和步军都指挥使分别做了安排。在《资治通鉴》卷二九一相关记载之下，胡三省解释道：

> 殿前都指挥使总殿前诸班，马军都指挥使总侍卫司马军，步军都指挥使总侍卫司步军。宋朝三衙之职昉于此。❷

周世宗时殿前军与侍卫军的并驾齐驱，宋太祖时侍卫马军与侍卫步军的分立，使禁军自两司逐渐过渡为三衙。与这一走势相应，经过数十年过程，形成了枢密院"有发兵之权，而无握兵之重"，三衙统帅"有握兵之重，而无发兵之权"的体制；"上下相维，不得专

---

❶ 汪槐龄：《柴荣与宋初政治》，《学术月刊》1980 年 7 期，页 67—73。
❷ 见显德元年正月庚寅条注文。

制"❶，消除了禁军兵变的隐患。

北宋初年的这一过程，继承了五代以来兵制改革的趋势，其目标则更加明朗；改革并非发端于赵宋"祖宗"，却大体完成于宋初。改革的结果，如王曾瑜先生所指出，"当时的兵制改革，简单说来，就是建立枢密院—三衙体制"❷。这样一种统兵体制的主要特点，是将握兵权、调兵权和统兵权三者分开❸，以使其各有分守，相互维系。这正像李纲所说：

> 在祖宗之时，枢密掌兵籍、虎符，三衙管诸军，率臣主兵柄，各有分守，所以维持军政，万世不易之法。❹

宋人都把这种统兵体制认定为"祖宗制兵之法"❺；都强调"祖宗于兹，盖有深意"❻。

晚唐五代时期，自层层叠叠的割据局面发展到若干政权的分立，再到其后的中央集权，实现着由分裂向统一的过渡。在这一过程中，对于中央与地方关系问题的逐步理顺，并不完全是由于五代的统治者成功地压制了强藩、彻底地摒弃了藩镇制度，而恰是因为他们消化吸纳了发展至此时的地方制度中的许多创获，从而生发出富于活力而应变有效的新机制。这套路数在宋初亦被继承下来。

与"腹心之患"禁军问题并存的藩镇问题，尽管被学者称为"肢体之患"，在当日却也给政权的稳定造成了极大的压力。这一问

---

❶《范太史集》卷二六《论曹诵札子》。

❷《宋朝兵制初探》，页1。

❸ 参见张其凡：《五代禁军初探》卷四《宋初兵制改革初探》，页 98—120。

❹《宋史》卷一六二《职官二》。

❺《范太史集》卷二六《论曹诵札子》。

❻《浮溪集》卷一《行在越州条具时政》。

题的解决，与整顿禁军统御体制、建设地方行政系统交错进行，亦非一步到位的直线过程。

研究者经常引用这样一条材料：

> 初，上既诛李筠及重进，一日，召赵普问曰："天下自唐季以来，数十年间，帝王凡易八姓，战斗不息，生民涂地，其故何也？吾欲息天下之兵，为国家长久计，其道何如？"
>
> 普曰："陛下之言及此，天地人神之福也。此非他故，方镇太重，君弱臣强而已。今所以治之，亦无他奇巧，惟稍夺其权，制其钱谷，收其精兵，则天下自安矣。"
>
> 语未毕，上曰："卿无复言，吾已喻矣。"❶

实际上，五代以来，方镇已经受到相当程度的削弱；五代末至赵宋初所谓"君弱臣强"问题，威胁首先来自禁军。宋廷在逐步解决禁军问题的同时，依照"稍夺其权，制其钱谷，收其精兵"的思路❷，积极消除诸藩镇既有的分裂因素，重建中央集权。

建隆、乾德年间，在向诸割据政权用兵时，"凡下州郡，即命朝臣领之"❸，新取各州不属方镇而直隶朝廷。对于朝廷辖下的诸藩镇，或召守帅来朝，授以虚衔，或俟其他原因出阙，即"稍命文臣权知"❹，从而有效避免了直接的争权冲突。太宗时继续这一趋势，进而罢节镇领支郡。

---

❶ 《长编》卷二，建隆二年七月戊辰条。
❷ 张其凡《赵普评传》称之为赵普提出的"三大纲领"，见该书第三章第二节《加强中央集权》，页89—106。
❸ 《宋会要辑稿·职官》四七之三，《长编》卷一、卷四。
❹ 《长编》卷六，乾德三年三月；参见《宋史》卷二六二《边光范传》、《刘载传》。

宋代的知州，全称"知军州事"，其设立，通常被认为是宋太祖"坐销外重分裂之势"的一大发明 ❶。《文献通考》卷六三《职官考一七》中有一段简约的记载：

> 宋太祖开基，革五季之患，召诸镇会于京师，赐第以留之。分命朝臣出守列郡，号"权知军州事"。军谓兵，州谓民政焉。其后文武官参为知州军事。

"命朝臣出守列郡"以对付藩镇的做法，唐代元和初年就曾经采用过。但当时只是"出郎吏十余人为刺史"❷，并非以朝臣身份"知"外任事。

知军州事制度之形成，在历史上经过了一个漫长、曲折的过程。五代至宋初，中央委派朝官出知州军，主要是针对节镇势力的。五代时期，地方州县的情形十分复杂。就其统辖系统来讲，有直属于朝廷者，有节镇州，也有节镇下属的支郡。就地方长官而言，朝廷直接委任的刺史，文武参用；而临时由朝官外任州郡差遣者，则称"知州事"。节镇所在州郡，多由武职节度直接典领；而其辖下支郡中则颇多节度僚佐（其中相当多数属于文吏）"知州事"者 ❸。

从晚唐由诸道辟署的幕职、武将"权知军州事"，到五代中央开始派朝官出知军州事，又经过北宋初期的多年努力，才形成了以朝官（主要是文臣）知军州事的一套做法。这一措施，是在中

---

❶ 《古今源流至论（续集）》卷五《六部》。
❷ 《新唐书》卷一四六《李吉甫传》。
❸ 有关晚唐五代藩镇及诸州内部结构及僚属系统等问题，已有不少深入的讨论，本章不拟展开，以免枝蔓。

央政府加强集权的斗争中成熟起来的，而唐代后期竭力向中央争夺州县治事权的藩镇，在促使这一制度形成方面，曾经起过不容忽视的作用 **❶**。

宋朝派遣通判的做法，开始于湖南、四川原荆湖西蜀政权之"伪命官"担任长官的地区。当地新入宋之版图，"管内文武官吏并依旧"，而另设通判以监察之 **❷**，较为妥善地安定了新复地区的政治局势。京朝官出知州郡，通判同领州事，彼此相互制约，这种办法逐渐于全国范围内推而广之，宋初二十年间，已经大致形成规模。

如果要追溯州郡通判的渊源所自，应该指出，《杨文公谈苑》中"通判，太宗始置，即古监郡也"一说并不确切。其实，高承在其《事物纪原》卷六中已曾有进一步的说明：

> 国家初置诸州通判。……《宋朝会要》曰：建隆四年四月，令贾玭等充荆南诸州通判。又乾德四年十月诏书已有通判。又建隆、乾德皆太祖年号，则是此官之设，自太祖始也。

高承进而指出了"通判"一词可能的来源：

> 按唐室上州置长史一人，掌通判州事，则通判之名，亦取唐制州长史之职为称耳。**❸**

北宋开国，政治制度的底盘无疑是自五代继承而来，但这并不是说，统一后的赵宋未曾吸取南方诸国制度设施的经验。即以设置

---

❶ 参见拙作《宋代文官选任制度诸层面》，页 13—19。
❷《宋会要辑稿·职官》四七之五八。
❸《事物纪原》卷六《通判》。

于诸州的通判制度为例，有研究者指出，五代十国时期，在南方如南唐，已经设有通判一职；并且指出"通判权力相当广泛，对地方官有很大的牵制作用，是统治者加强对地方行政的控制的一项有效措施"❶。

太祖乾德三年（965年）置转运使综揽诸路钱谷，以京朝官监临地方场务，州县财赋收归中央；太宗太平兴国二年（977年），禁藩镇回图贸易，以扼制其财源。为从根本上消除藩镇割据的经济基础，宋廷增加了总赋入中直接归中央调用的财赋比例，同时加强了对于地方财政的控制和监督。❷

"宋太祖遭逢时会，不动声色，从容清扫百余年来藩镇之患，事非甚难，时则稍久。"❸五代时期，节度使"遥领"大藩而不归本镇的情形已属常见，这类"节度使"，一定意义上已是虚有其名；北宋建隆二年（961年）罢宿将典禁兵，却令这些原本遥领诸藩的禁军将领"释去兵权，出守大藩"❹，以各归本镇作为缓冲，换得腹心之患的解除；此后，随着文臣京朝官出知州县事、监临地方财务，节度使仰给于中央而"不食本镇租赋"❺，节镇权势受到了根本性的削弱；节度使"皆不签书钱谷事"、"其事务悉归本州知州、通判兼总之"的制度❻，到真宗时全面确定下来。其后节度使通常不再赴镇，最终成为表示崇高级别、寄寓优厚待遇的荣誉衔。与此同时，观察使、防御使、团练使、刺史等，也都成为"不亲本州之

---

❶ 任爽：《南唐史》，页52—53。
❷ 参见汪圣铎：《两宋财政史》上册，页3—5。
❸ 聂崇岐：《论宋太祖收兵权》，见氏著《宋史丛考》，页275。
❹ 《长编》卷二，建隆二年七月戊辰条。
❺ 王巩：《闻见近录》；《文献通考》卷四七《职官考》。
❻ 《宋会要辑稿·职官》四七之一，《宋史》卷一六六《职官六》。

第3章 "事为之防，曲为之制" *211*

务"的武臣叙迁序列 ❶。

总之，藩镇割据局面的结束，经历了相当错综曲折的过程。比较而言，结束割据政权林立局面的过程相对简单；而分步收缴内部诸藩政权、军权、财权，防范割据局面再生，建立"以大系小，丝牵绳联，总合于上"的各级行政体制 ❷，则复杂棘手得多。这后一过程开始较早，然经过大约半个世纪的努力方告基本完成；该过程的推进，虽以军事实力为其后盾，却很少以兵戎相见。宋初帝王起家卑微，重视优容武将，抚慰元老勋旧，除给予其优厚的经济待遇外，还与其结成政治联姻圈，以求得局势的安定。而这种基本政策，其后亦长期延续下来。

宋太祖赵匡胤与太宗赵炅（匡义）等人，事实上是五代时期成长起来的职业军阀与准军阀，他们并非凭藉"真龙天子"的高贵血统，而是倚恃自己把握的军事实力、利用"义社兄弟"结合而成的军事集团发动兵变进而改朝换代的。五代时期内部屡生变乱、政权频繁更迭的教训，他们须臾难以忘怀。与前代一些最高统治者不尽相同的是，他们更为审慎地汲取了历史的经验，制止并防范动乱的思路比较清晰。

北宋初年的政治局面，是由不同背景的政治势力合力造就的：就中央朝廷而言，一方面是以赵匡胤、赵光义、赵普等人为代表的新起政治主导势力，他们求稳治乱的基本目标明确，致力方向清楚而缺乏实际的治理经验；一方面是五代时期陆续培育选拔出来的中央重臣如范质、王溥等，他们熟悉帝国体制的运转方式，富于处断行政事务的经验，也是王朝禅代之际稳定的象征，但在决策圈中的

---

❶ 《文献通考》卷四七《职官考》。参见王曾瑜：《宋朝兵制初探》；《辽宋金之节度使》，《大陆杂志》83 卷 2—4 期。

❷ 《嘉祐集》卷一《审势》。

处境不无尴尬；还有另外一些人物，是窦仪、陶毂、张泊等背景有所不同却共同参预拟定具体政策方针者。

这几类政治力量，从既往经历、身份地位到行为心理都颇不相同，但他们都清楚地感觉到当时的人心所向、大势所趋，也都感觉到彼此合力的需求。在半个多世纪的扰扰攘攘之后，他们终于成功地维持了政权，并且发展了稳定的局面。

二　波折中的调整：北宋初期的政治中枢

宋朝的中枢决策系统，是以皇帝为中心，由宰执、侍从、台谏共同构成的；而中枢政权机构的设置，在宋神宗"元丰改制"以前与其后有着明显的差异 ❶。

要厘清北宋前期政治格局及制度设施的发展轨迹，需要把我们关注的时段放长；新王朝的建立为制度更革提供了契机，却并不意味着全新制度的开始。宋初官僚政治制度的调整与建设，是与统治者的政治行为相关的、多种因素交错的社会过程；在"人"与"事"的互动中把握制度运作更革的阶段性环节，即成为我们认识该制度的关键所在。

（一）宋初的"二府"与"废坐论之礼"

北宋前期中枢权力机构的基本设置方式，并非赵宋新创，而是整理、更革前代设施的产物。民政、军政与财政职任分立的权力结构，五代时期已经出现；赵宋前期决策人物们的作为，主要是完成

---

❶ 参见白钢主编：《中国政治制度史》第八章《宋朝政治制度》。

了调整及制度化的过程。从显露端倪到"制度化",其中经历着种种波折跌宕。制度调整更革的思路,是在北宋初期的政治实践中逐步明朗化的,它清楚地体现着权力制衡的精神,同时使政权机构之职能分化更为明确、责任更为集中。

《宋史》卷一六二《职官志二》说:

> 宋初,循唐、五代之制,置枢密院,与中书对持文武二柄,号为"二府"。

五代后唐时,二府(两府)对举的格局事实上已经出现。有研究者认为,五代王朝的运作方式,存在以行政官僚为主的一般行政体制、以家臣群体为主的战时体制二重系统;就其职权而言,前者以掌"大体"为主,后者以掌"军机"为主。这种趋势逐渐引起了中枢权任的分立 ❶。

赵宋建立后,中书门下、枢密院是中枢机构的核心。中书门下简称中书,是正副宰相集体处理政事的最高行政机构;其办公处设在禁中,亦称政事堂。北宋前期以同中书门下平章事为宰相(亦有侍中为宰相者)❷,太祖乾德年间设立参知政事作为副宰相,既是宰相之辅佐,又起着牵制相权之作用。枢密院统理军务机要,是国家的最高军政机构,长官称作枢密使或知枢密院事,副长官是枢密副使或同知枢密院事。参知政事与枢密使副合称"执政";宰相、执政("宰执")共同构成为当时政府的决策与运作首脑。

---

❶ 参见金宗燮:《五代文官研究》,南开大学人文学院 2004 年博士论文。

❷ 陈振:《关于北宋前期的宰相制度》,《中州学刊》1985 年第 6 期,页 95—99;姜锡东:《关于北宋前期宰相制度的几个问题》,《宋史研究论丛》第二辑,河北大学出版社,1993 年,页 218—227。

总领国计及四方贡赋的"准中枢机构"三司，在国家政治生活中举足轻重的台谏（御史台、谏院），都在北宋前期制度史上占有关键的位置。对其地位与作用，学界已有较为充分的研究❶。笔者本节讨论，将主要围绕二府展开。

北宋前期中枢政权机构设施的鲜明特点，体现在两个方面：一是事权的分立，以及国家决策群体的扩充；一是以职任分工为基础，国家政务重点的集中。此时中枢部门的分立，主要由其处理的政务范围不同所决定，而不取决于或出令、或审覆、或执行的程序环节分工；在管辖权限之内，决策、执行一体化。以"事任"为中心、依事系任的设官分职方式，在"丛脞芜杂、无系统"的表象背后，突出了国家政务的核心内容，保证了各个门类之内事权的相对集中，从而提高了行政效率。行政勘验程序的内化，多途审核渠道的出现，监察部门影响力的强劲崛起，也正与这种状况相应。

宋初二府职任、二府关系的调整，与当时政府首脑的人事安排密切相关。后周末年，范质、王溥、魏仁浦同在相位，范质、王溥皆"参知枢密院事"，魏仁浦则兼任枢密使。赵宋代周，首先调整了枢密院长官，以太祖谋臣赵普进入其核心领导圈；而与此同时，并未急于调整中书门下的领导成员。乾德二年（964年）初，宰相范质、王溥、魏仁浦并罢政事，赵普入相。此后，一般情况下，宰相不再兼任枢密使。

留用胜朝宰相的情形，五代时期并不少见。在动荡的时局中，这给无奈的人们带来某种政策延续方面的稳定感，从而亦有利于新政权的立足。当赵匡胤引兵自陈桥抵达禁中的急切瞬间，作为当时行政机构的首脑和代表，宰相范质、王溥"降阶""称万岁"，实际

---

❶ 例如汪圣铎《两宋财政史》、虞云国《宋代台谏制度研究》、贾玉英《宋代监察制度》等。

上表示了整个行政系统向新朝的臣服。此后，周世宗奠定的宰相班底一直维持到赵宋乾德（964—968）初年。这当然与三相运作的协调以及他们相互之间能力优势互补的组合方式有直接的关系，但这显然不是最为重要的原因。

初登大宝的赵匡胤，清楚地知道，自己自列校崛起于不数年间，担任禁军统帅不过半年有余，此时夺取了帝位，必为周围位高资深者所睥睨。在这种时候，能够得到三朝元老范质等人的支持，自然有利于新政权的巩固。这一背景情形被许多宋人看在眼里。刘光祖即曾点破了太祖"既受周禅"而用周旧相的原因：

> （范）质等练习朝廷故事，沉厚精审，太祖初得大器则与之共持而守之，人心不惊，天下自定。[1]

陈师道曾经记录宋初的一段传闻说：

> 太祖既受位，使告诸道。东诸侯坐使者而问故："宰相其谁乎？枢密使副其谁乎？军职其谁乎？从官其谁乎？"皆不改旧。乃下拜。[2]

发自诸藩镇军界实权派的这番盘问，生动反映出留用后周宰枢带给新朝的稳定意义。而赵匡胤所倚信的智囊人物如赵普、吕余庆等，名望资历皆过于卑浅，显然一时尚无法出面主持政务[3]。

---

[1] 《历代名臣奏议》卷七○《法祖》。
[2] 《后山谈丛》卷三。
[3] 参见陈振主编：《中国通史》（白寿彝总主编）第七卷《中古时代·五代辽宋夏金时期》，页1362。

留用旧朝宰相这种做法的背后，还有另外一层原因，这就是作为总领行政事务的权力机构，中书门下在当时所能起到的作用有限；宰相作为中书门下的首长，实际上是政务领导，而不是决策的主导。范质等后周三相既富有文行才干，又练习朝廷故事，就当时的实际政治情势看，留用他们实属万全之策。

研究者讨论宋初宰相的地位问题时，经常谈到"坐论之礼"的废除。常被引用的，是《宋史》卷二四九《范质传》中的这样一条史料：

> 先是，宰相见天子议大政事，必命坐面议之，从容赐茶而退，唐及五代犹遵此制。及质等惮帝英睿，每事辄具札子进呈，具言曰："如此庶尽禀承之方，免妄庸之失。"帝从之。由是奏御浸多，始废坐论之礼。

《续资治通鉴长编》卷五，乾德二年正月戊子条有一段类似的内容，李焘标明其材料来源于王曾的《笔录》。今查《王文正笔录》中的相关记载如下：

> 旧制，宰相早朝上殿，命坐，有军国大事则议之，常从容赐茶而退。自余号令、除拜、刑赏、废置，事无巨细，并熟状拟定进入。上于禁中亲览，批纸尾，用御宝可其奏，谓之印画，降出奉行而已。由唐室历五代不改其制。抑古所谓坐而论道者欤？
>
> 国初，范鲁公质、王宫师溥、魏相仁浦在相位，上虽倾心眷倚，而质等自以前朝相，且惮太祖英睿，具札子面取进止，朝退，各疏其事所得圣旨，臣等同署字以志之，如此，则尽禀承之方，免【妄】误之失。帝从之。自是奏御浸多，或至旰昃。啜茶

之礼寻废，固弗暇于坐论矣。于今遂为定式，自鲁公始也。**❶**

上述文字中所提及的变化，实际上有两个方面的内容：一是是否"命坐"、"赐茶"，坐而论道；二是是否"每事辄具札子进呈"。而被人们从字里行间读出来的"潜台词"，也有两层含义：一是宰相地位之下降，二是君臣共同处理的政事公务之繁忙。

"坐论之礼"之废，历来受到研究者的重视，这是因为，君臣双方的相对身份、彼此关系的缔构是要藉由某些特定的仪式来体现的。有学者称废坐论之礼为"中国古代朝仪史上历史性的变化"**❷**；更有许多批评，认为这是历史上专制君权加强的里程碑式标志。关于"坐论之礼"废除的具体经过，北宋后期王巩《闻见近录》中有这样的记载：

> 故事，执政奏事，坐论殿上。太祖皇帝即位之明日，执政登殿，上曰："朕目昏，持文字近前。"执政至榻前，密遣中使彻（撤）其坐。执政立奏事自此始也。

邵博《闻见后录》卷一，说法大致相同：

> 自唐以来，大臣见君则列坐殿上，然后议所进呈事。盖坐而论道之义。艺祖即位之一日，宰执范质等犹坐。艺祖曰："吾目昏，可自持文书来看。"质等起，进呈罢，欲复位，已密令中使去其坐矣。遂为故事。

---

❶ 《宋朝事实类苑》卷二七《官职仪制·宰相上殿命坐赐茶》引钱惟演《金坡遗事》，文字与《王文正笔录》几同，今据以校正。

❷ 陈振：《宋史》，页673。

王巩、邵博记录的这一传闻，就其"目昏""撤坐"等细节而言，恐怕有不可凭信之处。赵匡胤初登帝位，需要宰相群体的配合，似乎不是实施"下马威"的合宜时机。而且从其他迹象来看，他在当时至少是摆出了"深敬重（范）质"的姿态❶。密遣中使、急于撤坐，不很符合他所经营的尊崇前朝旧相之新皇帝形象。

废坐论之礼，应该是君相关系调整过程中的自然结果，而不一定经历过戏剧性的瞬间。在这里，人们通常注意的是"礼"，是通过君臣礼仪的变化观察君臣——不仅是君相——相对位置的变化。对于这类变化所反映的君臣隔绝倾向，宋人有敏锐的感觉。朱熹与学生谈话时，也曾对南宋时"人主极尊严，真如神明；人臣极卑屈，望拜庭下，不交一语而退"的现象深致不满❷。

两宋时期，帝王对待臣下并非没有"命坐、赐茶"之举。命坐、赐茶，在当时成为招待使节、咨询顾问、宠待文章侍从之臣、慰劳达官庶僚的特殊礼遇。真宗时，翰林学士杨亿"尝入直，夜召见禁中，命坐赐茶，从容顾问"❸；元祐时，太皇太后高氏召见苏轼，"命坐赐茶"，勉以"尽心事官家"❹；理宗时，真德秀讲筵进读《大学章句》毕，皇帝"命坐赐茶"，询访以会价币值及北使边事❺。类似的事例大家耳熟能详，惟二府宰执入对，讨论"军国大事"之时，却是立奏。

《续资治通鉴长编》系"废坐论之礼"事于乾德二年（964年）正月范质等"再表求退"辞去相位事之下❻。和王巩、邵博等人一样，李焘无疑也感觉到了三相在当时的窘迫处境。不过，仅仅从范

---

❶ 《东都事略》卷十八《范质传》。

❷ 《朱子语类》卷一一二《论官》。

❸ 《东都事略》卷四七《杨亿传》。

❹ 《长编》卷四〇九，元祐三年四月辛巳条。

❺ 《西山集》卷十八《讲筵进读大学章句手记（十月十四日）》。

❻ 《长编》卷五，乾德二年正月戊子条。

质等三相的尴尬地位出发，并不能完全把握废宰执坐论之礼的原因。自朝廷礼数的角度来看，或"坐"或"立"，变化直观表面而感受明显；但我们不能孤立地将其视为纯粹的待遇变化，王曾"固弗暇于坐论矣"的总结，应该说是平实之论。与奏事方式的变化相关的，确实另有深层次的原因。有助于人们理解当时情势的关键，或许不仅在于是否"命坐"、"赐茶"，更在于"每事辄具札子进呈"。

熟状，是指平常事项经宰相等议定后，进呈以俟批准的文书。由于处理对象是寻常政务，又经由执政臣僚商议、拟定文字，其奏呈御批基本上不过是履行程序而已。从材料中看，王曾与李焘论说的变化重点，是处理"号令、除拜、刑赏、废置"等事，以往用熟状而此时呈札子，也就是说，以往在宰相拟定权限内的事项，此时需要具各类事由一一进奏请旨。所谓"唐及五代皆不改其制"，"其制"主要是指"事无巨细，并熟状拟定进入"，"但入熟状，画'可'降出，即行之"。而这种政务运作方式所反映出的，事实上是皇帝与行政事务的疏离。从理想的角度阐释，或可谓之曰帝王的"垂拱"与宰相的专任；就唐末五代的实际情形而言，则往往是帝王疲于应付戎机、变故，对于日常大小行政事务不感兴趣，抑或是不遑过问。而自赵宋的"祖宗朝"开始，帝王显然更加关注臣民庶事，权力更加向行政事务中渗透延伸 ❶。

在《宋朝诸臣奏议》卷八《君道门·政体》中，录有监察御史张观在淳化二年（991 年）正月向太宗呈进的奏章，他说到自己目睹的殿廷进对情形：

---

❶ 从一定意义上讲，也可以说与历史上既往的朝代不同，宋代帝王不再是端坐拱手于深宫之内的"天子"象征。参见宫崎市定：《宋代官制序说——宋史职官志的读法》，载佐伯富编《宋史职官志索引》，页 3—4。

陛下天慈优容，多与近臣论政，德音往复，颇亦烦劳。至于有司职官承意将顺，簿书丛脞咸以上闻，岂徒亵渎至尊，实以轻紊国体。

他委婉地批评皇帝"较量金谷，剖析毫厘，以有限之光阴，役无涯之细务"，并且提出自己的建议说：

若夫方今之急者，匈奴未灭，边鄙犹耸；阴阳未序，仓廪犹虚；淳朴未还，奢风尚炽；县道未治，逋逃尚多；刑法未措，禁令犹密；坠典未复，封祀犹阙。凡此数者，朝廷之急务也。诚愿陛下听断之暇、宴息之余，体貌大臣，与之商榷，使沃心造膝，极意论思，则治体化源，何所不至。

赵汝愚把这一章奏的题目定为《上太宗乞体貌大臣简略细务》。将"体貌大臣"与"简略细务"联系起来，实具启发意义。二者的关联正提醒我们，坐论之礼的存废，既关涉到君主对于宰相的尊崇与否，更反映出行政体系运作过程中君相互动方式的调整。

宋代的执政之臣，在谈及殿堂之上不得"坐而论道"问题时，多指出症结在于劳碌纷繁、酬酢不逮，而认为其出路在于将"事细例熟者归之有司"❶。治平三年（1066 年）五月，英宗也曾经和宰相们说：

朕日与公卿等相见，每欲从容讲论治道，但患进呈文字颇繁，所以不暇及。中书常务有可付本司者，悉以付之。

---

❶ 《公是集》卷五一《王开府行状》。

这也证明了难得"从容讲论治道"的障碍，在于琐细事务的繁冗。据说"自是中书细务上进熟状，及事有定制归有司，中书降敕而已。"❶

《宋史·范质传》中的"先是"和《王文正笔录》中的"旧制"，都是相当含混的时间概念，综贯前后文来看，包括了李唐至五代时期。应该说，"每事辄具札子进呈"，是中唐以来宰相职责演变的结果，正是这种演变使得君相共同议政的方式发生了深刻的变化。如刘后滨在《唐代中书门下体制下的三省机构与职权——兼论中古国家权力运作方式的转变》一文中所说：

> 皇帝在不断强化最高决策权的同时，逐渐走向处理国家政务的前台，宰相逐渐纳入到政务裁决和执行部门的体系之中，宰相与君主的联系更多地作为"参总庶务"的政务官，而不是"坐而论道"的咨询者。❷

五代时期则在体制转变的因素之外又有政治上对于宰相权力的排抑。特别是在五代前期，宰相在一定程度上不过是王朝礼仪秩序的象征，体现为仪型具瞻的"形象"；他们虽然不是没有"见天子议大政事"的机会，但其参预决策的范围相当有限。司马光即曾说过，五代"枢密使皆天子腹心之臣，日与议军国大事，其权重于宰相。"❸在王事鞅掌的大环境中，宰相若得以"坐而论道"、"从容赐茶"，或许正是他们疏离于核心决策的反映。

五代后期至宋初，中央政治权力逐渐向宰相机构中书门下（中

---

❶《宋会要辑稿·职官》一之七七。

❷《历史研究》2001年第2期，页15—28。按此处所说"政务官"，与当代行政学之意义不同。

❸《宋朝诸臣奏议》卷四七《上哲宗乞两省合一》。

书）回归。正如梁太济先生在其《北宋前期的中枢机构及其渊源》一文中所指出的：

> 关于北宋前期中枢机构的设置，论者多从皇权专制主义分割宰相事权的角度予以论述，这无疑是正确的。但是，如果我们再对这些机构的渊源所自稍加考察，那么我们还将发现，北宋前期中枢机构之所以这样设置，实在是前此长期历史发展的必然结果，而北宋建立之初的改革措施，却在相当程度上恢复了宰相的事权。❶

这一制度变化过程无疑与政局的翻覆、人事的更迭密切相关，因而历经曲折。此时范质等人主动自决策过程中向后退缩，正是其"曲折"性的反映。这种状况，直至乾德二年赵普代范质、王溥、魏仁浦任相后才有所变化。不过，终赵宋一朝，宰相殿廷进对皆不命坐。

有宋一代，文臣地位并非卑微。作为文臣政治领袖的宰相，在殿廷进对时不再命坐、赐茶，主要原因在于其"不得从容"。这种状况，显然与其职责重心的演变直接相关，而并非范质等在任期间的特殊情形。《续资治通鉴长编》卷八四，记载着大中祥符八年（1015 年）四月发生在真宗与王旦之间的一段君相问答：

> 上谓王旦曰："上封者言中书不言事，罕接宾客，政令颇稽滞。"旦等曰："中书当言者，惟进贤退不肖、四方边奏、郡县水旱、官吏能否、刑法枉直。此数事，日奉德音，动遵睿

---

❶ 《宋史研究集刊》第二集，页 56，杭州大学 1988 年版；参见《中国史研究动态》1998 年 1 期有关于宋代中枢机构研究之综述，页 8—12。

旨，外人不知者，是臣等无漏言也。罕接宾客，诚亦有之。如转运使副、提点刑狱、边要藩郡守臣及非次将命群臣，陛辞之后，未尝不见。或赍到札子者，观其所述，可以详悉，洎复询问，即涉徼求。大约中书庶事，动守程式，不敢随意增损，行遣疾徐，日有奏籍。然思虑不至，事或有未便，未免重烦圣断，是臣等过也。"皆再拜，上慰谕之。

　　从王旦等对于皇帝质疑的回应来看，中书门下需要与皇帝面议的问题，至少包括"进贤退不肖、四方边奏、郡县水旱、官吏能否、刑法枉直"等诸项，而这类事务皆系频频讨论取旨，即所谓"日奉德音，动遵睿旨"。王旦在真宗朝做了十二年宰相，被公认为"能任大事"❶，而他对皇帝表白辛苦时，仍然强调"中书庶事，动守程式，不敢随意增损，行遣疾徐，日有奏籍"❷。看起来，"奏御浸多，或至旰昃"的状况，在宋代是相当普遍的情形。

　　《周礼·考工记》中"坐而论道谓之王公，作而行之谓之士大夫"的说法，在宋人笔下有着不同的解读。有的依据郑玄注，认为"王公"是指"天子诸侯"，认为他们"均有南面之尊，所以谓之坐也"，而"士大夫"则是指"受其职居其官"者❸；有的则将"王公"视同"三公"，称"王公，王之三公也；王公，犹曰帝臣也。"❹尽管不少人在其议论中，仍然理想化地将宰相比作"论道经邦，燮理阴阳"的"三公之职"❺，强调宰相职在坐而论道而不亲俗事；

---

❶ 《欧阳修全集·居士集》卷二二《太尉文正王公神道碑铭并序》。
❷ 《长编》卷八四，大中祥符八年四月甲子条。
❸ 参见《周礼注疏》卷三九《冬官考工记》，叶梦得《春秋考》卷二《统论》。
❹ 林希逸《考工记解》卷上。
❺ 参见《曲阜集》卷二《上哲宗皇帝论韩维不当罢门下侍郎》，《陈氏尚书详解》卷四○。

但事实上，经过历史上长期的职务分化，此时宰相之任的重心，早已不在于"人主之左右，辅导上德""启迪君心"❶，所谓"大匠不斲""大制不割"，不过是一种向往中的原则 ❷。

北宋时期，"坐而论道"的职事与责任，已经转移到经筵讲读官员身上。曾巩《元丰类稿》卷九有《讲官议》，讨论讲官的坐立之礼问题，其中指出三公"坐而论道"与士大夫"作而行之"的关键区别，在于"其任之无为与有为"。这一见解，恰恰提供了理解宰相坐立问题的合理思路。作为道德理想的化身，宋代浮设虚置的三公、"启沃圣心"的经筵官，是坐而论道的代表；而宰执辅弼，则是皇帝推行政令的组织首脑。

北宋的朝廷上，也有对于宰辅职事所在的正面讨论。《宋会要辑稿·职官》的"三省"目下，记录着神宗即位后，试图将宰执自烦琐细务中解脱出来的一些努力。熙宁二年（1069 年），宰臣曾公亮欲知州皆选于中书，于是引出下面的对话：

> 上曰："中书数人所总事已多矣，知州材否何暇尽详？且中书三公，职事在于论道经邦。"
>
> 公亮曰："今中书乃六卿冢宰之职，非三公也。"
>
> 上曰："冢宰固有冢宰之职。唐陆贽言宰相当择百官之长，知审官是也。今不择知审官人，而但堂选知州，所选人不精，徒令中书事更烦冗，非国体也。"
>
> 王安石白曰："诚如陛下所谕。"❸

---

❶ 参见《絜斋家塾书钞》卷七《说命上》。

❷ 历史上常有议论者以汉代陈平、丙吉事例说明三公职责。有关分析，可参看祝总斌：《两汉魏晋南北朝宰相制度研究》，页 24—42。

❸ 《宋会要辑稿·职官》一之一八。

这番讨论反映着当时决策层中对于宰相职事的不同理解。交锋的结果，看上去是神宗占了上风，但他其实是接受了曾公亮"今中书乃六卿冢宰之职，非三公也"的意见，并未坚持"论道经邦"之说。一般而言，赵家的皇帝们并不将宰辅视为从容论道的角色，政和年间徽宗手诏即明白说出："坐而论道于燕间者，三公之事；作而相与推行者，宰辅丞弼之职。"❶

　　对于君臣之间议政方式的改变，宋代的士大夫们有过许多批评。锋芒所指，并不在于"坐""立"本身，而在于是否能够充分"通上下之情"。仁宗朝，身居言职的杜衍、高若讷、吕景初等人，都曾经建议恢复坐而论道的君相沟通方式，一方面为"体貌大臣"，另方面也得以从容讨论天下之事。在文彦博为高若讷撰写的神道碑和宋祁撰写的墓志铭中，都提到高若讷"宜复坐论"的建议。文彦博说：

> （若讷）复言："今执政，古三公之任，所谓坐而论道者也。今进对，立侍，裁移刻而罢，于咨诹体貌之礼固有未尽。宜复坐论，以通上下之情，以究都俞之美。"上以为识治体而深器之。于是益有大用之意。❷

杜衍则建议在宰执于前殿进对之后，应"赐坐便殿"。据《宋史》卷三一〇《杜衍传》：

> 仁宗特召为御史中丞。奏言："中书、枢密，古之三事大臣，所谓坐而论道者也。止只日对前殿，何以尽天下之事？宜

❶ 《宋会要辑稿·职官》一之四二。
❷ 《文潞公集》卷十二《观文殿学士尚书左丞谥文庄高公神道碑》，参见《景文集》卷六〇《高观文墓志铭》。

迭召见，赐坐便殿，以极献替可否，其他不必亲烦陛下也。"

南宋中期朱熹对于"坐而论道"的期待，对于宰执奏对"顷刻即退"的批评，传达出他对于君臣不得"同心理会事"的强烈忿懑：

> 古者三公坐而论道，方可仔细说得。如今莫说教宰执坐，奏对之时，顷刻即退。文字怀于袖间，只说得几句，便将文字对上宣读过，那得仔细指点！且说无坐位，也须有个案子，令开展在上，指画利害；上亦知得仔细。今顷刻便退，君臣间如何得同心理会事？❶

臣僚不得仔细指点，皇帝亦难"知得仔细"。废坐论之礼所导致的，主要不是礼遇隆杀的问题，而是君臣悬隔、上下疏离的状况。

坐论之礼的取消，关键在于"不得从容"，而这正是专制皇权发展、中枢运作方式变化的结果。对于这一点，杜衍、高若讷、朱熹等人早已看得清楚。若要追踪这一变化的源与流，自然不能止步于宋初宰相；而从两宋至今，凡论及这一变化源头的记载、文章，几乎全都是从范质说起。

与范质相关的事件，留在宋代士人记忆中的，大概一是废坐论事，二是"祖宗"对于他的评价。范质在宰相任内，有"贤相"之称，宋太祖和太宗也都曾经对他有相当的肯定：

> 太祖因论辅相，谓侍臣曰："朕闻范质止有居第，不事生产，真宰相也。"

---

❶《朱子语类》卷一二八《本朝二·法制》。

太宗亦尝称之曰："宰辅中能循规矩、慎名器、持廉节，无出质右者。但欠世宗一死，为可惜尔。"❶

太祖所谓"真宰相"之说，只是就其操守清廉而言，并不涉及范质的决策才能；而太宗的只言片语，与其说是称赞，不如说是重在批评。立意中心的转移，反映出太宗时提倡"名节"的努力。未能终始一节，这在范质本人心上，早已成为沉重的负担，他临终时"戒其子旻勿请谥、勿刻墓碑"，即反映出其"自悔深矣"的沉重心情❷。太祖、太宗的评价，当然是说给侍臣们听的；其中对于本朝臣僚的警示意义，在太宗口中格外凸显出来。不过，太祖、太宗在评论前任宰相时，有一点寓意倒是共同的：除去保守"名节"之外，"循规矩、慎名器、持廉节"，是两位创业君主在当时对于宰辅的基本要求；而重要决策则是帝王之事。

（二）走向外朝：宋初的枢密院及其长官

宋人常说"中书枢密曰二府，国朝之制也"❸，二府之中，更清楚反映宋初中枢制度变化走势的，是枢密院。

基本上，作为中枢政治机构的二府既相制衡，又是集体负责制。北宋初年，二府的职能及其相互关系，与禁军的统兵体制、地方的管理体制同样，处于逐步调整的过程之中。尽管有诸多波折，但调整的基本走向，是五代时一度膨胀的枢密院权力逐渐向中书门下有所回归；与此同时，枢密院完成了"外朝化"的过程，其长官的职能与选任也趋向于制度化。

---

❶ 《宋史》卷二四九《范质传》。
❷ 同上。
❸ 《诚斋集》卷七三《枢密院官属题名记》。

关于中晚唐至北宋初期的枢密使制度，近二三十年来有不少研究成果，对于枢密院之机构沿革、职能运作乃至长官任用资格，对于宋代中书、枢密的相互制约，都有详尽的讨论 ❶。论者通常指出，枢密院为宋廷的最高军政机构，多以文臣为其长贰。自北宋中期，即认定这一做法为太祖、太宗朝的创设，视之为"祖宗成规"，强调其中寓有"祖宗深意"❷。尽管就发展趋势而言，这种说法有其道理，但宋初的实际状况，比人们以往想象的要复杂得多。

唐代枢密使的职责自承受进奏发展而来，掌枢密者是内臣，其凸显的问题在于"内"与"外"的阻隔与衔接；而宋代的枢密使，被人们注意的是以文臣掌军政，凸显的矛盾在于"文""武"之间。这样的变化因何发生，矛盾如何转换，应该是我们关注的问题。

北宋建国后的半个世纪中，作为"机要之司"的枢密院，曲曲折折，逐步解脱了其作为皇帝密迩侧近的私属性质。自中晚唐以来，从帝王任用宦官掌机要，一变而为任用亲信僚属，再变而为主要任用文臣，虽然反复错综而非直线发展，却基本上反映出这一机构逐渐由内廷向外朝转变的路径。笔者希望结合制度、人事二者，通过分析枢密院长官人选背景，分析枢密院职能性质次第转变的轨迹，观察当时相关的"内/外"、"文/武"问题，并且进而探索北

---

❶ 有关唐代枢密使的研究，有雷家骥《唐枢密使的创置与早期职掌》(《中正大学学报》四卷一期，页 57—108，1993 年 10 月）等。有关五代枢密使的研究，有佐伯富《五代における枢密使について》(《史窗》46 号，页 1—19，1989 年），苏基朗《五代的枢密院》(《唐宋法制史研究》，页 1—38）等。有关宋代枢密院制度的研究，有朱瑞熙《中国政治制度通史·宋代卷》相关部分等；内容最为全面细密的，当属梁天锡《宋枢密院制度》一书。通贯唐宋的研究，见李全德《从宦官到文臣：唐宋时期枢密院的职能演变与长官人选》(《唐研究》第十一卷，北京大学出版社，2005 年，页 423—458）。

❷ 参见《长编》卷一七二，皇祐四年六月丁亥条；《宋朝诸臣奏议》卷四六《百官门·宰执上》，庞籍《上仁宗论狄青为枢密使》注文；《宋史》卷一六二《职官志二》"枢密院"条。

宋中枢初期官僚政治制度调整与建设的实际走势。

1. 唐末五代的枢密院及其长官

枢密使制度的形成，有一过程。宦官掌机要，既是唐代后期政治运作中酿成的重大问题，也是开元天宝以来中枢决策及实施体制变化的产物❶。宦官专权所侵夺的主要是南衙宰相之职权；这种状况之所以能够持续百年之久，既是由于内廷枢务处理体制发生了变化，也是由于从根本上来说，其背后有皇帝的默许甚至支持。以宦官掌机要，是皇帝任用密迩"家奴"以制约外朝之努力的组成部分。就一般情形而言，当时的宦官对于皇帝虽跋扈又依附，皇帝对于宦官既戒惧亦倚赖；只是在双方矛盾激化的情形下，才势如水火而互不相容。

天复元年（901年）正月，唐昭宗遭废立之余，乘成功擒杀"四贵"之机，宣布革除以往"宰臣延英奏事，枢密使侍侧，争论纷然……挠权乱政"的状况，但也不过下令"俟宰臣奏事毕，方得升殿承受公事"❷，并且当即任命了新的枢密使。当时，尽管宰相崔胤、陆扆曾上言反对"中官典兵"，建议由自己兼主左右神策军，他们却并未建议由外官执掌枢密。这正是由枢密使沟通宫禁内外的特殊亲近性质所决定的。

朱温强行缴夺了宦官长期把持的军事、机要权。天祐元年（904年），枢密使一职，命其"亲吏"蒋玄晖担当。是为外朝臣僚担任此职之始。这一转变在当时之所以可能实现，是权力中心已经发生了转移的结果。次年蒋玄晖得罪后，继之短暂"权知枢密"的王殷，亦为朱温亲信。

五代时期，国家政治体制的运转，以军机要事为中心；枢密使

---

❶ 参见雷家骥：《唐枢密使的创置与早期职掌》，《中正大学学报》四卷一期，页57—108；刘后滨：《唐代中书门下体制研究》，页296。

❷ 《资治通鉴》卷二六二，天复元年正月丙午条。

有着特殊重要的作用，通常由具有实际军政斗争经验而又获知于主子、受到器重的武将或文吏担当。这些人大多是辅佐皇帝夺取政权的心腹亲信；其职任性质，仍然被视为供职在皇帝身边的"内职"❶。

后梁置崇政院。据《资治通鉴》卷二六六，开平元年（907年）四月辛未条：

> 以宣武掌书记、太府卿敬翔知崇政院事，以备顾问、参谋议；于禁中承上旨，宣于宰相而行之。宰相非进对时有所奏请，及已受旨应复请者，皆具记事，因崇政院以闻。得旨则宣于宰相。

说到崇政院，不少记载直接称之为"即枢密院"，但这一改动，并非简单的名称更易，有研究指出"枢密院改为崇政院实际上是一次机构合并"❷。新机构的职权被正式扩充为"备顾问、参谋议"；而且，称谓的变更，在保留了必要职任的同时，又示人以改弦更张之意。

从上引文字中我们也看到，"知崇政院事"居于禁中，其职掌是：一、在皇帝身边参预机要事务的决策；二、负责在禁中的君主与外廷的宰相之间内外沟通。该职并不直接指挥朝政，仍然具有"内职"性质；但它不再由"内臣中使"担当，而是由皇帝亲信文吏或武臣担任。执掌者自内臣转为外官，衔接这一转变两端的是其"亲随"实质。当时的知崇政院事敬翔，即自视为"朱氏老奴"❸。这一职任以外臣而掌内廷机事，在一定程度上具有过渡的性质，被

---

❶ 《旧五代史》卷一四九《职官志》。

❷ 李全德：《从宦官到文臣：唐宋时期枢密院的职能演变与长官人选》，《唐研究》第十一卷，北京大学出版社，2005年，页434。

❸ 《旧五代史》卷十八《敬翔传》。

视为皇帝的"私人",尚未完成向外廷中枢机构首脑的转化。

北宋前中期,欧阳修、宋敏求、沈括等人都曾在史馆中见到过后梁时期的《宣底》,从中可窥得当时宰相与崇政院使(崇政使)关系之一斑。欧阳修《新五代史》卷二四《郭崇韬安重诲传论》:

> 予读《梁宣底》,见敬翔、李振为崇政院使,凡承上之旨,宣之宰相而奉行之。宰相有非其见时而事当上决者,与其被旨而有所复请者,则具记事而入,因崇政使以闻,得旨则复宣而出之。梁之崇政使,乃唐枢密之职,盖出纳之任也;唐常以宦者为之,至梁戒其祸,始更用士人。其备顾问、参谋议于中则有之,未始专行事于外也。至崇韬、重诲为之,始复唐枢密之名,然权侔于宰相矣。后世因之,遂分为二:文事任宰相,武事任枢密。枢密之任既重,而宰相自此失其职也。

沈括《梦溪笔谈》卷一《故事》解释"宣底"含义说:

> 予按唐故事,中书舍人职掌诏诰,皆写四【二?】本:一本为底,一本为宣。此"宣"谓行出耳,未以名书也。晚唐枢密使自禁中受旨,出付中书,即谓之"宣"。中书承受,录之于籍,谓之"宣底"。……梁朝初置崇政院,专行密命。至后唐庄宗复枢密使,使郭崇韬、安重诲为之,始分领政事。

从"行密命"到"领政事",较之后梁的崇政院,后唐时期的枢密院职权明显扩张。《五代会要》卷二四《枢密使》说:"后唐同光元年十月,崇政院依旧为枢密院。"其实,所谓"依旧"

者，只是名称而已。从中唐枢密之设，到后梁崇政院、后唐枢密院，其职责自出纳帝命而非法干政，再到参预谋议、"专行密命"，复至分领军国大政。名称的改易恢复背后，是实际职权的不断变化。

高承《事物纪原》卷四《枢密》条引《君臣政要》云：

> 后唐庄宗始用郭崇韬分中书兵房置枢密院，与宰相分秉朝政。

这一措置，并非简单的府属调动。这一说法也提示我们，后唐枢密院不是直接承续后梁崇政院而来，而是建立于职能机构调整基础之上的。晚唐至后梁，宰相机构中书门下事实上已经无法操纵军政事务；至此，兵房自中书正式分离，保证了军事机要权的集中统一。枢密院有了整备的专属部门，职能扩大，成为正式的外朝机构，并且明显侵夺着宰相职权。枢密使权力进入其最盛期。司马光《资治通鉴》中说：

> 梁太祖以来，军国大政，天子多与崇政、枢密使议，宰相受成命，行制敕，讲典故，治文事而已。❶

王鸣盛《十七史商榷》卷九五《郭崇韬安重海皆枢密兼节度》条中也对比道：

> 唐时侍中、中书令不轻授，而同三品、同平章事即为宰

---

❶《资治通鉴》卷二八二，天福四年四月甲申条。

相。若五代，则又必以兼枢密者方为有相权；如豆卢革辈，但有相名耳。

就权力倚重的趋势而言，司马光、王鸣盛的概括与比对大体上是正确的；而值得注意的是，后唐以来的枢密使，较后梁的崇政使有明显的职权扩张。

后唐同光时，庄宗曾任用宦官张居翰为枢密使，与郭崇韬对掌机务；郭崇韬被杀后，又补宦官李绍宏充枢密使，反映出枢密使任用人选问题上的反复。而张居翰"每于宣授，不敢有所是非，承颜免过而已"**❶**；李绍宏尽管当庄宗时曾"每为庇护"李嗣源，在嗣源即位为帝后，却改任亲随安重诲与孔循为枢密使。此后，枢密使由外官充任的做法，才算稳定下来 **❷**。这不仅与"人主"个人的抉择倾向有关，亦与时代压力下发生的机构性质变化有关。

后唐明宗时，因为"帝目不知书，四方奏事皆令（枢密使）安重诲读之"。**❸** 显然，此时枢密使的职权范围统揽甚广而不止限于军事事务。这种权力鼎盛的局面，一方面要求枢密使本身具备较强的素质能力，另一方面也容易招致帝王的疑忌，思有以控御之。

晋高祖于天福四年（939 年）废枢密院，而"以印付中书，院事皆委宰相分判"**❹**；然而，当时事任格局未改，宰相以"在中书守历代成规"为己任 **❺**，"勋臣近习不知大体，习于故事，每欲

---

❶ 《旧五代史》卷七二《张居翰传》。
❷ 参见李鸿宾：《五代枢密使（院）研究》，《文献》1989 年 2 期，页 101。
❸ 《资治通鉴》卷二七五，天成元年五月戊戌条。
❹ 《资治通鉴》卷二八二，天福四年四月甲申条。
❺ 《旧五代史》卷一二六《冯道传》。

234

复之"❶。天福七年高祖去世不久，宰臣冯道等人即上表于少帝，"请依旧置枢密使"。表文中说：

> 窃以枢密使创自前朝，置诸近侍，其来已久，所便尤多。……所愿各归职分，岂敢苟避繁难。伏请依旧置枢密使。

史臣称：

> 初，高祖事后唐明宗，睹枢密使安重诲秉政擅权，赏罚由己，常恶之。及登极，故断意废罢，一委中书。至是冯道等厌其事繁，故复请置之，庶分其权。❷

奉"避事保身"为原则的冯道等人，以外朝文职宰臣身份典掌枢密机要，在当时无疑承受着巨大的压力；而枢密使特具的"置诸近侍"性质，尤在外朝宰臣"职分"之外。同时，这也使人们注意到，枢密院在当时"正发展成一种被普遍接受和有效的制度，非中书所能取代"。❸

开运元年（944年）"复置枢密院，以桑维翰为中书令兼枢密使，事无大小，悉以委之"❹。废罢了五年的枢密院恢复之后，其长官事实上获得了更大的权力。此时的平章事兼枢密使成为中央的真宰相，前引王鸣盛所谓"有相权"的"兼枢密"者，应指枢密使徙

---

❶《资治通鉴》卷二八二，天福四年四月甲申条。
❷《旧五代史》卷八一《晋书·少帝纪一》。
❸ 苏基朗：《五代的枢密院》，载氏著《唐宋法制史研究》，页14。
❹《资治通鉴》卷二八四，开运元年六月丙午条。

宰相后仍兼领枢密者 ❶，而其权力主要是来自于枢职。

后周的枢密院长官中，仍以王朝创建期的元从功臣为多。世宗时，郑仁海、魏仁浦、王朴、吴廷祚先后担任枢密使，或太祖旧臣，或世宗故吏。而与此同时，枢密使不再如后汉时直接领兵，权势有所收敛。世宗去世前，曾经安排宰臣范质、王溥参知枢密院事。诸般措置，反映出冀图对军政权力有所制约的意向。

枢密院职能的演变，是与它自内廷向外廷机构转化的过程同步进行的。枢密院转为外朝中枢机构，"与宰相分秉朝政"❷的格局，自后唐以来即逐渐显露端倪；后晋时期的反复，恰恰证明了这一格局在当时已被接受；后周已着手"引中书以分枢权"❸；北宋初期则在经历了一段曲折之后，正式确立了中书与枢密院对持文武二柄的体制。

2."参谋议，备事变"：宋初枢密使的重要职能

与宋初数年中书门下班子大体未动形成为鲜明对照的，是对枢密院长官次第渐进的调整。周世宗临终前特地安排"参知枢密院事"的宰相范质、王溥，赵宋开国后即不再参知枢密院事。留任的两位枢密使，魏仁浦兼任，吴廷祚专任；而开国皇帝的亲信赵普，首任枢密直学士，继而踏进枢密院长官的序列，成为宋代第一位枢密副使。对于这一委任之意义，赵普本人无疑心领神会，二十多年后，他曾亲口说到自己这段遭逢宠信的经历："先皇开创之初，寻居密地。"❹建隆三年（962年），宋太祖以"均劳逸"为由，将周世宗以来"掌枢务，有年于兹"的吴廷祚调为藩镇节度 ❺，赵普则升任枢密使。

---

❶ 参见梁太济：《北宋前期的中枢机构及其渊源》，杭州大学《宋史研究集刊》第二集，页59，《探索》杂志增刊，1988年。

❷ 《归田录》卷下。

❸ 苏基朗：《五代的枢密院》，载《唐宋法制史研究》，页25。

❹ 《宋朝诸臣奏议》卷一二九《上太宗请班师》。

❺ 《宋史》卷二五七《吴廷祚传》。

太祖乾德年间，政权重心发生了明显的转移。随着赵宋政权的初步稳定与制度设施陆续走上正轨，范质等三相去职而赵普出任宰相，中书门下摆脱了尴尬与微妙的处境，转而成为朝廷议政的核心机构。伴随这一过程同时展开的，是枢密院进进退退、步履蹒跚地摆脱了"内廷""私人"的性质，逐渐成为与中书对掌文武大政的部门。

枢密院机构性质的确立与固定，经历了北宋初期的大约半个世纪。虽然隐而不彰却贯穿于这一过程始终的，是枢密院职能在"备肘腋之变"与"执掌军政"二者之间的摇摆与平衡。

研究者通常指出，"宋太祖设置枢密院，究其用意，显然是为了与中书门下对掌军、民大政，所谓'势均中书，号为两府'，以枢密院的长官来分割宰相的掌兵之权。"❶每逢"边事兵机，多用枢密言"。❷其实，在宋初的一段时间内，枢密院长官的职责并不限于运筹兵机，而包括着参预种种机要事端、帷幄之谋。

《文献通考》卷五八《职官考·枢密院》中，马端临有段按语说："祖宗时枢密院官虽曰掌兵，亦未尝不兼任宰相之事。"确实如他所说，宋初的枢密院，职责并不限于"掌兵"。不过，他所注意的"兼任宰相之事"，是指枢密院长官得以参预官员除授、监修国史等事项。而更重要的是，当太祖、太宗之时（特别是太宗朝），枢密院的职责在很大程度上是用来防范肘腋之变的。"参谋议，备事变"，沟通内外，掌控讯息，是其重要职能。正因为如此，负责信息传递的通进、银台司，曾经统辖于枢密院❸；进奏院的报状文字，要"上枢密院定本供报"❹；"诣鼓司论告机密者"，被"即时引

<hr>

❶ 朱瑞熙：《中国政治制度通史》第六卷《宋代》，页212。

❷ 梁天锡：《宋枢密院制度》，页6。

❸ 《宋会要辑稿·职官》二之二六，太宗淳化四年八月十八日条，"二司旧隶枢密院"。

❹ 《宋会要辑稿·职官》二之四五，咸平二年六月诏。

送枢密院"❶；而培养帝王接班人，选任辅导僚佐，也曾由枢密使传旨，谕以辅成之意❷。

宋初枢密职在近要，这一性质决定着枢密院的运作方式，也影响着枢密使人选的确定。因而当年安排的官员，不论文武，或系帝王"故旧"，或系"纯诚谨厚"之人。所谓"萧曹故人"，"尝事藩邸，备极公忠"者，成为选任范围中的主要对象。

从当时几位枢密使的除授制书中，可以看出一些相关的迹象。据《宋宰辅编年录》卷一，太祖建隆三年（962年）十月辛丑条，任赵普为枢密使之制书中说道："王者端居九重，驭朽敢忘于大业；躬决万务，坐筹思得于良臣"；进而勉励赵普："尔其佐佑冲人，缉熙庶绩，无忝股肱之寄，勉伸帷幄之谋。往其钦哉，服我光宠。"两年之后，在赵普拜相的制书中，又称赞他"泊赞枢机之务，屡陈帷幄之谋。"❸同日，李崇矩拜枢密使，制书中也要求他"参予帷幄之谋，馨尔弥纶之效"。❹

太宗太平兴国六年（981年）任命石熙载为枢密使的制书中，开篇即称"文昌之设，益重于六官；温室之任，聿参于万务"；并且说"职兹宥密，以奉论思"❺。所谓"文昌"、"温室"，实际上都是指汉代以来相对于"外朝"而言的"中朝"。将枢密之职比作"温室之任"，其中的寓意是十分清楚的。这种借喻，在当时并非偶见，因而不能理解为行词学士误用典故。

《宋宰辅编年录》卷二，太平兴国八年六月己亥"王显枢密使"

❶ 《宋会要辑稿·职官》三之六三，至道三年六月条。
❷ 《宋会要辑稿·帝系》二之三，雍熙三年十月条。
❸ 《宋宰辅编年录校补》卷一，乾德二年正月庚寅条。
❹ 《宋宰辅编年录校补》卷一，乾德二年正月庚寅条。
❺ 《宋宰辅编年录校补》卷二，太平兴国六年九月辛亥条。

条载其除拜制书曰：

> 汉以尚书平章奏议，魏以中书参掌机密。邦国之务，率系
> 于枢衡；军旅之谋，多出于帷幄。授受之际，厥惟艰哉！具官
> 王显，器量恢宏，襟灵秀拔。尝事藩邸，备极公忠；累践荣
> 班，遂膺显用。

将枢密使的职责与汉之尚书、魏之中书相提并论，正反映出在时人
心目中，这一职任特殊的"中朝""密迩"性质。

大体上说，宋太祖时期继续着枢密院走向外朝的趋势，职掌趋
向于固定专门；而太宗前期则有明显的倒退。从当时的枢密职事与
委授人选来看，不难发现其责任重心所在。太平兴国七年，秦王廷
美以"阴谋"获罪，太宗将其逐至西京，"诏枢密使曹彬饯廷美于
琼林苑"；而告密者柴禹锡、杨守一皆被委以枢密院要职❶。次年，
弥德超以急变告罢枢密使曹彬，而他本人被用为枢密副使❷。淳化
中，柴禹锡、赵镕等人在枢密"掌机务，潜遣吏卒变服侦事"❸。皇
帝的猜刻褊狭倾向，导使枢密院衍生出前所未有的侦伺功能。

太宗后期，枢密院的近迩私密程度随其地位的稳定与官僚机制
的健全而逐渐有所淡化。但枢密使始终参预国家要事的决策，因而
将其视为"密勿谋谟之地"的认识，一直延续到后世。大中祥符五
年（1012 年）九月，王钦若、陈尧叟并拜枢密使，两篇制书中既
称"任总枢机，事兼军国"，又说"密勿之地，事机颇烦"❹。明道

---

❶《宋史》卷二四四《魏王廷美传》。
❷《长编》卷二四，太平兴国八年正月戊寅、己卯条。
❸《元丰类稿》卷四九《侦探》。
❹《宋宰辅编年录校补》卷三，大中祥符五年九月戊子条。

元年（1032 年），宋祁《代杨太尉谢枢密使表》中，论及枢密使人选"佐王基命，简在臣邻；秉轴居中，本之兵柄。非有号令风采为下所瞻，则必愊臆谋谟熙天之载"。❶直至南宋淳熙十一年（1184年）周必大除枢密使制中，也还沿袭旧典，说"雅积经纶之望，进毗密勿之谟"❷。

3. 枢密院长官选用原则的调整

与枢密院自"中朝"向"外朝"转化过程相应的，是枢密院长官选用原则的调整。与后人通常的理解不同，赵宋的"祖宗朝"，即太祖、太宗朝，并没有最终确立以文臣任枢密的制度；或者可以说，以文臣任枢密的趋势，是自太宗后期开始明显的。宋初对于枢密使的任用原则，基本是文资武资兼用，而以亲随为主。当时战事相对频仍，这自然是枢密院长官中武资官员较多的原因之一；但仅仅指出这一点，尚未能点透问题的关键。

太祖时期的五位枢密使中，魏仁浦、吴廷祚系原后周枢密使。其中魏仁浦为刀笔吏出身；吴廷祚"少颇读书，事周祖，为亲校"❸，出自武资。太祖亲擢的三位枢密使，即赵普、李崇矩、曹彬，其中赵普自太祖"潜龙"之时即与其结成密切关系自不必说，建隆三年任命他作枢密使的制书中即称："俾膺重任，用奖元勋"；制书指出了赵普的识见与才能，更突出了对于"萧曹故人""佐命元勋"的"畴庸"❹。李崇矩后周时亦"与太祖同府厚善"❺。只有曹彬，当后周时，"太祖典禁旅，彬中立不倚，非公

---

❶《景文集》卷三九。

❷《周益国文忠公集》附《年谱》"周必大除枢密使制"。

❸《宋史》卷二五七《吴廷祚传》。

❹《宋宰辅编年录校补》卷一，建隆三年十月辛丑条。

❺《宋史》卷二五七《李崇矩传》。

事未尝造门"❶。

太祖时期的几位枢密副使中，李处耘，原系"太祖帐下都押牙"❷；王仁赡，当后周时"太祖素知其名，请于世宗，以隶帐下"❸；沈义伦，"太祖辟在幕府"❹；楚昭辅，"事太祖，隶麾下，以才干称"❺。可以说个个是太祖称帝之前的亲随。而在这些枢密使、副使之中，真正称得上属于文资的，其实只有赵普和沈义伦。

太宗时期的枢密院长官，名称屡有变易，既有使、副使，又有知院事、同知院事，还有签署、同签署。枢密使和知枢密院事、枢密副使和同知枢密院事开始交错设置❻。这种状况的出现，与担任枢密使者资格位望较前朝有所降低相关。究其选任倾向，重在于"亲"而不在于"资"。

在当时的枢密院长官中，很少真正历经战阵、懂得兵事者。不仅文资官如此，武资官也很少出自军旅；不仅承平时如此，即使在边事紧张之际，也很少以曾经冲锋陷阵、擅长指挥作战的武将去掌握枢机。得到重用者，多系亲近——这实质上是对于五代遗风的部分继承。个中原因非常明显，即"枢机重地，密勿近司；倚注所先，无加于此"❼。

南宋时期，将所谓"祖宗成宪"抬举到无以复加的高度。《文忠集》卷一二七载有宋孝宗对于周必大辞免枢密使的批答文字，其中说：

----

❶《宋史》二五八《曹彬传》。
❷《宋史》卷二五七《李处耘传（附继昌传）》。
❸《宋史》卷二五七《王仁赡传》。
❹《太宗皇帝实录》卷四二，雍熙四年十月壬子条。
❺《宋史》卷二五七《楚昭辅传》。
❻ 参见朱瑞熙：《中国政治制度通史》卷六《宋代》，页202。
❼《宋太宗实录》卷三四，雍熙二年十二月丙辰，柴禹锡罢枢副制词。

> 国家建右府以总戎，昭命儒臣而崇使领。盖自太平兴国以来成宪具在，迄于今兹必以闳才硕学见闻殚洽者任之，岂非兼文武之用、明政事之体乎？

太平兴国时期的情形，其实既不完全是"建右府以总戎"，也不是"命儒臣而崇使领"。如前所述，太宗作为太祖的继任人，担心政权不稳的猜疑心理比其兄长严重得多❶，他在位前期，在枢密院职掌及其长官任用问题上，比周世宗、宋太祖时期有所倒退。

太宗所用枢密使前后四人，即曹彬、楚昭辅、石熙载与王显。其中称得上"儒臣"的，只有石熙载一人。

开宝九年（976年）十月，太宗初即位，便一改乾德以来独员枢密使的格局❷，提升楚昭辅与太祖生前任用的曹彬同任枢密使。这一寓有制衡之意的搭配维持了五年，太平兴国六年（981年）以石熙载取代了楚昭辅。石熙载原系赵光义所辟泰宁军掌书记，光义尹京邑，又表为开封府推官；他自太平兴国四年正月签署枢密院事，后除副使，再除枢密使，在枢府凡五年。尽管李焘、徐自明都强调"用文资正官充枢密使，自熙载始"❸，这一以"文资正官"身份担当枢密使的任命，也确实预示着文臣掌枢密的可能前景；但他之所以被重用，实质上是因为"早在初潜，实预宾佐"，"金石之诚，夷险如一"❹。认清这一点，才能够解释为什么在太平兴国八年曹彬、石熙载相继罢任之后，会转由武资王显独任枢密使八年。

---

❶ 漆侠先生对此有专门论述，参见《宋太宗与守内虚外》，载氏著《探知集》，页151—167。

❷ 尽管魏仁浦枢密使职任直至乾德二年正月方罢，但他早已"以疾请告"，事实上不理该司事务。

❸ 参见《长编》卷二二、《宋宰辅编年录校补》卷二，太平兴国六年九月辛亥条。

❹ 《宋宰辅编年录校补》卷二，太平兴国八年八月庚戌石熙载罢枢密使制。

太平兴国八年正月，枢密使曹彬被罢。据《续资治通鉴长编》卷二四：

> 先是，上念征戍劳苦，月赐缘边士卒白金，军中谓之"月头银"。镇州驻泊都监、酒坊使弥德超因乘间以急变闻于上云："枢密使曹彬秉政岁久，能得士众心。臣适从塞上来，戍卒皆言'月头钱曹公所致，微曹公，我辈当馁死矣。'"又巧诬以它事，上颇疑之。参知政事郭贽极言救解，上不听。戊寅，彬罢为天平节度使兼侍中。

曹彬在枢密八年，"能得士众心"成为他被罢的主要原因。郭威代汉、赵匡胤代周的前车之鉴，使太宗备加提防。联想到宋仁宗"不豫"时首罢"得士卒心"的枢密使狄青出外的举措 ❶，使我们明显地体味到所谓"事为之防，曲为之制"的先发制人预设。

太宗朝曾经独任枢密使的只有一人，即王显。曹彬罢枢密使次日，王显受命为枢密副使，六月任枢密使，在枢府凡八年。《续资治通鉴长编》卷二四，太平兴国八年正月己卯条中说：

> 以东上阁门使开封王显为宣徽南院使……兼枢密副使。显初隶殿前为小吏，性谨介，不狎同辈，不践酒食之肆。上爱之。

李焘在这里没有指明的一点是，王显之被任用，不仅仅是由于"性谨介"，还有更为重要的原因，即他"少尝给事太宗于潜邸"，

---

❶《宋史》卷三〇二《吕景初传》，卷三一九《欧阳修传》、《刘敞传》。

是备受信任的旧僚。他"早自中涓，骤升近列；一掌枢务，十年于兹"。"自三班不数年正枢任，奖擢之速，无与为比。"[1]对于这位藩邸旧僚，太宗曾经寄予莫大的期望。据《太宗皇帝实录》，在任命王显为枢密副使时，

> 上召谓显曰："卿代非儒门，少罹兵乱，必寡学问。今在朕左右典掌万机，固无暇博览群书。"命左右取《军戒》三篇赐显曰："读此亦可免于面墙矣。"[2]

"非儒门""寡学问"成为掌枢密的障碍，这或许是因为，太宗所谓"在朕左右典掌万机"，是指协理机要事务的左膀右臂，而并不固定为掌握军机。

雍熙三年（986年），太宗决意北伐幽蓟。"初议兴兵，上独与枢密院计议，一日至六召，中书不预闻。"北伐全面失败后，领兵将帅因"违诏失律"被黜，枢密使王显等密院长官却并未承担北伐失利的责任：

> 及败，召枢密院使王显，副使张齐贤、王沔，谓曰："卿等共视朕，自今复作如此事否？"上既推诚悔过，显等咸愧惧，若无所容。

这段记载之后，李焘在注文中谨慎地表示："推诚悔过事，更当

---

❶《宋宰辅编年录校补》卷二，淳化二年九月癸卯条。
❷《宋太宗实录》卷二六，太平兴国八年六月己亥条。这段话在《玉壶清话》卷五与《宋史》卷二六八《王显传》中也有记载，其背景与针对性虽不尽相同，太宗之语意却大致相同。

考。"❶太宗如何"推诚悔过"尽管待考，而他并未归咎于参预计议的枢密院长官却是事实。这里只有两种可能的解释：一、当初的北伐决策实际上是太宗一人作出的；二、当时的枢密院首长是太宗倚信之人，尽管参预谋议失误，却并未遭致疑忌。这种情形恰恰说明，当时的枢密院在很大程度上不过被皇帝当作协助处理机政的私人参谋班子，而很难说是负责国家军政决策及军事指挥事任的最高机构。

枢密使王显的任内表现，从侧面印证了这一点。据《宋宰辅编年录》卷二，淳化二年九月癸卯条，"王显罢枢密使"制书称他：

> 参帷幄之筹，曾无补职之效；居负乘之地，实有致寇之虞。

徐自明接着说：

> 属蕃戎寇边，河决近郡，机务烦急，朝夕咨访，显无谋略，不任职，太宗切责之。显再拜谢过，遂有是命。

令人诧异的是，乏善可陈的王显居然能够占据这一职任达八年之久。这位久于其任的枢密使与皇帝的特殊关系，反转来揭示出这一职任的实际性质。

太宗时曾任枢密副使者，先后有石熙载、柴禹锡、王显、弥德超、王沔、张宏、赵昌言、张齐贤、张逊、温仲舒、寇準等人。其中，石熙载如前所述，是太宗潜邸宾佐。柴禹锡原系"晋邸给事"，"藩府旧僚"；因告秦王廷美阴谋，擢枢密副使 ❷。弥德超与王显一

---

❶ 《长编》卷二七，雍熙三年六月戊戌条。
❷ 《宋史》卷二六八《柴禹锡传》。

样，曾经"给事太宗于藩邸"，此时因侦伺臣僚而"骤被委遇"❶；在罢免他的制书中，提到了任用他的原因：

> 朕昔在藩府，尝齿中涓。洎入纂于丕图，亦累迁于近职；
> 录其尺寸之效，升于宥密之司。❷

这种典型状况，是很具代表性的。张逊受到重用，也是因为"太宗在藩邸，（逊）得隶帐下，及即位，遂擢用焉。"❸ 这正如《宋史》卷二六八"论"中所说："自柴禹锡而下，率因给事藩邸，以攀附致通显……故莫逃于龊龊之讥。"

此外，在签署枢密院事的行列中，杨守一虽然"稍通《周易》及《左氏春秋》"，但仍属武资❹，他被提拔的真正原因是："初为晋邸涓人，太宗即位，遂擢用之"❺；知枢密院事赵镕被任用的背景之一，也是曾经"以刀笔事太宗于藩邸"，"委质晋邸，以勤谨被眷"❻。

在帝制时代，帝王重用私人亲信、潜邸旧僚本不可避免。赵宋自然不会例外。但宋初与其后诸代的不同之处在于，承五代之后，太祖太宗直至真宗前期信用的旧僚以原幕府系统的武资僚属居多。这些人与帝王为皇子遴选的辅导师傅截然不同，他们通常不是由于自己的才业、学识入选，而主要是凭藉效劳经验特别是对于皇帝个人的攀附竭忠、由于其比较贴近而被委任的。这在当

---

❶ 《宋宰辅编年录校补》卷二，太平兴国八年正月戊寅条。
❷ 《宋宰辅编年录校补》卷二，太平兴国八年四月丁亥条。
❸ 《宋宰辅编年录校补》卷二，端拱二年七月己卯条。
❹ 《宋史》卷二六八《杨守一传》。
❺ 《宋宰辅编年录校补》卷二，端拱元年二月庚子条。
❻ 《宋史》卷二六八《赵镕传》。

时尚非安定的政治环境中，可以说是自然合理的选择。

淳化二年（991年）九月王显被罢，其后正任枢密使空阙达六年之久。而在此期间被任用为枢密院首长的张逊、柴禹锡、赵镕，仍然是太宗早年的亲从。不过，枢密院辅贰序列之中，出自科举的文臣逐渐站住了脚跟。至道三年（997年）太宗去世前，留下的枢密院长贰班底为：赵镕知枢密院事，向敏中、钱若水、李惟清同知枢密院事。其中，赵镕是刀笔出身的武资官，太宗藩邸旧僚；李惟清"以俗吏进"❶；向敏中、钱若水则分别是太平兴国及淳化进士。

宋真宗即位后，罢赵镕❷、李惟清；首用六十七岁高龄的曹彬任枢密使，而以向敏中、夏侯峤副之。这种以武资官出任枢密院首长，而以文资副之的格局，一直持续到景德末年，也就是赵宋王朝建立近五十年之际。

曹彬除枢密使的制文中开篇即云：

> 朕夤恭守位，寤寐求贤，遐怀三代之英，用济万几之务。咨诹旧德，夹辅皇家。❸

对于这一人事安排，真宗显然是很动过一番脑筋的。他曾经阐明自己的考虑说：

> 近密之司，典领尤重，必素有名望、端亮谨厚者处之，乃可镇静而责成。彬以耆旧冠枢衡之首，敏中及峤佽助之，兵机

❶《宋史》卷二六七《李惟清传》。
❷ 据《宋史》卷二六八《赵镕传》，真宗即位后，赵镕"以心疾求解"。
❸《宋宰辅编年录校补》卷三，至道三年八月己亥条。

边要，有所望矣。❶

真宗不比太祖、太宗，他初即位，需要藉助于"素有名望"且"端亮谨厚"的重臣为其典领"近密之司"。李焘《续资治通鉴长编》卷四一中接着解释说，"敏中明辨有才略，遇事敏速"，而"峤仕藩府最旧，故首加擢用焉"。首长为"耆旧"，两位辅贰一个有谋略，一个是襄邸密僚，三人共掌机要，应该说是构成互补的理想组合。

此时的枢密院，掌管"兵机边要"的职责已经比较明确；但其"近密之司"的性质却没有改变。咸平二年（999 年），曹彬去世后，"谋略非长"的王显再度出任枢密使❷；当时的制书中称"图任旧人，冀成元化"❸。

继王显之后担任枢密院长官的，是知枢密院事周莹与王继英。据《宋史》卷二六八《周莹传》，"太宗潜邸时，莹得给事左右"，咸平三年知枢密院事。周莹"庸懦不智"，"居枢近，无他谋略，及莅军旅，历藩镇，功业无大过人者"。

景德元年（1004 年）八月，真宗以原宣徽南院使、知枢密院事王继英为枢密使。时值契丹纵游骑南下剽掠，对于枢密院长官人选的正式安排，首先应该着眼于振饬军政。然而，作为武资官的王继英被提拔的真正原因却并不在于历经战阵。他"少从赵普给笔札"，"真宗在藩邸，选为导吏兼内知客事"，《宋史》卷二六八其本传中称之为"趋走左右者"。他与周莹同知枢密院事，"小心谨靖，以勤敏称，上倚爱之"❹，显然被皇帝认为是靠得住的心腹人选。

---

❶《长编》卷四一，至道三年八月己亥条。
❷《宋史》卷二六八《王显传》。
❸《宋宰辅编年录校补》卷三，咸平二年七月己丑条。
❹《长编》卷五七，景德元年八月己未条。

《续资治通鉴长编》卷五七，景德元年九月丁酉条：

> 上每得边奏，必先送中书，谓毕士安、寇準曰："军旅之事，虽属枢密院，然中书总文武大政，号令所从出。……卿等当详阅边奏，共参利害，勿以事干枢密院而有所隐也。"

对于当时的边机形势，对于王继英其人，真宗都并非不了解。皇帝对宰相们的这番嘱咐，使人隐约感到他对主管军旅的枢密院长官处置边事的能力似乎信心不足。

同年九月，真宗与辅臣毕士安、寇準、王继英等人计议"亲征"事，毕士安持慎重态度，寇準持积极态度，王继英大体上支持毕士安的意见，希望"庶合机宜，不亏谨重"❶。而到闰九月契丹大举南下之际，宰相寇準促励真宗北上亲征，而参知政事王钦若、签署枢密院事陈尧叟建议南逃避敌；在此关键时刻，却看不到枢密使王继英的态度。在其后的仲冬北进过程中，进退之机亦多由寇準主张。

王继英出任枢密使之后的一年（景德元年八月至次年七月），正逢宋辽交战、结盟的紧张时期，而在《续资治通鉴长编》这一年的记事中，围绕澶渊之役、之盟，王继英值得称道的所作所为，主要是参预计议亲征，以及推荐枢密院辖下的鄜延走马承受曹利用出使契丹二事。他所被命处理或进奏介入的其他事务，如翰林医官除授事、告发雷有终事、次补或检放禁军及将校事，虽属军事行政范围，却与边事戎机无直接关联。对此，其本传也只能语焉不详地称"从幸澶州，契丹请和，谋访经略，继英预焉"❷。这

---

❶ 《长编》卷五七，景德元年九月丁酉条。

❷ 张邦炜先生对其"澶渊督师"作用予以较为积极的肯定，见《澶渊之功数第三——北宋枢相王继英事迹述略》，载氏著《宋代政治文化史论》，页287—302。

使我们感觉到，当时的枢密使，尽管参预军机谋议，布置军务事项，但在国家用兵之际，在最高军事决策形成、战略指挥过程中，似乎称不上是真正的责任操持者；这也使我们进而联想到以往习称的枢密使"掌军政"之具体内容 ❶。当然，这不是王继英个人之事。

王继英在枢密使任上两年半，直至去世。真宗"临哭久之"，并且对宰相们说："继英久在左右，小心畏谨，奄忽沦逝，良可念也。"❷ 前有王显，后有王继英，以"谨介、畏谨"著称的人被皇帝选中掌领枢密，而且备极荣宠，其中的真实原因耐人寻味。

从建隆到景德，北宋初期的九位正任枢密使，除赵普、石熙载二人外，皆系武资；而且，独任枢密使时间最长（达八年之久）的王显，亦系武资。而自淳化二年（991年）初设知枢密院事，至景德三年（1006年）王钦若、陈尧叟出任该职之前，十五年间的五位知枢全部都是武资。

不过，如果我们将枢密院长贰群体纳入视野，则可以看到，宋太祖时期，枢密院长贰基本是文武兼用。同时在任的长贰皆系武资的，只有两段期间，即李崇矩与王仁赡同任使副时期（乾德二年初至四年底）、曹彬与楚昭辅同任使副时期（开宝九年二月至太宗太平兴国三年底）。自太宗太平兴国四年以后，除极短暂时间（如太平兴国八年九、十月间）外，即再无武资包揽的状况，或签署、或同知、或副使、或使，其中总有文资在。

当然，所谓"武资"，并非无所差异的整体。对于武资官的任

---

❶ 这提醒我们重新考虑北宋前期枢密院的功能，亦即"掌军政"的具体确切含义究竟是什么。军事决策？战略指挥？军事行政？军务管理？兼而有之？也使我们进一步思考枢密院的实际工作重心在不同时期的调整与变化。

❷ 《长编》卷六二，景德三年二月丁亥条。

用，宋初也有了不同于五代时期的特点。此时的枢密使，较少任用曾经亲率重兵的"武臣宿将"担任。开宝九年（976年）二月太祖任命的曹彬，虽因一向恭谨清慎，能"在枢府凡八年"，但太宗是年十月即位后，马上安排原枢密副使楚昭辅与之同任枢密使；自太平兴国四年（979年）始，又有太宗心腹臣僚石熙载先是签署枢密院事，继而副使，再迁枢使，从旁牵制。即便如此，曹彬仍然因为"得士众心"被太宗猜疑而终至去职。太宗能够放心使用的武资枢密，主要是其藩邸亲信。

对于曾率军旅者的疑忌，决非太宗一朝偶见。仁宗景祐三年（1036年），累以战功进擢的王德用知枢密院事 **❶**，王德用

> 状貌雄毅，面黑而颈以下白皙，人皆异之。其居第在泰宁坊，直宫城北隅。开封府推官苏绅尝疏德用"宅枕乾冈、貌类艺祖"，帝匿其疏不下。御史中丞孔道辅继言之，语与绅同，且谓"德用得士心，不宜久典机密"。壬子，罢为武宁节度使，赴本镇。**❷**

"得士心"，成为王德用被猜疑终至罢枢密的重要原因。

皇祐四年（1052年）中，宋廷赏破侬智高之功，任狄青为枢密副使。左司谏贾黯反对说：

> 国初武臣宿将，扶建大业，平定列国，有忠勋者不可胜数，然未有起兵伍登帷幄者。

---

❶ 《隆平集》卷十一《枢密》。
❷ 《长编》卷一二三，宝元二年五月壬子条。

他继而列举了五项"不可"的理由：

> 四裔闻之，有轻中国心，不可一也；小人无知，闻风倾动，翕然向之，撼摇人心，不可二也；朝廷大臣，将耻与为伍，不可三也；不守祖宗之成规，而自比五季衰乱之政，不可四也；青虽才勇，未闻有破敌功，失驾御之术，乖劝赏之法，不可五也。[❶]

当贾黯说到"祖宗之成规"时，他并没有进一步加以阐发，或许他认为其内容所指是显而易见的。不过，他心目中的所思所想，恐怕不是太祖、太宗任用亲随的不成文原则。

梁天锡先生《宋枢密院制度》一书，在讲到《宋枢密院之产生及其作用》时，有"以文驭武与重文轻武"子目，其中"统计两宋任枢密长贰凡七百二十四员次，得各朝文武之员次及其比例"为：两宋十八朝枢密长贰中，文资659，占91%；武资65，占9%。而其中，在太祖朝的10员次中，文资4，占40%；武资6，占60%。太宗朝35员次，文资21，占60%；武资14，占40%。真宗朝44员次，文资29，占66%；武资15，占34%。[❷]

从上引统计数字中，我们看到，太宗时期正处于文资臣僚典枢密比例上升的关键阶段。而如果我们用是否曾系太宗"亲随""旧部"这一区分标准来重新为当时的枢密院长贰归类，那么，呈现出来的是另一种比例关系，而我们从中得到的感受也将颇有不同：在当时的19名长贰之中，与太宗有藩邸渊源关系的，有石熙载、王

---

❶ 《长编》卷一七二，皇祐四年六月丁亥条；又，《宋朝诸臣奏议》卷四六《百官门·宰执上》，庞籍《上仁宗论狄青为枢密使》注文。

❷ 梁天锡：《宋枢密院制度》，页12—13。

显、柴禹锡、杨守一、张逊、赵镕 6 人，似仅居 1/3 弱。不过，若从曾经独自担任枢密院首长的官员来看，曾独任枢密使、知枢密院事的石熙载、王显、柴禹锡、张逊、赵镕 5 人皆系太宗藩邸旧僚；而他们"独任"的时间段，自太平兴国八年（983 年）直贯至道三年（997 年）太宗去世之日，占太宗在位期间的 2/3 左右。

这种状况使我们感到，尽管枢密院早已不在"内臣"掌握之中，但直至此时，它的长官选任原则与五代时期颇有类似之处，仍然"皆天子腹心之臣"❶，尚具有浓厚的皇帝私人僚属色彩。

值得注意的是，太平兴国八年（983 年）王显独任枢密使之后，太宗旋即以太平兴国初期被拔擢的进士张齐贤、王沔担任资秩较浅的签署枢密院事。这一看似悄无声息的变动，事实上冲击着晚唐五代以来以勋臣亲随掌枢密的格局，枢密院长官的选任从此不再拘于勋旧圈内，从而肇启了真正意义上外朝文臣知军政的开端。雍熙三年（986 年）北伐失败后，在枢密院首脑的行列中，出现了更多的文资长官，反映出该时期国家政策方略的调整趋向。

雍熙三四年间，王沔、张宏、赵昌言相继成为枢密副使 ❷。这些已经具备了一定治事经验的"天子门生"进入这一序列，开始了勋臣故吏逐渐淡出的过程。但这并不意味着枢密院长官任用原则自此即发生了根本的转变。端拱元年（988 年）张宏再任枢密副使，同日以杨守一签署枢密院事。次年，另一名太平兴国进士张齐贤任枢密副使，而与此同时，又以张逊签署枢密院事。而无论杨守一还是张逊，既都是武资官，又都是太宗晋邸旧臣。淳化二年（991

---

❶ 林駉：《古今源流至论（续集）》卷五《枢府》。

❷ 《宋宰辅编年录校补》卷二，雍熙四年四月癸巳，"张宏罢枢密副使，赵昌言枢密副使"条下说："时河朔用兵，张宏循默备位，无所建明；而御史中丞赵昌言数上北边利害，故两易之。群臣皆竦动云。"

年）四月，张逊、温仲舒、寇準同日为枢密副使。这种"兼容并包"的任用方式，既显示出太宗对于势力制衡的考虑，又体现出他对于"宥密之司"治事效率的关心。作为精明的统治者，他早已注意到"藩邸亲随"之资质与制度发展、事任要求之不相适应。对于他一手提拔且曾经寄予厚望的王显、张逊等人的失望，促使他兼用文武新旧❶。

有研究者自文臣类型着眼，分析了太祖太宗时期的枢密院长贰结构，比较了其进退趋势：宋初枢密院长官文武兼用，太祖时期所用文臣多为文吏型人物；而太宗所用文臣，则多系文学优长之士。太宗时尽管文臣枢密正职只有一人，副职却达十一人之多，其中进士出身者更高达十人。太宗后期，文臣在以往长期由武人与文吏控制的"右府总戎之地"立足已稳，这为其后的"文臣掌枢密"奠定了基础❷。

表面上看，北宋初期枢密使选用中所贯彻的，是文武兼用的原则；而考虑到宋初政治力量的分布格局以及君主强烈的危机意识，我们会看到"武"与"文"后面掩映的"亲"或"疏"甚至"能"或"庸"交错作用的背景。在汲取五代动乱教训、发展稳定政治局面的总框架之下，这层关系制约着宋初政治制度更革的走势及措置的缓急。我们同时注意到的是，赵宋的开国帝王们，不仅对于以往与他们比肩同气的武将充满警惕；对于他们原本不熟悉的文臣，事实上也并不全然倚信，而且，这种不信任感，应该说同样是根深蒂固的。不过，幸运的是，北宋初期的最高统治者毕竟谨慎小心地以

---

❶ 出身、经历及素质各不相同的这两类人如何磨合互补，在当时构成实际的问题。例如枢密副使知院事张逊、枢密副使同知院事寇準"每奏事，颇相矛盾"，导致淳化四年六月同日罢免。见《宋宰辅编年录校补》卷二。

❷ 李全德：《从宦官到文臣：唐宋时期枢密院的职能演变与长官人选》，《唐研究》第十一卷，北京大学出版社，2005年，页456。

五代为鉴，较为理智地权衡处理着他们所面临的棘手问题。

4. 走向"外朝"

北宋初期枢密院的设置，自晚唐五代发展而来；而"与中书对持文武二柄"❶的格局，是在反复曲折之中确立下来的。枢密院自中官掌机要到皇帝的亲信僚属掌决策，再到外臣掌军政，不仅是人选、职责的变化，也反映着机构本身性质的变化。

正如梁太济先生指出的，宋代"枢密院与中书对持文武二柄"之权力格局的确立，从制度设施来看，是分割宰相军政权的结果；而从枢密院的渊源及其演变来看，实际上又是限制枢密使完全侵夺宰相事权的结果❷。

苏基朗先生《五代的枢密院》一文中亦指出，史家每以宋代的枢密院制度为相权遭分割的例证，实际上，从五代枢密院演变的角度加以考察，"所谓相权之分割更应是削枢密之权，以实中书之任。换言之，这毋宁是重建中书宰相制度的开始，而非其分割与削弱的肇端"❸。

认识特定的官僚政治制度、特定的官僚机构之性质，离不开对其渊源背景以及所处社会情势的理解，离不开对其职事规章的研究，也离不开对其执掌人选与机构、制度问题的结合分析。通过以上对于晚唐五代以来枢密院自"内廷"机构向正式的外朝政府机构

---

❶ 见《宋史·职官志二》。所谓"对持"，需要考虑到两层含义：一是中书、枢密官署各自独立，原则上长官不互兼；二是机构职掌独立，各有辖领，互相制约补充。似不宜将其理解为对峙平行而互不交叉。参见梁太济：《北宋前期的中枢机构及其渊源》，杭州大学《宋史研究集刊》第二集，《探索》杂志增刊，1988 年。

❷ 梁太济：《北宋前期的中枢机构及其渊源》，杭州大学《宋史研究集刊》第二集，页 56，1988 年。

❸ 《唐宋法制史研究》，页 21。

演变过程的勾勒 ❶，希望能够对赵宋"祖宗朝"的制度演进问题，提供另外一个思考角度。

就枢密院而言，自唐末朱温改以亲吏担任枢密使起，开始了该机构走出内廷的过程。从那以后又经历了一百年左右，枢密院才成为严格意义上负责军政的外廷机构 ❷。五代时"宰相之外复有宰相，三省之外复有一省"❸ 的状况，正反映出当时枢密院长官不仅"参谋议于中"，而且"专行事于外"的现象。这既是出自皇权制约相权的需要，更首先是出于提高快速反应效率，以应付复杂局面的需要。枢密使不仅掌机要、备顾问，且直接施政，这一方面使其权势急剧膨胀；另一方面却也促使枢密院向外廷机构转化，使形式上处于巅峰状态的枢密使有可能自帝王身边疏离。枢密与中书"对掌大政"的分工，即产生于这一转化过程之中。既曰"转化"，自然伴随着诸多起伏波折。宋太宗前期，枢密院职能、长官任使方面隐现着"近臣化"的倾向，克服逆转趋势并进而完成枢密院"外朝化"的过程，是随其统治的稳定而实现的。

就枢密使制度而言，北宋初年呈现出多向错综的状况：一方面，其亲近内属性质仍然在相当长的时期内起着作用，与帝王关系的密切，使其事实上居于"备肘腋之变"的核心位置。从其人选上我们也可以看到，相对于宰相任用之注重位望风采，掌枢密者仍以帝王

---

❶ 所谓"内朝""中朝"与"外朝"的问题，是中古官僚政治制度研究者们关注的中心论题之一。郑学檬先生在其《五代十国史研究》中指出，应该"从汉魏以来一个个内廷要职变为外廷即政府要职的规律"，去理解五代的枢密使权力膨胀问题；见该书第34页。苏基朗先生《五代的枢密院》中即贯穿着对于这一问题的思考。张邦炜先生在《宋代皇亲与政治》一书中，也专门讨论到"宋代是否形成'内朝'"的问题；见该书《导言》与《余论》部分。

❷ 这里所谓"内廷""外廷"，是就其职任性质而言，而不是指其官署位置在禁中与否。

❸ 《文献通考》卷五八《职官考·枢密院》。

私人亲信为主；而当时的"密迩近侍"者，由于其特定的藩邸旧僚亲从背景，往往存在着突出的能力缺陷❶，这种缺陷从根本上限制着这批近密者取代外朝宰相的可能性。另一方面，宋初又继承五代后期的趋势，制止了枢密权力的持续扩张，有效地将其控制在与中书门下"对举大政"的合理范围之内；与此同时，逐渐完成了枢密院长官人选自皇帝私属旧僚向外朝官员的过渡。五代时期枢密院气势凌厉的上升势头，经过北宋初期的职权调整之后便不复存在了。

枢密院与中书门下之间的相互制约关系，始终是赵宋君主关心的问题。《宋宰辅编年录》卷一，乾德二年正月庚寅"李崇矩枢密使"条，有这样两段说明文字：

> 始，枢密、中书门下同一幕，赵中令末年，太祖恶其专。而枢密使李崇矩乃其子妇之父，故特命析之。迄今不改。（事见《笔谈》）
>
> 国朝中书、枢密先后上所言，两不相知，以故多成疑贰。然祖宗亦赖此以闻异同之论，用分宰相之权。（《南窗纪谈》）

元丰改制时，有些臣僚建议废除枢密院，仿唐制将军事事务归属于兵部。本来希望在中央官僚机构恢复三省六部制的宋神宗，对此却颇不以为然，他说：

> 祖宗不以兵柄归有司，故专命官统之，互相维制，何可废也？❷

---

❶ 宋初出自藩邸的"近臣"，与五代时期自扰攘纷争中崭露头角的"近臣"，在能力素质方面有诸多不同。

❷《长编》卷三二〇，元丰四年十一月甲辰条。

南宋绍兴末年，朝廷中有臣僚批评说"军政岂可令宰臣不与"；针对这种议论，宋高宗曾经对同知枢密院事王纶说：

> 枢庭虽五代之制，疑太祖、太宗曾入思虑。五代弊法，祖宗扫除略尽，惟存此一二大者，必有深意。❶

这几番话，反映出赵宋帝王对于政权制衡问题始终不懈的关切。

在林駉《古今源流至论（续集）》卷五《枢府》中，有一段寓意类似的阐论：

> 然国家立极，五代弊政扫除殆尽，独此不废。盖有庆历议臣请并中书，而仁宗不之并；元丰议臣请废密院，而神宗不之废。推原其故，其美意有二：盖宰相平章军国，兵事可知也，而兵之籍则不与；殿院兼总兵马，兵籍可掌也，而兵之符则不在。发兵大权尽归密府，体统相维，罔有偏失。……周人维持之意而我朝得之：此其意一也。边事兴，则相与其职；边事宁，则枢任其事。……虞廷文武相通之意，而我朝得之：此其意二也。制虽汉唐，意实效古。夫如是，何嫌何疑而废之耶？

正因为如此，我们看到可资比对的有趣现象：唐代后期的枢密，与宦官专权的败政直接关联；五代时期的枢密院，通常被认为是武夫权力膨胀的证明；而承晚唐五代之制设置的宋代枢密院，却被视作文武制衡、以文驭武方针的保证。

---

❶《建炎以来系年要录》卷一八三，绍兴二十九年十月癸酉条。

自五代至北宋前期，枢密使副与宣徽使副、三司使副乃至翰林学士，皆有"内职"之称。这些职任皆非正式外廷宰相属官，从这一意义上讲，它们是对应于外廷的"内职"。但这些职任与皇帝的密迩程度以及其职能性质，实际上各不相同。北宋初年枢密院长官的任用状况，明显地体现出这一机构在当时所具有的机要近密之特殊性质，也反映出枢密自近侍助手转而成为外廷首脑的曲折历程。

就枢密院长贰的任用而言，实际上存在两个不同层面的问题：一是文资与武资关系问题，即研究者通常注意到的"以文制武"的发展趋势问题。这一趋势在周世宗、宋太祖时期已经开始明朗化；而"以文制武"格局事实上的形成，经历了数十年的时间。这既与"守内虚外""防范奸邪"方略的确立有关，也是士大夫阶层成长及其局限的结果。与此相关的另一层面，是更多地任用亲随抑或更多考虑人选资质的问题。这两个层面的转变事实上错落交织，而后一转变过程发展得相对迟缓。太宗后期开始有意识地以文臣参预典枢密（尽管仍有反复），这一趋势在真宗中期以后得到充分的发展。而随着新的官僚群体的成长，随着自然淘汰的进程，重用旧部亲随的做法逐渐淡出。如果说文臣典枢密是赵宋王朝的"祖宗家法"，那么，这一"家法"并非定型于太祖太宗之时，而显然是在王朝的巩固发展过程中逐渐塑成的。

三 "事为之防，曲为之制"：
赵宋"祖宗之法"的实质

宋人对于祖宗朝以来超越前代的"圣政"，曾经作出表述不同但实质相近的总结。例如，北宋中期，邵雍概括"本朝五事自唐虞而下所未有者"为：

> 一、革命之日，市不易肆；
> 二、克服天下在即位后；
> 三、未尝杀一无罪；
> 四、百年方四叶；
> 五、百年无心腹患。

并且称"五事历将前代举，帝尧而下固无之"。❶

元丰年间，程颐也有类似的说法：

> 自三代而后，本朝有超越古今者五事。如百年无内乱；四圣百年；受命之日，市不易肆；百年未尝诛杀大臣；至诚以待夷狄。此皆大抵以忠厚廉耻为之纲纪，故能如此。盖睿主开基，规模自别。❷

所谓"百年无内乱"、"百年无心腹患"云云，正是宋初帝王用心所在。而从这样的表述中，我们也可以感觉到，在宋代，无论是君主措意的核心精神还是士大夫认同的基本方略，都是以"无乱""无患"亦即防范弊端为鹄的。

北宋初年，五代倏忽兴亡的教训殷鉴未远，"内乱"及"心腹患"的可能，始终是压在太祖、太宗心间的重负。而将宋代的立国

---

❶ 《邵氏闻见录》卷十八。
❷ 《二程集·河南程氏遗书》卷一五《伊川先生语一·入关语录》。

之法明确引导归结至"防弊"二字之上的，应该说是宋太宗。

（一）"事为之防，曲为之制"的提出

开宝九年（976年），宋太祖赵匡胤不明不白地暴卒，其弟赵光义登极做了皇帝，是为太宗。太宗的即位，经常受到非议；他的施政作风，也与太祖有诸多不同。但是，作为五代塑就的最后一代精英人物的代表，他凭借自己的政治经验，继承了其兄长开创的稳定趋势，成功地杜绝了国家内部再度分裂的可能。从宋朝以防范内患为出发点的制约机制来看，太宗的所作所为，影响似比太祖更为直接。

如果我们回头来看，有关杜太后叮嘱太祖兄弟"兄终弟及"的遗诏及所谓"金匮之盟"，历史记载扑朔迷离，人们有理由提出质疑❶。很多研究者对宋太宗提出道义上的严正谴责，他们认为，对于太祖之死，太宗有直接责任；至少他的继统是不正当的，事实上是五代篡夺故习的重演。从这个意义上讲，赵光义的所作所为，不仅是置亲情于不顾，更是置国家大义于不顾。

但是我们对于此事的认识并不能就此止步。如若转换一下观察问题的角度，暂时抛开太祖的直接死因不谈，而把主要注意力置于突然空出的帝位之上，我们或许会有另外的一种感觉。宋太祖赵匡胤于盛年之时遽然辞世，他的弟弟赵光义而不是儿子德昭或德芳登上帝位，这使得当时朝廷内部的政治局面复杂化，演化出日后一系列微妙委曲的波折；但与此同时，赵光义的匆促即位，却也使得整

---

❶ 有关太宗继统问题的讨论，参见张荫麟：《宋太宗继统考实》，《文史杂志》1941年1期；邓广铭：《宋太祖太宗授受问题辨析》，载《邓广铭治史丛稿》，页475—502；张其凡：《宋太宗》，页34—45；李裕民：《揭开"斧声烛影"之谜》，载氏著《宋史新探》，页16—29。

个王朝的命运趋于明朗，赵宋的政治局面有了稳定发展的更为切实的保证。

当时，宋代开国刚刚十六七年，制度规范尚未完全建立，太祖的辞世，使原本健康发展的局势蒙上一层阴影。太祖生前本未正式指定继承人，从目前的材料中也看不出他对于安排继嗣、培养接班人下过多少工夫。他的两个儿子——时年 26 岁的德昭与 18 岁的德芳——全然缺乏治国经验，而且"终太祖之世，竟不封以王爵"❶。更可注意的是，宋皇后在太祖遽逝之际派遣宦官王继恩去宣召的，不是生母被太祖追册为皇后（孝惠皇后贺氏）、年纪亦居长的德昭，而是生母记载不明且更为年轻的德芳 ❷。

德昭性情沉稳，平时"喜愠不形于色"❸，不闻有过犯失德之处；他的儿子惟吉"幼养宫中，太祖视之如子，与诸叔联名德雍"❹，"或中夜号啼，（太祖）必自起抚抱"，"出入常从"❺，祖孙亲情甚浓，看来在太祖与德昭父子间并无不睦之处。惟吉在宫中，"孝章皇后抚养备至，亲为栉沐"❻，宋皇后与德昭个人之间应该亦无芥蒂。在所传建隆初年约定的"金匮之盟"中，"或曰昭宪（按指杜太后）及太祖本意，盖欲上（按指宋太宗）复传之廷美，而廷美复传之德昭"❼。姑且不谈金匮之盟的真伪，起码在当时人的心目中，太祖诸子若能顺位继承，应以德昭为先。

---

❶《宋史》卷二四四《宗室传》。

❷ 韩维《南阳集》卷二九《荣王从式墓志》中说"太祖孝明皇后生楚康惠王德芳"，恐不可靠。《宋史》卷二四二《后妃（上）》说孝明王皇后"生子女三人，皆夭"。

❸《宋史》卷二四四《宗室传》。

❹《宋会要辑稿》帝系一之二八。

❺《宋史》卷二四四《宗室传》。

❻ 同上。

❼《长编》卷二二，太平兴国六年九月辛亥条。

在原本迷离仓促的状况下，宋皇后舍德昭而召德芳，这似乎又是一个不解之谜。李焘《续资治通鉴长编》卷十七，开宝九年十月癸丑"上崩于万岁殿"条后注文中说：

> 按：开宝皇后以开宝元年二月入宫，德芳以开宝八年七月娶焦继勋女，出阁时年十七岁。《德芳传》不言母为开宝皇后，《后传》亦不言有子德芳。疑德芳非宋出也。当考。

宋皇后开宝元年（968年）17岁时入宫，至道元年（995年）44岁时去世，太祖辞世时她应该是25岁。从年龄来看，德芳显然不可能是宋后所出。李焘的按语分明表示，他感到难以推测宋后宣召德芳之原因。其可能之"解"，或许在于突然感到无助的宋皇后，希望抓住这稍纵即逝的时机，与未来的皇帝结成一种特殊的关系，权衡之下，选择了较她本人年轻、"母子"关系易处，而且可能较易控御的德芳 ❶。实际上，这种选择，在当时也会带来相当的风险，甚至危及朝廷中政治局面的安定。

在此关键时刻，晋王赵光义多年来苦心经营的关系网络充分发挥了作用。当夜，被宋皇后派出的宦官王继恩"不诣德芳，乃径趋开封府召晋王"，一切在突然之中按预谋迅速展开：

> 后闻继恩至，问曰："德芳来耶？"
>
> 继恩曰："晋王至矣。"
>
> 后见王，愕然，遽呼"官家"，曰："吾母子之命，皆托于

---

❶ 蒋复璁先生在其《宋太祖孝章宋皇后崩不成丧考》中认为，宋皇后召德芳入宫继统，是秉承太祖之遗命。见《珍帚斋文集》卷三《宋史新探》，页271—297。

官家。"

王泣曰:"共保富贵,勿忧也。"❶

片刻之间,完成了帝位的转移。次日,太宗即位。

宋皇后在极其震惊的情况下,脱口而出的说法——"吾母子之命,皆托于官家。"——使人不得不产生怀疑:太祖的同胞兄弟即位,她"母子之命"居然会受到威胁!这显然不是一时的过虑,而是切实担忧的反映。赵光义其人的城府之深、心机之重,他长期以来对于个人威望与个人羽翼的培养,都早为研究者所指出❷。此刻能够在未遇到任何实质性反对的情形下迅即登极,就他个人而言,可以说,是一次有蓄谋的赌博获得了成功;而就国家事业而言,他的政治经验、政治手腕,有助于巩固太祖的未竟事业,使原本逐步稳定的政局再度翻覆之风险相对较小❸。这或许亦可算得是"逆取而顺守"吧。

宋太宗的突然即位,无疑会引起朝野的一致关注甚至侧目。而动荡的代价,本是他所希望避免的。即位诏书的颁布,正提供了新皇帝与臣庶间沟通的宝贵机会。李焘《续资治通鉴长编》卷十七,开宝九年十月乙卯条云:

> 乙卯,大赦天下,常赦所不原者咸除之。令缘边禁戢戍卒,毋得侵扰外境。群臣有所论列,并许实封表疏以闻;必须面奏者,阁门使即时引对。风化之本,孝弟为先。或不顺父兄、

---

❶ 《长编》卷十七,开宝九年十月癸丑。

❷ 例如邓广铭:《宋太祖太宗皇位授受问题辨析》,载《邓广铭治史丛稿》,页475—502;张其凡:《宋太宗》,页15—75。

❸ 如若今后的研究能够肯定太祖死于太宗毒害,则又当别论。

异居别籍者，御史台及所在纠察之。

先皇帝创业垂二十年，事为之防，曲为之制，纪律已定，物有其常。谨当遵承，不敢逾越。咨尔臣僚，宜体朕心。

此处所记载的，显然不是即位诏书之全文。宋人著述中对于太宗即位诏的记载，目前我们所能看到的，至少有四种版本。其中，《太平治迹统类》卷二《太祖太宗授受之懿》所载与《续资治通鉴长编》属同一系统，而《宋朝事实》卷二《登极赦》与《宋大诏令集》卷一《帝统·即位》中的记载，则出自于另一系统。看起来，后者言语不够讲究，似乎出于临时；而《长编》与《统类》所载，措意较为周全、文辞较为赡雅，应该是经过深思熟虑后改写的定本 ❶。

《宋朝事实》卷二所载太宗皇帝开宝九年十月二十一日登极赦，在"可大赦天下云云"之后说道：

恭惟先皇帝推诚损己，焦思劳神，念将士之忠勤，知战伐之辛苦。衣粮禄赐无非经手经心，土地官封不惜酬勋酬效。生灵是念，稼穑为忧。罢非理之差徭，去无名之侵耗；不贪游宴，尽去奢华；减后宫冗食之人，停诸司不急之务；方岳止甘鲜之贡，殿庭碎珠玉之珍；狱讼无冤，刑戮不滥；凡关物务，尽立规绳。

予小子缵绍丕基，恭禀遗训；仰承法度，岂敢越违。更赖将相公卿左右前后，共遵先志，同守成规，庶俾冲人，不

---

❶ 参见邓广铭：《试破宋太宗即位大赦诏之谜》，《历史研究》1992年1期，页119—125。这种情形在当时并非仅见，南宋周必大《二老堂杂志》卷二有《史官改定制诏》条，其中以太祖受禅诏为例，指出"本朝列圣《实录》，凡当时所下制诏，往往为史官改易，殆以文体或未古也"。

坠洪业。

这里的"予小子"以下一段话，与前引《长编》所载赦书中"先皇帝"以下一段话寓意类似，所谓"仰承法度，岂敢越违"云云，也正是"纪律已定，物有其常；谨当遵承，不敢逾越"之意。两相比较，不难看出，"定本"中对于太祖事业的精神概括更加明确得当。

就这篇赦书的特殊意义而言，首先，无论哪一版本，都宣布了国家的大政方针将依照太祖时的轨道运行，同时表示自己是太祖所创建事业的正式继承人。在当时最形重要的是，这篇诏书事实上即宋太宗对其臣民发布的"安定告示"。其次，宋太宗及其辅佐臣僚对于宋太祖在建立诸般规章制度时所执持的原则，做了一番概括综合与提炼。在"定本"中，他们更把太祖开国致治十七年间一以贯之的核心精神，精心浓缩为"事为之防，曲为之制"八个字。

"事为之防，曲为之制"，这不仅概括了太祖一朝的政治原则，也反映出新统治者所着意努力的方向。所谓"事为之防，曲为之制"，亦可称作"事为之制，曲为之防"，长期以来被认为是周代"礼经三百，威仪三千"所体现的治国之法。颜师古对于这八个字的解释是："言每事立制，委曲防闲也。"❶这种凡事委曲防闲的精神，在宋代可以说得到了充分的发扬光大。

人们从帝王的即位诏书中经常注意到的，除去大赦内容之外，还有关于政策继承或调整的风向与讯息。宋太宗的即位诏书，昭告了政策延续性的明确意向。这在当时，对于稳定宋初的政局具有十分重要的意义。

从目前可以见到的记载来看，太宗听政后第一次与宰相薛居正

---

❶ 《汉书》卷二二《礼乐志二》，卷三〇《艺文志十》。

等正式谈话，即吩咐他们

> 边防事大，万机至重，当悉依先帝旧规，无得改易。❶

当年十二月甲寅，距次年元旦只有十二天，太宗大赦，改元。李焘说："上以亲政逾月，特与天下更始，非故事也。"❷

一方面宣布"悉依先帝旧规"，一方面是"非故事"的"特与天下更始"，这样的对比，在非常的时期中显然相当敏感。我们看到，在《春秋左传注疏》卷五，桓公元年条，经文曰："元年春王正月，公即位。"杜预注文曰：

> 嗣子位定于初丧，而改元必须逾年者，继父之业，成父之志，不忍有变于中年也。诸侯每首岁必有礼于庙，诸遭丧继位者因此而改元正位，百官以序。故国史亦书即位之事于策，桓公篡立而用常礼，欲自同于遭丧继位者。

继嗣者的"改元"，显然是同"常礼"、"正位"联系在一起的。正因为如此，对于"改元不逾年"的委婉批评，北宋中期以后或隐晦或直接地出现在注重义理的宋人言论之中。

在孙甫撰写的《唐史论断》中，涉及这样一件事：景龙四年（710 年），中宗被毒害，其后引出一系列事端：少帝李重茂登基在先，六月改元唐隆；睿宗李旦复辟在后，七月改元景云。孙甫于该书卷中"睿宗景云年"目下，有这样一段论说：

---

❶ 《长编》卷十七，开宝九年十月丁巳条；《豫章文集》卷三《遵尧录二》。

❷ 《长编》卷十七，开宝九年十二月甲寅条；参见蒋復璁：《宋太祖之崩不逾年而改元考》，载《珍帚斋文集》卷三《宋史新探》，页 43—49。

论曰：古之人君即位，必逾年而改元者，先君之年不可不终也，继大位不可无始也，一年不可二君也。先君之年不终，则后嗣急于为君，而忘孝心矣；继大位无始，则布政立事无以正本矣；一年二君，则国统不一，而民听惑矣。典法如是之重，人君可不谨其事欤？睿宗于中宗，虽兄弟之序，然继其位则同于先君，安得不待逾年而改元？盖大臣昧于经义而然也。今书"景云年"者，不可分中宗所终之一年为二，又不可记睿宗之始年谓之二年，故变其例，所以戒无礼而正不典也。

孙甫的批评落脚于"大臣昧于经义"，而其"戒无礼而正不典"的说法，寓意相当严厉。

到南宋时，在一次谈话中，朱熹的学生们问他："开宝九年，不待逾年而遂改元，何也？"朱熹回答说：

这是开国之初，一时人材粗疏，理会不得。当时艺祖所以立得许多事，也未有许多秀才说话牵制他。到这般处，又忒欠得几个秀才说话。❶

朱熹的话，虽然有为太宗开脱之意，但是，"忒欠得几个秀才说话"，确实道出了这一时期朝政的特征之一：当时还远非"秀才"们的黄金时期。

（二）重在防范"内患"的"防弊之政"

在《续资治通鉴长编》卷一一四，景祐元年（1034 年）二月

---

❶《朱子语类》卷一二七《本朝一·太祖朝》。

乙未条下有一记载，说到当时的知制诰李淑曾经进上《时政十议》，其中包括议国体、议灾旱、议言事、议大臣、议择官、议贡举、议制科、议阅武、议时令、议入阁等诸项。在其四"议大臣"一条中，李淑引述宋太宗的话说：

> 太宗尝谓宰相曰："今四方无虞，与卿等谨守祖宗经制，最为急务。"

所谓"祖宗经制"以及"祖宗基业"、"祖宗典故"云云，是真宗以后习用的说法。太宗以弟继兄，尽管继承着太祖的事业章法，而且经常如此表白，却不会称之为"谨守祖宗经制"。李淑的转述，其实是站在后人角度对于前事的回溯，而不应是太宗的原有表述。在同书卷二九，端拱元年（988 年）十二月条下，有另外一条记述，太宗表示"思与卿等谨守法制，务振纪纲，以致太平"。这应该更为接近他的原话。

宋太宗即位之初，诏书中所谓"先皇帝创业垂二十年"云云，强调的是继述先帝遗志，而且充分肯定了太祖朝"事为之防，曲为之制"的防患意义。但到太宗晚年，他却换了一种说法：

> 上顾侍臣曰："自晋、汉以来，朝廷削弱，主暗臣强，纪纲大坏，仅成邦国。朕承丧乱之后，君临大宝，即位之始，览前王令典，睹五代弊政，以其习俗既久，乃革故鼎新，别作朝廷法度。于是远近腾口，咸以为非；至于二三大臣，皆旧德者年，亦不能无异。朕执心坚固，靡与动摇，昼夜孜孜，勤行不怠，于今二十载矣。卿等以朕今日为治如何也？虽未能上比三皇，至于寰海宴清，法令明著，四表遵朝化，百司绝奸幸，固

亦无惭于前代矣。"❶

从这样一番话中，我们看不出太祖在惩治"丧乱""弊政"方面做过什么努力；所有"革故鼎新"的"朝廷法度"，都是高瞻远瞩且"执心坚固"的太宗创行的。

从某种意义上说，太宗的话也并不完全是自我吹嘘。

太祖时期的防弊措置，并未最终形成纤悉必备的系统。他的创法立制，多着意于大纲、大局的建设，而对于其他方面可因则因；对于臣僚的控御，他也多着意于大节，体现着作为一名统帅的气度。从宋人的角度来看，正像田锡在其对策中所说，"我国家丕建洪图垂二十载，先朝以神武之略荡定天下，吾皇（按指太宗）以圣文之德抚育中区"❷。南宋时，陈傅良曾向光宗皇帝阐发"艺祖治大而不治细"的"治道"，说：

> 以臣考见，肇造之业，其道甚易知，甚易行。何者？艺祖治大而不治细，任逸而不任劳，大抵惩五代丛脞之失，再立朝廷，以还君道。❸

朱熹在回答学生提问时，也曾经分析过太祖时期的"大纲"与"节目"问题。据《朱子语类》卷一二七《本朝一·太祖朝》：

> 或言"太祖受命，尽除五代弊法，用能易乱为治。"

---

❶《长编》卷三八，至道元年十二月丙申条。
❷《咸平集》卷二二《私试策·第一道：对》。
❸《止斋集》卷二〇《转对札子》。

曰:"不然。只是去其甚者,其他法令条目多仍其旧。大凡做事底人,多是先其大纲,其他节目可因则因,此方是英雄手段。"

那么,在宋人心目中,究竟什么才是所谓"大纲",亦即宋初诸多措置的核心呢?北宋元祐元年(1086年),右司谏王觌曾经在其奏章中回顾说:

> 圣朝祖宗承五季板荡之后,兴弊拯坠,百余年间,凡前古之法度日以修举。❶

"兴弊拯坠"四字,简练准确地勾勒出了"祖宗"朝施设的精神与赵宋建国初期措置的核心。不过,所谓"兴弊拯坠"之类作为的具体取向,"祖宗"彼此之间是颇不相同的。

相比于太祖较为坦荡洒脱的胸怀而言,太宗对于防范内患、制约"奸邪"的观念要强烈得多❷。他不仅在始嗣位之际,"思有以帖服中外"❸,并且为此而殚精竭虑;终其一生,他都在为此而努力。他的这一思虑最为清楚的表述,记载在《杨文公谈苑》中:

> 太宗尝谓侍臣曰:"国若无内患,必有外忧;若无外忧,必有内患。外忧不过边事,皆可预为之防。惟奸邪无状,若为内患,深可惧焉。帝王合当用心于此。"

---

❶ 《长编》卷三九二,元祐元年十一月己卯条。
❷ 漆侠先生曾经分析过在太宗心目中何谓"奸""邪",见《宋太宗与守内虚外》,载氏著《探知集》,页151—167。
❸ 《铁围山丛谈》卷一。

李焘《续资治通鉴长编》将这番话系于淳化二年（991年）八月丁亥，"并州言戎人七十三户四百余口内附"事下。数十户戎人"内附"，其实称不上什么大事，太宗老谋深算的这一席话，是在围绕自己的思虑借题发挥。

仁宗亲政之初，身为侍从官的宋绶在进言中又提到这一段话：

> 太宗尝曰："国家无外忧，必有内患。外忧不过边事，皆可预防。奸邪共济为内患，深可惧也。"

他并且说，

> 愿陛下思祖宗之训，念王业艰难，整齐纲纪，正在今日。❶

到了这一时候，"祖宗之训"中防范内患的精神原则，已经被看得很重了。

罗从彦在其《遵尧录》中有一段记载文字，与杨亿、宋绶所述小异而大同：

> 契丹部属有求内附者。太宗语侍臣曰："国家若无外忧，必有内患；倘无内患，必有外忧。今所忧特边事耳，皆可预防；奸邪无状，若为内患，深可惧也。帝王用心当须谨此。"❷

孝宗淳熙五年（1178年）七月二十五日，周必大在东宫讲《三朝

---

❶《宋史》卷二九一《宋绶传》。
❷《豫章文集》卷三《遵尧录二》。

272

太平宝训》，也提及太宗的这一段话。

历史上，对于内忧外患的关心与焦虑无疑贯穿于世世代代。《国语·晋语六》中即有"诟非圣人，不有外患，必有内忧"的说法。人们习知，处理对外事务的政策方针，往往是内政的延伸。而被宋人时时征引的这番"祖宗之训"，在外部压力突出的时代中，如此明确直接地将"用心"的重点偏置于"内忧"一方，尚不多见。太宗此时的施政倾向，显然与他面临的具体政治形势相关。

距宋太宗三四百年前，唐太宗与当时的"侍臣"之间也曾有过一番类似的对话。据《贞观政要》卷十慎终第四十，

> 贞观五年，太宗谓侍臣曰："自古帝王亦不能常化，假令内安，必有外扰。……安不忘危，理不忘乱；虽知今日无事，亦须思其终始，常得如此，始是可贵也。"
>
> 魏徵对曰："……惟愿陛下居安思危，孜孜不息耳。"

两位太宗对于内外治乱安危的忧思如此相近，主要是因为他们在当时所面对的局面有类似之处；而其"指导思想"的落脚处却又大有不同：唐太宗君臣对于"内安""外扰"并无政策偏倚，而宋太宗则将政治重心明确限定为防范内部之变乱忧患。看起来，不明不白成为"九五之尊"的赵光义对于"奸邪无状"的提防，对于周围臣僚乃至弟侄们的猜忌，远远甚于公开翦除了政治对手、登上帝位之后的李世民。

当然并不仅仅如此。雍熙北伐失败后，在对辽关系方面，宋廷发生了重大的政策转折，改取"守内虚外"之方略 ❶，这正是"外

---

❶ 参见漆侠：《宋太宗与守内虚外》，载氏著《探知集》，页 151—167。

忧、内患"说出现的政治前提之一。事实上，相对于太祖面对契丹的审慎，宋太宗做皇帝之后，对于用兵北方、恢复幽蓟，曾经取相当积极的态度。五代以来的创业君主，包括赵匡胤在内，都仰赖其军事功勋立足。而与其兄长不同，太宗本人早年虽然也曾在军旅中活动，但无独立率军作战经验，在军队中根基不深。这种背景，无疑使新皇帝赵光义感受到心理上的压力。太祖征讨北汉无功而返，留给太宗的，不仅是未竟的事业，也是展示统御指挥才能、立君主盖世英名的机会。因此，太宗初即位，即"谓齐王廷美曰：'太原我必取之！'"[1]他之所以在攻克北汉后力排众议，挥师北上，恐怕也不能排除这方面的原因。

在当时的臣僚中，有不少人对于边事持谨重态度。太平兴国四年（979年）攻取幽燕不利，高梁河之战败绩，臣僚中主张"先固根本"的声音渐高[2]。不过，高梁河战事失利后，宋军元气尚在；而太宗在逃遁过程中股中两箭[3]，所蒙受的奇耻大辱，也使他不肯善罢甘休。次年冬，"车驾北征，议者皆言宜速取幽蓟"，时为左拾遗、直史馆的张齐贤上疏劝阻说，"圣人举事动在万全"，并且进一步阐论道：

> 臣闻家六合者以天下为心，岂止争尺寸之事、角强弱之势而已乎！是故圣人先本而后末，安内以养外。人民，本也；疆土，末也。五帝三王未有不先根本者也，尧舜之道无他，在乎

---

[1] 《长编》卷二〇，太平兴国四年正月庚寅条。

[2] 例如《宋朝诸臣奏议》卷一二九《边防门·辽夏一》李昉等《上太宗谏北征》，张齐贤《上太宗论幽燕未下当先固根本》；《宋史》卷二六三《窦偁传》载"偁请休兵牧马以徐图之"，等等。

[3] 参见何冠环：《宋太宗箭疾新考》，香港中文大学《中国文化研究所学报》第20卷，页33—57，1989年。

安民而利之尔。民既安利，则远人敛衽而至矣。❶

弭兵论者这种"圣人先本而后末，安内以养外"的说法，以"爱民"为旗帜，正是"守内虚外"方略重要的道理依据。南宋吕中一方面称"齐贤之论，其知本矣"，另一方面又批评张齐贤及当时主要的弭兵论者说：

> 然齐贤徒知契丹未可伐，而不知燕蓟在所当取。岂惟齐贤不之知，虽赵普、田锡、王禹偁亦不之知也。❷

尽管有弭兵议论，尽管兴国五年在窦偁、李昉等人力谏下，以"下诏南归"而告结束❸，太宗仍然决计进取。即便在其"以夷制夷"努力遇挫之后，还是在雍熙三年（986年）再度发动战事❹。此次用兵之际，先有参知政事李至"上太宗谏亲征"❺，继而是时为武胜军节度使兼侍中的赵普切谏伐燕❻，宰相李昉等也"抗疏力谏"❼。岐沟关战役失利，遭受重创之后，回头面对赵普等人的奏疏，最能打动皇帝的大概是其中"事苦则虑易，兵久则变生"数语。从太宗自己参预策划的陈桥驿兵变，到太平兴国兵败幽州之后亲历的"军中

---

❶ 《宋史》卷二六五《张齐贤传》。
❷ 《宋史全文》卷三，太平兴国五年十二月末注文引《讲义》。
❸ 《长编》卷二一，太平兴国五年十二月。
❹ 参见蒋复璁：《宋真宗与澶渊之盟》，《大陆杂志》第二二卷八至一〇期；陈芳明：《宋初弭兵论的检讨（960—1004）》，台北：《国立编译馆馆刊》第四卷第二期，页47—64。
❺ 《宋朝诸臣奏议》卷一二九《上太宗谏亲征》，雍熙三年正月上。
❻ 《宋朝诸臣奏议》卷一二九《上太宗请班师》，雍熙三年五月上。
❼ 《玉壶清话》卷一；《长编》卷二七，雍熙三年六月戊戌条。

夜惊"事端❶，无不指向攘除"外忧"之际的"内患"风险。在给赵普的答诏中，太宗推诿"责在主将"、表示"边防之事已大为之备"之后，也委婉地承认自己有考虑不周之处："卿社稷元臣也，忠言苦口，三复来奏，嘉愧实深。"❷

冷静之后，太宗所"悔愧""后怕"之事，恐怕不在于生灵涂炭、劳民伤财，而是"兵久变生"。"内"与"外"的权衡之下，政权与皇位的安定确立为首要的目标。淳化年间太宗有关"内患""外忧"的表述，正使我们看到雍熙之后，帝王对于"边事"注意力的转移以及对于"内患"可能性的警觉。

《宋史》卷二六六《王化基传》中有这样一段话：

> 以右谏议大夫权御史中丞。一日，侍便殿，（太宗）问以边事。对曰："治天下犹植木焉，所患根本未固，固则枝干不足忧。朝廷治，则边鄙何患乎不安？"

今查王化基以右谏议大夫权御史中丞在端拱二年（989年）九月戊子，两年后，淳化二年（991年）九月庚子为御史中丞❸。他与太宗这番交谈，据说时值"盛暑"，应该是在盛夏时节，在他权御史中丞前不久。谈话时气氛融洽，皇帝特别许他"摺笏挥扇"，君臣间谈得推心置腹。这次对话当在太宗与侍臣谈"外忧内患"（李焘《长编》系之于是年八月）之前。也就是说，太宗的认识，既是出自他个人的阴暗心理，同时也是与其臣僚"互动"的结果。

---

❶ 太平兴国四年，太祖长子燕王德昭从太宗北征幽州，"军中尝夜惊，不知上所在，有谋立德昭者。上闻不悦。"见《宋史》卷二四四《宗室·燕懿王德昭》。
❷ 《宋朝诸臣奏议》卷一二九《上太宗请班师》附。
❸ 《长编》卷三〇、三〇二。

如研究者所指出，"强干弱枝"的政策，在当时不仅是由上而下的推行，也受到由下而上的拥护 ❶。守内虚外的基本政策，正是在太宗时期奠定了基础。

王化基的上述意见，其后受到不少官僚呼应，例如晏殊，数十年后还曾称赞说，"化基之言甚简且要，真知治本者也"❷。而司马光在元丰五年（1082年）预撰的《遗表》中，也声称"古圣王之治天下，必先内而后外，安近以服远"❸。元祐初年表上的《唐鉴》，虽然传达出范祖禹与司马光对唐史意见不甚相同的讯息，但在这一方面却并无二致：

> 臣祖禹曰："有国者丧师之祸小而或以霸，秦穆公、越王句践是也；得地之祸大而或以亡，楚灵王、齐湣王是也。是故广地不若广德，强兵不若强民。先王患德之不足而不患地之不广，患民之不安而不患兵之不强。封域之外声教所不及者，不以烦中国也。（唐）太宗不从忠谏，卒自咎悔，况不若太宗之强盛而可为乎！"❹

直到南宋孝宗淳熙五年（1178年），周必大在所进《东宫故事》中，还引述了《三朝太平宝训》所载太宗便殿召王化基事，他说：

> 臣闻治天下有本有末：朝廷者，本也；边郡者，末也。诚

---

❶ 陈芳明在其《宋初弭兵论的检讨（960—1004）》一文中，分析了太宗朝主守、主和等弭兵理论，并且指出"弭兵论大部分的主张，都是配合'强干弱枝'的政策"。见台北：《国立编译馆馆刊》第四卷第二期，页47。

❷ 《元献遗文·天圣上殿劄子》。

❸ 《司马文正公传家集》卷十七。

❹ 见《唐鉴》卷五《高昌既平》条下。

使朝廷之上政教修明、赏罚公平，则将帅何敢不宣力？士卒何敢不用命？夷狄何患不畏服？此固根本之效也。

从政教修明、赏罚公平以"朝廷为本"的角度进行解释，应该说是自积极方面阐发着这一"本末说"。而使人慨叹的是，对于关系着王朝命运的"守内虚外"政策，宋人始终缺乏深入的反省。

赵宋的"祖宗之法"，主要是一套处理内政的原则。就其形成过程而言，太宗所起的作用绝不亚于太祖。在宋真宗的景德改元赦书中，说"太祖以神武定寰中，肇基王业；太宗以睿文化天下，光阐鸿图" ❶，就其统治趋向而言，这种概括大体上不错。

宋朝的统治，至太宗赵光义接手之时，已经走过了近二十年的路程。但社会风气与习俗的转变、典章规范的建立与正常运转，都需要较长的历史过程才能有所成效。太宗谙熟五代以来的弄权操术，他本人也决不吝惜在关键时刻祭出这套本领；但与此同时，他却清醒地认识到要巩固赵宋的江山，正须堵塞臣下的弄权之路，这不仅要从权力格局、制度设施方面入手，更要从根本上扭转风习，防微杜渐。太平兴国八年（983 年），太宗掌握中的政权已经相当稳定。一天，他对宰相们说：

> 朕顷在藩邸，颇闻朝臣有不修操检，以疆词利舌，谤讟时事，陵替人物。或遣使远方，不存事体，但规财用，此甚辱国。今朝行宁复有此等耶！若人人自修，岂不尽善。

宰相们赶快应接说：

---

❶ 《宋大诏令集》卷二《帝统二·改元》。

陛下敦崇风教，不严而治，轻薄之徒自然弭息矣。❶

　　太宗时期对于官僚操检、社会风尚的重视程度，远较太祖为甚。《大事记讲义》的作者吕中，在讲到太祖朝的政治时，有"我朝以儒立国"，"卒成一代文明之治"的说法❷。而事实上，"以儒立国"，最早也应是太宗后期的事。对于太祖规模弘阔而太宗规矩致密的特点，宋人有不少论述。南宋时，陈亮在其《上孝宗皇帝第三书》中说：

　　艺祖皇帝经画天下之大略，盖将上承周、汉之治。太宗皇帝一切律之于规矩准绳之内，以立百五六十年太平之基。❸

　　在《大事记讲义》卷四《太宗·宰相》中，吕中也说：

　　（端拱元年二月）赵普之再入相也，与乾德之初入相不同。盖太祖时规模广大，故普慨然以天下自任而敢于事。太宗规模繁密，故普不免远嫌疑、存行迹，而救过之不暇。

　　北宋庆历三年（1043 年）九月，当时的枢密副使富弼曾经将太祖、太宗、真宗朝施政的阶段性特征作了简要的概括：

　　宋有天下八十余年：太祖始革五代之弊，创立法度；太宗

---

❶ 《长编》卷二四，太平兴国八年四月丁未条。
❷ 《类编皇朝大事记讲义》卷三《太祖·幸太学》。
❸ 《陈亮集》（增订本）卷一。

克绍前烈，纪纲益明；真宗承两朝太平之基，谨守成宪。❶

《宋史》卷九八《礼志一（序）》对于宋初三朝的说法，正反映出时代变化的轨迹，读来颇有层次感：

> 五代之衰乱甚矣，其礼文仪注往往多草创，不能备一代之典。宋太祖兴兵间，受周禅，收揽权纲，一以法度振起故弊。……太宗尚儒雅，勤于治政，修明典章，大抵旷废举矣。真宗承重熙之后……仍岁增修，纤微委曲，缘情称宜，盖一时弥文之制也。

刘静贞在其《皇帝和他们的权力：北宋前期》一书中也指出，尽管"太祖辛苦营建有成的独裁体制，无所不至地渗透到全国行政体制的各个角落"；但专制政治的巩固，还有赖于太宗朝的努力：

> 宋以下中国君主专制政治之所以能再次发展，确定天子终极独裁权力的正当性，正是植基于宋太宗躬亲庶务、日理万机的忙碌中。他对于有关行政事务的一再介入，虽然不符人君但持赏罚大端、分层处事的行政原理，但是对君主专制独裁权力的加强，却极为有效。……使君主专制的概念落实在实际的行政事务之上，而且立为成规，终成有宋历代君臣共同遵行的典模制度。❷

太宗自称从他君临天下以来，"未尝一日不鸡鸣而起，听四方之

---

❶ 《宋朝诸臣奏议》卷一二《君道门·法祖宗·上仁宗乞编类三朝故典》。
❷ 《皇帝和他们的权力：北宋前期》第二章《君主独裁体制的确立》，页53。

政；至于百司庶务，虽微细者，朕亦常与询访。所以周知利害，深究安危之理，故无壅蔽陵替之事"。面对着这样一个精力过人、主宰欲望过人的皇帝，宰臣吕端只好说："臣等待罪庙堂，曾无裨益。"拜谢而退 ❶。

在王朝逐渐安定之际，太宗所体现出来的忧患意识，似乎比他的兄长更为深刻强烈。如果考虑到五代时期往往于第二、三代帝王时王朝易代的背景，我们也就不难理解其中的原因。端拱元年（988 年）十二月，太宗对他的宰相们说：

> 国之兴衰，视其威柄可知矣。五代承唐季丧乱之后，权在方镇，征伐不由朝廷，怙势内侮。故王室微弱，享国不久。太祖光宅天下，深救斯弊。暨朕纂位，亦徐图其事，思与卿等谨守法制，务振纪纲，以致太平。❷

从积极的方面来讲，太宗时期对于"谨守法制，务振纪纲"的孜孜追求，基本上奠定了赵宋的统治格局，使得宋代后世的统治者有据可依。这对于五代至宋朝统治基调与方略的转换，显然意义重大。

就在同一年间，太宗曾经以手诏"回忆"自己的早年"事迹" ❸，并且告诫自己"生于富贵，长自深宫"的儿子们，要求他们恪守前辈事业：

> 汝等生于富贵，长自深宫，民庶艰难，人之善恶，必恐未

---

❶ 《长编》卷三八，至道元年十二月丙申条。
❷ 《长编》卷二九，端拱元年十二月条。
❸ 张其凡《宋太宗》一书中指出其自述漏洞百出，明显出于编造。见该书页 10。

晓，略说其本，岂尽予怀。夫帝子亲王，先须克己励精，听卑纳谏。每著一衣则悯蚕妇，每餐一食则念耕夫。至于听断之间，勿先恣其喜怒。朕每亲临庶政，岂敢惮于焦劳；礼接群臣，无非求于启沃。汝等勿鄙人短，勿恃己长，乃可永守富贵而保终吉。先贤有言曰："逆吾者是吾师，顺吾者是吾贼。"此不可以不察也。**❶**

据《宋会要辑稿·帝系》二之四，正是这一年，"帝子亲王"中出了这样一件事：

> 御史中丞尝劾奏开封府尹许王元僖，元僖不平，诉于上曰："臣天子儿，以犯中丞故被鞫，愿赐宽宥。"上曰："此朝廷仪制，孰敢违之！朕若有过，臣下尚加纠摘，汝为开封府尹，可不奉法耶？"论罚如式。**❷**

太宗对于"天子儿"亦须遵行"朝廷法"的要求，透露出皇室家规与国法之间的关联；而他对于"帝子亲王"们的谆谆戒饬，更使人们清楚地体味到他心中对于保家传国的焦虑。

对于大臣子孙是否能够"继述父祖基业"，宋太宗也给予了特别的注意。他希望将臣僚之家的基业与皇朝的运祚联系起来。太平兴国八年（983年），太宗对臣僚们的一段话，解释了这些做法背后的深远用意：

---

❶ 《长编》卷二九，端拱元年正月庚子条；《宋朝事实》卷三。
❷ 参见《长编》卷二九，端拱元年闰五月条。

中国自唐季，海内分裂，五代世数尤促，又大臣子孙鲜能继述父祖基业。朕虽德不及往圣，然而孜孜求治，未尝敢自暇逸，深以畋游声色为戒。所冀上穹降鉴，亦为子孙长久计，使皇家运祚永久，而臣僚世袭禄位。❶

太宗一生，"为子孙长久计，使皇家运祚永久"，诸事防范，曲折施设，可谓用心良苦。这的确使他有资格以"革故鼎新""执心坚固"自居。

五代的乱离，使宋初君臣在心理上强烈倾向于建立强有力的中央集权。太祖、太宗朝制度上的改革，除了自身权力欲望的实现，也是为了完成此一时代的要求 ❷。柳立言曾经综合前人研究，指出由唐入宋，在政治体制方面的一个基本变化：

> 唐宋变革的一个特点，正是从"君主独裁"演变为"君主独裁'制'"；过去是靠皇帝个人的能力，现在是靠"制度"来维持独裁，如以中书与枢密分掌文武二柄，以枢密、三衙和帅臣分掌军政、军令和军兵，和台谏独立等。无能的皇帝仍可是独裁君主，即使出现权相，也只是对百官弄权，无能对皇帝弄权。❸

通过本章的叙述，我们可以看出，这样一套"制度"的逐渐形成，正与宋初防微杜渐的努力密不可分。

---

❶ 《杨文公谈苑》"太宗赞日本颇有古道"条。
❷ 参见刘静贞：《皇帝和他们的权力：北宋前期》第四章《皇权之外》，页 189。
❸ 柳立言：《宋代的社会流动与法律文化：中产之家的法律？》，《唐研究》第十一卷，页 118—119，北京大学出版社，2005 年。

北宋初期太祖、太宗的创法立制，与赵宋"祖宗之法"基调的形成是密切关联的过程。正是在宋初"变家为国"的历程中，在制度调整的曲折反复中，凝练出"事为之防，曲为之制"的精神原则。作为"祖宗之法"的精髓，它强调保持对于意外事变的戒惕心态，强调防范纤悉，同时以制度的平缓调适保证政治的稳定。这一核心原则，在有效杜绝了内部重大变局的同时，对于两宋官僚政治的发展，也产生着深刻的负面影响。在士大夫中受到广泛应和的"利不百，不变法"的主张，普遍存在的对于"变更祖宗法度"的疑虑与抵制，长期困扰两宋政治生活的朋党问题，守内虚外、强干弱枝的军政部署，如此等等，无不与宋代这一基本国策有着直接的关系。

第 4 章

从"保祖宗基业"到"守祖宗典故"

——真宗朝的过渡

把宋太祖、太宗时期所施行的法度及其精神加以总结概括，将其称之为"祖宗典故"、"祖宗法度"，并且奉之为治国理事之圭臬，始于北宋真宗时期。揭举这一旗帜的直接创意者，应当说是有宋一朝著名的"贤宰相公"李沆、王旦等人以及一批矢意于治的士大夫。尽管宋代有些士大夫征引《诗经》"绳其祖武"、"不愆不忘，率由旧章"以及"毋念尔祖，聿修厥德"等辞句，作为奉行祖宗法度的理论依据，但事实上，"祖宗之法"在当时的提出，显然并非光大儒家理念的直接产物，而主要是在 10 世纪后半叶以来长期社会实践中酝酿反思的结果。

一 "祖宗法制具在"与"务行故事"

真宗朝是北宋许多制度的定型期。此前，君主个人的影响明显突出，同时也经历着走向制度化的过程；此后，士大夫的作用愈益显现出来，各项制度陆续成形。在真宗朝，援引祖宗故事处断事务的原则逐渐确立起来。

真宗二十四年的统治生涯，大致上可以分为前后两个阶段：咸平（998—1003）、景德（1004—1007）约十年间，真宗君臣以"恪守祖宗基业"为怀，比较谨慎小心，基本上沿袭着太祖、太宗朝的统治方式；而在大中祥符（1008—1016）以后的十数年间，帝王逸出正常统治轨道的行为屡屡出现，士大夫阶层的分化也趋于明显。而我们注意到，崇奉本朝的"祖宗故事"，将"祖宗典故"作为国家政事的效仿原则，正是从真宗中期以后愈益突出的。在规范帝王统治行为的努力中，在不同政治派别的摩擦争斗中，"恪守成规"成为从李沆到王旦等宰执重臣抵御越轨举动的旗帜。尊崇"祖宗之法"虽然尚未作为口号提出，但其实质精神已经在当时的政治生活中逐渐发展起来。

（一）并非顺畅的皇位交接

从创业转向守成，在宋代这一过程大体上是随着真宗的即位展开的。太宗在其晚年，已经着手为这一转化做出铺垫，除去前文所述制度与人事的安排之外，主要是对于皇位继承人的选择。

登极之初，太宗虽然做出子侄并称"皇子"的姿态，但到太平兴国八年（983年）间，已经把自己的儿子改为以"元"字排行，改变了太祖以来三房子侄皆依"德"字排行的旧例，从而清楚地显示出传位于己子的意向。接踵而来的是，太宗为选择继嗣问题颇费周折，也屡屡为此而深感苦恼。他的长子元佐因叔父廷美案而致癫狂；次子元僖暴卒，且内修不检之事有所传闻。他多年来为传位于己子而做出的努力，面临着颇不容易的具体抉择。

淳化（990—994）中，左正言、度支判官宋沆等以及右正言、度支判官冯拯等曾先后上疏乞立储贰。太宗大怒，皆予以惩斥，宋沉事甚至牵连到宰相吕蒙正。自此建储之事成为言论禁区，"中外无敢言者"❶。直至淳化五年，此事才被始终念念在怀的太宗本人再度提起。《续资治通鉴长编》卷三八，记载着太宗就选择皇储事与寇準的一段谈话：

> 上曰："朕诸子孰可以付神器者？"
>
> 準曰："陛下诚为天下择君，谋及妇人、宦官不可也，谋及近臣不可也，惟陛下择所以副天下之望者。"
>
> 上俛首久之，屏左右曰："元侃可乎？"
>
> 对曰："非臣所知也。"
>
> 上遂以元侃为开封尹，改封寿王，于是立为太子。❷

对于这件命运攸关的大事，平日词锋敏锐的寇準出言谨慎 ❸。事当家国至计，首先是要谨守臣下本分，这是两宋臣僚共同执守的原则。仁宗晚年，对于立皇嗣事颇为犹豫，在臣僚一再催促下，曾经与宰相韩琦商议，问他说："朕有意久矣，谁可者？"韩琦惶恐对答道："此非臣辈所可议，当出自圣择。"❹南宋乾道六年（1170年），孝宗与丞相议立太子，虞允文提及太宗立储事，说："观準所

---

❶ 《长编》卷三二，淳化二年九月己亥条；《宋史》二八一《寇準传》、卷二八五《冯拯传》。

❷ 《长编》卷三八，至道元年八月壬辰条。

❸ 朱熹《五朝名臣言行录》前集卷四引《寇莱公遗事》，称寇準答太宗问，说"臣观诸皇子，惟寿王得人心"，太宗遂下决心立为太子。按太宗立储事周折颇多，寇準恐怕不会直接介入，《两朝纲目备要》所载虞允文对孝宗语，也持这种看法。又，张商英《寇準传》中称寇準通判郓州被召见时，太宗曾与之商及"东宫（按指元僖）不法"事，寇準贡献计谋，终使元僖伏罪。李焘已驳其谬，见《长编》卷三三，淳化三年十一月丙辰条。

❹ 《宋史》卷三一二《韩琦传》。

对，曲折之间，但欲自太宗发之尔。"❶ 臣下的谨慎并非含混。如果将数年以后宫闱之内潜议废立事联系起来考虑，则寇準当时"谋及妇人、宦官不可也"的态度显然是有所针对的。

太宗与寇準的对话，发生在淳化五年九月间，既以元侃为开封尹，事实上表明了将其立为储贰的意向；而太子之立，是在几乎一年之后的至道元年（995 年）八月。此时，不仅太祖的儿子都已过世多年，而且太祖的开宝皇后宋氏也已经于是年四月辞世。《东都事略》卷三《太宗本纪》接连记载了宋皇后去世与太宗立储这两件事：

> （至道元年四月）甲辰，开宝皇后宋氏崩。秋八月壬辰，诏以皇第三子开封尹寿王为皇太子。大赦天下。改元。

王称笔下的连缀记事虽属无意，但太宗恰于此时正式立储或非巧合 ❷。

对于选立太子，太宗相当慎重，同时他也对自己的接班人寄予着殷切的期望。在命元侃为开封尹的制书中，称"有家有国，汝宜保于令名；知子知臣，我无惭于前哲"❸。这使我们不禁联想到太祖代周时"变家为国"的说法。就帝王而言，"家"与"国"的联系是如此自然，难怪会将"家法"与"国法"视为一体。

至道元年八月，太宗正式立三子寿王元侃为太子，同时改其名为赵恒。当时，他抚着儿子的后背，特别说明了改名之深意："名

---

❶《两朝纲目备要》卷一。

❷ 参见何冠环：《宋初朋党与太平兴国三年进士》，页 32 注 7；蒋復璁：《宋太祖孝章宋皇后崩不成丧考》，《珍帚斋文集》卷三《宋史新探》，页 288—297；何冠环：《宋太宗箭疾新考》，《中国文化研究所学报》第 20 卷（1989 年），页 33—58。

❸《宋大诏令集》卷二六《亲王一·进拜一》。

288

此，欲我儿有常德，久于其道也。"这番叮嘱对于赵恒影响颇深，他做了皇帝之后，曾经有建议增损旧政者，他即举述此事作为拒绝的理由 ❶，表示无改于父之道。

自唐代末年昭宗以来，"中国多故，不遑立储贰"，到至道正式立储已经将近百年，此时立皇太子成为一件为人所重的大事，同时也触动着帝王心中的敏感之处。于是有了这样一幕：

> 京师之人见太子，喜跃曰："真社稷之主也。"
>
> 上闻之，召（寇）凖谓曰："四海心属太子，欲置我何地？"
>
> 凖曰："陛下择所以付神器者，顾得社稷之主，乃万世之福也。"❷

自己反复考虑之后选定的太子，有了受到民众拥戴的迹象，太宗不因此喜悦，反而郁闷不快。自称"知子知臣"的太宗，尽管明白"立储副之位，所以贞乎万邦"❸的道理，却又情不自禁地将一切对于自身以外的欢迎视作威胁。这种深入骨髓的猜忌情绪，反映出太宗久久不能走出五代阴影的心态。即便经寇凖疏导劝解之后，太宗心底的疑虑仍然未能真正散去。

开封府曾以岁旱蠲放十七县民租，当时有传言称开封府旱不成灾，蠲免之举意在收揽民心。太宗闻知，很不高兴。御史台揣摩皇帝心意，请遣使覆核。当时身为开封尹的赵恒，心惊胆战。这件事在当时给赵恒造成的刺激与压力之大，非通常所能想象，直到他做

---

❶《长编》卷四二，至道三年十一月甲子条。
❷《长编》卷三八，至道元年八月壬辰条。
❸《宋大诏令集》卷二五《皇太子·建立》"至道元年立皇太子制"。

了皇帝之后，回忆起此事还相当后怕："当此之时，朕亦自危惧。"❶
受命前来覆按太康、咸平二县税的亳州防御推官王钦若，由于在这一关键时刻出面坚持应该放税，而使真宗感念不已，其后几乎眷顾他一生。

赵恒登极前的谦恭低调，被许多臣僚看在眼中。王曾在其《笔录》中说：

> 真宗皇帝天资仁孝，性尤谦慎。淳化中册为皇太子，圣朝亲王班在宰相之下，至是升储，帝亦固让，遂仍旧贯。凡东宫故事，多所损益。至于官僚称殿下、立妃，皆乞寝罢。太宗并嘉纳之。故庄穆皇妃讫太宗世止为皇太子夫人。其兢业逊避如此。

宋代的皇位继承，一般来说尚属平稳，没有出现重大的统治危机。但这并不意味着更替之际的一切都是不折不扣地按照"大行皇帝"的"既定方针"顺畅运作。最高权力交接时期的紧张，应该说是显而易见的。仅就北宋而言，即使不提太祖、太宗间事出突然的兄终弟及，其后在太宗、神宗、哲宗去世时，都曾有过短暂的不安。而入继大统的英宗与皇太后曹氏之间，临危禅让的徽宗、钦宗父子之间，彼此间的不满与戒惕更几乎是尽人皆知。这尽管没有对当时国家统治机器的正常运转构成致命的威胁，却显然影响到朝廷的用人政策与政治局势的安宁 ❷。

赵恒本来是太宗亲自选定的皇嗣，而围绕他的即位，仍然起了

---

❶ 《梦溪笔谈》卷十二《官政二》；又见《长编》卷四二，至道三年十一月甲子条。

❷ 哲宗亲政后"同文馆"狱事之兴，即其中突出的一例。

一番不大不小的波澜。太宗去世前，始终维护赵恒的寇準已经被免去参知政事职务而出知邓州，朝中的宰相只有吕端一人。

据《续资治通鉴长编》卷四一，太宗辞世前后，宫廷内外气氛十分紧张。围绕着帝位继嗣问题，皇后李氏、内侍大珰、政府首脑，各自选定了自己的立场：

> （至道三年三月）癸巳，帝崩于万岁殿。参知政事温仲舒宣遗制，真宗即位于枢前。
>
> 初，太宗不豫，宣政使王继恩忌上英明，与参知政事李昌龄、知制诰胡旦谋立楚王元佐，颇间上。宰相吕端问疾禁中，见上不在旁，疑有变，乃以笏书"大渐"字，令亲密吏趣上入侍。
>
> 及太宗崩，继恩白后至中书召端议所立。端前知其谋，即绐继恩，使入书阁检太宗先赐墨诏，遂锁之，亟入宫。后谓曰："宫车晏驾，立嗣以长，顺也。今将奈何？"端曰："先帝立太子政为今日。岂容更有异议？"后默然。
>
> 上既即位，端平立殿下，不拜，请卷帘，升殿审视，然后降阶，率群臣拜呼"万岁"。

在这一段记载之下，李焘说明了他的材料来源 ❶，并且指出："王继恩等谋废立，《实录》、《国史》绝不见其事迹，盖若有所隐讳。"

对于这一蓄谋废立事的始末，《长编》与《宋史》都归咎于宦官王继恩的故伎重演。事实上并非如此简单。何冠环在其《宋初朋

---

❶ 李焘在该条注文中说："今据《吕海集·正惠公补传》及司马光《记闻》增修。《补传》所载比之《记闻》尤详也。"

党与太平兴国三年进士》一书中，细致地分析了太宗立储过程中元佐、元僖、元侃诸人的支持力量，勾勒出李昌龄、胡旦等人在这一事件中的幕后作为 ❶。是年五月，在责罢参知政事李昌龄的诏书中，以"恣行请托，深乱朝经"为词，将其贬斥出朝堂 ❷。

《宋史》卷二八一《吕端传》中的记载与《长编》大同小异。而其中最明显的区别，在于太宗去世前"谋立楚王元佐"的参预酝酿者中，多了"殿前都指挥使李继勋"这一人物：

> （太宗）疾大渐，内侍王继恩忌太子英明，阴与参知政事李昌龄、殿前都指挥使李继勋、知制诰胡旦谋立故楚王元佐。

中华书局标点本《宋史》校勘记指出，李继勋卒于太平兴国初年，不可能参预此次事件，因而判定"殿前都指挥使李继勋，此九字当衍"，"下文'以继勋为使相，赴陈州'九字亦当衍"。陈振先生则自《吕端传》提供的线索出发，旁征宋代史事，根据《宋史》卷二五七《李继隆传》中"真宗即位，改领镇安军节度（笔者按：宋代镇安军节度，即陈州），检校太傅。踰月召还，加同中书门下平章事，解兵柄，归本镇"的记载，指出"李继勋实为李继隆之误"❸。关于李继隆妹李皇后在合谋废立事中的态度，早有学者论及，李继隆参预此事，亦在情理之中。他在真宗即位后，以太后长兄之贵，虽加使相衔，却"解兵柄，归本镇"，原本启人疑窦，个中缘由，或可自此得到解释。

李皇后当时的这番作为，很像太祖去世之际的宋皇后。她自己

---

❶ 见该书第五章《暗通宫闱：党争与继位之争》，页 31—52。
❷ 《宋宰辅编年录校补》卷三。
❸ 陈振：《宋史》，页 29。

没有儿子，却希望凭藉自己的特殊身份，以改立皇嗣的方式，为自己的今后铺下一条坦途。面对吕端的诘问，"后默然"❶。这也使人们感慨于时势的变化：当太祖、太宗交替之际，几乎看不到一位朝中重臣的身影；而此时面对参政、内侍、殿帅与皇后既有的合谋，"大事不糊涂"❷的吕端独身一人、"岂容更有异议"❸一语，即得以挽狂澜于既倒。研究者不难注意到太宗在位期间政策经营以及人事安排的成功，注意到以宰相为首的外朝官僚集体力量的成长。

皇权交替之际，无疑是十分敏感的时刻。关键时刻环绕的紧张，往往会在新皇帝心中投下持久的暗影，甚至影响到他们日后的施政方针。而曾经在皇帝选立问题上起过作用的太后、臣僚，此后通常会由于自己各异的立场而受到不同的对待与"报应"。

自从立为太子以来一直在谨慎小心中度日的赵恒，登极之后终于有了扬眉吐气的机会。对于在关键时刻起了关键作用的吕端，他感戴尊崇，"肃然拱揖，不以名呼"，而且称之为"顾命元老"❹；这给予人们的印象是，吕端系太宗委以执行遗诏的顾命之臣。而实际上，太宗去世前，"垂欲相（温）仲舒而罢吕端，会不豫乃止"❺。对于太宗生前的这一意图，当时身为太子的赵恒应该有所了解。而他即位之后对于吕端的宠异，口口声声"允厘重德，共守成规"的姿态❻，以及拔擢原任太子宾客的李至、李沆参知政事的安排，无

---

❶ 《长编》卷四一，至道三年三月癸巳条。有研究者认为，有宋一代，"后妃干政只是一种夫妻式的贤内助"，"并未产生严重的政治危机，相反成了皇权顺利交接的保护者。"（朱瑞熙、祝建平：《宋代皇储制度研究》，载《宋旭轩教授八十荣寿论文集》，页113）从北宋早期的皇权交接来看，情况似较此复杂。

❷ 《五朝名臣言行录》卷二《吕正惠公》引《吕氏家塾记》。

❸ 《长编》卷四一，至道三年三月癸巳条。

❹ 《长编》卷四一，至道三年六月甲辰条。

❺ 《长编》卷四一，至道三年正月丙子条。

❻ 咸平元年十月戊子吕端罢相制，《宋宰辅编年录校补》卷三。

不提醒我们，新皇帝尽管处处强调继承，事实上却是在组织个人班底，显示个人权威，以应对巩固自身地位的迫切需求。

（二）遵先朝成宪，守"祖宗基业"

真宗时期，在赵宋"祖宗家法"的形成过程中，无疑是一个重要的阶段。比起出身于五代时期的太祖、太宗，在真宗身上，更为集中地反映着宋代帝王的典型特性；而被认定为"祖宗之法"的北宋各项制度，其定型与巩固，也大多是在这一时期。

遵行先朝成宪，保守"祖宗基业"——这是理解真宗前期政治施为的关键之一。至道三年（997 年）四月，真宗即皇帝位，其即位制书中强调说：

> 先朝庶政，尽有成规，务在遵行，不敢失坠。❶

很明显，这个调子是追随太宗即位诏书中"先皇帝创业垂二十年，事为之防，曲为之制，纪律已定，物有其常。谨当遵承，不敢逾越"❷而来的。和乃父一样，赵恒登极伊始，即明确表示了遵行先朝成规的态度。对于"先帝"的大小举措，新皇帝都十分小心地表示出维护的姿态。哲宗元祐（1086—1094）初年，王岩叟等人曾经提到，真宗时

> 知制诰张秉撰一叙用官制词云："顷因微累，谪于荒遐。"
> 真宗览之曰："如此，则是先帝失政。"遂罢其职。❸

---

❶ 《长编》卷四一，至道三年四月乙未条。
❷ 《长编》卷一七，开宝九年十一月乙卯条。
❸ 参见《长编》卷三九三，元祐元年十二月壬寅条注文；卷三九四，元祐二年正月辛未条。

可见这位嗣皇帝为维护先帝形象，或者更确切地说，为树立自己维护先帝的形象而颇动心机。

在选定咸平为自己的第一个年号时，皇帝又在改元诏书中表示："朕诞受皇图，缵承茂烈，深惟抑畏，岂敢遑宁"❶。真宗去世后公布的乾兴遗诏中，以他的口吻回顾在位的二十载说，"朕嗣守丕基，君临万宇，惧德弗类，侧身靡宁，业业兢兢，倏逾二纪。"❷君临天下的压力，无疑伴随着真宗一生；若说"深惟抑畏""业业兢兢"，则只有咸平、景德年间，庶几可称。

真宗初年，国家政治呈现出相对稳定的局面，承继祖宗遗绪，被认定为国家文治武功、光大太平基业的保证。士大夫们普遍认为，新皇帝的责任在于"垂子孙之贻谋，光祖宗之大业"，"稽古以行道，随时而立法"❸；而且强调"国家三圣相承，五兵不试，太平之业，垂统立制，在兹辰也"❹。在朱台符、孙何等人于咸平二年（999年）所上奏章之中，明确地表达了这种认识。次年，真宗北巡归来后，王禹偁在其《贺圣驾还京表》中，也称颂皇帝"奉承祖宗，威怀戎狄，但懋守文之德，靡衒神武之功"之美德。❺

这一时期中，真宗几乎时时事事征询汉唐故事、本朝成宪，其言行举止，让人感觉到他作为守成之君的谨慎。至道三年八月，初即位的赵恒希望褒封其乳母刘氏，于是，

上以汉唐封乳母为夫人、邑君故事付中书，因问吕端曰：

❶ 《宋大诏令集》卷二《帝统二·改元》"改咸平元年诏"。
❷ 《宋大诏令集》卷七《帝统七·遗制》"乾兴遗诏"。
❸ 朱台符：《上真宗应诏论彗星旱灾》，《宋朝诸臣奏议》卷三七《天道·灾异》。
❹ 《宋文鉴》卷四三《论官制》。
❺ 《小畜集》卷二二。

"斯礼可行否？如不可行则止，朕不敢以私恩紊政法也。"端等
奏曰："前代旧规，斯可行矣。或加以大国，或益之美名，事
出宸衷，礼无定制。"己酉，诏封乳母齐国夫人刘氏为秦国延
寿保圣夫人。❶

　　景德（1004—1007）年间，真宗命王钦若、杨亿等编修《历代
君臣事迹》，将历史上的君臣故事汇编为卷帙浩繁的大书。工作开
始后，皇帝屡屡强调要"区别善恶，垂之后世，俾君臣父子有所监
戒"。历八年而书成，真宗题名为《册府元龟》，并在御制序文中表
示效法太宗大规模修书的做法，"遹遵先志，肇振斯文"；而所谓
"元龟"，则如韩琦所说："夫监之无忽者，先王之成宪也；前之不
忘者，后事之元龟也"❷，其寓意正在于"取著历代君臣德美之事，
为将来取法"❸。
　　真宗朝所仿效者，既有前代故事，亦有本朝的"故事"与"旧
典"。这一时期中，"祖宗故事"、"祖宗旧典"之类说法开始出现。
景德元年（1004年），明德太后去世，宰相李沆在请真宗节哀听政
的奏章中，曾经征引故事，劝慰皇帝说：

　　　伏望循祖宗之旧典，禀母后之遗言；节哀顺变，式叶前
　　经，垂拱向明，躬决庶务。❹

数年后庄穆皇后去世，为定谥告庙事，辅臣意见不同。王旦举述了

❶　参见《长编》卷四一，至道三年八月己酉条记事。
❷　《安阳集》卷二二《三朝圣政录序》。
❸　《玉海》卷五四《景德册府元龟》。
❹　《宋会要辑稿·礼》五五之一。

应当效法的"国朝故事",真宗松了一口气,说:"皆有故事,不足疑也。"❶

太祖、太宗的统治功业,对于出自深宫的真宗来说,像不容忽视、不易超越的山峰,这无疑使他感到巨大的压力。

咸平元年(998年)十月戊子日,宰相吕端因病罢职,真宗进行了即位后第一次全方位的两府首脑调整,两天之内,拜罢者达九位之多。事后,皇帝与新委任的宰相张齐贤、李沆有一次语重心长的谈话,嘱以"上下和睦,同济王事";并且表示与之共勉:

> 推其公共,思而后行,惟宜谨审,无至差失。况先朝皆有成宪,但与卿等遵守,期致和平尔。❷

张齐贤素以"议论慷慨有大略"著称 ❸,而李沆则是"沉厚寡言有精识"❹。真宗或许希望,不同的治事方式与施政风格可以构成互补 ❺;而谨守"先朝成宪",正是他心中"期致和平"的保证。

也是在此时,真宗抖擞精神,表现出自己恪勤政务的努力。据《续资治通鉴长编》卷四三,咸平元年十月己酉条,

> 崇政殿视事,至午而罢。上自即位,每旦御前殿,中书、枢密院、三司、开封府、审刑院及请对官以次奏事,至辰后

---

❶ 《长编》卷六五,景德四年六月乙卯条。

❷ 《长编》卷四三,咸平元年十月乙未条。

❸ 《宋史》卷二六五《张齐贤传》。

❹ 曾巩:《李文靖公沆》,见《名臣碑传琬琰集》下卷三。

❺ 二人并相期间"情好不叶"(见《长编》卷四七,咸平三年十一月庚寅条),不幸证成了皇帝事前的担心——当然,从真宗的角度考虑,并用二人,也可能本来即有使其"异论相搅"的用意在。

还宫进食。少时复出，御后殿视诸司事，或阅军士校试武艺，日中而罢。夜则召儒臣询问得失，或至夜分还宫。其后率以为常。

四年后的仲冬，郊祀礼毕，天降瑞雪，真宗对宰相吕蒙正等说：

> 昨郊祀之际，重阴变晴；今兹成礼，又获嘉雪。朕以薄德托于人上，守祖宗基业，日谨一日，不遑宁居。至于奉天事神，未尝不夙夜祗戒，惟恐未臻治道。❶

"守祖宗基业"，对于真宗来说，不仅是停留于口头的惯常表示，也是横亘在心中的沉重责任。景德元年（1004年）十二月初，澶渊定盟前夕，契丹遣使者韩杞来邀索关南地，

> 上谓辅臣曰："吾固虑此，今果然。唯将奈何？"
> 辅臣等请答其书，言"关南久属朝廷，不可拟议。或岁给金帛，助其军费，以固欢盟。惟陛下裁度。"
> 上曰："朕守祖宗基业，不敢失坠。所言归地事极无名。必若邀求，朕当决战尔！实念河北居人重有劳扰，倘岁以金帛济其不足，朝廷之体，固亦无伤。"❷

真宗这一番话，反映出历史上中原政权与异民族交往时习见的"算政治账"的思维方式；而将关南地与"祖宗基业"、"朝廷之体"联

---

❶《长编》卷五三，咸平五年十一月丙午条。
❷《长编》卷五八，景德元年十二月庚辰条。

系在一起，却显现着这一时代特有的意义。此时，面对劲敌契丹，再难待之以"藩服"，真宗君臣都有一重心理上的紧张；在真宗心目中，构成为朝廷体统的"祖宗基业"，自然不仅笼统地指太祖太宗开创的事业，更包括他们留下的具体"家底"，包括疆土境域❶。

就一般意义而言，所谓"祖宗基业"，主要是指太祖太宗奠定的事业根基，指国家大计的基盘。而在时人看来，这审慎治国的原则，是与勤谨持家的精神相通的。大中祥符四年（1011 年），真宗曾对太宗宰相李昉的儿子李宗谔说："闻卿至孝，宗族颇多，长幼雍睦"，并且继而指出：

朕嗣守二圣基业，亦如卿辈之保守门户也。❷

保守祖宗基业，是帝王的义务也是臣僚的责任，这在宋代成为士大夫时常揭举的旗帜。天圣九年（1031 年），刘太后称制期间，翰林学士宋绶进奏，要求改变事事决定于垂帘之前的状况，一般军国事宜止于前殿取旨，臣僚亦止于前殿对见。他为避免过分冒犯太后，特地标举唐代先天故事，进而陈述说："今承祖宗基业，尽有旧制，酌中立制，正在今日。"❸

元丰三年（1080 年）秋，曾巩移知沧州，过阙上殿时，在赞颂神宗功业的同时，也劝勉皇帝"兢兢业业，一日二日万几"，以"履祖宗之基，广太平之祚"❹。赵汝愚在编纂《国朝诸臣奏议》时，

---

❶ 在北宋前期的对辽交涉中，占上风的主张是保境守土而"啖契丹以利"。宋真宗视保守关南地为"保守祖宗基业"的标志；有学者指出，这与农耕民族的特点有关（见蒋复璁《宋真宗与澶渊之盟》，《大陆杂志》第二二卷一〇期）。
❷ 《宋史》卷二六五《李宗谔传》；《长编》卷七六，大中祥符四年十月戊辰条。
❸ 《宋朝诸臣奏议》卷九二《上仁宗乞约先天制度前殿取旨》。
❹ 《曾巩集》卷三〇《移沧州过阙上殿札子》。

即将这篇奏章的主题概括为"兢兢寅畏以保祖宗基业"❶。直到南宋晚期度宗年间,经筵的侍讲官仍然以"祖宗基业"作为话题,"进读之际,每于天命去留之际,人心得失之因,前代治乱之故,祖宗基业之难,必反复陈之。"❷

真宗前期,君臣们系怀于朝政的稳定。《宋朝事实》卷三记载着景德三年(1006年)六月真宗与宰相们的一段谈话:

> 右正言知制诰朱巽专对,言朝廷命令不可屡有更改……庶几张纲纪以绝分争。
>
> 上顾宰臣曰:"此甚识体。且事之可否,报政之地所宜尽言无隐,惟贵君臣道合,若上下同心,何忧不治?今四方无虞,赖卿等慎守经制。若一事遽行,则攀援重臣,词说竞起,处置颇难。是知今所施行,不可不慎。至若言事利病,轻为厘革,初则皆以为当,后则翻成有害;及复正其事,乃是朝令夕改。此事允当执守。《书》云:'慎乃出令,令出惟行。'此之谓也。"❸

真宗显然十分赞赏朱巽有关"朝廷命令不可屡有更改"的建议。所谓"识体"之"体",亦即"治体",如真宗所表述的,就是"慎守经制"。这四个字,在这段期间,似乎时时萦绕于皇帝心头。三个月后,又有一番措辞颇为类似的谈话:

> 上谓辅臣曰:"今封疆宁谧,气序均调,所谓人情和、天

---

❶《宋朝诸臣奏议》卷十二。赵汝愚误将此奏归于熙宁三年闰九月。

❷《宋史》卷四〇九《高斯得传》。

❸ 参见《长编》卷六三,景德三年六月戊子条。

道顺也。"

王旦等曰:"陛下虚心求治,屈己为民,远裔怀徕,岁丰人乐,此太平之应也。"咸再拜称贺。

上曰:"亦卿等之功也。朕观古今事,若君臣道合,上下同心,何忧不治!今四方无虞,卿等宜谨守经制,审于出令耳。"❶

在当时,作为防弊致治的要素,"慎守经制""审于出令"已经成为君臣之间的共识。而在"慎守"背后,"事为之防,曲为之制"的良苦用心是显而易见的。

即位于而立之年的真宗赵恒,在立意"保守祖宗基业"的同时,当然也感受到标树个人统治形象的压力。尽管"先朝庶政,尽有成规",他作为新登极的皇帝,却不能仅仅满足于"务在遵行,不敢失坠"。即位伊始,真宗即孜孜于使臣民有耳目一新之感。一方面询访政事,诏求直言;一方面恩威并用,除正常加恩外,通过一系列人事任免来宣示权威,奠定个人的统治根基❷。而臣僚们亦希望能够利用这一机会开新政治。田锡、孙何、王禹偁等纷纷进言,知代州柳开也曾经上言说:

国家创业将四十年,陛下绍二圣之祚,精求至治,若守旧

---

❶ 《长编》卷六四,景德三年九月丙辰条。

❷ 当时,宰相吕端进右仆射,太子宾客李至、李沆并参知政事,擢梁周翰、杨亿等;而责李昌龄、王继恩、胡旦等人;且追复皇叔、抚慰皇兄。而作为皇帝更为突出的一例,是命其藩邸旧臣郭贽出知大名府,赍恩辞,辅政亦倾向于许之,而真宗断然曰:"朕初嗣位,命贽治大藩而不行,则何以使人!"卒遣之。见《长编》卷四一,至道三年四月癸卯、甲辰条。

规，斯未尽善，能立新法，乃显神机。**❶**

时值创业向守成转型之际，国家政策的调整本不可避免。而"守旧规"与"立新法"之间的平衡，以及可能带来的冲突与政策变化，成为当时士大夫们普遍关注的问题。

虽然真宗每每称说"朕每念为君之难，且思继志之重；兢兢业业，罔敢怠荒"**❷**，并且尽量追随太宗勤于治事的规矩；但是，作为有宋建国以来生长于承平之世的第一代帝王，他一方面缺乏如太祖、太宗般把握政治局势的能力，一方面又急切于建树个人的形象和统治权威。这一致命弱点，无疑被富有政治经验的臣僚所洞察。

《王文正笔录》中记载着当时的宰相李沆对于皇帝的观察及其警觉与忧思：

> 咸平、景德中，文靖李公沆在相位，王公旦任参知政事。时西北二方犹梗，羽书边奏盖无虚日。每延英画诰，王命急宣，或至旰昃，弗遑暇食。王公叹曰："安得企见太平，吾辈优游暇食矣。"李答曰："国家强敌外患适足为警惧，异日天下宁晏，人臣率职亦未必高拱无事。君奚念哉！"及北鄙和好，西邻款附，于是朝陵展礼，登封行庆，浸寻钜典，无所不讲。属公既衰且病，疲于赞导，始服李之深识。

《曲洧旧闻》中有更加详细的叙述：

---

❶ 《历代名臣奏议》卷二九《治道》。
❷ 《宋大诏令集》卷三《第五表上尊号允批答》。

真宗皇帝因元夕御楼观灯，见都人熙熙，举酒属宰执曰："祖宗创业艰难，朕今获睹太平，与卿等同庆。"宰执称贺，皆饮釂，独李文靖沆终觞不怿。

明日，牛行王相问其所以，且曰："上昨日宣劝欢甚，公不肯少有将顺，何也？"文靖曰："太平二字尝恐谀佞之臣以之藉口干进，今人主自用此夸耀臣下，则忠鲠何由以进？既谓太平则求祥瑞，而封禅之说进，若必为之，则耗帑藏而轻民力，万而有一患生意表，则何以支吾？沆老矣，兹事必不亲见，参政他日当之矣。"

其后四方奏祥瑞无虚日，东封西祀讲求典礼，纷然不可遏。王公追思其言，叹曰："李文靖真圣人也。"求文靖画像置于书室中而日拜之。予屡见前辈说此，询于两家子孙，其言皆同。❶

"牛行王相"，即居住于牛行巷的王旦。其中"既谓太平则求祥瑞，而封禅之说进，若必为之，则耗帑藏而轻民力"诸语，可能是后人追忆时的说法。以上记述，细节虽不尽相同，源头应该都来自当事人王旦。王旦咸平四年（1001年）进入政府，在中书与李沆共事三年，相知颇深。

从咸平年间宰相的安排来看，皇帝兼用前朝旧相与潜邸故人的倾向十分明显❷。自咸平元年十月吕端因病罢相后，张齐贤位居首相，李沆次之；三年十一月张齐贤罢，次年三月吕蒙正第三度入相，李沆仍居次相之位❸；咸平六年九月吕蒙正有疾罢，李沆独相不满一

---

❶《曲洧旧闻》卷一。

❷ 汪圣铎《宋真宗》一书，在谈及张齐贤与李沆并相时说，"这种搭配兼顾了新旧两种人，颇能迎合当时人的心理。"见该书页51。

❸ 咸平四年三月向敏中曾拜集贤相，五年十月免。

年即去世。就李沆所处的位置而言，他基本上并非"首辅"，但在宋人的记忆之中，这一阶段朝政走向的主持者，似乎非他莫属。

曾任太子宾客的李沆，在赵恒身边多年，以往潜邸近僚的特殊身份，显然是真宗十分看重的。对于这位天子的秉性，李沆亦了如指掌。他做宰相之后，"每朝谒奏事毕，必以四方水旱、盗贼、不孝、恶逆之事奏闻"，以使皇帝有所忧惧；而与此同时，他又抑制四方"生事"，"诸处有人上利害，一切不行"❶。

镇重，这大概是李沆最重要的施政风格。政务处理与用人原则二端，是身为宰相的李沆思虑之所在。在当时，"朝廷防制，纤悉备具"是他用以抵制"生事"的理由；而"以方正端朝，以严重镇俗"❷，则反映出他的处事作风。李沆的朋友杨亿在其《杨文公谈苑》中曾经引述李沆自己的话说：

> 居重位，实无补万分，唯中外所陈利害，一切报罢之，唯此少以报国尔。朝廷防制，纤悉备具，或徇所陈请施行一事，即所伤多矣。

所谓"朝廷防制，纤悉备具，或徇所陈请施行一事，即所伤多矣"，这样一种说法，既是李沆对于僚属的告诫，又是他对于皇帝的警示。他对上则从通向皇帝的讯息入手，力图防患于未然，使"人主"不致逸离正常的统治轨道；对下则"中外所陈利害，一切报罢之"，以防范对于已有条法的冲击。这种不轻言利害更革的施政原则，亦见于此前的宰相赵普。据罗大经说，

---

❶《五朝名臣言行录（前集）》卷二《李沆》条引《元城语录》。

❷《宋会要辑稿·礼》一一之二。

> 赵韩王为相，置二大瓮于坐屏后，凡有人投利害文字，皆
> 置其中，满即焚之于通衢。❶

这与其说是一种政事处理方式，不如说是一种用以示人的姿态。有
意思的是，同样是拒绝侈谈利害，而对于此二人类似做法的批评，
在当时却朝向不同的两端：赵普被认为妄作威福专擅弄权 ❷，李沆
则被视为无所作为的"无口瓠"❸。

《续资治通鉴长编》卷十四载开宝六年（973 年）八月赵普罢
相事，其中说到他：

> 尝设大瓦壶于视事阁中，中外表疏，普意不欲行者，必投
> 入壶中，束缊焚之。其多得谤咎，殆由此也。

按照李焘所说，赵普所焚毁的，并非仅仅"利害文字"，而是与
其意见不符的种种"中外表疏"，这是《长编》与罗大经《鹤林玉
露》记载最为明显的不同之处。事实真相当然不易判断，但赵普
态度上的公开与无惮，恐怕是他遭致批评的重要原因。另外，如
果我们不仅比较赵普、李沆在此一方面的作为，也比较当时的君
相关系，则有一点十分明显，即除去两个人品格风度的不同外，
赵普所辅佐的太祖被认为是"开国明主"，臣僚上奏的一切文字显
然容不得宰相的截留；而李沆所辅佐的真宗却被认为是"人主少
年"❹——尽管他登基时已经 32 岁，仅比其伯父黄袍加身时年轻两

---

❶ 《鹤林玉露》乙编卷五《戒更革》。

❷ 参见张其凡：《赵普评传》，页 181。

❸ 《宋史》卷二八二《李沆传》。

❹ 同上。

岁——缺乏治国经验而又"血气方刚",需要藉助重臣以道规弼。在这一前提之下,李沆对于进呈讯息内容的控制与选择被后人认为合理;他的考虑,亦被誉为独具"先识之远"。

李沆不言利害,反映出他对于变易规程的深刻警惕。这其实是不少重视实践经验的士大夫们的共同认识。南宋中期,陆九渊有过这样一段回忆:

> 某往时充员敕局,浮食是惭。惟是四方奏请,廷臣面对,有所建置更革,多下看详。其或书生贵游不谙民事,轻于献计,不知一旦施行,片纸之出,兆姓蒙害。每与同官悉意论驳,朝廷清明,常得寝废。编摩之事,稽考之勤,顾何足以当大官之膳、尚方之赐,或庶几者,仅此可少偿万一耳。❶

尽管时代不同,所处层级不同,表达方式也不同,但陆九渊的认识与李沆的相通之处是十分明显的。即便在旧法常规不很受到崇尚的时期中,议者也会注意到"其初小不留神"可能招致的危险 ❷。

以镇重的态度应对"浮薄"之俗,李沆的这一特点,在宋代得到很高的评价。乾兴元年(1022年)十一月,真宗去世后不久,大臣请以李沆、王旦等配享真宗庙庭,其中称李沆"以方正端朝,以严重镇俗"❸;南宋时,朱熹也曾经对学生们说:"《谈苑》说李文

---

❶ 《象山先生全集》卷八《与苏宰书(二)》。
❷ 例如熙宁九年蔡承禧即进奏说:"王言之出,尤在谨微。其初小不留神,其后遂为故事。""乐便疾于一时,忘几微于后日。一启其渐,浸难改更。""上下如此,则恐权纲一紊,拯之则难。"见《宋朝诸臣奏议》卷四七《百官门·宰执中·上神宗论除授不经二府》。
❸ 《宋会要辑稿·礼》一一之二。

306

靖'没口匏'事，极好，可谓镇浮。"❶

北宋中期，刘安世的评价是"本朝名相最得大臣体者惟李沆"，其证据即"李丞相每谓人曰：'沆在政府，无以补报国家，但诸处有人上利害，一切不行耳。'"他议论说：

> 此大似失言。然有深意。且祖宗之时经变多矣，故所立法度极是稳便，正如老医看病极多，故用药不致孟浪杀人。且其法度不无小害，但其利多耳。后人不知，遂欲轻改，此其害所以纷纷也。❷

李沆的"镇重"、"镇俗"，在当时是相对于"轻易""浮薄"而言。当回答真宗"治道所宜先"的问题时，李沆说："不用浮薄新进喜事之人，此最为先。"❸他生前不顾寇準等人的推荐与抗议，始终抑制"能臣"丁谓的进用。他心目中的"浮薄新进喜事之人"，如梅询、曾致尧，或"性卞急好进"、"喜言兵"；或锐于督纳，"辞多激讦"、"所言刻薄不可行"❹。这一类急于进取、"躁于禄位"❺的人物，正是他所警惕的会以"生事"破坏"故事"之人。

对于浮薄风气的拒斥，反映着真宗君相共同的倾向。咸平二年（999 年）二月己酉，

> 上谓宰相曰："闻朝臣中有交结朋党、互扇虚誉、速求进

---

❶ 《朱子语类》卷一二九《本朝三·自国初至熙宁人物》。

❷ 《五朝名臣言行录（前集）》卷二 "李沆" 条引《元城语录》。

❸ 《宋史》卷二八二《李沆传》。

❹ 《宋史》卷三○一《梅询传》、卷四四一《曾致尧传》；《容斋四笔》卷十四《太宗恤民》。

❺ 《涑水记闻》卷三。

用者。人之善否，朝廷具悉，但患行己不至耳。浮薄之风诚不可长。"乃命降诏申警，御史台纠察之。❶

直到天禧（1017—1021）年间，真宗仍然向辅臣表示"比周浮薄，朕不取焉"❷。当时所谓"浮薄"，针对的问题显然已经不同于晚唐 ❸。而在君相共同的说辞背后，掩映着不同的侧重：皇帝担心朋党交结，宰相警惕锐进浮夸。从李沆的言行来看，他不仅抑制臣下的浮华之风，真宗的夸耀太平，也正是他所担忧的深层对象。

杨亿在为李沆所写墓志铭中说，李沆"斟酌治体，辨论官材，人斯具瞻，帝用亲倚。谋事补阙，夜思昼行；纳诲尽规，有犯无隐；深识大体，务行故事"。❹在《龙川别志》中对王旦颇有微词的苏辙，对于李沆却相当敬重。他称"自真宗之世，至仁宗初年，多得重厚之士，由沆力也"❺。称赞李沆镇重的施政风格者，宋代大有人在。吕中《大事记讲义》中强调了李沆、王旦当国时期"抑浮华而尚质实，奖恬退而黜奔竞"的努力，以及对于"清谨质直浑厚诚实"风气的提倡，并且说："国初立相主谋断，国多重厚质实之士，而养成重厚质实之风者，实沆之力也。"❻这样一种讲求蓄积、抑制浮躁的导向，无疑为北宋前期人材的"涵养作育"提供了条件。

重厚质实并不等于沉默因循。宋代重臣中循默风气的形成，亦非始自李沆王旦。太宗即曾多次批评得位之人"竞为循默"的风

---

❶ 《长编》卷四四。

❷ 《长编》卷八九，天禧元年二月丁丑条。

❸ 前文曾经论及"浮薄"一语词义变迁的轨迹，参见本书第二章《走出五代——10世纪中原王朝统治人群的转变》。

❹ 《武夷新集》卷一〇《文靖李公墓志铭》。

❺ 《龙川别志》卷上。

❻ 见《类编皇朝大事记讲义》卷六《真宗·宰相》，略有校改。

气，批评他们"清而不通，专守绳墨，终不能为国家度长絜大，剖烦析滞"❶；但他同时也心知肚明，这种风气实际上是他自己追求君主威权而在刻意培育的。太宗要求进谏，渴望交流，也能够远距离欣赏臣下刚直的风采，却不能容受对于"圣明"有形或无形的挑战，这事实上助长着臣僚们"罕所建明"的状况。李沆"言无枝叶"，执政中却从不苟且逢迎；将其缄默静重风格与"循默之风"混为一谈，应该说是相当表面化的认识。

有一事例或许能够加深我们对于李沆的执政方式以及当时的君相关系之理解。宋真宗决定立刘氏为贵妃，亲自写成手诏，遣使交给宰相李沆。李沆看后，当着使者"引烛焚诏"，说："但道臣沆以为不可。"其议遂寝 ❷。历史上重臣进谏虽然并非罕见，但这种果决简截、不待商量的态度，却不寻常。这不仅反映出李沆个人对于帝王形象的着意维护，也反映出作为外朝领袖人物堂堂正正、敢于担当的气魄。这种处断方式，在太祖、太宗朝是不可想象的。随着创业君主的远去，不仅朝廷政事的主动权逐渐操持在宰执们手中，即便是后宫要事，宰相们也有了不容忽视的发言权。李沆的"重厚沉默"，反映着他对于当时执政群体和施政方式的信心，他显然相信如他这样一批人物能够通过严守"朝廷防制"来控御政治形势。

明清之际的王夫之，颇为欣赏李沆的施政方式，他在《宋论》中称赞道：

> 所谓大臣者，以道事君。此可以当之矣。❸

---

❶ 参见《长编》卷三四，淳化四年五月甲午条；卷三七，至道元年五月丁卯条。
❷ 《宋史》卷二八二《李沆传》。
❸ 《宋论》卷三《真宗三》。

所谓"以道事君",着重点显然在于"道"字。《论语·先进》中记录孔子的话说:"所谓大臣者,以道事君,不可则止。"朱熹在《论语集注》中解释:"以道事君者,不从君之欲;不可则止者,必行己之志。"他也曾说过,南宋初年的名臣张浚"于本朝大臣最重李文靖公,谓近三代气象"❶。李沆所身体力行的政治原则,被宋代的士大夫们认作"以道事君"的楷模。

李沆的做法被其后谙知祖宗朝事的"社稷臣"们所效仿。嘉祐八年(1063年)英宗入继大统之后,与皇太后曹氏之间发生了一系列龃龉。两宫不和日益暴露,甚至引出"废立"之议。据《续资治通鉴长编》卷一九九是年十一月叙事:

> 方帝疾甚时,云为多乖错,往往触忤太后,太后不能堪,左右谗间者或阴有废立之议。
>
> 昭陵既复土,韩琦归自陵下,太后遣中使持一封文书付琦,琦启之,则帝所写歌词并宫中过失事,琦即对使者焚毁,令复奏曰:"太后每说官家心神未宁,则语言举动不中节,何足怪也!"

李沆当年是"引烛焚诏",以表示坚决反对;韩琦对使者焚毁太后文书,也显示出"到此为止"的鲜明立场。这些手诏、手书,实际上都是宫中试探性的与外府沟通方式;而作为经验丰富老到的政治家,李沆、韩琦都是以不容商量的决断表明了自己在"商量"中的态度。

对于李沆"圣相"的钦佩与赞誉,起自其身后的真宗在位后

---

❶《晦庵集》卷九五《张魏国公行状》。

期；而对于他所代表的静重缄默原则的反省与批评，多产生于仁宗以后。天圣（1023—1032）年间，范仲淹即上书反对朝廷"不思改作"、"但维持岁月"的作风❶。嘉祐时欧阳修亦痛惜"国家自数十年来，士君子务以恭谨静慎为贤，及其弊也，循默苟且，颓惰宽弛，习成风俗，不以为非。"❷神宗熙宁时王安石有感而发的"本朝累世因循末俗之弊"，"一切因任自然之理势，而精神之运有所不加，名实之间有所不察"❸，也正是批评庙堂之上无所作为的状态。

朱熹曾经批评李沆的做法说："与不兴利事，皆落一偏。胡不广求有道贤德，兴起至治也？"❹联系真宗以后宋代的政治实践来看，这种意见显然是有道理的。但如果我们考虑到，真宗时期是继太祖、太宗创法立制之后，北宋一系列制度的定型期，考虑到在这一时期中强调"动遵条制"的必要性，那么，李沆的做法便不难理解。也是朱熹，当学生问及"荆公得君之故"时，回溯了这样一段历史：

> 向见何万一之少年时所著数论，其间有说云，本朝自李文靖公、王文正公当国以来，庙论主于安静，凡有建明，便以生事归之，驯至后来天下弊事极多。此说甚好。且如仁宗朝是甚次第时节！国势却如此缓弱，事多不理。英宗即位，已自有性气要改作，但以圣躬多病，不久晏驾，所以当时谥之曰"英"。神宗继之，性气越紧，尤欲更新之。❺

❶ 《范文正公集》卷七《奏上时务书》、卷八《上执政书》。
❷ 《欧阳修全集·奏议集》卷十五《论包拯除三司使上书》。
❸ 王安石《临川先生文集》卷四一《本朝百年无事札子》。
❹ 《朱子语类》卷一二九《本朝三·自国初至熙宁人物》。
❺ 《朱子语类》卷一三〇《本朝四·自熙宁至靖康用人》

"庙论主于安静"一语，点破了当时的问题所在。李沆及王旦等人登上政治舞台中心之时，北宋建国已经四十年，政权基本上巩固下来，但晚唐五代制度破坏、变易不居的阴影，在当时的君臣心目中似乎尚未远去。执政者所被期待、所实际扮演的角色，主要是使赵宋统治得以稳固长久的"守成"贤相；在李沆等人看来，这正是他们在当时应有的"兴起至治"之作为。他们所面临的主要任务，是将王朝建立以来陆续出现的政务处置方式规范化、制度化，使之形成为从容有序的运作模式。对于"朝廷防制"的恪慎维护，使李沆等人成为防弊之政清醒的身体力行者。当然，对于李沆"无口瓠"形象的刻意渲染，对其镇戒浮薄作用的过分夸大，显然也会造成其后因应时变的障碍，其后的精英人物们未能适时革新、"与时俱进"，也正与此有关。

景德元年（1004 年）继李沆为相的毕士安、寇準，基本上是一对合作默契的搭档。毕士安老成持重、饬躬畏谨，寇準则慷慨正直、敢当大事。时当缵承继统之际，真宗对二人寄予着颇高的期望。在毕士安拜相制书中，特别强调：

> 朕缵承鸿绪，恢阐皇猷；思欲固大业于隆熙，跻兆姓于仁寿。寤兴为念，惕厉于怀；爰得老成，简在图任。❶

在寇準拜相的制书中，也说，

> 朕继统二圣，光宅万方；旰食宵衣，爱民治国；敢忘钦

❶ 《毕士安拜同中书门下平章事监修国史加恩制》，《宋大诏令集》卷五一《宰相·进拜（一）》。

翼，仰奉燕诒；思得忠良，弼于机务。❶

正是在二相合力之下，宋廷得以应对事变，挺过危机，与契丹定盟于澶渊。

毕士安对于寇準的评价是"兼资忠义，善断大事"❷。朱熹纂辑的《五朝名臣言行录》卷四引述范仲淹的话说："莱公当国，真宗有澶渊之幸，而能左右天子、如山不动，却戎狄、保宗社，天下谓之大忠。"而事实上，在朝廷有事，包括制度更张、选嗣立储、边境有警等急迫情况下，帝王确实相当倚赖善断大事者；但对于何谓"大忠"，帝王却有自己的判断标准。

从太宗到真宗，作为"孤家寡人"的皇帝，内心对于寇準的刚直之气都颇有几分欣赏，甚至在一定程度上有渴求直入心扉的交流之冲动，但他们却仍然不能容忍他的刚劲固执而"不解人意"。《续资治通鉴长编》卷五八景德元年十二月戊戌条，澶州回师后，有这样一条记叙：

> （寇）準处分军事，或违上旨，及是，谢曰："使臣尽用诏令，兹事岂得速成！"上笑而劳焉。

看上去皇帝似乎十分宽容，不很在乎寇準处置机宜事务的"违旨"，但作为宰相而以此自我炫耀，实犯君臣名分之大忌。善于伺察颜色的王钦若得以离间成功，或与此不无关系。景德三年初寇準罢相，在此前后，真宗曾经严厉指责他"过求虚誉"而"无大臣体"，并

❶《寇準拜同中书门下平章事集贤殿大学士加恩制》，《宋大诏令集》卷五一《宰相·进拜（一）》。
❷《宋史》卷二八一《毕士安传》。

且反复强调"罢其重任，庶得终吉"❶。时隔十年之后，大中祥符八年（1015 年）四月，由于不善迎合，引惹真宗不悦，寇準自枢密使任上再度被罢。诏命宣布的前一日，真宗将亲自撰作的《良臣正臣忠臣奸臣权臣论》颁赐宰相❷。

与此类似的是，大中祥符六年，真宗在议论性情峭直而无所附会的杨亿时，按捺不住心头久存的疑虑，说："亿文学固无及者，或言讥议朝政，何也？"❸天禧元年（1017 年）王曾辞会灵观使之命，真宗责备道："大臣当傅会国事，何遽自异耶？"❹这里的"朝政"、"国事"，实则帝王自身之事；"大臣体"，即懂得傅会逢迎帝王旨意。真宗言语中表露出来的不快，令任何官员都不敢轻视。凡此种种，在"体貌大臣"的背后，渗透出皇帝深深的不满与凛凛的威势。

对于士人结为朋党的警惕，太宗朝已经显露端倪❺；但政治集团分野的明朗化，所谓"君子、小人""正臣、佞臣"界域的凸显，主要是真宗朝以来的事。不同类型人物在政治上的沉浮兴替，被称之为"五鬼"的王钦若、丁谓、林特、陈彭年、刘承珪等人之得势，与寇準、杨亿等人之收缩乃至失势，历来是研究者注意的论题。

有许多不同的范畴，可以用来为真宗时期的臣僚众生作出分类，例如时人所常说的"君子、小人"，"德望、才俊"，"厚重、轻薄"，以及"北人、南人"等等。而在皇帝的心目中，显然又有着

❶ 《宋宰辅编年录校补》卷三，景德三年二月"寇準罢相"条。
❷ 《长编》卷八四，大中祥符八年四月辛酉、壬戌条。
❸ 《经鉏堂管见》卷三引《三朝宝训》。
❹ 《名臣碑传琬琰集（中）》卷四四，富弼《王文正公曾行状》。
❺ 参见何冠环：《宋初朋党与太平兴国三年进士》。

另外一套分类方式。我们大致上可以看到真宗用人的两个趋向：首先注重所谓"大臣体"，在真宗心目中，这主要是指对其个人的尽忠与顺从。在他周边，李沆、毕士安、王旦等以赤诚著称；王钦若则"委曲迁就，以中帝意"❶，丁谓善于揣摩迎合 ❷，冯拯"论事多合帝意"❸，向敏中是淳谨温良 ❹。自信不足而注重权威的真宗，在这些人臣面前无疑感觉到作为"人主"的威势。而他对于中书举动及臣僚议论的密切注意 ❺，他在重大人事安排中"且要异论相搅，即各不敢为非"❻的策略，更显示出他精心体悟出的控御手腕。

另一方面，北宋建国已经半个多世纪，统治层面愈益深入，制度设施逐渐细密，特别在边事平静后，日常化的内政治理问题更加凸显，对于具备专门行政能力者的需求更加突出。有研究者注意到，所谓"五鬼"之得势，除了他们善希人主意、奸邪无所不用其极外，还与其突出的洞察能力、理财手段、专业知识、文化造诣，与其较为深厚的儒家或释道文化素养有直接关系 ❼。张咏对于寇準"学术不足"的委婉批评和提醒 ❽，正是敏锐感觉到时代变化的反映。

景德三年二月寇準罢相之同日，与其执政风格大不相同的王旦拜相。在北宋历史上，王旦素有"贤相"之称。端重镇定，明达国体，行政经验丰富，"为相务遵法度"而"重改作"❾，继承着吕端、李沆以来遵行先朝成宪的作风。而他对于制度建设及日常行政事务

---

❶ 《宋史》卷二八三《王钦若传》。

❷ 《宋史》卷二八三《丁谓传》。

❸ 《宋史》卷二八五《冯拯传》。

❹ 《宋史》卷二八二《向敏中传》。

❺ 《长编》卷八四，大中祥符八年四月甲子条。

❻ 《长编》卷二一三，熙宁三年七月壬辰条。

❼ 参见王智勇：《论宋真宗朝"五鬼"》，《四川大学学报》2001 年 1 期，页 107—116。

❽ 《宋史》卷二八一《寇準传》。

❾ 《宋宰辅编年录校补》卷三，景德三年二月"王旦拜相"条。

的重视程度，则又超越了他的前人。

大中祥符（1008—1016）以后，较真宗前期内部政治相对安定的局面有所逆转；赖有制度法规的牵制，有王旦、向敏中、王曾等"厚重镇静"的一班人前后相继对于"祖宗典故"的讲求，使求稳防弊的传统大致上得以维持下来。

二　后澶渊时代与"神道设教"

在景德年间（1004—1007）以缔盟形式解决了与辽的"边事"，又"招抚"了西夏之后，困扰宋廷多年的东北、西北二患总算趋于平缓。随之而来的，朝廷上下对于"太平盛世"的自我期许，祥瑞符兆的纷至沓来，于不知不觉中酝酿着新的变数。

（一）再受"符命"："天书"与"圣祖"

就对契丹关系而言，据王洙《三朝经武圣略》的说法，早在咸平（998—1003）初年，真宗即有"朕当屈节为天下苍生"的思想准备，但他心中放不下的，是"须执纲纪、存大体"❶，也就是说，身为天子的体统必须受到尊重。

景德元年（1004年）宋辽在澶渊订盟，双方互换誓书。宋方誓书开宗明义地说：

> 维景德元年，岁次甲辰，十二月庚辰朔，七日丙戌，大宋皇帝谨致誓书于大契丹皇帝阙下：共遵成信，虔奉欢盟，以风

———————
❶ 《长编》卷四四，咸平二年五月乙巳条。

土之宜，助军旅之费……❶

宋辽君主互称皇帝，这一约定，"非但与传统中国万乘之尊君临天下、莫与伦比的皇权观念有所违背，也冲击了古来'天无二日，民无二主'的世界秩序理想"。"该如何证明自己才是那唯一至尊的真命天子"❷，正是宋真宗心中盘桓不去的难题。

说到"天子"，人们或许会想到"天子者，奉天之威以震动乎天下"❸的说法。自汉代始，"天子"便体现着相对于蛮夷戎狄的威势。《礼记正义》卷四《曲礼下》"君天下曰天子"句的郑玄注文指出：

> 今汉于蛮夷称天子，于王侯称皇帝。

孔颖达所作《正义》引述崔灵恩的文字说：

> 夷狄不识王化，无有归往之义，故不称王临之也；不云皇者，戎狄不识尊极之理，皇号尊大也。夷狄唯知畏天，故举天子威之也。

所谓"夷狄唯知畏天"的说法，显然影响颇广。自景德末至大中祥符年间所谓"天书"降临、东封西祀等系列闹剧，其最初推动力即来源于此。而宋廷执政臣僚之间的明争暗斗，又对事件的发展起着

---

❶ 《长编》卷五八，景德元年十二月辛丑条注文；参见庄绰《鸡肋编》卷中《两朝誓书》条。

❷ 参见刘静贞：《皇帝和他们的权力：北宋前期》，页118。

❸ 沈该：《易小传》卷五下《震》卦。

推波助澜的作用 ❶。

从当年的记载中，我们看到，在朝廷上谈及宋与契丹关系时，真宗通常反对"为国生事"，主张"但当清净致治，以安吾民"❷；而实际上，正是皇帝本人，已经在紧张地筹措，冀图通过一系列大事件来重新构建其至高无上的人间权威。《宋史》卷二八二《王旦传》对此有详尽的说明：

> 契丹既受盟，寇準以为功，有自得之色，真宗亦自得也。王钦若忌準，欲倾之，从容言曰："此《春秋》城下之盟也，诸侯犹耻之，而陛下以为功，臣窃不取。"帝愀然曰："为之奈何？"钦若度帝厌兵，即谬曰："陛下以兵取幽燕，乃可涤耻。"帝曰："河朔生灵始免兵革，朕安能为此？可思其次。"钦若曰："唯有封禅泰山，可以镇服四海、夸示外国。然自古封禅，当得天瑞希世绝伦之事，然后可尔。"既而又曰："天瑞安可必得，前代盖有以人力为之者，惟人主深信而崇之，以明示天下，则与天瑞无异也。"帝思久之，乃可，而心惮旦，曰："王旦得无不可乎？"钦若曰："臣得以圣意喻之，宜无不可。"乘间为旦言，旦黾勉而从。
>
> 帝犹尤豫，莫与筹之者。会幸秘阁，骤问杜镐曰："古所谓河出图、洛出书，果何事耶？"镐老儒，不测其旨，漫应之曰："此圣人以神道设教尔。"帝由此意决，遂召旦饮，欢甚，赐以尊酒，曰："此酒极佳，归与妻孥共之。"既归发之，皆珠也。由是凡天书、封禅等事，旦不复异议。

---

❶ 参见张其凡：《宋初政治探研》卷三《宋初政治之演进·宋真宗"天书封祀"闹剧之剖析》，页198—255。

❷ 《长编》卷六七，景德四年十二月戊午条。

"城下之盟"一语使真宗所感受的刺激之深、之持久，或许为今人所难以理解。邢义田先生曾经举西汉初年的例子说，"对梦想王天下的中国天子而言，绵延万里的长城实是一道羞辱的表记"：

> 汉初，高祖为匈奴所败，孝文帝在给单于的信中承认"先帝制：长城以北，引弓之国，受命单于；长城以内，冠带之室，朕亦制之。"（《史记》卷一一〇《匈奴传》）白纸黑字地亲笔承认自己仅有长城以内，并非"天下"之主，其羞辱莫甚于此。❶

宋真宗赵恒虽曾一度沉浸于澶渊对峙"化干戈为玉帛"的满意之中，但其后因"城下之盟"一语所感受到的羞耻忿恼，显然长久困扰着他。朝廷之间公开的场合上，两国交好的官方礼节不容些许疏忽；而"中国天子"心中郁积的怒气则不时隐约显现。直至多年之后，当他看到翰林学士知制诰杨亿所草《答契丹书》中，说到"邻壤交欢"时，还忿忿不平地自注其侧，写下"朽壤"、"鼠壤"、"粪壤"等字❷。此时的皇帝，恨不得全然驱去"大宋皇帝谨致誓书于大契丹皇帝阙下"的阴影。王钦若建议的"镇服四海、夸示外国"招数，为这种愤懑感的宣泄提供了一条出路。

司马光在其《涑水记闻》卷六中，对于王钦若的建议，有更加直接的记叙：

> 王冀公既以城下之盟短寇莱公于真宗，真宗曰："然则如何可以洗此耻？"冀公曰："今国家欲以力服契丹，所未能也。

---

❶ 邢义田：《天下一家——传统中国天下观的形成》，见氏著《秦汉史论稿》，页32。

❷ 《长编》卷八十，大中祥符六年六月己巳条。

戎狄之性，畏天而信鬼神，今不若盛为符瑞，引天命以自重，戎狄闻之，庶几不敢轻中国。"

这里值得特别注意的，是"引天命以自重"数语，这正是日后真宗用以"镇服四海、夸示外国"的方式。若与前引《宋史》中的记叙相较，《记闻》中所载说法，更加强调针对戎狄宣示"天命"的必要。

如葛剑雄所说，天书、祥瑞一类把戏在中国史上并不少见，但像宋真宗这样亲自策划、制造的倒也不多 ❶。排比一下首次"天书"事件的前后日程，不难窥测到这出不很高明的戏剧是要演给谁看。

"天书"降临，是在真宗登极十年之际。事前据称曾有"神人"向真宗通告。《宋会要辑稿·瑞异》一之二九《天书》目下，记载着宋真宗大中祥符元年（1008 年）正月三日，亦即天书降临当日，在崇政殿西序对辅臣的大段谈话，他追忆神人告谕事在"去年十一月二十七日"。我们当然难以确知皇帝选定这一时日的特殊意义，但至少可以看到，就是在景德四年（1007 年）的十一月辛卯（二十八日），来贺承天节之契丹使节抵达了北宋首都东京。大约一个月之后的十二月二十六日（戊午），来贺正旦的北使到阙。而在正月初五日"酌献三清天书"的仪式中，亦有契丹使臣陪列。也就是说，这件事从启动到其高潮阶段，都是在契丹使节的眼前表演发生的 ❷。

《宋史》卷八《真宗本纪赞》也将澶渊既盟后屡兴不已的"神道设教"事归因于夸示契丹的愿望：

---

❶ 葛剑雄：《十一世纪初的天书封禅运动》，《读书》1995 年第 11 期，页 73。
❷ 参见胡小伟：《"天书降神"新议——北宋与契丹的文化竞争》，载《西北民族研究》2003 年 1 期，页 44—55。

真宗英晤之主。其初践位，相臣李沆虑其聪明必多作为，数奏灾异以杜其侈心，盖有所见也。及澶渊既盟，封禅事作，祥瑞沓臻，天书屡降，导迎奠安，一国君臣如病狂然。吁！可怪也。他日修《辽史》，见契丹故俗而后推求宋史之微言焉。

宋自太宗幽州之败，恶言兵矣。契丹其主称天，其后称地，一岁祭天不知其几，猎而手接飞雁，鹄自投地，皆称为天赐，祭告而夸耀之。意者宋之诸臣，因知契丹之习，又见其君有厌兵之意，遂进神道设教之言，欲假是以动敌人之听闻，庶几足以潜消其窥觎之志欤？然不思修本以制敌，又效尤焉，计亦末矣。

不过，天书的意义，不仅在于慑服北使乃至外夷，更是要告谕海内，宣示给自己的臣民。这可以从天书的内容观察出来。据《续资治通鉴长编》卷六八大中祥符元年春正月乙丑条，神人预告的"天书"系"大中祥符三篇"，

> 帛上有文曰："赵受命，兴于宋，付于恒，居其器，守于正，世七百，九九定。"既去帛启缄，命（知枢密院陈）尧叟读之。其书黄字三幅，辞类《尚书·洪范》、老子《道德经》，始言上能以至孝至道绍世，次谕以清净简俭，终述世祚延永之意。

孙奭曾经直斥此事云："天何言哉，岂有书也！"❶退一步讲，"天书"的文字居然能为世人辨识，也不能不说近乎奇迹。可能正因为如此，才有了下面这段传闻：

---

❶《长编》卷七四，大中祥符三年岁末。

> 祥符中天书降，有旨云："可示晁迥。"迥云："臣读世间书，识字有数，岂能识天上书？"❶

博学多识、兼通释道的晁迥，是否真正有此表示，我们无由确知；但此类传说至少反映出时人对于"天书"的怀疑。

"天书降神"事无疑极其荒诞，因此对于"天书"的内容，人们以往并不十分注意。事实上，这一"人造天书"承载的文字，使我们得以清楚地观察到真宗当时的心理压力和心理状态。无论是丝帛上的文字，还是黄字三幅，都在通过"上天"之口肯定赵恒受命继极，世祚延永。君权神授。对于赵恒来说，太祖建立的大宋皇权的权威，有必要再度向臣民隆重证明，这正是他导演再受"符命"过程的意义所在。

光阴荏苒。其后数年间，"天书降神"一发而不可收拾。《宋朝事实》卷七《道释》中，记录着大中祥符五年十月戊午"圣祖"的降临：

> 天尊曰："吾人皇中九人之一也，是汝赵之始祖，再降乃轩辕黄帝。凡世所知少典之子，非也。母感赤电、梦天人，生于寿丘。后唐时七月一日下降，总治下方，主赵氏之族，今已百年。皇帝善抚育苍生，无怠前志。"

言罢即"离坐，乘云而去"。于是皇帝通告辅臣，并且宣布大赦天下：

> 朕眇以眇冲，嗣承基业，荷九清之眷命，遵二圣之诒谋。

---

❶《曲洧旧闻》卷一。

不敢怠遑，粗臻嘉靖。顷以上真告贶，秘检垂文，祗膺元命之符，申锡无疆之祚。

我们或许可以指出，就此系列事件而言，真宗赵恒的行事逻辑是自欺而欺人，以谎言来重申谎言，以新的荒诞来丰富既有的荒诞；但同时值得关注的是，通过这种费心费力的活动，他希望向臣民宣示何种讯息。

从上引文字中，我们看到，从虚无缥缈的上天到抛头露面的圣祖，从天书上的文字到天尊下达的口谕，中心议题一以贯之：肯定真宗嗣承基业，遵二圣诒谋，保无疆之祚。在荒唐作假的表演背后，透露出真实的念念不忘的沉重，让我们体味到皇帝内心不可与人言的困惑和一片苦心。

在天尊降临之前，大中祥符五年八月，真宗曾经将所作《祥瑞论》赐予辅臣人手一册，并且表示这是专门针对有关"朝廷崇奉祥瑞"的内外议论而作❶。据章如愚《群书考索》卷十七《国朝御制》"祥瑞论"条所说，

> 祥符中，真宗尝著《祥瑞论》，大指以明王虽有乖祥，常用祗畏；中人一睹善应，即自侈大。圣贤思以防邪，故《春秋》不书其事；然神祇降监，亦以扬祖宗之烈，当钦承而宣布之。若恃休期以自肆，固宜戒也。

皇帝对于臣下质疑的回应，主要是强调"神祇降监，亦以扬祖宗之烈，当钦承而宣布之"。直接将造伪贴到祖宗头上，继而抬出祖宗

---

❶《长编》卷七八，大中祥符五年八月丙午条。

来遮羞，来挡箭，来塞群臣之口，能说真宗对于"祖宗"真正心存敬畏吗？他显然已经悟出，调动一切手段稳定政治，维持皇权的至高无上，是他这个嗣皇帝"保守祖宗基业"的首要选择。

北宋的历史走到此时，已经传至三代，将近五十年。国家的稳定，从实践层面来看走势已经愈益明晰；而就"奉天承运"的政治统系而言，王朝"永固邦基"的高悬目标，仍是笼罩朝政、挑战君臣心智的现实压力。联系到真宗的《改大中祥符元年赦》、《登封泰山赦天下制》、《玉牒文》、《有事汾阴后土诏》、《祀汾阴赦天下制》❶，其中对于"运启大同，惟宋受命"的宣耀，对于"顺考古道，钦承永图；严祀事以奉神祇，洁至诚而享宗庙"的表示，对于"扬祖宗之盛烈，体苍昊之眷怀"的说明，对于开基继统、永固邦家的强烈意识，无不予人以深刻印象。正是通过"神道设教"的努力，通过如此这般的反复宣示，真宗意图将上天的权威与王朝的政治统治、礼仪秩序整合为一体。

（二）"神道设教"：殊尤之瑞与治世之灾

有关这一时期的"神道设教"，讨论者甚多。所谓"圣人以神道设教"的说法，溯源应至《周易》的《观》卦象传，其文曰：

> 观天之神道，而四时不忒；圣人以神道设教，而天下服矣。

《周易正义》孔颖达疏云：

> 神道者微妙无方，理不可知，目不可见，不知所以然而

---

❶《宋大诏令集》卷二《帝统二·改元》、卷一一七《典礼二》。

然，谓之神道，而四时之节气见矣。岂见天之所为，不知从何而来邪；盖四时流行不有差忒，故云"观天之神道而四时不忒"也。"圣人以神道设教而天下服矣"者，此明圣人用此天之神道以观设教而天下服。天既不言而行，不为而成，圣人法则天之神道，本身自行善，垂化于人，不假言语教戒，不须威刑恐逼，在下自然观化服从，故云"天下服矣"。❶

这是一种"以观感化物"的教化方式❷。所谓"天之神道"，其实是指"四时不忒"，亦即微妙莫测、流行无差的自然运行法则；"圣人以神道设教"则是表明圣人效法天道自然之法则，垂化于人。彰显天之神道，目标在于人道教化。"体天地，法四时，则阴阳，顺人情"，以此作为教化的原则，沟通天道人道之际，正是"礼之大体"所在❸。前引杜镐"漫应"之语，显然与此意不同，他是指圣人可以借用"神"道，亦即以人为方式假设神明来达到教化的目的。

北宋儒者对于神道设教的理解，通常与杜镐的说法不同，而多是强调效法自然、潜移默化的教化过程。《周易口义》卷四，倪天隐记述胡瑗的解释说：

> "观天之神道而四时不忒，圣人以神道设教而天下服"者，此广明其义也。言下之人既观上之道以为法则，而圣人又观天之道以为法则也。"神道"者，阴阳不测之谓也。天运至神之

---

❶ 《周易正义》卷三《观卦》。

❷ 《周易正义》卷三《观卦》载王弼注。

❸ 《礼记·丧服四制》。对于"神道设教"的解释，参见楼宇烈：《论中国传统文化的人文精神》，《国学研究》第三卷，页 13，北京大学出版社，1995 年；卢国龙：《"神道设教"中的人文精神》，《原道》第 4 辑，贵州人民出版社，1997 年。

道生育万物，春生夏长秋成冬固，使物皆遂其性而不可推测，其用四时之行无或差忒。圣人法之，亦以至神之道设为仁义之教，以成治天下，使天下之人各安其性而怀其业，不知其所以然而然也。

司马光的《温公易说》卷二释《观卦》，着墨于君主个人的道德修养，强调"不为而成，不言而化"，让今天的读者觉得影影绰绰有指射前事的味道：

观者，上以德示人，使人观而化之也……颙，人君有德之容也，夫德由内出，物自外至，苟内德不充，虽外物丰备不能化人也。……君人者能隆内杀外，勤本略末，德洁诚著，物皆信之，然后可以不为而成，不言而化，恭己南面，颙然而已：所谓"神道设教而天下服"也。

《朱子语类》卷七十《易（六）》中，记载着朱熹对于神道设教的说法："圣人以神道设教，是圣人不犯手做底。"（按所谓"犯手"，犹言"亲自动手"之意。）"观天之神道，只是自然运行底道理。"

以这样的理解，返回头再看天书事，从事件的策划到情节的展开，赵恒亲自登台扮演的角色，实在是十分尴尬。而在设计"剧本"之时，老儒杜镐"神道设教"的解说，正消释了真宗内心的顾忌，使他决意亲自制造"天瑞"，以夸示四方。

天书事对于真宗，从某种意义上，真说得上是念兹在兹，释兹在兹。自行创制"神道"，对皇帝而言，不能说没有风险；而在他看来，欲"设"之"教"，显然非常重要，因而值得有此一搏。这既是天子对夷狄的威嚇，也是皇帝对臣民的宣示。通过层层加码、规模盛大的展示活动，在渲染"太平盛世"的同时，赵宋皇权的意识形态被充分播散，帝国财政资源被充分调度，礼仪典制及其代表的政治秩序被提高到空前重要的位置 ❶。

皇帝"亲受符命"成为东封西祀、兴建宫观、搜讲坠典等过程的出发点和"通行证"。而在时人的心目中，这"符命"又是与光大赵宋祖宗的基业联系在一起的："太祖始造基业，躬受符命"❷，真宗则亦"亲受符命，遂议封禅，作礼乐"❸。这无疑是使许多言者噤口的理由。

这场由王钦若诱发创意、宋真宗自编自导的闹剧式运动，是当时诸多"正人君子"们始料所不及的。面对接踵而来的天书、封禅诸事，他们不得不选择自己的立场。登极已近十年的真宗，不仅依凭其帝王身份，也依凭其统治经验，在听信于王钦若、丁谓等人的同时，笼络住以王旦为首的国家行政班子，容忍了或明或暗的抵制与批评，也利用了大批不能淡忘于进身之途的文人。"王钦若、陈尧叟、丁谓、杜镐、陈彭年皆以经义左右附和"，一时间天下争言符瑞。宰相王旦等人违心地表示"天贶符命，实盛德之应"❹。富有先见之明，担心皇帝会留意声色犬马，兴作土木、祷祠等事的"圣相"李沆，此时早已不在；他的胞弟李维虽曾反对，却又作为翰林学士参预撰著并进呈了《大中祥符降圣记》五十卷、《迎奉圣像记》二十卷、《奉祀记》五十卷 ❺。其中《降圣记》一书，事后被赐予天下所

---

❶ 参见［法］蓝克利：《礼仪、空间与财政——11世纪中国的主权重组》，《法国汉学》第三辑，页129—161；何平立：《宋真宗"东封西祀"略论》，《学术月刊》2005年2期，页89—95。

❷ 《宋史》卷一〇〇《礼志（三）》。

❸ 参见《宋史》卷四三一《孙奭传》、卷三一〇《王曾传》。

❹ 《宋史》卷四三一《孙奭传》。

❺ 《长编》卷九〇，天禧元年十一月辛亥条。

有宫观 ❶。士人宗仰、被期以大用的李宗谔,以判太常寺的身份,参预了从封泰山祀后土、建昭应宫到迎奉圣像的全过程,且被命与丁谓等同修《大中祥符封禅记》《祀汾阴记》❷。从宰相到执政,从侍从臣僚到地方要员……各个层级的官员皆难以置身事外。

这场事后看来是闹剧的演出,在当时却是君臣们认真操办的重大仪式。就君主而言,这是证明其"天命所归"以及至高无上、独一无二的皇权合法性、权威性的途径;就朝廷而言,通过牵动上下的重大仪式(乃至"运动")示范天下、慑服内外,是强化既有政治秩序的有效方式。对臣僚而言,身预盛典,在其中有所表现,是身份与地位的反映;形式严整的系列礼仪活动赋予他们身在"文明教化圈"中的荣誉与宠遇,带给他们位于权力关节点上的切实感觉。

朱熹曾说,"真宗东封西祀,縻费巨万计,不曾做得一事。"❸景德后期以来,原本是内外环境较好的阶段,而东封西祀仪仗的铺张奢衍、"神道设教"话语的充斥盛行,不仅消耗着国家的资源,也影响了一代士风。就生活作风而言,朱熹举过王旦的一个例子,说:

> 王文正公平生俭约,家无姬妾。自东封后,真宗以太平宜共享,令直省官为买妾,公不乐。有沈伦家鬻银器、花篮、火筒之属,公顣蹙曰:"吾家安用此!"其后姬妾既具,乃复呼直省官,求前日沈氏银器而用之。❹

---

❶《长编》卷九六,天禧四年十月甲午条。该书记载大中祥符五年(1012 年)十月十七日"圣祖降临"事,应丁谓之请,由李维等编次修撰。参见《郡斋读书志校证》卷九。
❷《宋史》卷二六五《李宗谔传》。
❸《朱子语类》卷一二七《本朝一·太宗真宗朝》。
❹《朱子语类》卷七二《易》。

君相间"共享太平"的倡导，虽然不能与百年之后徽宗、蔡京共倡的"丰亨豫大"相比，却也影响到一时的风气。洁身自好、以俭约著称的王旦，尚且有这样的改变，一般官僚风习更可以想见。而对于当时的政坛影响更加严重的，是政风的波动。前述史事使我们看到，除去当时所谓"五鬼"——王钦若、丁谓、陈彭年、林特、刘承珪——以外，还有许多知名人士或主动、或违心地卷入了系列性事件的漩涡。表面的热闹繁荣，遮掩着日渐深刻的派系分野；士大夫间正在长养生成的关注国是的风气，一时间出现了严重的逆转。

看来，《宋史·真宗纪》赞语中关于"潜消契丹窥觎之志"的说法，只能部分地解释系列闹剧的实际原因。所谓"神道设教"，与皇权在当时的运作方式有关。从前述事实中，我们清楚地看到，权力不仅体现于上下尊卑的人际关系，也是实践中的文化现象。从天书降临到东封西祀，不仅是为了"夸示夷狄"、"镇服四方"，也是为了制造信仰，以鼓舞自己、安抚臣庶；就其思想根源而言，它不仅出于宋真宗、王钦若等人对于玉皇神仙之类道教传说的强烈好尚，也是中古社会的"神圣政治"所需要的。有研究者指出：

> 从政治表象（political representation）的角度来看，合法性和神圣性是两个缠绕在一起的主线。……"旧制度"的政治主要仍是一种神圣政治，它的合法性是通过某种神圣性来实现的。……在神圣政治中，重要的不是言说的话语（尽管君主从未放弃用话语来证明自身的存在及其权威），重要的是展现君主身体形象的仪式。这种充满象征色彩的政治仪式，使君主得以成为全民眼睛的焦点，成为整个国家政治世界的示范中心。❶

---

❶ 参见李猛：《论抽象社会——意识形态政治》，载《社会学研究》1999 年 1 期，页 1—28。

蒙昧时代的人们造神，是出于无知，出于对自然界的畏惧与敬仰；文明时代的造神，则往往是出于某种利益集团抬升威权的需要。

陈傅良称"治世之灾皆为祥瑞"❶。轰轰烈烈的造神运动，持续了真宗后期历史的十数年。这一系列事件及其前因后果，无疑在许多臣僚的心中投下了浓重的暗影。真宗去世后，这一难堪局面的解决立即提上了日程。《续资治通鉴长编》卷九九，乾兴元年（1022年）九月己卯条，记录了临朝称制的刘太后和仁宗对辅臣们的一番交代：

> 上与皇太后谕辅臣曰："前后所降天书，皆先帝尊道奉天，故灵贶昭答。今复土有日，其刻玉副本已奉安于玉清昭应宫，元降真文止于内中供养，则先意可见。矧殊尤之瑞专属先帝，不可留于人间，当从葬永定陵，以符先旨。"用王曾、吕夷简之议也。

"殊尤之瑞专属先帝，不可留于人间"，这在当时，无疑是极其聪明的说法。苏辙曾经针对此事说道：

> 及我本朝，真宗皇帝右文偃革，号称太平，而群臣因其极盛为天书之说。章献明肃太后临御，览大臣之议，藏书梓宫，以泯其迹；及仁宗听政，亦绝口不言。天下至今韪之。❷

难题得以迅速消解，反映出时人的政治智慧。这既是由于王曾、吕

---

❶ 《永嘉先生八面锋》卷九。
❷ 《栾城集·后集》卷十六《论御试策题札子二首》。

夷简等人处事手法圆熟老练，也是因为士大夫中早对此系列闹剧不以为然。陪伴真宗走过最后岁月的刘后，显然也对这种强烈的不满心知肚明。尽管处理方式悄然不惊，却标志着最高层统治路径的转变。追求乃至倚重"殊尤之瑞"的做法，此时被限定为"专属先帝"而事实上受到摒弃，王曾、吕夷简等人所代表的士大夫们理性治国的要求得到了伸张。

如学者所指出，宋真宗的天书封禅运动是历史上最后一次封禅盛典。虽然宋人很少有直接针对真宗封禅的批评意见，但从北宋中期儒学复兴运动兴起以后，儒家士大夫便试图从根本上消解被前代视为盛世大典的封禅的政治文化意义。他们对封禅的批判祛除了其神圣性，使得后人不再相信它具有新兴王朝"奉天承运"的象征意义。正是以真宗的大中祥符为标志，封禅走到了穷途末路 ❶。

三 "务行故事"原则的确立

尽管宋初的数十年中已有不少检讨故事、依循故事的个案出现，但恪守"祖宗故事"提法、做法的凸现，奉本朝"祖宗故事"为处断政务的至上原则，则是从真宗时期开始的。这既体现于帝王的表态，更反映在当时一些臣僚的言行实践之中。这一原则的确立，与前述大中祥符以来的政治局势有着直接的关系。真宗热衷于自我造神、东封西祀的非正常举措及其严重后果，导致了具有良知的官僚士大夫们群体性的反思。作为抵制帝王非常举措的方式之

---

❶ 刘浦江：《"五德终始"说之终结——兼论宋代以降传统政治文化的嬗变》，《中国社会科学》2006 年 2 期，页 177—190。

一，王旦等重臣曾经以祖宗故事为准绳，力图将朝廷的统治拉回到正常的轨道。

注重故事的施政倾向，当然非赵宋一朝所特有。一般而言，"为政务行故事"与"庙论主于安静"，二者本如影随形。而宋真宗时期"务行故事"原则的提出，则恰恰与东封西祀的举国运动几乎同时。这实际上是政坛上的翻覆、精神上的抵触困惑、制度上的反思与磨合的结果。

（一）抵触与困惑

大中祥符年间，王旦尽管自始至终对举国上下的造神运动不以为然，却并未公开表达其看法。就他的个人经历而言，既不同于做过太子师傅的李沆，又不同于曾任先帝辅弼的寇準，在真宗面前，他不具备心理上的优势。天书事件后，他被皇帝尊崇有加，内心却常悒悒不乐。尽管他与王钦若、丁谓等人保持着距离，尽管他反感陈彭年等人屡兴符瑞的做法，而且据说他曾经表示，四方所奏符瑞，皆非他所目睹 ❶；但他身为宰相，显然参预附和了皇帝的意愿，因而难辞其咎 ❷。《宋史》卷二八二《李沆传》中，对比李沆作为"圣相"的先见之明，解释了号称"贤相"的王旦之尴尬与为难：

> 沆没后，真宗以契丹既和，西夏纳款，遂封岱、祠汾、大营宫观，搜讲坠典，靡有暇日。旦亲见王钦若、丁谓等所为，欲谏则业已同之，欲去则上遇之厚……

---

❶ 见《王文正公遗事》。四库馆臣认为，这种记载并非属实，不过其子王素为父亲涤污的说法，见《四库全书总目》该书提要。

❷ 对于真宗朝几位宰相的比较，可参看王瑞来《宋代の皇帝权力と士大夫政治》。

在曾巩所作李沆传记中，也说到"王旦尝自谓器节不能逮沆"❶。到哲宗朝，更有臣僚谈及当时的传闻：

> 旦为宰相，上听道家之说，起玉清昭应宫，东封西祀，幸亳社，祠老子及迎奉天书等，旦不能谏止，但画李沆像供养而已。❷

苏辙则在其《龙川别志》中批评王旦说：

> 时王旦为相，材有过人者，然至此（按指天书、封禅等事）不能力争，议者少之。盖旦为人类冯道，皆伟然宰相器也。道不幸生于乱世，生死之际不能自立；旦事真宗，言听谏从，安于势位，亦不能以正自终，与道何异！❸

苏辙所生活的北宋中期与开国时期大不相同，士大夫对于"名节"二字已经相当重视讲求，在这样的背景之下，将"逢时得君"的王旦比作"长乐老"冯道，可算是十分严厉的批评。南宋时朱熹的批评，其实也是针对王旦：

> 李文靖只做得如此。若有学，便可做三代事。真宗晚年岂有如此等事！❹

　　无论在欧阳修所作、赞誉王旦的《太尉文正王公神道碑铭》

---

❶ 曾巩：《李文靖公沆》，《名臣碑传琬琰集（下）》卷三。
❷ 岑象求：《上哲宗论佛老》，《宋朝诸臣奏议》卷八四。
❸ 《龙川别志》卷上。
❹ 《朱子语类》卷一二九《本朝三·自国初至熙宁人物》。

中，还是在苏辙所作批评王旦的《龙川别志》中，都说到真宗对于王旦的言听计从："久而益信之，所言无不听。"❶而在君主面前一向小心畏谨的王旦，则明显地感觉到自己力量的孤弱难支。他曾经感慨说，"予执政二十年，日夕见上，上意微忤即惧，逡巡不敢语。"❷

士大夫中不失清醒的一些人物，例如孙奭、戚纶、杨亿等人，对于造神崇奉、东封西祀之事有着强烈的抵触。"以经术进"的孙奭，"守道自处，即有所言，未尝阿附取悦"，始终态度鲜明地反对此事。他先后进奏数章，态度鲜明地指出："《春秋传》曰：'国之将兴听于民，将亡听于神。'"且无比痛切地说："今奸臣乃赞陛下力行东封，以为继成先志"，"陛下以祖宗艰难之业，为奸邪侥幸之资，臣所以长叹而痛哭也。"❸所谓"继成先志"之说，是指太宗太平兴国九年（984年）曾拟封禅而后罢；此时不效法前代之顾惜民力，不恪守"祖宗艰难之业"，却以"继志"为由大规模铺张封禅之举，这种旨在塞天下议论的藉口，恰使人们看到对于"先志"的曲解是何等容易。

大中祥符元年正月，与杜镐同系龙图阁待制的戚纶，面对着"祥文荐降，歌颂日兴"❹的状况，上疏真宗论天书事，在称颂皇帝"躅二圣之丕业，启万世之鸿基"之后，笔头一转，进谏说：

> 窃以流俗之人古今一揆，恐托国朝之嘉瑞，浸生幻惑之狂图。或诈托于神灵，或伪形于木石，妄陈符瑞，广述机祥，以人鬼之妖词，乱天书之真旨。❺

---

❶ 《欧阳修全集·居士集》卷二二《太尉文正王公神道碑铭》。
❷ 富弼：《王文正公曾行状》，《名臣碑传琬琰集（中）》卷四四。
❸ 《宋史》卷四三一《儒林·孙奭传》。
❹ 《名臣碑传琬琰集（下）》卷七，曾巩《戚学士纶》。
❺ 《上真宗论受天书》，载《宋朝诸臣奏议》卷三六《天道门·祥瑞》。

但即便是戚纶，也曾经受命编修《东封祥瑞封禅记》，参预了东封西祀、继修礼文的几乎全部过程，一度恩赐甚盛，但终于"以论天书绌"❶。

决定封禅的诏书，是杨亿受命起草的。草稿中"不求神仙，不为奢侈"等语，引起了敏感的皇帝的反感，于是改作"朕之是行，昭答玄贶；匪求仙以邀福，期报本而洁诚"❷。杨亿对于王钦若的冷淡，为人熟知。田况《儒林公议》中说：

> 杨亿虽以辞艺进，然理识清直，不为利变。……朝廷议封禅，亿谓不若爱民息用为本。复为邪佞者所排，眷宠浸衰矣。

编成于大中祥符元年（1008 年）秋冬的《西崑酬唱集》中，收录着当时参加秘阁编纂的一批文士之唱和诗篇。《汉武》、《宣曲》、《明皇》、《南朝》等篇什，是诗人们褒贬往事的集中之作。在题为《汉武》的唱和诗中，杨亿、刘筠、刁衎、任随、刘隲、李宗谔等人，都对汉武帝的崇祀鬼神有所批评。杨亿诗作中不客气地批评汉武帝"光照竹宫劳夜拜，露溥金掌费朝餐。力通青海求龙种，死讳文成食马肝。"这批秘阁诗人对于汉武的功业只字不提，专一攻击其"尤敬鬼神之祀"❸，颇似项庄舞剑，意在沛公。《汉武》这组诗，成于景德三年（1006 年）❹，大中祥符初编纂诗集时的杨亿，再度抚读这些诗作，想必是心潮难平。

---

❶ 《曾巩集》卷四二《虞部郎中戚公墓志铭》，《宋史》卷三〇六《戚纶传》。

❷ 《长编》卷六八，大中祥符元年四月甲午条；该诏书今见于《宋大诏令集》卷一一六《典礼一·封禅上》，题为《答宰相等请封禅第五表诏》，文字略有不同。

❸ 《史记》卷二八《封禅书》。

❹ 参见王仲荦集注：《西崑酬唱集注》，页41—42。

杨亿博学雄文而风采卓然，他之所以看重李商隐的诗歌，除去艺术上的鉴赏之外，另一重要原因是，李氏的诗作往往蕴涵着深邃精微的讽谕与感慨。以杨亿为首，西崑体诗人相互唱和，不仅以其全新格调冲击着晚唐五代以来浅俗寒窘的文风，而且其中不少诗篇敢于讽谕时政，展现出士大夫们的批判精神。希望控御这些才士的宋真宗，在王钦若、王嗣宗等人建议之下，于大中祥符二年初下诏戒饬"侈靡滋甚，浮艳相高"，宣布"今后属文之士有辞涉浮华、玷于名教者，必加朝典"[1]，以整饬文风为藉口，隐晦而严厉地警告了这班相聚批评朝政的文士[2]。其后石介以此诏为真宗变革文风之标志[3]，其实并非明了要害；《四库全书总目·西崑酬唱集》提要赞同陆游的记叙，谓"初不缘文体发也"[4]，倒是一语道破了问题的症结。

《宋史》的撰著者曾经议论说：

> 自唐末词气浸散，迄于五季甚矣。先民有言："政庞土裂，大音不完，必混一而后振。"宋一海内，文治日起。杨亿首以辞章擅天下，为时所宗，盖其清忠鲠亮之气，未卒大施，悉发于言，宜乎雄伟而浩博也。[5]

"清忠鲠亮"、"直道独立"[6]的杨亿，作为王旦、寇準等人共同的朋友，对于王旦在天书封禅事面前表现出来的无奈，颇有几分理

---

❶ 《宋大诏令集》卷一九一《诫约属辞浮艳令欲雕印文集转运使选文士看详诏》。

❷ 本段内容可参见张鸣：《从"白体"到"西崑体"》，《国学研究》第三卷，页221—222，北京大学出版社，1995年。

❸ 《徂徕集》卷十九《祥符诏书记》。

❹ 参见《陆游集·渭南文集》卷三一《跋西崑酬唱集》。

❺ 《宋史》卷三〇五论赞。

❻ 《五朝名臣言行录》前集卷四《内翰杨文公》引《家塾记》。

解。王旦去世前，"遗令削发披缁以敛，盖悔其前之为也"，子弟们本想照办，却被杨亿出面阻止了 **❶**。

寇準对待天书的态度，导致了他日后的曲折。澶渊缔盟成功，皇帝与朝廷关注点的转移，限制了"善断大事"的寇準的政治前途。此时他已经罢相出为外官，由于不信天书，导致"上益疏準" **❷**。时隔数年之后，天禧三年（1019 年）间，远在永兴军的寇準却上奏说"天书降乾祐山中"，并且因此而再度入相 **❸**。称得上"赴义忘白刃，奋节凌秋霜" **❹** 的寇準，为什么会出此下策，宋人已经感到不解。流传最广的一种解释，出自刘敞所做《莱公传》：

> 知京兆府都监朱能复献天书，上以问旦，旦曰："始不信天书者，準也。今天书降準所，当令準上之，则百姓将大服，而疑者不敢不信也。"上从之，使中贵人逼準。朱能素事宦者周怀政，而準婿王曙居中与怀政善，劝準与能合。準始不肯，曙固要準，準亦因此复为中书侍郎平章事。天禧三年也。 **❺**

《五朝名臣言行录》及《宋史·寇準传》都是取这种说法。在这一并不十分复杂的事件中，一方面是众所周知的"天书"谎言，一方面则是不断拉紧的环环相连的圈套。王旦的一席话，迎合了真宗的意愿，或许也体现着他希望"拉"寇準一把的努力；但是，如果这一主意确实出自王旦，则暴露出这位端方大度的"贤相"作为政客

---

❶《长编》卷九十，天禧元年九月己酉条。

❷《五朝名臣言行录》前集卷四。

❸《宋宰辅编年录校补》卷三，天禧三年。

❹ 寇準：《述怀》，见《两宋名贤小集》卷十《寇莱公集》。

❺《五朝名臣言行录》卷四引《莱公传》。

之阴暗叵测的一面：君相之间的这番商议，无异于告诉人们，寇準实际上是落入了深深了解他的王旦与真宗共同设下的圈套之中。

事实上，回护寇準的这段记载并不可信。应该说，问题的关键在于寇準强烈希望重返政治舞台中心，他本人政治生涯中这一段"不甘寂寞"葬送了他的一世名声❶。刘敞叙述中最明显的舛误在于，朱能献天书事发生在天禧三年，而王旦早在天禧元年九月即去世了❷。具备优秀史家资质的刘敞，在其《莱公传》中，对于所听说的消息丝毫未予质疑，这实际上反映出他主观上对于当时能够左右大政的王旦所持的批评态度。

（二）"典故所无不可听"

田况在《儒林公议》卷下中记载道：

> 章圣祥符中行封祀之礼，兴造宫观以崇符瑞。时王旦作相，迎合其事。议者或非之，旦谓人曰："自古帝王或驰骋田猎，或淫流声色。今主上崇真奉道，为亿兆祈福，不犹愈于田猎声色之惑欤？"

其实，即便王旦曾有这样的说法，也不过是一种口头的辩解。从王旦晚年的言行来看，大中祥符年间欲罢不能的系列事件显然对他有所教训，《宋史·王旦传》所载他发自内心的慨叹，使人们清楚地

---

❶ 欧阳修曾经说"莱公正坐老而不知止尔"，语见《宋史》卷二八六《王曙传》；《朱子语类》卷一二九，朱熹在与学生论及寇準、王曾"求复相"事时，说"前辈都不以此事为非。所以范文正公方厉廉耻，振作士气。"

❷ 李焘即曾指出"敞误甚矣"，而且他据己意推测说，"或钦若实为此，非旦也"，见《长编》卷九三，天禧三年三月条。

感觉到他在思想上积极向自觉"防患于未然"的李沆靠近：

> 沆既薨，其后真宗朝陵展礼、封山行庆，巨典盛仪无所不
> 举。旦为相，每思沆之言，叹曰："李文靖，圣人也。"故当时
> 谓沆为"圣相"云。**❶**

亡羊补牢的念头一定屡屡在王旦的脑海中翻滚。

东封之后，真宗似乎倦于纷繁的日常政务，因而在保持对行政
中枢控御的同时，一反乃父事必躬亲的作风，委王旦以"小事一面
奉行"，这在当时甚至使其同列宰执颇感意外。在奏事决策之际，
有些事不经进呈，王旦即可批旨奉行**❷**。这种做法，显然不是祖宗
朝留下的规矩，而一向持身谨慎的王旦之所以会这样做，也是由于
此时行政系统相对独立的运转机制逐渐成熟，已经大不同于每事奏
御的范质时期。

在当时情形下，身为宰相的王旦所能够做到的，一是人事安排
上"举荐正人"，如《五朝名臣言行录》引《吕氏家塾记》所说：

> （王旦）不忍独善其身以去，曰："谁为国家抗群小者？"
> 乃荐先祖文靖公暨王沂公曾等二十余人布列于位，所以小人卒
> 不能胜，而成仁宗持盈之业，文正公之勋也。**❸**

另一努力，则是尽量执守"祖宗典故"。王旦自己对真宗说：

---

❶《东都事略》卷四〇《李沆传》。
❷《五朝名臣言行录》卷二《王文正公》。
❸《五朝名臣言行录》卷二。

"大约中书庶事动守程式，不敢随意增损。"❶王素在《王文正公遗事》中，亦称"公动守典故。"不仅如此，从当时的记载来看，王旦已经有意识地抬出了赵宋王朝的"祖宗"作为"典故"的守护神，力图以此设范纠偏。

正如李沆当年有选择地向真宗奏进四方之事一样，王旦无疑也筛选着祖宗的典故，以适应当日的需求。大中祥符六年（1013年），当真宗考虑允准其"深所倚信"的内臣刘承规之乞请，授予他节度使名衔时，王旦义正词严地说："陛下所守者祖宗典故，典故所无，不可听也。"❷据《宋史》说，"自是内臣官不过留后。"❸祥符、天禧之际，真宗意欲以王钦若为宰相，王旦出面阻止，所举述的理由之一即"祖宗朝未尝使南方人当国"❹。

应该说，王旦的态度，并非完全出自个人的选择。考虑到当时的背景情形，"恪守祖宗故事"原则的提出，是深思熟虑的结果，反映着关注国是的士大夫在困惑、周折中的成长。参预执政的臣僚无法完全限制帝王的作为，一套冠以"祖宗"名义的成规定法却可能成为嗣皇帝们所不得不顾及的轨范。"祖宗典故"、"祖宗法度"这样一种概括方式，无疑赋予王朝的既有规范以更高的权威，同时也为臣僚们提供了一定的保护，使他们可能据以对抗君主本人脱逸正常统治轨道的要求。

不难看出，循祖宗旧典、遵祖宗成宪的提出，不仅反映着赵宋开国以来帝王的统治意愿及治国方略，也是统治阶级上层一些

---

❶《长编》卷八四，大中祥符八年四月甲子条。

❷《长编》卷八一，真宗大中祥符六年七月丙申条。

❸《宋史》卷二八二《王旦传》。至南宋宁宗时，宰臣京镗尚引此事为法，阻遏宦者迁节度使；见《宋史》卷三九四《京镗传》。

❹《长编》卷九〇，天禧元年八月庚午条。

黾勉求治的决策人物藉重于“祖宗”威灵以影响乃至“慑服”君主，藉助于“祖宗朝”成规定法以规范统治行为、协调统治步调的合理方式。

当然，据守“祖宗朝”之典常故事，不仅是士大夫制约帝王行为的有效说辞，也是他们行使政治信念的依据、建设统治规范的需要。真宗后期，被排斥于政治核心圈的，不仅是善断大事的寇準本人，也是他那种不拘成例而个性鲜明的处事方式。这种状况，是利是弊姑不具论，所呈现出的，是行政管理中制度化、程序化的趋势。

真宗时期前后相继的宰相李沆、王旦、向敏中等人，被誉为“有华国之文，负经邦之业”、“以儒学吏才张为国器”[1]。真宗即位诏书“先朝庶政，尽有成规，务在遵行，不敢失坠”的精神原则，靠他们身体力行。在君主眼中，他们能“识大体”[2]；统辖行政系统，他们亦敢于决断。他们因应时变，以“务行故事”为治国准绳，竭力维护太祖、太宗以来逐渐纤悉具备的“朝廷防制”；他们是所谓“祖宗法度”的建设者、提炼者、代表者，事实上已经奠定了恪守“祖宗之法”的原则。

《宋史》卷二八二《王旦传》中说他

> 凡柄用十八年，为相仅一纪。会契丹修和、西夏誓守故地，二边兵罢不用，真宗以无事治天下。旦谓祖宗之法具在，务行故事，慎所变改。帝久益信之，言无不听。

这段话显然是自欧阳修为王旦撰写的《太尉文正王公神道碑铭》脱

[1] 《宋大诏令集》卷五一《王旦拜集贤相制》;《小畜集》卷十九《送王旦序》。

[2] 《宋史》卷二八二《李沆传》、《王旦传》。

胎而来。《神道碑》称：

> 是时契丹初请盟，赵德明亦纳誓约，愿守河西故地，二边
> 兵罢不用，真宗遂欲以无事治天下。公以谓宋兴三世，祖宗之
> 法具在，故其为相务行故事，慎所改作。进退能否，赏罚必
> 当。真宗久而益信之，所言无不听。❶

欧阳修此文作于至和二年，即公元1055年，时距王旦辞世已有
三十八年。尽管王旦生前"为相务行故事，慎所改作"之特点相当
突出，但碑文中所说"宋兴三世，祖宗之法具在"云云，似不曾直
接出自王旦之口，很可能在一定程度上反映着欧阳修本人的揣度与
认识，复为后世史臣所沿用。

真宗后期，王旦等人所征引、所举述的"祖宗旧典"，基本上
局限于具体的法规故事，引述的直接目的在于保持政策实施的一贯
性，防偏纠差。从强调"祖宗典故"，到朝廷上正式提出效行"祖
宗之法"，经历了真宗时期至仁宗初年的一段过程。

李沆、王旦等人之所作所为，使我们注意到真宗朝与太宗朝相
较统治方式的转型。与太宗时君主全然占据主导地位不同，此时的
君相关系发生着明显的变化。赵宋培养出来的这批士大夫们，在周
折翻覆之后，更为明确地意识到自己对于社稷国家的责任。他们忠
实于皇权，但并非全然唯唯诺诺于皇帝；他们熟悉官僚制度的运转
方式，了解臣下所处的地位与可能发挥的作用。他们平素端重，居
位缜密而动遵条制，既有宋初宰相范质等人缜默守正、注重行政规
制的特点，又能以王朝的长治久安为目标，有自己建设性的作为。

---

❶《欧阳修全集·居士集》卷二二。

宋朝真正意义上的士大夫政治，应该说是从这一时期发端的。

在北宋前期的历史上，真宗朝是一个转折的阶段。开国时期的许多措置，在此时大体定型；新制度的轮廓，已经基本清晰地呈现出来。在这一阶段中，大轰大嗡的是天书符瑞及东封西祀等惹眼事件；而从长远来看，在历史学者的视野中凸显的，则是国家权力的进一步整合，王朝政策走势的明朗化，以及日渐成熟的文官政治体制。

这两个看似全不相关甚至趋向相反的过程，在当年的现实中却是关联在一起发生的。在帝制时代，就理论上来说，皇帝固然以其绝对的优势，拥有至高无上的权力；但现实政治的错综复杂，却非仅恃世袭得位的继体之君所能支吾，因此，皇帝至尊的意志也不得不向现实、向长于应对现实的士大夫群体退让 ❶。真宗本人的阅历、能力、素质，与赵宋的开国皇帝相距甚远；而他的施政倾向，显然也与太祖、太宗大不相同。面对父辈留下的基业，如何保守不失；面对澶渊缔盟之后的形势，如何建树君主的权威——成为他所面临的重大挑战。在巨大压力之下，"神道设教"成为皇帝的选择。而在痴迷于神秘政治、热衷于"天子"权威的同时，由于士大夫力量的成长，亦由于国家政务的繁复，皇帝却不得不将行政系统、财政系统的实际统贯调度权力，下放到长于政务的官僚集团；从而使得以往建立于君主个人威势及神圣魅力基础上的集权，转化为建立在礼乐典制基础上的集权。

---

❶ 参见刘静贞：《皇帝和他们的权力：北宋前期》，页 190。

第**5**章

"祖宗之法"的正式提出

——仁宗朝前期

真宗朝是北宋许多制度的定型期。此前，君主与其侧近亲信群体结合相对紧密，个人治理的取向比较突出；此后则基本完成了向君主官僚制度统治方式的转化。自真宗后期至仁宗朝，与士大夫阶层的成长同时，国家的故事往例、典章制度在政务治理中的作用逐渐加强。"祖宗之法"的正式提出及其趋于"神圣化"，正是伴随着这一过程发生的。

仁宗即位之初，朝廷中常见的提法仍是遵行祖宗故事；当时致力于效行祖宗法度的王曾、吕夷简等人，所征引的内容基本上局限于具体的法规典故，举述的直接目的在于保持政策实施的前后一贯。到刘太后去世、仁宗亲政之后，"恪守祖宗之法"的提法才大行其道。从恪守"祖宗故事"到遵行"祖宗之法"，这一递进过程大体上完成于天圣、明道时期。

一 "祖宗法不可坏"

陈寅恪先生在其《顺宗实录与续玄怪录》一文中说：

唐代自中叶以后，凡值新故君主递嬗之际，宫禁之中几例有剧变，而阉宦实为此剧变之主动者。外廷之士大夫，则是宫禁之中阉宦党派斗争时及决胜后可怜之附属物与牺牲品耳！有唐一代之政治史中，此点关系至巨。●

与中叶之后的李唐皇室迥然不同，宋代自真宗朝以降，当君主递嬗之际，内臣宦官的策动操纵很少奏效❷；留下痕迹的，反而是密切关注着宫禁动向的外廷士大夫及其首脑们紧张而活跃的身影。"先皇帝"留下的宰相班底和行政体系，通常会根据遗诏中的布置，完成过渡。在这样的关头，遗诏的内容自然十分关键。原则上，遗诏应该是"先帝"的临终安排；但其形成，通常是在先帝辞世之后；其具体倾向，往往是执政核心圈子当前决策的结果。

（一）"遗诏"与"遗诰"：乾兴与明道

　　乾兴元年（1022 年）初，54 岁的真宗病入沉疴，太子赵祯年幼，而真宗八弟燕王元俨尚在，一时间中外颇有一些针对这位"八大王"的传闻流布。在时人心目中，能够护佑太子的，是据称"性警悟，晓书史"的皇后刘氏❸。而当太子登上皇位之后不久，群臣即感觉到，对于少年皇帝潜在的威胁，可能正是来自这位刘后（刘太后）。

　　很少看到人们将赵宋的真宗与李唐的高宗相互对比，但大略看去，这两位皇帝是有一些可比之处的：在父皇选立储嗣时都经历过

---

❶ 《金明馆丛稿二编》，页 75。
❷ 至道三年内侍王继恩、天禧四年内侍周怀政谋划失败，即是明显的例证。
❸ 参见《宋史》卷二四二《章献明肃刘皇后传》；《长编》卷九八，乾兴元年二月甲寅条注文引蔡惇《直笔》。

一番周折；都是建国后的第三位君主，都面临着王朝从创业转向守成的压力；都曾为册立钟爱的女性作皇后而遭遇过来自朝臣的阻力。还有，两位皇后都以"素多智计"著称；皇帝晚年都受制于精明的皇后；皇帝去世，皇权又都控制于对最高权力毫不陌生的皇后（武太后、刘太后）之手。

刘太后垂帘称制期间，至少有些宋人是在心中暗暗将这两位太后做过比较的。但赵宋与李唐政治情势的不同，使刘太后不可能重现则天太后的胜境；不仅如此，甚至可以说，正是在缺少成熟皇帝的这一时期，北宋的士大夫在政坛上有了自己集体性的表现，发出了更强有力的声音。

二月戊午（十九日），真宗去世，年仅13岁的仁宗即帝位。大行皇帝遗诏尊刘皇后为皇太后，杨淑妃为皇太妃，"军国事兼权取皇太后处分"，从而奠定了新的权力格局。这一遗诏的形成，很经历了一些曲折。

真宗久病，继嗣者年少，权力结构的调整早在众人念中。围绕最高权力的幕后经营与争夺紧锣密鼓地进行着。寇准算得上是权力博弈第一波的失败者，天禧四年（1020年）八月已被贬为道州司马，彻底远离朝廷政治中心。乾兴元年皇权递嬗之际，真宗留下的宰辅班子是宰相丁谓、冯拯，参知政事王曾、任中正，枢密使曹利用，副使钱惟演、张士逊等人。

《五朝名臣言行录》卷五《丞相沂国王文正公》目下，记述了真宗辞世前宫廷内外的一番活动：

> 章圣不豫，刘后讽宰臣丁谓欲临朝。中外汹汹，莫敢言者。公（按指王曾）谓后戚钱惟演曰："汉之吕后、唐之武氏，皆非据大位，其后子孙诛戮，不得保首领。公后之肺腑，何不

入白皇后，万一宫车不讳，太子即位，太后辅政，岂不为刘氏之福乎？若欲称制以取疑于天下，非惟为刘氏之祸，恐亦延及公矣。"惟演大惧，入白之，其议遂止。

真宗逝，"外尚未闻，中书密院同入问起居，召诣寝阁，东面垂帷，明肃（刘后）传遗命，辅立皇太子及皇太后权听断军国大事"❶。据江休復《嘉祐杂志》说，当时"（两府）一时号泣"，倒是刘后表现出相当的镇定，打断诸臣道："有日哭在，且听处分！"李焘在《续资治通鉴长编》中综合诸说，记叙了其后的情形：

> 辅臣共听遗命于皇太后，退，即殿庐草制，军国事兼权取皇太后处分。丁谓欲去"权"字，王曾曰："政出房闼，斯已国家否运，称'权'尚足示后；且言犹在耳，何可改也！"谓乃止。❷

是否称"权"，显然不纯粹是措辞形式、表面文章。围绕草制事，冯拯、曹利用等人态度似不明朗，看得到的是王曾与丁谓的鲜明对立。《宋史·王曾传》中，也着意突出了针对"去'权'字"事，王曾对于丁谓的抵制：

> 曾曰："皇帝冲年，太后临朝，斯已国家否运，称'权'犹足示后；且增减制书有法，表则之地，先欲乱之邪？"遂不敢去。

---

❶《五朝名臣言行录》卷五《丞相沂国王文正公》。
❷《长编》卷九八，乾兴元年二月戊午条。

所谓"言犹在耳",是从参预者的角度来讲;而"表则之地",则强调着朝堂之上要恪守体制与规矩的原则。无论哪一说法,态度都足够强硬。《宋大诏令集》卷七《帝统七·遗制》中,收有这份遗诏,其中说明了"军国事权兼取皇太后处分"的原因:"方在冲年,适临庶务,保兹皇绪,属于母仪。"

这一过程中,有两个最为重要的环节,一是"听遗命",二是"草遗诏"。由于"遗命"事实上是由随侍大行皇帝身边的皇后宣布的,因此王曾会预先通过后戚钱惟演转达警告;从"遗命"之内容来看,这一警告基本上达到了目的,下面则要靠臣僚根据"遗命"精神代大行皇帝"发言"了。此时,一个"权"字的去取,成为丁谓固结太后的交易筹码;而他的企图,遭到了王曾的强劲抵制。在另一宰相冯拯及枢密使曹利用等人依违其间的情况之下,王曾独力阻止而能够成功,应该说与他的主张反映着外廷"物议"有关。田况《儒林公议》记载当时的情况说,"刘太后讽宰相丁谓谋临朝,物议忧疑。"王曾所代表的,事实上是外朝士大夫的意见。

禁中的紧张,也传递到京城。当日,京城内外并增兵卫,上下百官也密切注视着朝廷的动静。而与此同时,外廷的一切,都在照章运作。次日,群臣诣东上阁门上表请听政,又诣内东门,请皇太后延对辅臣。一两日间,内廷中转移了的权力重心,即便从形式上,也清晰地表露出来。

二十日,发布了嗣皇帝的即位赦书,其中说:

> 凤侍圣颜,备承宝训,凡百机务,尽有成规,谨当奉行,不敢失坠。❶

---

❶《宋朝事实》卷二。

从言辞上看，这一表述不仅与父皇遗诏中"祇荷庆灵，奉若成宪"[1]的要求相呼应；亦与真宗登极赦中"先朝庶政，尽有成规，务在遵行，不敢失坠"[2]的说法十分接近。再比较一下英宗嘉祐八年（1063年）即位诏中"夙奉圣颜，备闻圣训，在于庶政，悉有成规，惟谨奉行，罔敢废失"[3]的表态，可以看出，恪守先朝成规，已经成为真宗以降北宋诸帝共同的声明。当然，这类规范一律的语言，并不仅只是表面文章，而是影响着当时国家政治局面的发展基调。

今存王曾所作《王文正笔录》，记载了宋廷旧闻三十余条，多为北宋早期事，涉及仁宗初年的内容仅一二条而已，其中并未对有关太后"权"字事做丝毫渲染，倒是详细叙述了新格局下的最高权力运作方式问题：

> 乾兴初，先帝遗制：皇太后权及军国重事。其听断仪式久而未定。宰相丁公谓欲每议大政则皇太后坐后殿朝执政，朔望则皇帝坐前殿朝群臣；其余庶务独令入内押班雷允恭禁中附奏，传命于中书、（机）【枢】密院平决之。众皆以为不可。
> 时上下隔绝，中外惴恐。[4]

"听断仪式"受到如此注意，是因为它不仅体现着皇权的威仪，更反映着政事处理的范围及实际程序。太后临朝，诸多不便。而正由于缺乏祖宗故事可以依凭，需要二府"详定仪注"，这就为心思不

---

❶ 《宋大诏令集》卷七《帝统七·遗制》"乾兴遗诏"。

❷ 《长编》卷四一，至道三年四月乙未条。

❸ 《宋朝事实》卷二《登极赦》。

❹ 《长编》卷九八乾兴元年二月的记载，事件时序有与王曾《笔录》不同处，但对于事件发展基本路向的说明则并无大异。

同的执政诸臣，留下了各自"建议"的空间。

真宗逝后四日，礼仪院奏进太后降制、批答表奏的文字规制，很快便确定下来 ❶。出现了周折的，是王曾等人所关心的听断仪式问题。王曾援引东汉故事，请五日一御承明殿，皇帝在左，太后坐右，同殿垂帘听政。这正是多年之后王曾胞弟子融面见仁宗时所强调的，其兄长主张"请帝、太后同视事"❷《东都事略》卷五一《王曾传》的记载，与王曾兄弟的说法接近，惟更加强化了王曾在当时慷慨激昂的态度：

> 及真宗崩，丁谓欲皇太后对近臣决政事，皇帝独朔望见群臣，庶务悉令入内押班雷允恭画可于禁中。曾曰："天下者，太祖太宗之天下，非刘氏之天下！奈何使两宫异处？柄归宦者，祸端兆矣！"

事实上，揆诸当时情境，王曾纵然可能强调"天下者，太祖太宗之天下"，却怕很难说出"非刘氏之天下"数语 ❸。

丁谓的建议，据王曾说是"每议大政则皇太后坐后殿朝执政"，李焘的记载与此不尽相同。《续资治通鉴长编》卷九八，乾兴元年二月庚申（二十一日）条记事称：

> 丁谓独欲皇帝朔望见群臣，大事则太后与帝召对辅臣决之，非大事悉令雷允恭传奏，禁中画可以下。曾曰："两宫异处而柄归宦者，祸端兆矣！"谓不听。

---

❶ 《宋会要辑稿·后妃》一之一一。
❷ 《景文集》卷四六《故丞相文正王公碑阴记》。
❸ 王曾谏太后，有"非陛下之天下"之说，口气与此有所不同。参见本书页363注2。

《长编》与《笔录》区别之处，在于丁谓建议中后殿召对辅臣（"朝执政"）时是否有皇帝在场。从种种迹象来看，似以李焘的说法为是。太后刘氏的精明之处，正体现在她清楚地意识到自己的特殊身份来自与皇帝的关系；而自她立为皇后之日起，"凡处置宫闱事，多引援故实"❶，这份干练与周全也是她得以被真宗宠信的原因之一。当此敏感时期，除去某些外朝仪式外，在公开接见宰辅时，她不赞同将她与小皇帝分隔开的安排，并且派遣内侍首领向宰臣明确表示说：

> 虽勉奉遗旨，将来嗣君视事，当朝夕在侧，冀申保护，何须别御殿也。当深体此意，以定仪式。❷

后来司马光、范祖禹等也曾说过，

> 章献明肃太后保护仁宗皇帝最为有法。自即位以后、未纳皇后以前，仁宗居处不离章献卧内。❸

虽然对于刘太后的称赞是说给元祐时临朝的太皇太后高氏听的，但当时宫中的安排应该确实如此。这也是并非生母的刘太后控御皇帝、把持内外权力的手段。既然决大事则太后与帝同召对辅臣，平居晏处又不离卧内，那么，所谓"两宫异处，柄归宦者"的说法——其实今见王曾《笔录》中并无这一表述——不过是外朝士大夫的担心而已。

---

❶ 《长编》卷七九，大中祥符五年十二月丁亥条。
❷ 《宋会要辑稿·后妃》一之一○；参见《长编》卷九八，乾兴元年二月庚申条。
❸ 《范太史集》卷十八《上太皇太后乞保护皇帝圣体疏》。

其实，从寇準等人谋划的太子监国，到王曾等人建议的皇帝与太后同听大政，并非真正希望依靠未成年的太子乃至天子的明断能力，而不过是希望在此旗帜下，为外朝士大夫争取更大的执政空间，建立起一种新的政治秩序。从这一意义上说，王曾此时所疑虑的，确如他本人所说，主要是"上下隔绝"。

丁谓与王曾建议之不同，关键在于，王曾建议太后与皇帝"五日一御承明殿"，亦即常规性制度化地与宰辅议政；而丁谓的建议，是皇帝朔望礼仪性地坐前殿朝群臣，"议大政"则由太后发话宣召执政，平常政务需要通过内侍传达内外。

尚在少年的皇帝当然难以有效参预决策过程，即便母子二人同时出场，权力的实际操控者显然仍是在低垂的帷帘之内。而如若"议大政"不定期不规则，须自太后临事发动，决庶务则由内侍居中沟通，那么，无论大政或者庶务，不仅是禁中的太后权势独重，容易接近太后者也将有更多的弄权机会。这种内廷与外朝间的阻滞，这种内外暌违、上下隔绝、"柄归宦者"的状况，在王曾等士大夫眼中，无疑犯邦国之大忌。最高权力由太后执掌已属无奈，而现实运作又把持在丁谓、雷允恭联盟手中，这正是"中外惴恐"的主要原因。

在欧阳修为晏殊所作神道碑铭中，也谈及这一时期的奏事仪制，其中有这样一段话，印证了两府首长各自设法争取"独见"太后的努力：

> 初，真宗遗诏章献明肃太后权听军国事。宰相丁谓、枢密使曹利用各欲独见奏事，无敢决其议者。公（按指晏殊）建言：群臣奏事太后者，垂帘听之，皆毋得见。议遂定。❶

---

❶《欧阳修全集·居士集》卷二二《晏公神道碑铭》。

"独见奏事"的背后，用李焘在《长编》中的话说，就是"不欲令同列预闻机密"❶。独见、留身，在帝制时代都是重臣秘密进言以图影响帝王旨意的机会。熟悉真宗后期政局变动的士大夫们，都清楚丁谓、李迪同时罢相之次日，丁谓独能复相的原因，正在于他独自入对乞留。而在那一事件中，晏殊正是草拟复相制书，因而心怀愧疚的一人 ❷。此时，他以原本"佐佑东宫"的身份，就"独见"事建言，确有可能。从欧阳修的记叙来看，其语意似乎落脚在太后是否"垂帘"，群臣是否得"见"；而从逻辑上说，"皆毋得见"，应该是指"皆毋得独见"；否则即会有"应对错位"的感觉。

这个月的二十四日（癸亥），本来已经接受了"每五日一次皇太后与皇帝同御便殿"建议的太后，忽然自禁中降出手书，说：

> 先帝以嗣君之托，所以遗制之中，权令处分军国事。勉遵遗命，不敢固辞。自今中书、枢密院事进呈皇帝后，并依常式进入文书印画，亦不妨内中仔细看览，或事有未便，即当与皇帝宣召辅臣商议。若事关机要，亦许非时请对，即不必预定奏事日限。❸

"不必预定奏事日限"的决定，正是采纳了丁谓的主张。尽管留有"许非时请对"的口子，实际上却堵塞了关键时期内宰臣集体与两宫定期从容议政的可能。

这种状况，直到是年六月丁谓下台后才得以解决。

丁谓的下台，王曾与有力焉。是他于退朝后设谋独对，揭发丁

---

❶ 《长编》卷九八，乾兴元年二月癸亥条。
❷ 参见《长编》卷九六，天禧四年十一月记事。
❸ 《宋会要辑稿·后妃》一之一〇。

谓"包藏祸心"，伙同内侍雷允恭擅移真宗山陵皇堂事。但这一重大人事变动的根源，仍然在于丁谓的作为招惹了太后的强烈不满。据《续资治通鉴长编》卷九八：

> 初，丁谓与雷允恭协比专恣，内挟太后，同列无如之何。太后尝以上卧起晚，令内侍传旨中书，欲独受群臣朝。谓适在告，冯拯等不敢决，请谓出谋之。及谓出，力陈其不可，且诘拯等不即言，由是稍失太后意。又尝议月进钱充宫掖之用，太后滋不悦。

李焘有关小皇帝未能待旦事的记叙，大体上出自释文莹的《续湘山野录》。文莹引述太后旨意更加具体："官家年小起晚，恐稽留百官班次，每日只来这里体会。"他笔下的丁谓（晋公）也还有义正词严的一段对答：

> 晋公口奏曰："臣等止闻今上皇帝传宝受遗，若移大政于他处，则社稷之理不顺，难敢遵禀。"晋公由此忤明肃之旨。❶

这样说来，对于禁中受朝议政的仪轨，至少在形式上，丁谓是有其保守底线的。朱弁在《曲洧旧闻》中说，文莹曾经出入于丁谓之门，《湘山野录》中"凡载晋公事，颇佐佑之"❷。但李焘的判断是"丁谓忤太后旨，此当得其实"。

　　临朝的刘太后，支撑着当时的局面，需要的是忠谨周到而又顺

---

❶ 参见《湘山野录·续录》"仁庙初纂临"条、《长编》卷九八，乾兴元年六月癸亥条。
❷ 《曲洧旧闻》卷四。

从之辅臣。在宋绶起草的贬责丁谓制书中，实质性的指斥是说他
"属朕缵临，觊专威柄。僻违之状，滋见于反常；毁谤之言，更彰
于无上"。❶从当时的记载来看，惹恼太后的，主要是两个方面：一
是不肯凡事遵禀，未将太后真正放在眼中；二是作为外朝首脑而与
内侍交结，违背了宫廷忌讳的禁条。而在外廷臣僚看来，最为突出
的问题在于，丁谓以宰相身份而横亘于内廷、外朝之间，造成讯息
的阻隔和政事的壅蔽。因此，当太后决计除去丁谓时，宰相冯拯及
同僚首先的反应是：

> 拯等奏曰："自先帝登遐，政事皆谓与允恭同议，称得旨
> 禁中。臣等莫辨虚实。赖圣神察其奸，此宗社之福也。"❷

此后，听政仪制确立下来，诸多事务陆续走上正轨。七月初四，王
曾拜相；十一日，中书、枢密院上表请皇太后"特遵大行皇帝遗
制"，每五日一次与皇帝同御便殿，许中书、枢密院奏事。表三上，
从之。其实，真宗的"乾兴遗制"我们今天还可以看到，其中并没
有布置御殿方式的具体文字。此时的安排，不过是恢复采纳了王曾
当初的建议而已。这里所谓"遗制"，既非真宗本人的布置，亦非
草制时既定的规矩，而不过是一幅虚悬的旗号，用以指代经由内外
认可的原则。

八月八日，太后与皇帝始御承明殿，

> 中书、枢密院请军国机宜及臣僚恩泽并进呈取旨；若常事

---

❶《宋宰辅编年录校补》卷四，乾兴元年六月癸亥条。

❷《长编》卷九八，乾兴元年六月癸亥条。

即依旧进入文字，候印画付外施行。若事从别旨，有未可行者，即于御前纳下，再候指挥。其日殿上垂帘，皇帝座亦在帘内。辅臣以次奏事，屏去左右侍卫。如有军机急速，即不限五日，并许非时请对及宣召，阁门前一日奏裁。

并从之。❶

王曾《笔录》中也记载道：

始采用东汉故事，上在左，母后在右（出蔡邕《独断》），同殿垂帘坐。中书密院而下以次奏事如仪。自是群情乃安。迄明道末，自是不改其制。

这样，疏通了正常的君臣沟通途径，大致理顺了朝政运转的方式。用《长编》中的话来说，"自是事一决于两宫"❷。宋祁曾经就此称道王曾，说他"志在强王室，安外家，使无纤芥。纳忠者以公为蓂。"❸朱熹也曾引述胡安国的话，将王曾与李沆相提并论，说："李文靖澹然无欲，王沂公俨然不动。资禀既如此，又济之以学，故是八九分地位也。"❹

这一天，在殿堂之上，太后表示"不欲行垂帘御殿之仪"，待皇帝成年后，必将还政；转而说到先帝的重托，她不禁哀恸失声。垂帘御殿，赵宋一朝尚无先例。《笔录》中关于"同殿垂帘坐"的说法，比较含混，王曾征引的"东汉故事"，是出自蔡邕《独断》。

---

❶《宋会要辑稿·后妃》一之一一。
❷《长编》卷九九，乾兴元年八月乙巳条。
❸《景文集》卷五八《文正王公墓志铭》。
❹《宋名臣言行录》前集卷五。

今据《独断》卷下：

> 后摄政，则后临前殿，朝群臣，后东面，少帝西面。群臣
> 奏事上书皆为两通，一诣太后，一诣少帝。

按照蔡邕的说法，太后与少帝，一东面，一西面，应该是相向而
坐。而承明殿中，太后垂帘，"皇帝座亦在帘内"，"上在左，母后
在右"，似乎是并排设座。元丰末，当未成年的哲宗皇帝即位时，
太皇太后高氏垂帘，"皇帝坐于帘内之北"，可能是前后设座，基本
上承袭了这套垂帘仪制 ❶。这样的位置安排方式，太后与皇帝的关
系自然较东汉更显密切。

仁宗登基次年，改元天圣。欧阳修解释说，"时章献明肃太后
临朝称制，议者谓撰号者取'天'字于文为'二人'，以为二人
圣者，悦太后尔。至九年改元明道，又以为'明'字于文'日月'
并也，与'二人'旨同。"❷天圣（1023—1032）、明道（1032—
1033）年间，刘太后"恩威加天下"，其影响力一直持续到其身
后。以至于距乾兴"听遗命"之举十一年之后，又出现了另一
"遗命"事件。

明道二年（1033 年）三月甲午日，称制多年的刘太后辞世。
去世前，她对于自己身后的宫廷内外之事有所交代。乙未日，公布
了太后遗诰，其中称：

> 皇太妃与吾同事先帝，并佑圣躬，宜尊为皇太后。皇帝听

---

❶《宋史》卷一一七《礼志·皇太后垂帘仪》。
❷《归田录》卷一。

断朝政，一依祖宗旧规；如有军国大事，与皇太后内中裁制。**❶**

此时的仁宗，已将近 24 岁。要求已经成年的皇帝再与另外一位皇太后在"内中"商议裁断军国大事，显然背离故事常规；而遗诰中所谓"一依祖宗旧规"，则将成为莫大的讽刺。遗诰既经宣布，"都下讻讻"**❷**，"士大夫多不悦"**❸**，而此时

> 阁门趣百官贺太后于内东门。御史中丞蔡齐正色谓台吏毋追班，入白执政曰："上春秋长，习天下情伪，今始亲政，岂宜使女后相继称制乎？"执政无以夺。**❹**

张方平《乐全集》卷三七《蔡公神道碑铭》中，引述蔡齐的说法略有不同：

> 公毅然顾吏无得追班，前白二府："天子春秋已长，太后末命非天下所望，抑未有闻于前代者。惟执政图之！"

两种说法寓意相近，皆要求成年天子亲政，而反对女后相继临朝。比较而言，碑铭中的说法似乎更有理据：既指其违背天下之期望，又指其没有前朝往例可循。这无疑提供了否决太后遗诰的依据。

次日，下诏删去遗诰"皇帝与太后裁处军国大事"之语 **❺**，虽

---

❶ 《宋大诏令集》卷十四《皇太后二·遗令遗诰》。
❷ 富弼：《范文正公仲淹墓志铭》，《名臣碑传琬琰集》中集卷十二。
❸ 《龙川别志》卷上。
❹ 《长编》卷一一二，明道二年三月乙未条。
❺ 《长编》卷一一二，明道二年四月丙申条。

仍然尊皇太妃杨氏为太后，但太后不复预政。即如《宋史·后妃（上）》所说，"第存后号，奉缗钱二万助汤沐。"为绝后患，殿中侍御史庞籍继而奏焚阁门所掌垂帘仪制 ❶。元代史臣论赞，说蔡齐"正色孤立，无所回挠"，"从容一言绝女后相踵称制之患，真所谓以道事君者欤！"❷而当时的士大夫，更将此举称为"壹王体，正国命"❸。

刚被擢为右司谏的范仲淹，也曾经进奏说："今一太后崩，又立一太后，天下且疑陛下不可一日无母后之助矣"，"臣恐后世有以窥之者"❹。富弼在《范文正公仲淹墓志铭》中说，由于范仲淹的上奏，"上悟，止存位号而止"❺。其实，刘太后遗诰公布，阁门趣百官称贺，事出临时；仓促之间，身为御史中丞的蔡齐所起之作用应当更为直接。

有一些材料记载着安排再度垂帘的幕后过程。在欧阳修为蔡齐所作行状中，说"庄献明肃皇太后崩，议尊杨太妃为太后，垂帘听政。议决，召百官贺"❻云云；而苏辙则将这一定议过程的主导者指为吕夷简：

> 章献皇后崩，吕公以后遗令，册杨太妃为皇太后，且复垂

---

❶ 参见《华阳集》卷四八《庞公神道碑铭》、《传家集》卷七六《太子太保庞公墓志铭》。

❷ 《宋史》卷二八六《蔡齐传》。

❸ 《乐全集》卷三七《蔡公神道碑铭（并序）》。

❹ 参见《宋史》卷三一四《范仲淹传》；《名臣碑传琬琰集》中集卷一二，富弼：《范文正公仲淹墓志铭》。

❺ 据富弼所做墓志铭及《宋史》本传，范仲淹任右司谏，在刘太后去世之后。而太后遗诰之处理，自始至终不过两天时间。李焘在《长编》卷一一二中指出，"恐当日删去'参决'等语，未必缘仲淹奏疏。"

❻ 《欧阳修全集·居士集》卷三八《尚书户部侍郎赠兵部尚书蔡公行状》。

帘。士大夫多不悦。御史中丞蔡齐将留百官班争之，乃止。许
公叹曰："蔡中丞不知吾心，吾岂乐为此哉！仁宗方年少，禁
中事莫主张者。"其后盛美人等恣横争宠，无如之何，许公之
意或在是矣。

苏辙进而评议说：

> 然人主既壮，而母后听政，自非国家令典。虽或能整齐禁
> 中，而垂帘之后，外家用事，亦何所不至？ ❶

将刘太后遗诰前后的情形与真宗遗制前后比较一下，可以清楚
地看出表面类似的两度曲折，其实有着诸多不同。最明显的差别，
当属大行太后与大行皇帝的权威不侔，而杨太妃又与刘太后身份不
等；另外，皇帝已经成年，更是该当亲政的过硬理由，遗诰受到抵
制，首先与此相关。与此同时我们看到，一方面，成年的皇帝，似
乎并未出面反对与他称为"小孃孃"的杨太妃共同裁制政事；另一
方面，从《龙川别志》的说法来看，吕夷简对自己在新太后身上的
影响力颇有信心，甚至希望由她从中制约皇帝。遗诰的颁出，看不
出经历过严重的周折；然而，此时的外朝士大夫如蔡齐、范仲淹等
人，显然有了更加鲜明的立场，正是由此而导致了"与皇太后内中
裁制"这一安排的最终撤销。

从天禧到明道，如刘静贞所说，刘后"在帝位与政权无法有
效衔接的状况下"，介入了政局 ❷。真宗去世之后，她有了更为

---

❶ 参见《龙川别志》卷上；《长编》一一五，景祐元年八月壬申条。

❷ 刘静贞：《皇帝和他们的权力：北宋前期》，页167。

直接的裁制政事的机会，而"军国事兼'权'取皇太后处分"这一明显具有过渡性质的定位，却框住了她的出路。她由于帝制社会的"家天下"格局而得以掌握权力，同样由于这一父系男权制"家天下"的结构原则，使身为女性的刘后无法长久把握政权。尽管她个人"性警悟，晓书史"，"号令严明，恩威加天下"❶，仿佛与"素多智计，兼涉文史"，"政由己出，明察善断"的武则天颇可比类，而宋代已经成长起来的士大夫政治却使她不可能使得"当时英贤竞为之用"❷，也不可能再次踏上从"圣母神皇"到"天后圣帝"那同一条路。

刘后的称制，从某种意义上讲，正为北宋士大夫政治的长养成熟提供了机会。面对位于至高点上的太后，朝中文武仿佛有着更为充分的自信。在太后临朝的十余年间，尽管人事权力牢牢把握在她的手中，在京在外的官员们却大多倾向于效忠赵宋朝廷，而并非全然为她所用。天圣、明道间，呈递太后的进言纷纷纭纭。其中自不乏投合逢迎之举❸，但更多的是戒戢外家及中贵人的劝谏，以及对于仪制僭越的抵制。天圣年间的参知政事鲁宗道，是其中的代表人物之一。据《续资治通鉴长编》卷一〇七，天圣七年（1029 年）二月庚申条，

> 太后临朝，宗道屡有献替。太后问："唐武后何如主？"对曰："唐之罪人也。几危社稷。"后默然。时有上言请立刘氏七庙者，太后以问辅臣，众不敢对。宗道独曰："不可。"退谓同列曰："若立刘氏七庙，如嗣君何？"

---

❶《宋史》卷二四二《后妃上》。
❷《资治通鉴》卷二〇五，长寿元年一月丁卯条。
❸ 其中最为明显者，当属程琳进《武后临朝图》。见《东都事略》卷五四《程琳传》。

> 帝与太后将同幸慈孝寺，欲以大安辇前帝行，宗道曰：
> "妇人有三从：在家从父，嫁从夫，夫殁从子。"太后命辇后
> 乘舆。

同是天圣七年，十一月癸亥冬至日，太后受朝，天子率百官上寿，
于是又有秘阁校理范仲淹的抗议：

> 范仲淹奏疏言："天子有事亲之道，无为臣之礼；有南面
> 之位，无北面之仪。若奉亲于内，行家人礼可也，今顾与百官
> 同列，亏君体，损主威，不可为后世法。"疏入，不报。❶

太后抬升身份的尝试，首先出现在礼仪制度方面。每当辅臣依违、
众议不决之际，太后作为赵家妇人的身份，屡屡被进言臣僚兜出，
用作杀手锏。除鲁宗道、范仲淹外，继鲁宗道之后任参知政事的薛
奎亦是一例：

> 明道二年，章献谒太庙，欲被天子衮冕。臣下依违不决。
> 奎不可，且曰："太后必欲被衮冕见祖宗，不知作男子拜邪？
> 女子拜邪？"❷

权力在握的太后，对于通宗联谱、对于褒崇尊号、对于被服衮冕的
热衷，无不受到臣僚的冷淡乃至制约。恋栈权势的太后，对于臣僚
的意见"虽终不纳，犹稍杀其礼焉"。❸

---

❶ 《长编》卷一〇八，天圣七年十一月癸亥条。
❷ 《东都事略》卷五三《薛奎传》，《欧阳修全集》卷二六《薛公墓志铭》。
❸ 《长编》卷一一一，明道元年十二月条。

"时母闻辅政，五日一御事"，随侍讲筵的孙奭劝勉仁宗说，"陛下春秋鼎盛，宜日御前殿见群臣"[1]；"帝既益习天下事，而太后犹未归政"，身居谏职的刘随，"请军国常务专禀帝旨"[2]；天圣末，成年的仁宗仍然"未始独对群臣"，翰林学士宋绶建议"令群臣对前殿，非军国大事及除拜，皆前殿取旨"，忤太后而解职出守[3]；身处疏外的奉礼郎刘涣，"谓天子年加长，上书请还政"，太后震怒，欲黥面投窜，而时人誉为"高远有识度"[4]……除此之外，如在朝的范仲淹、石曼卿、滕宗谅、刘越，远方的"书生"林献可等，都曾上书请太后还政。对这些敢于言事者，无论一时结局如何，士大夫们都"忻然向之"[5]。

　　《东都事略》卷五三，王称赞语云：

> 　　呜呼！天祚明德，镇抚其社稷，则有刚毅不回之士立乎其朝。……国家有刚毅之士，则奸邪无睥睨之心，威见于外也。宗道沮立庙之请，奎争服冕之议，晦叔寝修宫之役，齐却临朝之议，陈善闭邪，有大臣节，真可谓刚毅不回之士也哉！

　　刘太后以女后身份临朝，在世时、辞世后都受到许多批评；但我们看到，面对立刘氏七庙的建议，面对朝臣进呈的《武后临朝图》，她撕裂其书而掷之于地，并且言之凿凿地说："吾不作此负祖

---

❶ 《景文集》卷六一《孙仆射行状》。
❷ 参见《长编》卷一○六，天圣六年七月乙巳条；《元宪集》卷三四《刘府君墓志铭》。
❸ 《长编》卷一一○，天圣九年十月己卯条。
❹ 参见《宋史》卷三二四《刘涣传》，《苏学士集》卷十四《内园使连州刺史知代州刘公墓志》。
❺ 《公是集》卷五三《张公墓志铭》。

宗事！"❶自认是"赵家老妇"的她❷，对于保守赵宋祖宗基业的责任及压力，一直有着清楚的感受。恪守祖宗成规，在这一时期，始终是朝廷宣布的信条。天圣七年二月，王曾推荐的吕夷简拜相，制书中特别强调，"遵祖宗之宪度，致中外之治平"❸。朱弁《曲洧旧闻》卷一说到太后本人阐扬"祖宗垂训"的郑重态度：

祖宗平僭乱，凡诸国瑰宝珍奇之物皆藏于奉宸库。自建隆以来，有司岁时点检之而已，未尝敢用也。至章献明肃皇后垂帘日，仁宗入近习之言，欲一往观。后以帝春秋鼎盛，此非所以示之也。乃诏择日开库，设香案而拜，具言祖宗混一四海，创业艰难，此皆诸国失德不能有，故归我帑藏。今日观之，正可为鉴戒。若取以为玩好，或以供服用，则是蹈覆车之故辙，非祖宗垂训之意也。词色严厉，中官皆恐惧流汗。后之用心岂不深且远哉！

还有段小插曲值得一提：天圣七年九月，已经临朝七年有余的刘太后，在宫中接见了入朝京师的前真宗宰相李迪。太后主动提起先帝朝的往事，两人有一番对话：

太后语迪曰："卿昔者不欲吾预国事，殆过矣。今日吾保养天子至此，卿以为何如？"

迪对曰："臣受先帝厚恩，今日见天子圣明，诚不知太后

---

❶ 参见《长编》卷一一二，明道二年四月己未条；《宋史》卷二四二《后妃传》。
❷ 《宋史》卷二四二《后妃传》。
❸ 《宋宰辅编年录校补》卷四。

圣德乃至此。"❶

太后听了十分高兴。身为臣子的李迪，或许不便直抒胸臆；但太后"保养天子"的说法，倒是她自己多年来希望留给朝野的印象。

提及乾兴、天圣、明道，经常浮现的说法是"太后临朝，威震天下，中人与贵戚稍能轩轾为祸福"❷，但平心而论，这些得以弄权者也不过是"稍能"而已。司马光曾经回顾说，仁宗嗣位之初，端赖太后纲纪四方，镇抚中外❸。也有研究者指出，她在摄政期间，使宋王朝安然渡过了病弱皇帝和幼年皇帝带来的统治危机❹。她凡事措置尚属谨慎，大臣对于违规逾制事件的抵制往往奏效；在非常的时期中，官僚制度得以正常运转。

倾巧矫诞而智数过人的王钦若，天圣前期再入中书为相，尽管有太后的宠异，却往往被同僚如鲁宗道等驳议，"不复能大用事如真宗时矣"❺，因而颇感失落。这不仅与行政规范的建设有关，也反映出"同列"们成长起来的责任意识。

北宋开国以来培育选拔的士人，底气蕴蓄，有了更加响亮的声音。太后拔擢的宰相吕夷简，自认为"内外事无不当与"，"朝廷大事理当廷争"❻；以天下为己任的范仲淹、欧阳修辈，开始在政坛上崭露头角。到南宋中期，陈傅良在讲论赵宋兴起后的士大夫之学时，曾经说：

---

❶《长编》卷一○八，天圣七年九月壬午条。

❷《长编》卷一○七，天圣七年正月癸卯条。

❸《传家集》卷二七《上皇太后疏》。

❹ 贾志扬（John Chaffee）：《刘后及其对宋代政治文化的影响》，《宋史研究论文集——国际宋史研讨会暨中国宋史研究会第九届年会编刊》，页126，河北大学出版社，2002年。

❺《长编》卷一○一，天圣元年九月丙寅条。

❻《东都事略》卷五二《吕夷简传》，《长编》卷一一一，明道元年二月丁卯条。

起建隆至天圣、明道间，一洗五季之陋，知向方矣！而守故蹈常之习未化，范子始与其徒抗之以名节，天下靡然从之，人人耻无以自见也。❶

当时的言事者之所以前赴后继，针对太后祭出的法宝之所以具备遏制力，也是因为在士大夫圈内已经形成了基本的共识。值得注意的是，正是在真宗末年到仁宗初年这段太后称制的"非常时期"，酝酿成就了北宋王朝正常的统治秩序。赵宋的"家法"，也正是在此之后才被北宋的君臣们愈益自觉地提及。

宋人在回首本朝往事、追念祖宗家法的时候，经常说，"家齐国治，大业升平"；"妇范母仪，具全家法"❷；"汉唐之乱，或以母后专制，或以权臣擅命，或以诸侯强大，藩镇跋扈。本朝皆无此等，可以见祖宗家法足以维持万世。"❸《宋史·后妃传（序）》中也称"宋三百余年，外无汉王氏之患，内无唐武韦之祸，岂不卓然而可尚哉！"

朱瑞熙先生在《中国政治制度通史·宋代》中指出：

宋朝统治者充分吸取唐、五代弊政的历史教训，为了严密防范文臣、武将、女后、外戚、宗室、宦官等六种人专权独裁，制订出一整套集中政权、兵权、财权、立法与司法权等的"祖宗家法"。❹

这样的一套"祖宗家法"，是在戒弊纠偏的实践中陆续形成的。对

---

❶ 《止斋集》卷三九《温州淹补学田记》。
❷ 《宋会要辑稿·礼》五〇之一四。
❸ 《中兴两朝圣政》卷五四，淳熙三年十月已卯条。
❹ 见该书页6。

于女后（以及外戚、宦官等）专权的制约防范，也是经历了太后临朝的事件后，才被归纳为赵宋"家法"的内容。

（二）"祖宗法"的明确提出

宋朝士大夫对于"祖宗法""祖宗之法""祖宗家法"的明确提及，从笔者目前掌握的资料来看，有充分依据的，始见于仁宗亲政之后。

有一种说法，将"祖宗之法"提法的出现认定在仁宗初即位的乾兴年间（1022 年），而将其"首创权"归功于时任宰相的冯拯。如前所述，当年六月，原本权势熏灼的宰相丁谓因经营真宗山陵不当及交结宦官事而被免职。七月，宰相执政调整，曾经依附丁谓的枢密副使钱惟演，由于与太后的特殊关系而仍受重用，被晋升为枢密使，至十一月才被罢出京。明代陈邦瞻所修《宋史纪事本末》卷二三《丁谓之奸》中，讲到这番人事变动，有这样一段话：

> （乾兴元年）十一月丁卯，钱惟演罢。……（丁）谓得罪，惟演虑将及己，因挤谓以自解。冯拯以是恶其为人，因言："惟演以妹妻刘美，乃太后姻家，不可与机政以废祖宗之法，请罢之。"乃以保大节度使知河阳府。

这样看来，"祖宗之法"的正式提法似乎已经出现。不过，事情并非如此简单。《宋史》卷二八五《冯拯传》叙此事颇为简略：

> 钱惟演营入相，拯以太后姻家力言之，遂出惟演河阳。

《丁谓之奸》中上引文字，应来自《宋史》卷三一七《钱惟演传》。

传文云：

> 谓祸既萌，惟演虑并得罪，遂挤谓以自解。宰相冯拯恶其
> 为人，因言："惟演以妹妻刘美，乃太后姻家，不可与机政，
> 请出之。"乃罢为镇国军节度观察留后，即日改保大军节度使、
> 知河阳。

将《宋史·钱惟演传》与《宋史纪事本末》中的相应文字稍加比
较，可以清楚地看出，前者就事论事，只是指出作为太后姻家的钱
惟演"不可与机政"，而并没有将此事牵升到"废祖宗之法"的高
度；后者则加上了"点睛"之笔，殊不知在当时的官僚士大夫中，
尚无如此一说。关于此事，还可以找出宋人的其他记载作为印证。
《续资治通鉴长编》卷九九，乾兴元年十一月丁卯条、陈均《九朝
编年备要》卷八《钱惟演枢密使》条，都有关于此事的详细文字，
但都没有提及"祖宗之法"。

在这一时期，朝廷中强调的，仍然是遵行祖宗的成规定制；
而较之于王旦时期，继承祖宗之政的呼声更显强烈。面对临朝称
制的太后与少年天子，时任参知政事的王曾"正色独立"❶，曾经
进奏说：

> 天下者，太祖、太宗、先帝之天下也，非陛下之天下也。❷

从而鲜明地亮出了保守祖宗基业的旗帜。作了宰相以后，王曾与

---

❶ 《宋史》卷三一〇《王曾传》。
❷ 朱熹：《五朝名臣言行录》卷五之一《丞相沂国王文正公》引《政要》。

同列张知白、鲁宗道等人坚持以祖宗成规为裁断要事之基准。天圣四年（1026 年）正月，驸马柴宗庆求为使相，王曾即引先朝石保吉、魏咸信例拒之 ❶。当时，凡朝廷议而未决的事端，自科举考试、天下马政至殿宇营造，臣僚们都时常征引"祖宗旧制"作为处置的依据 ❷。

这一时期，祖宗朝的成章定制逐渐不容轻议，以致成为制度调整的羁绊。天圣四年八月，在议论考试举人条目时，王曾顾虑到"今言事者必曰：'此皆先朝旧规，不可轻议改革。'"❸这年九月，朝廷着手删定编敕，仁宗问辅臣说：

> 或谓先朝诏令不可轻改，信然乎？

王曾回答说：

> 此憸人惑上之言也。……盖去繁密之文以便于民，何为不可。今有司但详具本末，又须臣等审究利害，一一奏禀，然后施行也。❹

删繁就简与改易变更原本不是一回事，却由于涉及"先朝诏令"而在当时的君臣心目中成为敏感的问题，不得不由首相出面予以解释澄清。

---

❶《长编》卷一〇四，天圣四年正月甲辰条。

❷ 参见《长编》卷一〇四，天圣四年八月戊子条、九月戊申条；卷一一一，明道元年八月丁卯条。

❸《长编》卷一〇四，天圣四年八月戊子条。

❹《长编》卷一〇四，天圣四年九月壬申条。

天圣七年二月，吕夷简自参知政事拜为宰相。在其拜相制书中说：

> 朕初临邦统，尤渴时贤；擢佐鼎司，嘉闻国论。励匪躬之道而无失守节，叶成务之宜而弗忘稽古。方今遵祖宗之宪度，致中外之治平。怀于永图，繄乃良辅。❶

四年之后，在其罢相制词中，又称赞他"动遵旧典，静守常规"❷。显然，在这一阶段中，"遵祖宗之宪度"已经被认为是"致中外之治平"的必要前提。太后去世仁宗亲政后，"祖宗法""祖宗家法"被正式提出；而其酝酿成熟过程，正是在太后刘氏临朝称制的岁月中。

明道二年三月末刘太后辞世，她前脚走，刚刚亲政的皇帝即得知了自己的生身之"谜"，从而自感情上与这位往日的"大嬢嬢"拉开了距离。他追尊生母李宸妃为皇太后，更开始重新认识刘太后垂帘听政的十年。半个月后的四月己未日，宰相吕夷简、枢密使张耆、枢密副使夏竦范雍赵稹、参知政事陈尧佐晏殊同日被罢；究其罢免原因，主要是"附太后"。也在这一天，李迪再度入相，王随参知政事，李谘枢密副使，王德用签署枢密院事。仁宗不惜以人事大换班的方式，宣示走出太后政治阴影的决心，努力开创新的政治局面。对于这种意图，时人显然看得十分清楚。石介在题为《明道》的颂词中说：

> 庄献明肃皇太后崩，今皇帝陛下独临轩墀，听决万几，睿

---

❶《宋宰辅编年录校补》卷四，天圣七年二月丙寅条。
❷《宋宰辅编年录校补》卷四，明道二年四月己未条。

谟圣政，赫然日新也。

明肃惟母，实勤养抚。有臣有虎，有离有附。请王禄产，请庙考祖。古人有作，规吕矩武。政在房帷，小人乘时，十年于兹，惟几惟微。圣人如天，不识不知，龙晦其威，神藏其为。❶

《乐全集》卷十九有张方平所作《上疏一道》，称：

往年庄献晏驾，陛下亲政，革弊去蠹，拔材赏忠，断自渊衷，不挠于下。典刑立正，区极一新，天下翕然，皆谓陛下天机如艺祖，神略如太宗，万世一时，无穷之福也。

直到庆历（1041—1048）年间，蔡襄《乞用韩琦范仲淹》奏疏中还回忆道：

顷年庄献明肃太后初弃六宫，陛下亲临庶政，一日出令，邪臣沮气，天下观听洒然快意，期于一变，以臻大治。❷

种种说法，予人以深刻的印象：仁宗的亲政，在时人心目中，构成为一新政治的契机，朝廷中出现了匡正弊政的呼声与集中举措。正当摆脱女后控御之后，君臣们认定的治世良方，不外乎祖宗法度。要求遵从"祖宗制"、"祖宗法"的提法明显增多。例如，殿中侍御史庞籍批评前此朝廷政令背离了祖宗之制，上奏章《请改复祖宗旧制》：

---

❶《徂徕集》卷一。
❷《端明集》卷十八。

恭惟三圣垂统，纪律大具，陛下文明恭俭，绍隆宝图，祗守先训，克臻至治。臣窃见朝廷政令有渐异祖宗之制而宜改复旧贯者多矣……实欲朝廷凡百政令率由旧章，沮劝允明，侥幸咸塞……❶

同年八月，端明殿学士宋绶也上言建议"惩违革弊，以新百姓之耳目"。他追忆说：

太宗尝曰："国家无外忧，必有内患。外忧不过边事，皆可预防；惟奸邪共济，若为内患，深可惧也。"……愿陛下思祖宗训戒，念王业艰难，整齐纪纲，正在今日。❷

就是在这一阶段中，亲政的皇帝明确提出"祖宗法不可坏"。《续资治通鉴长编》卷一一三，明道二年十二月丁未条，记载着仁宗针对监察官员除授之事对于宰相李迪的批评：

先是，宰相李迪除二人（按：指张沔、韩渎）为台官，言者谓台官必由中旨，乃祖宗法也。……上曰："祖宗法不可坏也。宰相自用台官，则宰相过失无敢言者矣。"迪等皆惶恐。遂出沔、渎。

从刘太后所说"祖宗旧规"、庞籍所说"祖宗之制"，到言者、皇帝口中的"祖宗法""祖宗之法"，实质意义并无不同，惟后者显得更

---

❶ 《宋朝诸臣奏议》卷十二《君道门·法祖宗》。
❷ 《长编》卷一一三，明道二年八月丁巳条。

为综括凝聚而已。问题的关键不仅在于表述的方式。值得注意的是，经"言者"提出而由君主明确认定的"祖宗法"之原则，不仅导致台官的具体人事变动，更对于朝廷的导向发生了深刻的影响。遵行"祖宗法"，成为朝堂上不倒的大旗；对于"坏祖宗法"的戒惕，则成为上下共同的警觉。

就在仁宗称说"祖宗法"的九天之后，十二月乙卯日，发生了废黜郭皇后的事件。之所以构成为一个"事件"，不仅由于这是北宋历史上的首例，更是由于紧接着出现了孔道辅、范仲淹、段少连等台谏官员十余人集体诣垂拱殿门伏奏力谏的场面；即便在孔、范二人因此被贬出京之后，段少连、富弼等仍然抗议不已。他们显然不接受皇后废立是"帝王家事"的说法，也不肯顺应皇帝而就此默然。

防微杜渐，存朝廷大体，此时已经成为士大夫念念不忘的信条。他们要求皇帝前效祖宗楷模，后为子孙立万世法。天圣七年冬至范仲淹"不可为后世法"的警告言犹在耳，此时段少连先后两章，辩伏阁上疏，且论废后"大不可"，称：

> 伏阁上疏，岂非故事？今遽绝之，则国家复有大事，谁敢旅进而言者！
>
> 陛下举事为万世法，苟因掖庭争宠遂行废后，则何以书史策而示子孙！况祖宗以来未尝有废后之事，《诗》云："无念尔祖，聿修厥德"，斯大不可者……❶

时为将作监丞的富弼继而上仁宗《论废嫡后逐谏臣》，言辞更加犀

---

❶ 《上仁宗论废郭皇后》、《上仁宗论废后有大不可者》，并见《宋朝诸臣奏议》卷二八《帝系门·皇后（下）》。

利尖锐：

> 自太祖、太宗、真宗抚国凡七十年，未尝有此。陛下为人
> 子孙，不能遵祖考之训，而遂有废后之事。治家而尚不以道，
> 奈天下何！
>
> 陛下以万乘之尊，设废一妇人甚为小事，然所损之体则极
> 大也。
>
> 陛下当兢兢惕惕宵衣旰食，日与臣僚讲论安天下之计犹恐
> 不及，而乃自作弗靖，废嫡后，逐谏臣。使此丑声闻于四方，
> 知陛下不纳谏臣，朝政不举，则奸雄益喜，以谓中外皆乱，事
> 势相符，必有变事。臣一念至此，心寒骨颤。此自然之兆，固
> 非臣之臆说也。❶

郭后虽不得复立，但以言路官为代表的这批士大夫，集体性的声音
却不容皇帝与执政者小觑。

三年后，景祐三年（1036 年），已被召回的范仲淹提醒皇帝注
意保守"家法"，他说：

> 汉成帝信张禹，不疑舅家，故终有王莽之乱。臣恐今日朝
> 廷亦有张禹坏陛下家法，以大为小，以易为难，以未成为已
> 成，以急务为闲务者，不可不早辨也。❷

范仲淹时在知开封府任内，批评的对象是前此罢相半年即又召回的

---

❶《宋朝诸臣奏议》卷二八《帝系门·皇后（下）》。
❷《长编》卷一一八，景祐三年五月丙戌条。

宰相吕夷简。其中所指的具体事件及各自意见，如今已经不很清楚，从言辞中批评的"以大为小，以易为难，以未成为已成，以急务为闲务"诸语来看，进奏的立意似乎在于防微杜渐，辨识壅蔽；而从时宰怒不可遏的反应来看，范仲淹所谓"陛下家法"，显然并非专指维系帝王"家事"、制约姻戚关系的皇族法度，而包括着处理"时政"的原则。这实际上就是指赵宋王朝的"祖宗之法"。

自赵匡胤"变家为国"到仁宗亲政时，大宋王朝已经走过了七八十年的历程。赵宋的"家法"正是在这一过程中逐渐被总结，逐渐凸显出来。"家法"一说所反映的，是一种通贯"家"、"国"的社会政治秩序，是"齐家—治国—平天下"这样一种自内向外延展、内外连贯的理想结构。在这一格局之中，帝王的正家之法与国家的根本性法度混溶起来。

二　故事、《宝训》与《圣政》

《尚书·夏书·五子之歌》中所谓"皇祖有训"的说法，被认为是"古人法祖""大禹道存"的反映 ❶。对于历史经验的注意，对于"故事"的浓重关心，是中国政治制度史上的突出现象。与此相应，对于本朝故事的整理修撰，也有着久远的传统。在宋代，为存续祖宗之道，对于本朝史的叙述阐释更成为朝廷内外重要的实践活动。《宝训》、《圣政》的繁盛，正是宋人重视阐发本朝历史的突出表现。

宋人的"祖宗观"，亦即他们对于祖宗朝政治措置的基本看法，

---

❶《群书会元截江网》卷四《法祖·事证》。

事实上有一形成过程，它是宋代士大夫集体意识的反映，也是两宋时期主流政治文化熏陶培育的结果。反映的方式与培育的途径不胜枚举，而《宝训》与《圣政》的纂修、传布与进讲，应该说是其中比较重要的一端。

（一）故事与《宝训》、《圣政》的修纂

政治制度史上的所谓"故事"，是政务征引的依据；正因为如此，历朝故事时时被编集整理。西晋初年，贾充受命博引群儒删定法律，除律令外，"其常事品式章程，各还其府，为故事"。所修成者，凡律令合二千九百二十六条，十二万六千三百言，六十卷；故事三十卷❶。这些经过整理认定的"故事"，也就成为律令的补充，成为各个府司处理"常事"时的根据。

《隋书》卷三三《经籍志（二）·史部》有"旧事篇"，收录《汉武帝故事》至《开业平陈记》等二十五部书籍计四百零四卷，并且说明其作用在于"古者，朝廷之政，发号施令，百司奉之，藏于官府，各修其职，守而弗忘"。《旧唐书》卷四六《经籍志（上）》记录"列代故事四十二家"；《新唐书》卷五八《艺文志》"故事类"则载录十七家四十三部四百九十六卷。

南宋尤袤的《遂初堂书目》，分史部为十八门，其中不仅有"故事类"，而且另有"本朝故事类"。马端临《文献通考》卷二〇一《经籍考（二十八）》对于宋代国史志中所记载的"故事"卷帙有一综合统计：《三朝志》十六部八十六卷、《两朝志》六部六十三卷、《四朝志》六十四部九百二十卷、《中兴志》一百七十家一百八十九部一千九百九卷。《宋史》卷二〇三《艺文志（二）》史

----

❶《晋书》卷三〇《刑法志》。

部"故事类"收书一百九十八部二千零九十四卷：其间既有如东汉班固所撰《汉武故事》、唐代吴兢所撰《贞观政要》、北宋苏颂等撰进的《迩英要览》之类汉唐故事，又有本朝的《祖宗故事》、《宝训》、《圣政》等；既有如《治迹统类》、《事实类苑》之类综合性的记载，又有《皇亲故事》、《群牧故事》等针对性明确、可供征引的前事往例会编。诸史修纂者对于"故事"的普遍关注❶，不仅如马端临所说，"师古之学，当世之要务"❷，更反映着当时政务运作中的需求❸。

被归入"故事"类目的宋代《宝训》(《圣训》、《慈训》)与《圣政》(《圣政纪》、《圣政录》)，开始出现于真宗朝，而在仁宗以后有了明显的发展❹。这显然与宋廷当时的政治倾向有着直接的关联。前世乱君亡国的教训、汉唐时期的经验、本朝祖宗的故事，都成为规范朝政的依凭、教育帝王的范本。

对于宋代的《宝训》和《圣政》，学界已经有十分重要的研究❺。《宝训》、《圣政》是经由润饰而寓意于说教的文字，其中所记录的，是宋朝自太祖以来历代君主的"嘉言美政"，是供继嗣帝王汲取借鉴的本朝经验；就其性质而言，可以说是宋代君主因应治国需求而编纂的一种帝王学教材❻。

---

❶ 诸史目录分类方式不尽相同，编纂者对于"故事"的理解也不一致。广义的"故事"著述，并不局限于《经籍志》、《艺文志》"故事"("旧事")类别之下。

❷ 《文献通考》卷二〇一《经籍考(二十八)》。

❸ 相关的讨论，可参看 Christian Lamouroux: "'Old Models', Court Culture and Antiquity between 1070 and 1125 in Northern Song China," *Monumenta Serica*，待刊。

❹ 尽管编录当朝嘉谟善政的做法，太祖时即已开始，但当时并不以"宝训""圣政"为名。

❺ 例如王德毅：《宋代的圣政和宝训之研究》，《宋史研究集》第三十辑，2000 年，页 1—26；孔学：《宋代〈宝训〉编修考》，《史学史研究》1994 年 3 期，页 56—64。

❻ 许振兴：《〈古今源流至论〉中的宋代〈宝训〉佚文》，《古籍整理研究学刊》2000 年 4 期，页 53—60。

宋代的《宝训》、《圣政》类著述，既有官修，亦有私修。无论官编或私纂，都不是纯粹的学术事件，而是目标明确的政治文化行为。其立意，其寄寓，都清晰而又集中。当代已经少有完整保留原始面貌的《宝训》、《圣政》流传，但其基本内容及性质，仍然可以自散在各处的诸多条目以及留存至今的相关奏章、书序中窥得。

　　自赵宋初建，各项政务一旦运转起来，统治者自然而然地显示出对于前朝往例的强烈关心：有更革，有沿袭，也有专门的搜讨讲求。北宋早期的制度仪式，正是在沿革前代故事的基础上初步确立的。太宗时，曾知政事而“无所建明”的贾黄中，因其“多知台阁故事”而受到皇帝器重❶；淳化二年（991年）间，集中了一批史馆官员检讨皇太子、亲王、皇族、后族等故事❷；修改入阁仪制，也要首先讨论唐代故事❸。朝廷中对于规章制度的调整，往往有臣下提出可资遵循的故事往例。

　　如前所述，真宗以来，本朝的“祖宗故事”成为朝廷上下着意效法的规范。真宗在位期间，不仅表示自身经国致治要遵守“先王之成宪”，而且意欲垂范后人：

　　　　朕每念太祖、太宗丕变衰俗，崇尚斯文，垂世教人，实有深意。朕谨遵圣训，绍继前烈，庶警学者。❹

与此同时，帝王已经着意于编撰有针对性的读本、劝诱王子皇族

---

❶《宋史》卷二六五《贾黄中传》。
❷《长编》卷三二，淳化二年六月丁亥条。
❸《长编》卷三二，淳化二年十二月丙寅条。
❹《宋朝事实》卷三《圣学》；据《宋朝事实类苑》卷三《祖宗圣训·真宗皇帝》校。

"奉承先训"。大中祥符三年（1010年）间，真宗曾经对宰臣们说：

> 朕常思太宗诚谕："惟学读书最为好事。"朕遵行之，未尝
> 失坠。今诸院能奉承先训，亦皇族盛美之事。若辅导者多方以
> 诱之，即必至于善。

其后，又亲自作《宗室座右铭》及注释，分别赐予宁王元偓等人 ❶。

仁宗初年，如何教育少年天子，使其统治遵循太祖太宗以来
的正常轨道，更成为宫廷内外面临的迫切问题。《宋史》卷四三一
《孙奭传》说到当时的名儒孙奭"以经术侍讲读"的情形：

> 每讲论至前世乱君亡国，必反覆规讽。仁宗意或不在书，
> 奭则拱默以俟，帝为竦然改听。

江休復《嘉祐杂志》则说得更加绘形绘色：

> 孙奭尚书侍经筵，上或左右瞻瞩，或足敲踏床，则拱立不
> 讲。以此奭每读书则体貌端庄。

看来小皇帝远不是个早慧的孩子。如何提供既有针对性，又能使他
感兴趣的帝王读本，如何保证少年天子日后不脱离太祖太宗以来的
政治轨道，成为宫廷内外系念的问题。

身任宰相的王曾本人，曾经选录古先圣贤事迹凡六十条，绘制
图画，进呈给皇帝；在宫中镂板模印，赐予近侍，并且建议遴择名

---

❶《宋会要辑稿·帝系》四之二。

儒劝讲❶。

范祖禹曾经说，他翻检《国史》，注意到章献明肃太后命令侍读宋绶等人，选择前代文字中"可以资孝养、补政治者"，以备仁宗观览❷。所谓"资孝养、补政治"的选编原则，充分反映出这位太后的现实考虑。王明清《挥麈后录》卷一也有这样一段文字：

> 仁宗即位方十岁，章献明肃太后临朝。章献素多智谋，分命儒臣冯章靖元、孙宣公奭、宋宣献绶等，采摭历代君臣事迹为《观文览古》一书；祖宗故事为《三朝宝训》十卷，每卷十事；又纂郊祀仪仗为《卤簿图》三十卷。诏翰林待诏高克明等绘画之，极为精妙，叙事于左，令傅姆辈日夕侍上展玩之，解释诱进，镂板于禁中。❸

庆历八年（1048年），已届中年的仁宗曾经亲自为《三朝训鉴图》作序，说是"得祖宗之故实事大体重者百条，绘采缀语，厘为十通"，以便"酌古垂范，保邦守成"❹。注意到仁宗初年的做法，元丰末年，当又一少年天子登极时，太皇太后高氏也曾照此办理。

自赵宋统治转向守成之后，纂修祖宗的"宝训"，即成为集中而突出的现象。目前所知最早以"宝训"为名的撰著，是真宗时期成于李宗谔之手的《永熙宝训》。该书系宗谔自其父李昉修太宗

---

❶ 《宋名臣言行录》前集卷五《丞相沂国王文正公》。
❷ 《范太史集》卷十四《进古文孝经说札子》。
❸ 对于仁宗早年所读书之修纂细节，宋人有不同说法（可参见《文献通考》卷二〇一《经籍考》二八《史·故事》"三朝训鉴图十卷"条），但注重"圣学"则无异议。
❹ 《玉海》卷五六《庆历三朝训鉴图》。

380

《时政记》之遗稿中纂出，宗谔去世后，家属进呈于仁宗朝❶。其"宝训"之称，应该是进呈后"御赐"定名的。

天圣五年（1027年）十月，宰相、监修国史王曾举述唐代史官吴兢纂修《贞观政要》，"于正史、实录外，录太宗与群臣对问之语"的事例，建议"采太祖、太宗、真宗《实录》、《日历》、《时政记》、《起居注》，其间事迹不入正史者，别为一书"❷。王举正、李淑等奉命编纂，成《三朝宝训》三十卷，明道元年（1032年）二月由时任监修国史的宰臣吕夷简奏进❸。此后，编修《宝训》几乎成为继位君主不容偏废的传统。元丰时有《两朝宝训》、绍兴末有《神宗宝训》等等陆续修进；另外，如范祖禹《仁皇训典》、林虑《元丰圣训》等，也都是同一性质的著述。

宋代历史上最初以"圣政录"为名的著述，是官员个人编修的。真宗咸平三年（1000年），嗅觉敏锐的钱惟演首献《咸平圣政录》，因命直秘阁❹。这部书的具体内容，在宋代即不大为人提及，今天更不得而知，从钱惟演本人的一贯作风来看，很可能是歌颂"太平盛世"的。

修撰《圣政纪》，很快便成为官方行为。北宋的第一部官修《圣政纪》出现于真宗后期❺。据《玉海》卷二八《天章阁御集（圣政纪）》、卷四八《天禧圣政纪》条，天禧四年（1020年）十一月

---

❶ 《玉海》卷四九《三朝圣政录》。

❷ 《山堂群书考索》卷十七《太祖太宗真宗宝训》，《宋朝事实类苑》卷四《祖宗圣训·仁宗皇帝》引《帝学》。

❸ 《长编》卷一一一，明道元年二月癸卯条。

❹ 此据《宋史》卷三一七《钱惟演传》。《玉海》卷五八《咸平圣政录》条称是书为"太仆少卿直秘阁钱惟演上"。

❺ 该《圣政纪》，仁宗乾兴时篡为十卷本《政要》，见《长编》卷九九，乾兴元年九月戊子条。

辅臣请中书、枢密院

> 取至道至祥符《时政记》、《日历》、《起居注》美事,录为
> 《圣政纪》凡百五十卷。

可见《圣政纪》是在官修《时政记》、《日历》、《起居注》基础上择
取善美之事重新编录而成。二十多年后编成记载太宗政事的《雍熙
政范》[1],应该是性质类似的一部书。仁宗年间,直集贤院石介编进
的《先朝政范》和秘阁校理孙甫所撰《三圣政范》,亦应大体相同。

石介所修《三朝圣政录》,是私修《圣政》的代表作。仁宗亲
政后,朝廷内外生成阐扬祖宗故事的热潮。宝元元年(1038 年),
时为嘉州判官的石介,有感于"太祖作之,太宗述之,真宗继之,
太平之业就矣"[2],编纂三朝"君人之远体,为邦之善训","类而次
之,为二十门,目曰《三朝圣政录》,每篇之末又自为之赞,以申
讽谕之意",希望能够"开助后圣而垂之无穷"。韩琦在对石介所选
"圣政"进行了认真核定之后,为该书撰写了一篇序言,其中称:

> 夫监之无怼者,先王之成宪也;前之不忘者,后事之元龟
> 也。昔周汉守文之君,皆能谨行祖考之道,故神保其治而民安
> 其法。……洪惟有宋之受命也,易五代之弊,规万世之策,海
> 内休息、不睹兵革之患者,几八十年矣。是盖太祖、太宗、真
> 宗神武之所戡定、文德之所安辑,以继以承,时用光大。[3]

---

❶ 见《玉海》卷二八《康定编太宗圣制雍熙政范》条。
❷ 《徂徕集》卷十八《三朝圣政录序》。
❸ 《安阳集》卷二二《三朝圣政录序》。

"以继以承，时用光大"，这使人们想到《贞观政要》揭举"可久之业益彰，可大之功尤著"的愿望，这正是《政要》、《圣政》类著述所追求的目标。

《三朝圣政录》所载故事，流布较广。今见司马光《涑水记闻》中多处引录，其后不仅为南宋时江少虞《事实类苑》、曾慥《类说》、谢维新《古今合璧事类备要》及后世陶宗仪《说郛》等书所收采，也成为《续资治通鉴长编》等历史著述直接的取材依据。

庆历（1041—1048）年间，力主变革的士大夫们在批评时政的同时，举起"复振祖宗之法"的旗号。庆历三年九月，新政的推动者之一、枢密副使富弼上章《乞编类三朝故典》，其中说：

> 臣历观自古帝王理天下，未有不以法制为首务。法制既立，然后万事有经而治道可必也。宋有天下八十余年，太祖始革五代之弊，创立法度；太宗克绍前烈，纪纲益明；真宗承两朝太平之基，谨守成宪。
>
> 近年纪纲甚紊，随事变更，两府执守，便为成例。施于天下，咸以为非，而朝廷安然奉行，不思划革。……如此百端，不可悉数。其所以然者，盖法制不立而沦胥至此也。
>
> 臣今欲选官置局，将三朝典故及讨寻久来诸司所行可用文字，分门类聚，编成一书，置在两府，俾为模范。庶几颓纲稍振，弊法渐除。此守基图救祸乱之本也。❶

这里所说的"三朝典故"，即太祖、太宗乃至真宗时的"纪纲""成宪"。

---

❶《宋朝诸臣奏议》卷一二《君道门·法祖宗》。

前此已有编纂成书的官修《三朝宝训》与私修《三朝圣政录》，此时再修三朝典故，其寓意，从富弼的奏疏中看，侧重点在于整理既往故事、振举本朝制度（"纪纲"、"法制"）方面。《三朝典故》的修纂，被视为"万事有经而治道可必"的保证。奏疏进上不久，仁宗即命王洙、余靖、孙甫、欧阳修等人正式编修祖宗故事，而以富弼领其事。王应麟《玉海》卷四九引《中兴馆阁书目》，有《庆历三朝太平宝训》二十卷，该书分别事类，始于赏罚，终于延谏臣（或曰"纳直谏"），是即富弼建议后所修，亦名《祖宗故事》或《太平故事》。全书凡九十六门，"三朝赏罚之权、威德之本、责任将帅之术、升黜官吏之法、息费强兵之制、御戎平寇之略、宽民恤灾之惠、笃亲立教之风、御臣防患之机、察纳谏诤之道，率编录焉。"❶

南宋袁燮《絜斋集》卷六所载《策问·祖宗家法》，说《宝训》首以赏罚而末及求谏，他所看到的，应该正是这个本子。该书着意于"革弊""御下"，绍述祖宗的立场鲜明突出；同时又不单纯是道理的阐发，而相当注重于日常的治事实践。

仁宗前中期，与士大夫"求今朝祖宗之烈"的强烈愿望相应，形成为编修、进读《宝训》的第一波高潮；而哲宗元祐前期，则涌起了另一高潮。向年轻的帝王灌输祖宗积累的经验，成为继承光大"祖宗之法"最为要切的铺垫。

编纂开国祖宗的圣政圣训，并非仅限于北宋的士大夫。南宋光宗时，刘光祖曾经将太祖、太宗事迹编次为《两朝圣范》一书，在进书札子中，他对皇帝说到自己"欲竭愚衷，补报万一"的心情，他认为，若仅仅"收拾细故，琐琐条列"，则"非臣事君之本心"，

---

❶ 《山堂群书考索（前集）》卷十七；又见于《玉海》卷四九《庆历三朝太平宝训》条，二者文字稍有不同。

他于是说到自己着眼根本的考虑：

> 窃惟朝廷法度无出祖宗，太祖创业垂统，太宗混一守成，规模深远，成宪具在。臣尝一二掇其故事，伏而思之，皆国家之宏图，天下之大虑。臣谨随事类次，分为十节，名曰《两朝圣范》。❶

我们看到，仅《玉海》卷四九《政要宝训（圣政）》目下，即列举宋代《圣政》（含《政要》等）类著述近二十种，《宝训》（含《圣训》、《慈训》等）亦在十五种以上，篇帙相当可观 ❷。编纂祖宗典故、宝训、圣政的频繁实践，实际上是"祖宗故事"乃至"祖宗之法"在朝廷及士大夫中日益受到重视的反映。

赵宋的帝王也会亲自参预总结祖宗故事，阐论祖宗治道。庆历四年三月，仁宗本人即加入了发挥的行列，"于迩英阁出御笔十三轴，凡三十五事"：

> 一曰遵祖宗训；二曰奉真考业；三曰念祖宗艰难，不敢有坠；四曰真宗爱民，孝思感喧；五曰守信义；六曰不巧诈；七曰好硕学；八曰精六艺；九曰谨言语；十曰待者老；十一曰进静退；十二曰求忠正；十三曰惧贵极；十四曰保勇将；十五曰尚儒术；十六曰议释老；十七曰重良臣；十八曰广视听；十九曰功无迹；二十曰戒喜怒；二十一曰明巧媚；二十二曰戒希旨；二十三曰从民欲；二十四曰戒满盈；二十五曰伤暴露兵；

---

❶ 《历代名臣奏议》卷七○《法祖》。
❷ 北宋中期以后修成者，内容倾向似与其前有所不同，空泛颂扬居多。

二十六曰哀鳏寡民；二十七曰访屠钓臣；二十八曰讲远图术；二十九曰辨朋比；三十曰斥谄佞；三十一曰察小忠；三十二曰监迎合；三十三曰罪己为民；三十四曰损躬抚军；三十五曰一善可求，小瑕不废。❶

尽管我们目前已经无从读到这"三十五事"的全文，但从其事目内容来看，这是革新政治呼声推动下的皇帝对于施政原则的一番表态。数日后，仁宗又藉翰林侍读学士丁度等进言阐释三十五事之机，"指其中体大者六事，付中书、枢密院令奉行之。"丁度等人则在阐释文字中，特别指出"御书文字"的意义在于"陛下上念祖宗，下思政治，述安危成败、忠邪善恶之事"❷。而三十五事中面面俱到的宣示，显然与新政推动者的期待有着相当的差距。这番宣示在重申了"遵祖宗训、奉真考业"这般笼统志向的同时，也使人们察觉出这位年逾而立的皇帝治国政策方针的不明朗。

在宋代，也有一些未经正式编纂的"宝训""圣政"类材料。当时的中书门下以及各个政府部门的档案中，保存有许多前辈帝王遗留的文字如手诏、御批等。英宗初即位，宰相韩琦为鼓舞年轻的皇帝，在中书档案中考寻祖宗御批，"得百余番，俱阙略不全，补缀仅能识其字，皆经国长算大策"❸。南宋初年，吕颐浩对宋高宗说，他曾经见过"太祖皇帝与赵普论事书数百通"，其中一则谈到"朕与卿定祸乱以取天下，所创法度，子孙若能谨守，虽百

---

❶ 参见《长编》卷一四七，庆历四年三月己卯条；《太平宝训政事纪年》卷三、《宋朝事实类苑》卷四《祖宗圣训·仁宗皇帝》引《帝学》，相互多有不同，今略加比订，择善而从。

❷ 《长编》卷一四七，庆历四年三月丙戌条。

❸ 《三朝名臣言行录》卷一《韩忠献王》。

世可也"❶。这些分散的材料，在日后也往往被征引为祖宗的"宝训""圣政"。

（二）《宝训》、《圣政》的基本体例

赵宋一代，无论私修、官修的《宝训》、《圣政》，往往以《贞观政要》为楷模，交代其效法关系，强调其意义所在 ❷。明道《三朝宝训》如此，石介《三朝圣政录序》亦称"唐史臣吴兢尝为《贞观政要》，臣窃效之"。这一关联也被其后如范祖禹《仁皇训典序》、罗从彦《遵尧录》等著述序言所重申。这不仅反映出前代故事的借鉴作用，也大致框定了《宝训》、《圣政》的基本体例。

一般而言，《宝训》重在记载列祖列宗遗留的宝贵训示，而《圣政》则是祖宗朝圣明举措的记录。曹彦约在其《昌谷集》卷一〇《内引朝辞札子（第二）》中议及《三朝宝训》的性质时，说道：

> 《宝训》为书，皆太祖、太宗、真宗三圣之格言也。

他曾经把自己在理宗宝庆（1225—1227）年间进读《三朝宝训》的情形，辑为《经筵管见》一书，从书中的相关记录来看，《宝训》的内容主要是君臣对话及部分场景。而《圣政》通常会兼顾言行事件，直接记录"大号令、大政事合遵行者"❸，像真宗《圣政纪》所

---

❶ 《建炎以来系年要录》卷六一，绍兴二年十二月癸巳条。
❷ 《贞观政要》一书在唐代的影响，无法与《宝训》、《圣政》在宋代的影响相比。该书在李唐本朝的际遇，前期不如后期，而唐代又不如后世。参见谢保成：《贞观政要集校·叙录》；邓小南："祖宗故事"与宋代的〈训典〉〈圣政〉——从〈贞观政要〉谈起》，《唐研究》第十一卷，北京大学出版社，2005年。
❸ 《玉海》卷四九《乾道光尧圣政》。

载，就是至道、咸平以来的"嘉言、美事"❶。

《宝训》与《圣政》尽管大致上有内容方面的偏倚，前者重言，后者重事；但其区分并非绝对，二者内在的沟通明显存在。王应麟在《玉海》中说，《神宗宝训》五十卷，"载圣政凡七十三门"；而《德音宝训》三卷，也是中书舍人曾肇"采神宗谟训、事迹，分四十六门，编辑上之"❷。范祖禹《仁皇训典》继三朝、两朝《宝训》而修，亦系"宝训"类著述，而作者解题曰"仁宗言为谟训，动为典则"，其内容则是采集仁宗"圣政"数百事编录成书❸。南宋宁宗嘉定（1208—1224）年间，叶时等八名经筵官员曾经共同进言，说到《高宗宝训》的基本内容：

> （高宗皇帝）宵衣旰食三十六年，立政用人之要，料敌制胜之谋，裕民足国之方，御外理内之策，大纲小纪，详法略则，炳如日星，皆聚于《宝训》一书。❹

这些"大纲小纪，详法略则"，其实也是《圣政》的基本内容。李心传在《建炎以来朝野杂记》甲集卷四《两朝圣政录》条中说，《光尧（高宗）圣政录》"大凡分门立论，视《宝训》而加详焉"。也就是说，二者主要是事迹详略的不同，体例上则都是分门立论，区分并不明显。

如所周知，宋代的起居注、时政记和日历，都是以事系日、以日系月、以月系年的编年体式。但从宋代的资料中看，《宝训》

---

❶《麟台故事》卷二《修纂》。
❷《玉海》卷四九《三朝圣政录》。
❸《范太史集》卷三六《仁皇训典序》；《长编》卷四七九，元祐八年正月辛亥条。
❹《宋会要辑稿·崇儒》七之三八。

和《圣政》的原型，大多是分门类辑录编撰的。其篇章结构，或分门类辑录，或提示分类线索；在条目系事之后，往往有发挥阐说的文字。

有学者强调宝训"体例崭新"[1]，而事实上，《宝训》的体例，基本上是仿效《贞观政要》，以载录帝王与群臣对话为主，分门别类予以编排。《贞观政要》分类系事，始于"君道"，终于"慎终"，计十卷四十篇，每篇下载若干事。北宋明道《三朝宝训》今虽不传，但李淑在其进读建议中提到第一卷有"政体""听断事"等目；理宗时久侍经幄的曹彦约也明确说过，《三朝宝训》"为目八十有八"[2]，从《经幄管见》中的记载来看，《宝训》分篇系事的结构十分清楚[3]。《中兴馆阁书目》所谓《三朝太平宝训》（即富弼建议所修《祖宗故事》），也是分别事类，厘为九十六门。

就这些门类的内容来看，以明道《三朝宝训》为例，在目前能够考得的四十四目中，如许振兴所说：

> 除关涉攘外和防御事务的《议将帅》（《将帅》）、《议武备》、《制军旅》、《论边防》（《边防》）、《抚夷狄》（《夷狄事》）五目，关系个人修身进德的《孝德》、《仁慈》、《谦俭》、《鉴戒》、《谏诤》、《睦族》、《恤旧族》七目外，《论政体》（《政体》）、《听断

---

❶ 许振兴：《〈古今源流至论〉中的宋代〈宝训〉佚文》，《古籍整理研究学刊》2000 年 4 期，页 53—60。

❷ 《昌谷集》卷十《内引朝辞札子（第二）》。

❸ 曹彦约《经幄管见》中所载进读篇目，计有《谨外戚》等二十八篇，王德毅先生据《玉海》与《宋会要辑稿》补至三十六篇，见《宋史研究集》第三十集《宋代的圣政和宝训之研究》；许振兴补至四十四篇，见《〈贞观政要〉与〈三朝宝训〉：论唐宋时期帝王学教材的承传与创新》，香港大学中文系主办《李白杜甫与盛唐文化国际学术研讨会》论文，2001 年 3 月。

事》(《听断》)、《谨外戚》、《受符瑞》、《崇祀礼》(《崇祀典》)、《崇文儒》、《奖词学》、《谨诏辞》、《论国体》、《抑奔竞》、《论文史》、《议修书》、《任宰执》、《礼大臣》、《优近臣》、《议典故》、《议礼制》、《谨刑罚》、《论贡举》、《论科试》、《论选集》、《择官》、《论荐举》、《论甄叙》、《奖干臣》、《戒官吏》、《论道教》、《论释教》、《重牧宰》、《谨灾祥》、《省费用》、《体群臣》等三十二目皆为君主施政的总则与处理内政的要项。❶

《宝训》对于内政的特别关注，正反映出"祖宗之法"的固有特征。

从宋代的资料中看，《圣政》亦多有分类系事者。石介《三朝圣政录》分为二十门：始于"君道"、"英断"、"谨惜名器"，终于"戒贪吏"，每篇末自为之赞，以申讽谕之意❷。他所作《先朝政范》，自"任将"至"悔过"，围绕主题组织史实，共分十二篇。当时的"故事"类著述，大多如此。庆历年间，孙甫撰《三圣政范》凡十三事，据说其中"皆治体之要"，"大略以祖宗故事校当世治有所不逮者，论述为讽谏"❸。张唐英编进的《仁宗君臣政要》，起天圣终嘉祐，凡属诏令刑政之要、礼乐选举之法、郊庙祭祀、边鄙备御等等，无不备录其门；全书内容随事立题，凡二百八十五条，分为四十卷❹。元祐时苏颂等人撰进的汉唐故事《迩英要览》，自"修身"至"御戎"凡六十门❺。

南宋孝宗时，敕令、圣政的编纂机构索性以"编类圣政所"为

---

❶ 许振兴：《〈贞观政要〉与〈三朝宝训〉：论唐宋时期帝王学教材的传承与创新》。

❷ 《安阳集》卷二二《三朝圣政录序》、《玉海》卷四九《三朝圣政录》。

❸ 《玉海》卷四九《庆历三圣政范》。

❹ 参见《郡斋读书志》卷五上、《群书考索》卷十七、《玉海》卷四九《仁宗君臣政要》条。

❺ 《玉海》卷五四《元祐迩英要览》。

名，高宗的"圣政"，是编类门目投进的❶；记载孝宗事的《寿皇圣政》，也是分列条目的❷。《皇宋中兴两朝圣政》虽然依年叙事，但总目之后有详细的分门分类事目，始于"兴复"门"符命"类，终于"灾祥"门"旱蝗"类；正文中亦有眉题提示所系事目。这种编年体裁的《圣政》，还保留着分类系事的浓重痕迹。

分类系事不仅反映着记叙方式的不同，更是由著述性质决定，反映着特定对象的需求。石介在呈进《三朝圣政录》时所作序言中说：

> 三圣之德，三朝之政，《国史》载之备矣。但臣以谓，三圣致太平之要道，或虑《国史》纪之至繁，书之不精，圣人一日万几，不能遍览。唐史臣吴兢尝为《贞观政要》，臣窃效之，作《三朝圣政录》。❸

我们今天从《涑水记闻》、《事实类苑》、《类说》、《古今合璧事类备要》及《说郛》等书中能够看到的该书内容，都是分条列事而并非系年系日的。这种分类叙事的编纂方式，一方面有益于突出主题，便于后世帝王按图索骥，有针对性地学习；另一方面也正是为解决"圣人一日万几，不能遍览"问题而采用的对应方法。

庆历年间富弼建议修成的《三朝典故》，一书而兼有《祖宗故事》、《太平故事》、《庆历三朝太平宝训》、《三朝圣政录》、《三朝政要》等八种名称❹，自宋代即有与明道之《三朝宝训》混淆者❺。既

---

❶《宋会要辑稿·职官》四一之七一、七二。

❷《止斋集》卷四〇《奉诏拟进御制至尊寿皇圣帝圣政序》。

❸《徂徕集》卷十八。

❹ 参见王德毅先生前揭文注14。

❺ 参见《太平宝训政事纪年·纲目》；《直斋书录解题》卷五《三朝宝训》《三朝政要》条；《玉海》卷四九引《中兴馆阁书目》。

被时人称为《宝训》，又被认作《圣政》、《政要》，这也从一个侧面印证，宋代的《宝训》与《圣政》就其体例而言，并无绝然两类的区别。

《宝训》、《圣政》谋篇布局之共同取向，是充分考虑"读者"的特殊需求，突出议论阐释。《三朝太平宝训》的体例，据李焘说，"其间典法深大、今世不能遵守者，于逐事之后各释其意"❶。徽宗时，诏修《神宗宝训》，谢文瓘建议"择当时大政事、大黜陟，节其要旨，而为之说以进"❷。《皇宋中兴两朝圣政》于叙事之后，亦录有留正等人的议论文字。

成书于南宋时期的《太平宝训政事纪年》和《皇宋中兴两朝圣政》，皆依帝王纪年系事；二书记载时段不同，内容详略不同，但选材叙事的方式却相当接近。我们今天看到的《中兴两朝圣政》，内容体例皆非当年原本。若比对高宗朝的记载，从记录的事件到叙述的字句，颇类于李心传的《建炎以来系年要录》，惟文省事略，篇幅简短❸。现存五卷本《太平宝训政事纪年》一书，既称"宝训"又载"圣政"。是书不著撰人，内容自北宋太祖至南宋高宗，称高宗为"太上皇帝"，成书应在孝宗时期。按其《纲目》所说，该书是根据《三朝宝训》、《两朝宝训》及《会要》、《事实类苑》、诏令、指挥、名臣章奏、言行记录以及编年之书等等汇编。书中记载以编年为序，体例却前后不一：其叙前三朝事，迻录了富弼等在《三朝典故》中的阐释，仁宗之后则不见议论文字。既如题名所提示的，突出"政事"内容，又将众多材料纳入"纪年"之组织线索，导致

---

❶ 《长编》卷一四三，庆历三年九月丙戌条。

❷ 《宋史》卷三五四《谢文瓘传》。

❸ 该书全称为《增入名臣讲义皇宋中兴两朝圣政》。有关该书书面貌问题，参见梁太济《〈圣政〉今本非原本之旧详辨》，《中国学术》第三辑，商务印书馆，2000年。

该书所呈现的面目，包括其侧重点、其内容的组织方式，都与分门纪事的《宝训》面貌不同，而更接近于编年体著述。种种迹象，使人颇疑该书系书坊攒辑而成。

文渊阁四库全书本《说郛》卷四九有七条文字，据称自《两朝宝训》录出。该节录错讹乖谬，其中两条是唐宣宗事迹而与宋朝无涉，另外五条皆系宋真宗时事。即便这五条，也不应该是《两朝宝训》中的文字。据目前所知，真正题为《两朝宝训》的著述只有一部，即神宗年间林希编纂的仁宗、英宗《两朝宝训》二十卷❶。从具体内容来看，《说郛》收录的五条记叙多载真宗与臣僚的问答唱和，不很关系国计民生、伦理道德事。这倒启发我们想到，《宝训》中可能也并不都是语录体的"最高指示"。

在宋代，《宝训》、《圣政》一类著述走出了宫廷，在民间有比较广泛的传布。南渡之初，士庶即"有以家藏《国史》、《实录》、《宝训》、《会要》等书来献者"❷。南宋时，此类作品更有了新的用途。陈振孙《直斋书录解题》卷五"《高宗孝宗圣政编要》二十卷"条下说：

> 《高宗圣政》五十卷，《孝宗圣政》五十卷，乾道淳熙中所修，皆有御制序。此二帙书坊钞节，以便举子应用之储者也。❸

"圣政"是自《时政记》、《起居注》、《日历》择取而成，而"编要"

---

❶ 对其卷帙，史载不一，有说二十一卷（如《宋史》卷二〇三《艺文志》）或三十卷（如《王氏谈录》）者。

❷ 程俱《北山集》卷十六《麟台故事后序》。

❸ 同书同卷，其下又有"孝宗圣政十二卷，亦书坊钞节，比前为稍详"。按《建炎以来朝野杂记》甲集卷四"两朝圣政录"条，称《光尧（高宗）圣政录》、《寿皇（孝宗）圣政录》各三十卷。

又是"圣政"的节录本。此时因应举子策论考试之需求，书坊亦加入到编修抄录赵宋祖宗故事的行列中来，从而促成了《圣政》之类国家文献及公文书汇编等流通、普及于民间❶，也扩大了"祖宗故事"在社会上的传布及影响。

赵宋一朝对于祖宗故事、《宝训》《圣政》的纂修不可谓不重视，而李焘在其《续资治通鉴长编》的注文中，却多次指出《宝训》及《祖宗故事》一类著述中记载年号、官名、事件不确切的问题，指出"《宝训》润文，遂失事实"❷，在其排比考订时往往决定"不取"，并且概括说："《宝训》于年月先后，或多不得其实。"❸与此相类，我们也联想到，《四库全书总目》指出，《贞观政要》"书中所记太宗事迹，以《唐书》、《通鉴》参考，亦颇见抵牾"，但这并未影响该书在后世帝王心中的地位。

这类问题的出现，从一个侧面表明，《宝训》不是严格意义上的历史记录或史学读本，而是重在政治导向的"祖宗言行录"。《宝训》、《圣政》立意于在潜移默化中完善统治规范，播布祖宗朝的盛美之事，传授列祖列宗的治国章法，使得"国朝以圣继圣，传袭一道"❹。这正像吕祖谦在《进哲宗徽宗宝训表》所说的："丕显丕承，第仰群言之首；是彝是训，以贻万世之传。"❺另一方面，从宋代的实践来看，《宝训》最直接、最主要的读者是帝王，而"天子之学与凡庶不同"，用心之处不在于事实表述的准确与否。用哲宗辅臣

❶ 有关这一方面的专门讨论，可参见 Hilde de Weerdt: Byways in the Imperial Chinese Information Order: the Dissemination and Commercial Publication of State Documents,《文献资料学新的可能性》国际研讨会论文，日本大阪，2006 年 1 月。
❷《长编》卷七六，大中祥符四年十一月戊戌条。
❸《长编》卷三二，淳化二年七月己亥条。
❹ 周麟之：《海陵集》卷三《论乞修神宗以后宝训》。
❺《五百家播芳大全文粹》卷二下《进文字表》。

吕公著的话讲:

> 人主之所当学者,观古圣人之所用心,论历代帝王所以兴
> 亡治乱之迹,求立政立事之要,讲爱民利物之术,自然日就月
> 将,德及天下。❶

绍兴末,即位不久的孝宗初御经筵,时为起居郎的周必大进
奏说:

> 祖宗置经筵非为分章析句,正欲人主从容访问,以裨圣
> 德、究治体;惟陛下留意,兼编类圣政,以正得失。❷

面向特殊的读者,作为特殊的文本形式,《宝训》、《圣政》的功
用正在于"裨圣德、究治体、正得失",在于通过记叙与传布来"塑
造"完美的帝王——无论是祖宗还是后嗣。

(三) 进读与阐释:对于故事的"发明"

《宝训》在宋朝几乎成为代代天子的必读书,对于或年少、或即
位未久而缺乏统治经验的皇帝,更是如此。元祐四年(1089 年),左
谏议大夫梁焘奏对于延和殿,向太皇太后高氏建议说,"愿官家更进
圣学,日课经史,熟记宝训、故事"❸,受到高氏的肯定。据称哲宗
"天资好学,在宫中博览群书,祖宗《宝训》、《实录》,皆详阅数四。

---

❶ 《上哲宗论修德为治之要十事·讲学》,见《宋朝诸臣奏议》卷三《君道门》。
❷ 周必大:《文忠集》附录卷二《行状》。
❸ 《长编》卷四二五,元祐四年四月乙巳条。

居常渊默不言，及侍臣讲读，则反复问难，无倦色"❶。

　　所谓"圣学"，正是指不同于凡庶的天子之学、帝王之学。元祐
（1086—1094）年间范祖禹激劝哲宗说，"陛下今日学与不学，系天
下他日之治乱"；他所编纂进呈的《帝学》，亦是"采集帝王学问及
祖宗讲读故事"而成 ❷。南宋嘉定（1208—1224）时，经筵官们集体
上言中也说：

　　　　圣学无倦，固治道之所当先；皇祖有训，尤圣学之不可后。

"皇祖有训"被置于帝王"圣学"之首位，在他们看来，"盖近承家
法，皆易知而易行；视泛稽于古昔，又不侔也"❸。

　　经筵讲读，在宋代，某种意义上是教育天子的平台。从目前资
料来看，经筵进读的"祖宗圣谕"，是以《宝训》为主 ❹。《宝训》
所记录的，虽然是往昔的事迹言谈，但皆出自本朝祖宗，又被后嗣
帝王奉为治国章法，比照处理时下事务，因而被赋予了至上的权
威。有针对性地诠释祖宗故事、阐发祖宗训谕，可以说是两宋修
订、进读《宝训》者的一种自觉。

　　仁宗康定元年（1040 年），陕西边事大起。四月，负责删整、
进读《三朝宝训》的侍读学士李淑进言说：

　　　　《宝训》欲先读第一卷"政体""听断"事外，却取第

----

❶ 《长编》卷五二〇，元符三年正月己卯条引《新录》。
❷ 《三朝名臣言行录》卷十三《内翰范公》。
❸ 《宋会要辑稿·崇儒》七之三七。
❹ 亦有进读《圣政》者，例如宁宗朝，曾读《高宗圣政》《孝宗圣政》，见《宋会要辑
　　稿·崇儒》七之三七、三八。

十三卷以后"将帅""边防""夷狄"事进读，庶几戎备边政
蚤得敷启。❶

显然，在李淑看来，祖宗朝的君臣对答及政事处断，一一直接对应
于今朝时事，对时下政治有着近乎"立竿见影"的指导效力。这种
思维方式，直到时隔一个半世纪之后的南宋中期，仍在发生影响。
据李心传《建炎以来朝野杂记》甲集卷六《庆元紧要政目五十事》
条记载，庆元五年（1199年）十月❷，右谏议大夫陈自强上"紧要
政事条目"三十门，其中包括人才、财用、军旅、风俗、谏诤、蓄
积、法禁、荐举、学校、爵禄、教化、科举、命令、赏罚、狱讼、
税赋、农田、边备、礼制、祭祀、铨选、任官、监司、守令、奉
天、奉祖宗、任相、驭夷狄、荒政、马政等诸项。他建议说：

> 请令侍从、两省、讲读官进故事日，于前项政事条目内选
> 择一事为题，先叙前代帝王施行得失，而证以祖宗故事，然后
> 论今日事体所宜，断以己意。俟其进入，编为一书。如一旬而
> 讲一事，则一岁之间便有三四十事。不过二年，朝廷之大政讲
> 究毕矣。

这一提议的主旨，是根据朝廷政务需要，限定相应的"祖宗故事"
之选择范围；其后翰林学士高文虎又补充二十事，建议皆被朝廷采
纳。上述建议，规定了近乎"八股"的三段式（祖宗故事—近日
事体—个人见解）的固定论事方式，其目标则在于以祖宗故事指导

---

❶ 《玉海》卷四九《天圣三朝宝训》。
❷ 《续编两朝纲目备要》卷五作"十一月"。

"朝廷之大政"。

　　以《宝训》中的"故事"指导现实，需要政坛硕儒的阐述发挥，这正是宋人所重视的"发明"过程。我们看到，元祐四年（1089 年）十月，讲读官于迩英阁讲《三朝宝训》终，

> 　　侍读苏颂等奏曰："陛下勤求治道，仰法祖宗，臣等每愧荒疏，不能发明，上资圣览。"上遣内侍宣答曰："祖宗治道，兹有本原，逮此终篇，悉资开发。"颂等稽首称谢。❶

正因为"祖宗治道"有赖于经筵讲读官员的"开发"，于是"必重经筵之选"被归纳为赵宋的一条"家法"❷。

　　讲筵进读《宝训》，在宋代是相当隆重的事件，南宋时尤其如此。孝宗淳熙七年（1180 年）五月，进读《三朝宝训》终篇，周必大在其"赐宴赐赍谢恩诗"❸中，曾经记叙了绍兴三十二年（1162 年）九月庚子日初开经筵，由洪遵进讲《三朝宝训》第一卷的情形：

> 　　忆昔壬午神龙翔，季秋庚子辰集房。
> 　　肇开讲席临青厢，赭袍玉斧光照廊。
> 　　台司夹侍书案黄，翰林进读天容庄。
> 　　微臣簪笔近玉床，亲闻玉音义甚长。

当时宰执重臣皆被召来听讲。其中讲到太宗问吕蒙正"君子少而小人多"的原因，吕蒙正答道："此系时运盛衰"；孝宗插话说："不

---

❶ 《长编》卷四三四，元祐四年十月癸丑条。
❷ 《历代名臣奏议》卷九，度宗朝牟潌"进故事"语。
❸ 《文思集》卷七《进读三朝宝训终篇》。

然。顾人主好恶何如耳。"皇帝的"玉音""圣语"被时任起居郎的周必大记录到《起居注》中，十八年过去了，这段对话他仍然记忆犹新。

经筵讲读经史毕，通常被视为大事，都要宣付史馆，相关臣僚也都会得到进奖赏赐。进读《宝训》终篇亦是如此，一方面载入史册，一方面优褒讲读官员。以淳熙七年身兼侍读的周必大为例，五月乙卯日讲读《三朝宝训》终篇，被赐金匣、端砚、鞍马；丁巳，赐御筵于秘书省道山堂；己未，进谢表并诗；同月他升任参知政事，并且由于"经筵彻章"而转迁通议大夫❶。孝宗在周必大等例行辞免之际，特别表示："甫终篇第，宜有褒优，夫推朕显尊祖宗之心。"❷

"故事"与现实的对应，使《宝训》具有不言而喻的政治影响力及敏感性。正因为如此，参预决策的臣僚们，在选定进读内容时，难免会有发自内心的紧张。而当王朝政策调整之际，这种状况显现得尤其清楚。元祐元年（1086年）初，"更化"风声日紧，当时的资政殿大学士兼侍读韩维等上言说：

> 臣等见进读《三朝宝训》，其间有祖宗时事与今不同者，盖当是时天下初定，与治平之后事体自别，君臣论议亦从而异。又有祖宗一时处分，难以通行于后世者，欲乞遇有似此等事，特许臣等看详，更不进读。❸

面对登基伊始的少年天子，面对政事翻覆的浪潮，韩维等人的担心

---

❶ 《文忠集》卷首附《年谱》。
❷ 《文忠集》卷一二五《历官表奏（四）》"（同讲筵官辞免进读三朝宝训终篇转官奏状）不允诏"。
❸ 《长编》卷三六四，元祐元年正月丁巳条。

并非没有道理。

从另一方面来看，进读《宝训》，给讲读臣僚提供了结合往事发挥己见的进言机会。元祐初，身兼侍读的苏颂入侍经筵，进读《三朝宝训》，读至咸平六年（1003年）契丹南牧，真宗皇帝命辅臣条陈御戎之策，对于屯聚禁旅抑或营田转漕，朝廷之上曾有一番讨论。哲宗问："屯兵、漕河，孰长？"苏颂回答说："二事相须，阙一不可。"经筵过后，苏颂反复思考，又进呈题为《论屯兵漕河大要》的奏疏 ❶，引经据典，详细铺陈了自己的认识，备皇帝参阅。

结合往事的言谈尚不十分敏感，而触及时事的议论则可能招来异议甚至忌恨。在苏辙为其兄苏轼所做墓志铭中，有这样一段话：

> （元祐）二年，复除侍读。每进读，至治乱盛衰、邪正得失之际，未尝不反复开导，觊上有所觉悟。……尝侍上读《祖宗宝训》，因及时事，公历言今赏罚不明，善恶无所劝沮；又黄河势方西流，而强之使东；夏人寇镇戎，杀掠几万人，帅臣掩蔽不以闻，朝廷亦不问。事每如此，恐浸成衰乱之渐。当轴者恨之。❷

范祖禹曾经说，"轼在经筵进读，最为有补"❸；而与此同时，藉进读《宝训》之机进言，成为苏轼"不见容"而乞外任的直接原因。

南宋后期，真德秀在进读《三朝宝训》中的《睦亲门》时，向理宗进说道：

> 惟本朝祖宗以来，以亲亲为家法，其于皇枝帝胄，恩意甚

---

❶《苏魏公文集》卷二〇。

❷《栾城集·后集》卷二二。

❸《长编》卷四三七，元祐五年正月乙酉条。

备；如此卷所载，皆陛下之所当法。若太宗之于秦王，乃是处人伦之变，而矜怜恻怛，曲尽其至如此，尤陛下所当法。❶

这席话的针对性，显然是指理宗与史弥远对于济王赵竑的逼迫加害。真德秀等人在许多场合下阐论雪川之变"所损非浅"，既值讲筵，又呈奏札，孜孜矻矻地为传布"我朝立国根本仁义"❷的信念而努力。利用这次讲筵的机会，真德秀也在皇帝面前展读了自己的奏事札子，勉励皇帝"念昔者创守之惟艰，思今日继承之匪易"❸。

曹彦约也在《经幄管见》中，明确记载了他进读《宝训》时"敷陈祖训，规箴时政"的状况❹。例如他叙述自己初次供职的情形说：

> 宝庆元年九月十七日，初供职。同侍讲范楷候对。是日读《宝训·谨外戚》篇：景德四年，上谓近臣曰："每岁承天节，皇诸亲为姻族求恩，多过有希觊……诸亲多引先朝为比。朕谕以太祖开创之始，太宗英睿特断，朕安敢上拟？今庶事动立制度，朕遵守之，何敢失坠！若从越例之请，外人必有窃议。……"
>
> 臣读毕，口奏："人主遵奉家法，吝惜名器，未有不身致太平者。真宗皇帝有太祖太宗家法可守，更于家法上倍加吝惜。推此心以往，事事节省……财用安得不裕，民力安得不宽！此咸平景德间所以为本朝极盛也。"❺

---

❶《西山集》卷五《对越甲稿·得圣语申后省状》。
❷《宋季三朝政要》卷一。
❸《西山集》卷五《对越甲稿·得圣语申后省状》。
❹《四库全书总目》卷一六一，曹彦约《昌谷集》提要。
❺《经幄管见》卷一。

"口奏"与"进读"的结合,恰是讲筵的实际意义所在。赵宋王朝的"祖宗家法",正是通过这些方式努力灌输给一代一代的帝王。

"进故事",在宋代成为臣僚进言、君主纳言的重要途径。不仅进读《宝训》之际是奏进祖宗故事的正式机会,而且有些时候臣僚会被要求、被鼓励经常性地奏进前代与本朝的故事。例如,元祐二年(1087年)十月"命讲读官进故事。遇不讲日,轮具汉唐故事有益政体者二条进入"❶;南宋建炎四年(1130年)八月,又命侍从官进故事,而内容也扩展至本朝,"日轮从官一员,以前代及本朝之关治体者,具两事进入"❷。尽管奏进的是远去的故事,着眼点却是当前的"政体"、"治体"。前引陈自强、高文虎例,正说明了"祖宗故事"与"近日事体"的密切关联。

今存宋人文集中,有不少"进故事"的内容。例如《范太史集》记录着范祖禹在哲宗朝元祐年间所进故事二十余条,继以"臣祖禹曰"、"臣祖禹谨案"、"臣祖禹以为"等字样,藉前朝往事劝谏少年皇帝。《高峰文集》卷六《进故事》,记录着南宋初年曾任御史中丞的廖刚,在绍兴元年(1131年)至十年间向高宗奏进的故事十六条。其中有先秦故事、汉唐故事,也有《三朝宝训》等记载的本朝故事;其下有批评,有阐扬,大抵落脚于时事。

明代永乐(1403—1424)年间杨士奇、黄淮等奉敕编纂的《历代名臣奏议》,全书三百五十卷,记载臣僚向帝王"进故事"(含"进汉唐故事")一百零八处,无一例外,都是宋代事例。我们看到当时有不少士大夫,利用"进故事"的机会阐述对于朝政时事的意见。像南宋理宗朝曾任侍从官的许应龙,即是突出的一例。他以进

---

❶《九朝编年备要》卷二二。

❷《中兴小纪》卷九,建炎四年八月甲戌条。

故事的方式，论量材、论用人、论久任、论均内外、论名实、论破朋党 **❶**，疏通今昔，切中情理。

此外，也有一些士人论说祖宗故事、总结本朝经验的专门著述。嘉祐三年（1058 年），试贤良方正孙洙进其《论说》五十篇，"善言祖宗事，指切治体，推往较今，分辨得失，抑扬条鬯，读之令人感动叹息。一时传写摹印，目曰'经纬集'"。据说韩琦读后慨叹曰："恸哭泣涕论天下事，此今之贾谊也。" **❷**

宋代士大夫对于本朝故事的编选整理和阐发，是颇费心思的。帝王要成功扮演自身角色，只有通过自觉的或者强制性的学习与实践。不仅要学习祖宗御下的经验，也要领会帝王身份被期待的行为，把握必需的规范。宋代统治稳定之后，《圣政》、《宝训》等著述的陆续出现以及经筵讲读，都是服务于这一目的。吕中《大事记讲义》卷六《真宗皇帝·圣学、经筵》目下的"讲义"中有这样一段话：

> 三代而上，传家之法备，而传心之法为尤详……三代而下，传家之法既略，而传心之学不复续。故不惟人主之成德也难，而子孙之成德也亦难。惟本朝以家学为家法，故子孙之守家法自家学始。此范祖禹《帝学》一书极言我朝承平百三十年异于汉唐，由祖宗无不好学也。

这里所谓"家学""圣学"，主要是指赵宋的后世帝王对于前代"政要""宝训"之类嘉谟要言的学习；所谓"异于汉唐"，不

---

❶ 《历代名臣奏议》卷一五一《用人》、卷一五八《知人》。

❷ 李清臣：《孙学士洙墓志铭》，《名臣碑传琬琰集（中）》卷二五。

能简单地视为宋代士大夫的自我标榜。研究者会注意到,《贞观政要》对于太宗朝"祖宗故事"的编纂,目标在于总结、惩劝,而不刻意标榜对于"祖宗圣政"的颂扬。宋朝的《宝训》、《圣政》类著作——特别是仁宗朝之后修成的《宝训》、《圣政》等——则与此有着明显的不同。它们注重对于祖宗形象的塑造,而在其阐发颂扬背后,也流露出强烈希望能够"致君于尧舜"的潜台词。赵宋对于建设内部政治秩序的重视,对于防微杜渐的追求,无疑是其异于汉唐之处。而"祖宗好学,世为家法"、"本朝以家学为家法,故子孙之守家法自家学始"❶一类说法,即使我们看到一代王朝的"家学""祖训"在塑造新帝王的过程中可能起到的作用,也清楚地提示我们注意到宋王朝制度与政策强烈的历史依赖性。

三　从"奉行圣旨"到"共治天下"

所谓"士大夫政治",是指以士大夫为主体的政治形态 ❷。有学者指出,在中国传统社会中,儒家文化虽然一直占主导地位,但儒学的传承者知识分子作为一个群体在政事活动中起决定性的作用,只是到了 11 世纪前后的北宋时代 ❸。作为一种社会现象,宋代的士大夫政治是士大夫阶层在当时的特定条件下通过其行动创就的结

❶ 《大事记讲义》卷八《仁宗皇帝·经筵御、崇圣学》。

❷ 陈苏镇指出:"士大夫"是中国古代社会中一个极为重要的群体,它介于帝王与庶民之间,构成统治阶级的主体,操作着庞大的国家机器,发挥着不可或缺又无可替代的政治功能,从而使中国古代社会在许多方面表现出独特的性质和传统。这种以士大夫为主体的政治形态,就是所谓"士大夫政治"。见《研究中国古代政治文化的力作:读〈士大夫政治演生史稿〉》,《北京大学学报》1998 年第 1 期,页 148—151。

❸ 参见陈植锷:《北宋文化史述论》第一章。

果，而不是通过法律条文、政令规章自上而下的既有规范得来。

（一）"皇王之道"与"君臣之际"

北宋统治建立之初，亟须奠立稳定的政治秩序，除制度措置外，统治思想的建设亦成为君臣共同关心的重大问题❶。众所周知，一个时代所谓的统治思想，自然是其统治阶级的思想；而这一思想的主脉必定是为当时的现实政治服务的。

牟宗三先生曾经说，"从前论政治，即言皇王帝霸之学。"❷所谓"皇王帝霸"，亦即"皇帝王伯"说，关系到"帝王之德"与帝王的统御之术，是统治者惯用的创业垂统之说。有学者认为，所谓"皇王帝霸"之说乃汉代谶纬家之论，它以"无为而治"的三皇时代作为尧舜之前的理想时代，虽然外傅儒义，而实本道家思想❸。将"皇王帝霸"说径直认定为谶纬家之论，或可斟酌商议；而称该说为儒家与道家思想的杂糅，却颇有道理。

赵宋开国之初，帝王即十分关注治国之道，但统治思想的实际构成应该说相当驳杂。王朝的务实特色，各类思想资源为"我"所用的原则，在建国初期显露无遗。真正开始注意到国家统治思想的建设，是在太宗至真宗时期。太宗在位期间，常常主动与臣僚议及统治思想问题，从"浮屠氏之教有裨政治"❹，"清净致治，黄老之深旨"❺，到

---

❶ 关于宋初的统治思想，学界已经有所讨论。参见刘复生：《北宋前期的政治风尚》，见氏著《北宋中期儒学复兴运动》，页125—131；张其凡：《吕端与宋初的黄老思想》，见氏著《宋初政治探研》，页169—197；李华瑞：《论宋初的统治思想》，见氏著《宋史论集》，页1—32。

❷ 《政道与治道》新版序《从儒家的当前使命说中国文化的现代意义》，台北：学生书局，1987年。

❸ 刘复生：《北宋中期儒学复兴运动》，页130。

❹ 《长编》卷二四，太平兴国八年十月甲申条。

❺ 《长编》卷三四，淳化四年闰十月丙午条。

"耻其君不为尧舜"❶，有意显示着自己"择善而从"的包容态度。雍熙北伐失利之后，一方面有内外政策的全面调整，另一方面殿廷之上的话语氛围更倾向于所谓"修德治国"、致君尧舜。真宗初年，臣僚更纷纷以"皇王之道"进言。

早在太宗太平兴国（976—984）年间，由李昉等人奉敕纂修的《太平御览》即已成书。该书据称可以"推见太宗圣学之所从，明我宋历圣相承之家法"❷。在其一千卷五十五个门类的卷帙之中，紧接在《天》、《时序》、《地》之后的《皇王》门，共四十一卷，是篇幅最为繁富的部类之一。但此时的"皇王"，尚不过是一搜罗采摭而攒成的编类门目，君臣间事实上还缺乏围绕"皇王之道"的讨论。

雍熙北伐，遭致"舆尸之败"❸，原本即持弭兵反战主张的赵普旋即上表称：

> 陛下登极十年，坐隆大业，无一物之失所，见万国之咸康。所宜端拱穆清，啬神和志，以无为无事，保卜世卜年，自可远继九皇，俯观五帝，岂必穷边极塞，与戎人较其胜负。

数年前张齐贤也有类似说法：

> 圣人先本而后末，安内以养外。人民，本也；疆土，末也。五帝三王，未有不先根本者也。尧舜之道无他，在乎安民而利之尔。民既安利，则远人敛衽而至矣。❹

---

❶《长编》卷二九，端拱元年二月。
❷《太平御览》蒲叔献序。
❸《长编》卷二七，雍熙三年六月戊戌条。
❹《宋史》卷二六五《张齐贤传》。

这些自我安慰的调子，其说服力正来自对于"五帝三王""尧舜之道"的征引。当时在士人圈内，也流传着"皇王之道，混成如天，包笼四周，俾莫能越"的表述❶；崇尚"行教化，序尊卑"，"定君臣父子之道，述皇王帝霸之基"❷。

宋初的皇王帝霸说，基本被理解为一个整体。用田锡的话讲，"（臣）以皇王之道致陛下于尧舜"，"以帝霸之道致陛下于尧舜"❸——"皇王帝霸之道"与"致君尧舜"之间，有着清楚的衔接。

端拱元年（988年），太宗曾经语重心长地嘱咐赵普说：

> 卿国之勋旧，朕所毗倚，古人耻其君不及尧、舜，卿其念哉。❹

致君尧舜，就君臣双方的表示而言，是士大夫的愿望，也是帝王的要求。太宗晚年曾经洋洋自得地回顾自己在位二十年间澄清寰宇的作为，他对侍臣们说：

> 卿等以朕今日为治如何也？虽未能上比三皇，至于寰海宴清，法令明著，四表遵朝化，百司绝奸幸，固亦无惭于前代矣。❺

这一自问自答，洋溢出太宗内心"上比三皇"的自得和强烈成就感。

---

❶ 柳开：《河东集》卷八，雍熙四年十二月十五日《上郭太傅书》。
❷ 王禹偁：《小畜集》卷一《仲尼为素王赋》。
❸ 参见《咸平集》卷二七《奏乞不差出》；《长编》卷四九，咸平二年六月戊辰条。
❹ 《宋史》卷二五六《赵普传》。
❺ 《长编》卷三八，至道元年十二月丙申条。

真宗初年，殿堂之上有关"皇王之道"的讨论明确频繁。咸平二年（999年）闰三月，"四践两府、九居八座"，以致君自负的宰相张齐贤，

> 尝从容为上言皇王之道，而推本其所以然。且言："臣受陛下非常恩，故以非常为报。"上曰："朕以为皇王之道非有迹，但庶事适治道，则近之矣。"❶

如果说此时的真宗对所谓"皇王之道"并不十分热衷，后来他的态度却在臣僚推动下有所转变。同年五月，以直谏著称的田锡，自称要"以皇王之道编撰进呈"，"以皇王之道致主于尧舜"，并且鼓励春秋鼎盛的皇帝说，

> 若师皇王之道，日新厥德，必十年之内，能致太平；若遵帝霸之道，夕惕若厉，则千载之运，永固鸿业。❷

在六月里奏进的《进撰述文字草本》中，他记叙了与真宗的两度对话：

> （五月八日）臣又奏："今陛下以何道理天下？愿以皇王之道为理。"臣又奏："旧有御览，但记分门事类，共三百六十卷，取日览一卷可周岁读遍。然不如节略经史子集作三百六十卷，或万几之暇日览一卷，所贵理乱兴亡之事常

---

❶《宋史》卷二六五《张齐贤传》。
❷ 参见《咸平集》卷二七《谢内降札子奖谕》，《奏乞不差出》；《长编》卷四九，咸平二年六月。

在目前也。臣欲撰进。"

至明日，又再承召对，宣谕："所言皇王为理之道，可款曲著撰进来。"臣遂略言《尚书·尧舜典》是帝道，其注亦甚分明；陛下称"朕亦常看《尚书》，其注颇甚易晓"。❶

在田锡看来，君主应该"永惟皇王之理，思复三代之迹"；所谓"皇王之道"，显然就是针对"理乱兴亡"、达致"大道""至理"的治国之道❷。在时人理解中，"皇王之道"是弥纶天地的统治精神，是涵括君臣朝野内外上下的政治模式。演述皇王之道，被其后的士大夫看得很重。在范仲淹所作《田司徒（锡）墓志铭》中，曾经专门提及：

> 一日，召对久之，且曰："陛下以皇王之道为心，臣请采经史中切于治体者，上资圣览。"帝深然之。乃具草以进。手诏答曰："卿能演清净之风，述理乱兴亡之本，备观鉴戒，朕心涣然。"❸

真宗将田锡阐发的"皇王之道"称之为"演清净之风，述理乱兴亡之本"，似乎是悟出了其中要旨。景德（1004—1007）年间，带职在外的谏官张知白，上言称"皇王之道在乎戒谨"，论述居安思危的道理，受到真宗称赏❹。这一时期士大夫们阐发的"皇王之道"，基本上是一种"为君之道"。其目标，是致君于尧舜；其落脚，则

---

❶《咸平集》卷二七《进撰述文字草本》。
❷《咸平集》卷二二《制策》。
❸《范文正公集》卷十二《赠兵部尚书田公墓志铭》。
❹《长编》卷六三，景德三年六月丁丑条。

是建立时人心目中合理的君臣关系。

大中祥符八年（1015年）四月，真宗自己出面，撰著了"皇王帝霸"四论：

> 癸丑，召宰相观书玉宸殿，阅御制《皇王帝霸》、《五臣》等论，遂临水轩赋诗，各赐衣带器币。❶

这并非帝王一时兴起的偶然事件。这次皇帝拿出"皇王帝霸"四论来向宰臣隆重展示，是与同样出自他手的"良臣正臣忠臣奸臣权臣论"并行的 ❷。是月辛酉，真宗"赐宰相御制《良臣正臣忠臣奸臣权臣论》"，次日（壬戌）即免去性情"刚褊"的寇準之枢密使职任，而代之以才敏柔佞的王钦若、陈尧叟。这些论说今日虽然已不得见，但其颁出方式提示我们，真宗的"皇王帝霸说"，重点或不在于对"致君尧舜"的理解；该说在他心目中，与对于"良臣、正臣、忠臣、奸臣、权臣"的判别相辅相成，其实质则是君主的统治控御术。

我们看到，北宋前期朝廷上讲谈的"皇王帝霸"（皇帝王霸）之说，以阐发为君之道的形式出现，作为帝王政治的御臣御民之术而被注意。这与北宋中期邵雍《皇极经世书》、南宋初期胡宏《皇王大纪》颇不相同。相对而言，后二者所反映的基本上是宋儒的古史观念——尽管其中"述皇王帝霸之事，以明大中至正之道"❸，也寄寓着时人的思想理念，而非单纯的学术史研究。

---

❶《长编》卷八四。
❷《山堂群书考索》卷十七《正臣论》、《皇王帝霸四论》。
❸《直斋书录解题》卷一《皇极经世十二卷》。

（二）"比隆汉唐"与"称说三代"

北宋前期的士大夫们，一方面称说三代，一方面又希望比隆汉唐。如果从时段上作一粗略区分，早期（太祖、太宗朝至真宗前期）士大夫们开国致治的理想目标似乎相对"务实"，应该说，主要是希望"比隆汉唐"。这从咸平（998—1003）年间朱台符、谢泌、孙何、田锡等人的奏疏中可以明显地看出 ❶。年轻的夏竦曾对真宗表白志向，说要"与汉唐诸儒方辔并驰而较其先后"，皇帝颇为嘉勉 ❷。汉唐盛世，是时人心目中辉煌的时代，在北宋境域、国势难与"比隆"的情况下，追慕汉唐更凝积为一种挥之不去的情结。

唐代三百年对于宋人来说，从来不是纯粹学术研究的对象。面对逐渐远去的唐代历史，他们的心情应该说十分复杂，这从他们征引的"汉唐故事"中能够清楚地看出。朝臣们一方面时常援引唐代史事作为本朝榜样；另一方面，李唐的历史教训，又被新崛起的儒家代表人物们视为当代史的前车之鉴。为达到"明治乱之本，谨戒劝之道"的目的 ❸，宋人常将唐代的治乱视为本朝设范立制的参照 ❹。

南宋大儒朱熹曾经与其学生回顾宋初以来的情形，说是"国初人便已崇礼义，尊经术，欲复二帝三代，已自胜如唐人" ❺。从钦慕"汉唐"到称颂"三代"，自一个侧面反映着当时士大夫的认

---

❶ 《长编》卷四四，咸平二年三月末、四月末；卷四五，八月辛亥；卷四六，咸平三年三月末。

❷ 《东都事略》卷五四《夏竦传》。

❸ 孙甫《〈唐史论断〉序》。

❹ 参见本书第一章第三节中"宋人对于李唐史事的反思"。

❺ 《朱子语类》卷一二九《本朝三·自国初至熙宁人物》。

识变化，但这并非一种直线式的相互替代过程。就北宋前期来看，作为士大夫话语体系中的两个历史范畴，"三代"与"汉唐"并非截然对立、互不相容；论理念则谈三代，讲故事则引汉唐，这在当时颇为常见。大体上，这也就是夏竦所说："国家鉴三代典章，采汉唐故事，文质彬彬，不远中道。"❶即便是在北宋中期以后，宋廷仍然注意汉唐故事的借鉴功用 ❷。

在《文中子》一诗中，石介曾经批评"可惜唐家三百载，声明文物愧宗周"❸。这一方面让人们想到邵雍的话："五帝之时似日中，声明文物正融融"❹；另一方面也不禁想起元代史臣写在《宋史·太祖本纪》后面的赞语：

> 三代而降，考论声明文物之治，道德仁义之风，宋于汉、唐，盖无让焉。❺

所谓"声明文物"，实际上是指以尧舜三代为仿效之楷模的教化文明与典章制度。比拟汉唐乃至超越汉唐，进而效法尧舜三代，逐渐成为士大夫们普遍的想法。而注重内政、注重自我道德文化修养的倾向，也使得朝代间的比较往往被限定于特殊的讨论范围之中，遂使得"比拟""超越""效法""追风"成为可能。

效行三代，是代代儒者共同的愿望。脱身于动乱不久的北宋前期士人，将"圣人之道"与"当世之务"和家国秩序联系在一

---

❶ 《文庄集》卷十三《慎爵禄》。

❷ 例如元祐八年，宋廷令讲读官"将汉唐正史内可以进读事迹进呈"，见《长编》卷四八四，该年七月乙酉条记事。其后此类事例亦多。

❸ 《徂徕集》卷四《文中子二首》。

❹ 《伊川击壤集》卷十三"五帝"。

❺ 《宋史》卷三《太祖本纪三》。

起，实践着不懈的追求。早在太宗统治前期，宋人就已经有"国家兴儒，追风三代"的说法❶；"以讲习为业"、自称"退士"的种放，著《嗣禹说》等诸篇，"人颇称之"❷。真宗时，"以尽规献替为己任"的田锡，采经史要切之言进上，"所冀圣德日新，与尧、舜、禹、汤、文、武比隆"❸。至仁宗朝，更有如石介、李觏等一般人物，志在恢复圣人之道，行先王之法、三代之制❹。"貌厚而气完，学笃而志大"的石介，"所谓尧、舜、禹、汤、文、武、周公、孔子、孟轲、扬雄、韩愈氏者，未尝一日不诵于口，思与天下之士皆为周、孔之徒，以致其君为尧舜之君，民为尧舜之民，亦未尝一日少忘于心。"❺"经明行修，道德沉纯"的李觏，"用则任公卿，尸教化；而不用，（则）以夫子之道教授学者"。他曾经说："三代王而粹，汉唐王而驳者也"❻；其门人"得尧、舜、禹、汤、文、武、周公、孔子之事甚详"❼，意在拯振斯文，兴衰救敝❽。这正如余英时先生所说，"欲复二帝三代"的意态，大盛于仁宗之世❾。

当时这些士人之所以"夙夜讨论文、武、周公、孔子之遗文旧制"，目标十分明确，即在于"明乎当世之务"❿。所谓追复三代，实际上反映着他们心目中超越汉唐、兴复"大道"的两方面政治理

---

❶ 《宋史》卷二九六《梁颢传》。

❷ 《宋史》卷四五七《种放传》。

❸ 《上真宗进经史子集要语》，见《宋朝诸臣奏议》卷六《君道门·帝学中》。

❹ 《徂徕集》卷五《杂著五篇·明禁》。

❺ 《欧阳修全集·居士集》卷三四《徂徕石先生墓志铭》。

❻ 《李觏集》卷三四《常语（下）》。

❼ 《李觏集·外集》卷三《门人陈次公撰先生墓志铭》。

❽ 祖无择：《直讲李先生文集序》，见《李觏集》卷首。

❾ 余英时先生曾系统分析宋代儒学领袖人物们"回向三代"的政治理想，见《朱熹的历史世界——宋代士大夫政治文化的研究》，页184—198。

❿ 《直讲李先生文集序》。

念 **❶**：一、建立"君君臣臣父父子子"名分井然的理想社会政治秩序；二、为保证理想秩序的建立，必须"致其君为尧舜之君"**❷**。这两方面理念就其内在关系而言，显然是并行不悖、相辅相成的。宋儒对于三代的追慕，不是简单地希望恢复三代之制，而是以承认历史变迁为前提，试图恢复三代的气度与精神 **❸**；"追复三代"的理念在当时所起的作用，主要的并不体现于具体制度的仿效回归，而表现为特定条件下对于君主政体的权力目标所做的思考与反省 **❹**。如研究者所指出，宋代专制君权与忠君观念皆处在逐渐强化的过程之中，与此同时，限制君权的制衡程序同样在增强，这两种趋势构成为一种"张力"**❺**；而出现于这一背景之下的张力，无疑正是由士大夫与君主双方各自的努力所共同塑就。

（三）从"奉行圣旨"到"共治天下"

北宋的士大夫，从精神状态唯唯诺诺，到元气的振起与整合，其作为政治主体的发育，经历过漫长波折的过程。论者经常引用文彦博所说"与士大夫治天下"之语，作为标志性的言论，认为

---

❶ 柳开、田锡等人对于"大道"有许多阐论，兹不一一。

❷ 《四书章句集注·孟子集注》卷八《离娄章句下》"孟子告齐宣王曰：'君之视臣如手足，则臣视君如腹心；君之视臣如犬马，则臣视君如国人；君之视臣如土芥，则臣视君如寇雠'"句后，朱熹引杨氏语曰："君臣以义合者也。故孟子为齐王深言报施之道，使知为君者不可以不以礼遇其臣耳。若君子之自处，则岂处其薄乎？孟子曰：'王庶几改之，予日望之。'君子之言盖如此。"这段注文也反映出宋儒对于君臣互动关系之理解。

❸ 参见汪晖：《天理之成立》，《中国学术》第三辑，页33，商务印书馆，2000年。

❹ 宋人承认，"我朝有唐虞三代之治体、制度，而无汉唐之国势"（《宋大事记讲义》卷一《序论·国势论》）；或许正因为如此，他们希望另寻出路，以求长治久安，尤其强调"本朝之治，与三代同风，此祖宗家法也"（《宋史》卷三九六《史浩传》）。

❺ 参见姚大力：《论蒙元王朝的皇权》，《学术集林》卷十五，页282—341，上海远东出版社，1999年；张帆：《论蒙元王朝的家天下政治特征》，《北大史学》第八期，页50—75，北京大学出版社，2001年。

这反映出士大夫政治的成熟程度；也有学者视之为"理解宋代官僚政治体制的一把钥匙"，认为该说法"一语道破了北宋政治的奥秘"❶。总起来讲，这些论断很有道理，但若不联系到当时的具体背景来认识，仍可能失之于泛泛。

今天所见这段话的原始记载，来自李焘的《续资治通鉴长编》❷。熙宁四年（1071 年）三月初三日，本是朝廷上巳假日，因内外诸事而忧心忡忡的宋神宗，召集两府执政官员议论用兵、交子、保甲等事，参加者有宰相王安石、枢密使文彦博以及参知政事冯京和枢密副使吴充等人。讨论很快切入到朝廷近些年来的"更张"问题，并且发生了激烈的争执。

文彦博首先说：

> 朝廷施为，务合人心，以静重为先。凡事当兼采众论，不宜有所偏听。陛下即位以来，励精求治，而人情未安，盖更张之过也。祖宗以来法制，未必皆不可行，但有废坠不举之处耳。

神宗问道：

> 三代圣王之法，固亦有弊，国家承平百年，安得不小有更张？

王安石也紧接着说：

---

❶ 参见张其凡：《"皇帝与士大夫共治天下"试析——北宋政治架构探微》，《暨南学报》2001 年 6 期，页 114—123；程民生：《论宋代士大夫政治对皇权的限制》，《河南大学学报》1999 年 3 期，页 56—64。

❷ 《长编》卷二二一，熙宁四年三月戊子条。

> 朝廷但求民害者去之，有何不可？万事颓堕如西晋之风，
> 兹益乱也。

内心倾向于文彦博的吴充，了解皇帝心思，希望将气氛缓和下来，
以便有所转圜：

> 朝廷举事，每欲便民，而州县奉行之吏多不能体陛下意，
> 或成劳扰。至于救弊，亦宜以渐。

听到将"朝廷"与"州县奉行之吏"区别开来的说法，神宗颔首表
示同意。这时，文彦博点明了他与冯、吴等人意见的关键之处：

> 祖宗法制具在，不须更张以失人心。

神宗追问：

> 更张法制，于士大夫诚多不悦，然于百姓何所不便？

文彦博答道：

> 为与士大夫治天下，非与百姓治天下也。

神宗颇有几分不悦：

> 士大夫岂尽以更张为非，亦自有以为当更张者。

416

王安石进而驳斥文彦博"法制俱在"之说曰：

> 法制俱在，则财用宜足，中国宜强。今皆不然，未可谓之
> 法制俱在也。

文彦博说：

> （施行法制的关键在于）务要人推行尔。

王安石则指出：

> 若务要人推行，则须搜举材者，而纠罢软偷惰、不奉法令
> 之人除去之。如此，则人心岂能无不悦？……

　　这番对话虽然尚称不上剑拔弩张，但论战气息相当之浓。尽管
可以想象，当时论辩双方的情绪或许不容文彦博字斟句酌，但他
"为与士大夫治天下"的说法显然并非一时激动的产物，而是"脱
口而出，视若当然"❶。因此值得对其进行分析。

　　首先值得一提的是文彦博其人。身为数朝元老的文彦博，素以
老成持重著称，而又善于处变。至和三年（1056年）正月，仁宗
在殿堂之上突然犯病，时任宰相的文彦博沉稳果决，为防范意外，
与同列刘沆、富弼商议，力主留宿殿庐；当内侍史志聪以"无故
事"为由反对时，文彦博断然驳斥道："此岂论故事时邪？"❷若就

---

❶ 借用余英时先生语，见《朱熹的历史世界——宋代士大夫政治文化的研究》上册，
　 页222。
❷《宋史》卷三一三《文彦博传》。

文彦博一贯的治国思想而言，正如他本人曾对仁宗说过的，"臣以为方今之务，正在谨守祖宗之成法"❶。在非常时刻"岂论故事"的说法、做法，受到宋人的充分肯定，而不被认为有违"谨守祖宗成法"的原则。防患于万一，这正合于祖宗之法"事为之防，曲为之制"的基本精神。同时，我们也看到，"祖宗故事"总是服从于现实政治的抉择。这些号称"动遵故事"的北宋重臣，其实都是有条件地遵行故事❷。像文彦博这样的人，对于赵宋国家的政治体制，可说是有着深刻的观察与理解。

对于文彦博"为与士大夫治天下，非与百姓治天下"之说，以往有两种侧重点不同的理解：

其一，这一说法所表明的，是"士大夫"与"百姓"之间存在着利益的区别。

在《文献通考》卷十二《职役考一》引述"彦博曰：'为与士大夫治天下，非与百姓治天下也'"句下，马端临有一段按语，说：

> 潞公此论失之。盖介甫之行新法，其意勇于任怨而不为毁誉所动。然役法之行，坊郭品官之家尽令输钱，坊场酒税之入尽归助役；故士夫豪右不能无怨，而实则农民之利。此神宗所以有"于百姓何所不便"之说。而潞公此语与东坡所谓"凋敝太甚，厨传萧然"云者，皆介甫所指以为流俗干誉不足恤者。是岂足以绳其偏而救其弊乎？

❶ 《文潞公文集》卷九《进无为而治论》。
❷ 南宋时，杨万里在《宋故太保大观文左丞相魏国公赠太师谥文忠京公墓志铭》中，也提到京镗曾经抵制宁宗除授宦官为节度的旨意，说："祖宗故事，遵用有可有不可。"见《诚斋集》卷一二三。

显然，在马端临看来，上述讨论反映着"士夫豪右"与"农民"的利益冲突。

作为这一看法的佐证，"与士大夫治天下"一说中的"与"字，可能有另外一解：作介词，读若"为"、"给"。例如元祐中范纯仁劝谏高太后说："今日举动，宜与将来为法式。"❶"与"字的这种用法，在当时并非仅有。也就是说，文彦博的本意，可能不是强调"同"士大夫共治天下，而是指"为"士大夫治理天下；亦即朝廷政策设施的根本目的，应该首先是为士大夫（而非百姓）利益着想的。这种理解，恰与马端临的批评相合。

吴晗先生在其批评独裁政治的《论皇权》一文中，针对前引谈话说：

> 尽管双方对于如何巩固皇权——即保守的继承传统制度或改革的采用新政策——的方案有所歧异，但是，对于皇权是与士大夫治天下，皇权所代表的是士大夫的利益，绝非百姓的利益，这一基本的看法是完全一致的。❷

这段话的着重点，无疑也是强调士大夫与百姓间的利益对立；强调皇权代表士大夫利益，为士大夫治天下。这一方面凸现了士大夫与百姓间阶级利益的对立；另一方面，又把皇权与士大夫合为一体，表示"天下"不仅属于帝王，也是属于士大夫的。

其二，即研究者通常的理解：文彦博此语是指与士大夫"共治"天下：与士大夫共同治理天下，通过士大夫治理天下。

---

❶ 参见《宋史》卷三一四《范纯仁传》；《长编》卷四二七，元祐四年五月丙戌条。
❷ 吴晗、费孝通等著：《皇权与绅权》，页42。

余英时先生在《朱熹的历史世界——宋代士大夫政治文化的研究》一书中，指出此处"士大夫"一词的含义很狭，特指负责全国政事的官员，包括朝廷及各级地方政府。用现在流行的概念说，这一特别用法的"士大夫"相当于官僚系统的成员或治国精英；他们由科举取得治天下的资格，但从社会背景说他们则来自"百姓"中的各阶层。正因为如此，余先生认为，不能误将神宗（与文彦博）口中的"士大夫"和"百姓"看作两个对立的社会阶级 ❶。

我们看到，"与士大夫治天下"的说法，是文彦博对神宗"于士大夫诚多不悦，然于百姓何所不便"一语的回答。只言片语中，实际上涉及皇帝、官僚士大夫和百姓这三种不同的社会力量，呈现出文彦博对于当时的权力运作（"治天下"）方式的理解。从北宋的社会背景来看，"士大夫"们诚然是出自"百姓"，但联系到神宗对于两类人群不同反应的概括，联系到文彦博脱口而出的"为与"和"非与"之对举，我们又不能不注意到，在这对君臣心目中，显然是将"士大夫"视为特殊于"百姓"、不同于"百姓"的社会集团的；他们都意识到，由法制更张带来的"不便"、导致的"不悦"，主要来自身处官僚系统之中、担负着"治天下"责任的士大夫。

但在这君臣二人的对话中，又存在意思衔接上的"错位"。

文彦博所谓"失人心"，是指更张祖宗法制带来的不利，在神宗的逼问下，他事实上承认了"人心"是指士大夫之心。神宗"于百姓何所不便"的质问，应该说，是从"利益"角度出发的；而文彦博的回答，则避开了对于百姓是否有利这一话题，转而自士大夫"治天下"的立场、自官僚体系运作"不便"的角度去讲。这里的逻辑转换，在当时看来，也许很自然：对于王朝的长治久安具有实

---

❶ 见该书上册，页221。

际意义的，王朝的统治基础，与其说是老百姓，当然不如说是参预"治天下"的官僚以及行政网络。

文彦博的这一理解，显然为在场的君臣所认同。尽管殿廷上的争论针锋相对，但争议的对方——皇帝宋神宗与宰相王安石却并未就"与士大夫治天下"一说提出丝毫异议。可见这一说法基本上反映着当政者与士人们的共识，被皇帝和官僚普遍接受。理直气壮地以这一说法来对应皇帝的诘责，体现出士大夫群体在当时对于自身地位的充分认识与自信。在宋代，这句话并未激起强烈反响，既没有引惹争议对立，又没有引发来自士大夫的感慨赞叹与阐扬。这正说明，文彦博这一表述，并非登高一呼的号召或先见的发明，而不过是指出了当时久已存在的"共治"现实。

在其应对之际，文彦博是将"与士大夫治天下"当作自然前提的，他的理直气壮，都建立在这一基础之上。有意思的是，情急之下，他本人所强调的，并不是君主与士大夫立场的一致（"共治"），而是士大夫与百姓在"治天下"机制中的位置区别。而在后人阐发时，却往往有意无意地忽略了这后一层含义。

这种"忽略"，或许有其原因。帝制社会中，作为国家机器运转操作者的士大夫，与普通百姓根本性的位置区别与利益对立，本来显而易见，却正因为如此而导致习焉不察；政治史的研究者，大多注意政坛主导者的行为与政治决策的具体形成过程，讨论的往往是士大夫与帝王的互动关系。正是在这种思考背景下，"与士大夫治天下"一说，从其谈论氛围中被凸拔出来，受到了特别的注意，生发出特定的解释。

说到"共治天下"，难免联想到中国古代历史上的君臣"共天下"。

东晋时，有所谓"王与马，共天下"之说。该说法所反映的社会现实是，琅琊王氏诸兄弟与东晋皇室在特定的历史条件下结成密切关系，开启了东晋百年门阀政治的格局。所谓"共天下"，既是共治天下，也是共有天下。这种说法，在谛当地概括了当时政治局面的同时，背后似乎也透露出时人对于这种非正常局面的讶异感觉。毕竟，在中国古代久已形成皇权政治的传统；相形之下，王与马（包括其后庾与马、桓与马、谢与马）"共天下"的局面，尽管在当时为稳定政局所必需，却终究是非常态的、潜含着多重内在冲突的门阀政治格局。而门阀政治，正如田余庆先生所指出的，"质言之，是指士族与皇权的共治，是一种在特定条件下出现的皇权政治的变态"❶。

在北宋中期专制皇权的历史条件下，文彦博"与士大夫治天下"的说法，并不意味着君臣"共有天下"，不是对于国家权力利益共同平等的分享，而是君臣"共治天下"。在中国古代的帝制社会中，权力结构始终有其层次，这使得"共治"不仅有必要，也有可能。

从君臣共治的角度来看，类似说法并非始见于北宋中期。仅举数例为证：

元康二年（前64年）正月，汉宣帝即曾在其"赦天下"的诏书中表示，要"与士大夫厉精更始"❷。在《汉书·循吏传》所引宣帝那段名言中，也明确地提到："庶民所以安其田里亡叹息仇恨之心者，政平讼理也。与我共此者，其唯良二千石乎！"

《隋书·炀帝纪》录有大业三年（607年）诏书，称"天下之重，非独治所安；帝王之功，岂一士之略。自古明君哲后，立政经邦，何尝不选贤与能"，"冀与群才共康庶绩"。《帝范·建亲》中记载着唐太宗的说法："夫六合旷道，大宝重任。旷道不可以偏治，

---

❶ 参见田余庆：《东晋门阀政治》"释'王与马共天下'"，页1—27。
❷ 《汉书》卷八《宣帝纪》。

故与人共治之；重任不可以独居，故与人共守之。"唐贞观（627—649）年间，太宗曾经对其官僚们声明："朕与公辈共理天下"❶。北宋初年，太祖谈到设科取士目的时说，"本欲得贤以共治天下"❷。太宗即位后，也对臣僚表示："天下广大，卿等与朕共理。"❸

北宋前期的士大夫，也常有"共治"的说法。例如张咏《昇州到任谢表》中称真宗"选能为共治之资"❹，这显然是指受命出守。杨亿《代三司刘密学谢表》中说"尝出司于漕挽，亦共治于方州"❺；夏竦《议选调》中讲"国家膺天成命，司牧元元，分命庶官，共治天下"❻；宋祁《上两地谢赴阙启》自称"恩被典州，责深共治"❼；如此等等，不胜枚举，基本上都是自这一意义上推演出来。

然而，从汉唐到宋初，所谓"共治"、"共理"，无论自帝王口中居高临下地说出，或是在官员著述奏疏中谨慎地表达，都不是强调士大夫作为决策施政的主体力量，而多是指通过士大夫、藉助于士大夫的人手、能力来治理天下，亦即原则上将士大夫的作用定位为听命于帝王、替帝王治理天下的工具。宋太宗与其臣僚的一番对话正反映出这种情形。

淳化五年（994 年）五月，太宗对近臣们谈及自己"于政事靡敢怠惰"，宰相吕蒙正随即答道：

中书、枢密院，自来难处之地。唐末帝王专委臣下，致多

❶ 《历代名臣奏议》卷二七《治道》。
❷ 《陈亮集》增订本附录：李幼武《陈亮言行录》。
❸ 《长编》卷二六，雍熙二年十二月。
❹ 《乖崖集》卷九。
❺ 《武夷新集》卷十四。
❻ 《文庄集》卷十三。
❼ 《景文集》卷五五。

阙失，兼家族罕有保全。今陛下躬决万几，臣下止于奉行圣
旨。臣尝与同列等言，实知荣幸。

于是臣僚们"再拜三呼万岁"❶。吕蒙正及其"同列"的这番表示，
不应被简单地理解为阿谀逢迎之词。将唐末政局阙失的原因归结
为"帝王专委臣下"，令人联想到赵普有关"君弱臣强"的总结。
赵宋之初致力于扭转的，正是这种局面。就吕蒙正个人而言，据
说是"遇事敢言。每论时政，有未允者，必固称不可"❷，似非一
味唯唯诺诺之人。赵宋开国之后通过科举陆续选拔出来的这一辈
"天子门生"，从与君主的关系来说，已经与开国时的宰相范质等
人不同；但即便贵为宰相，"止于奉行圣旨"仍然是他们参预"共
理"的基本方式。

当年身为"两朝名相"的范质，深感"执政之地，生杀舒惨
所系，苟不能蚤夜兢畏，悉心精虑，败事覆餗，忧患毕至。加之
道有枉直，时有夷险，居其位者，今古为难"❸。不仅名节有亏的
鲁公有此感慨，即便是赵宋帝王一手拔擢任用的宰执重臣，亦未
脱出这一"共理"框架。赵普向太祖进谏并且执奏的故事，早为
人所熟知；吕蒙正的亢直，也受到同僚之称许。但当时国家政治
的主导权力无疑把握于帝王手中，朝政的走势很大程度上取决于
君主个人的好恶，实际上缺乏限制君主行为的合理方式与可行手
段。当我们读到太宗时期的种种记载时，会清晰地感到这位号称
"右文"的皇帝对于俯首听命的文臣们的揣度与不屑。对于陈恕峭

---

❶ 《长编》卷三六，淳化五年五月戊寅条。
❷ 《宋史》卷二六五《吕蒙正传》。
❸ 《涑水记闻》附录一《辑佚》，页 332。

424

直的"诮让"❶，对于赵昌言握兵入蜀的疑忌，对于罢任后的吕蒙正、刘昌言的轻蔑猜测，处处显示出太宗本人的阴暗心理。注意到皇帝这种"轻鄙"态度的钱若水等人，也只能以"草章求解职"的方式来"全进退之道"❷。

这种状况，自 11 世纪前期开始，发生着深刻的转变。转变的主要表征，从北宋士大夫的角度来看，或许是"共治"的重心从被命执行发展到参政议政，参政议政者的身份从帝王眼中的智囊谋士变化为朝廷命臣。这一过程背后的牵动力量，一是赵宋统治者所倚重的文官队伍，成分逐渐发生了结构性变化，其价值追求、其崇奉的理念，也较前此有了明显的不同，在"尊王"的同时，他们亦以天下自任；二是在"长治久安"的沉重压力下，伴随着各项制度的逐渐定型，帝王与士大夫群体"共治天下"的方式亦有所改变。

真宗时期，这种变化的趋向已经显露端倪：不仅英迈锋锐的寇準在关键时刻能够挺身而出，决断大事；即便是"居位慎密"而"动遵条制"的宰相李沆、王旦等人，亦能"识大体"而敢负责❸。这一趋势在仁宗朝有明显的发展，臣下勇当天下事的作风，受到士大夫"公议"的赞许："慷慨立朝，有犯无隐，天下谓之至直"；当"却戎狄，保宗社"之际，"左右天子，如山不动"的行为方式，此时亦受到充分肯定，乃至"天下谓之大忠"❹。较之于吕蒙正等人当年"陛下躬决万几，臣下止于奉行圣旨"的说法、做法，此时的治国理念及运作模式显然都有变化。

---

❶ 《王文正笔录》。

❷ 《杨文公谈苑》"钱若水全进退之道"；《长编》卷四一，至道三年六月。

❸ 《宋史》卷二八二《李沆传》、《王旦传》。

❹ 范仲淹《范文正公集》卷五《杨文公写真赞》；所指之事参见《长编》卷五八，景德元年十二月戊戌条。

仁宗朝是宋代士大夫政治发展史上的关键时期。在这一时期中，一方面，"以天下为己任"不仅是士大夫理念的号召，也成为其先进者践履的信条；"人臣以公正为忠"❶、"以道事君"、"从义而不从君"的观念，在这一时期中真正长养起来。士大夫对于自身的定位较前积极，也在更为广泛的意义上、更加理直气壮地讨论与君主"共治天下"的话题。天圣三年（1025年）四月，时为大理寺丞的范仲淹诣阁门进《奏上时务书》，其中说道："自古帝王与佞臣治天下，天下必乱；与忠臣治天下，天下必安。"❷这里尽管有着突出的道德判别，不似文彦博就士大夫整体而言，但所说的"与忠臣治天下"，显然不是指被命出守、分符而治，而是就天下国家之整体立论。士大夫与君主"共治"理念的发展，成为这一时期政治文化的显著特性；"共治"格局导引着北宋的基本政治走势，并由此而生发出国家政治制度的一系列运转规程。

　　杨时在言及"特旨及御笔行遣事"时曾说：

　　　　仁宗时，或劝云陛下当收揽权柄，勿令人臣弄威福。仁宗曰："如何收揽权柄？"或曰："凡事须当自中出，则福威归陛下矣。"仁宗曰："此固是，然措置天下事，正不欲自朕出。若自朕出，皆是则可；如有不是，难于更改，不如付之公议，令宰相行之。行之而天下以为不便，则台谏得言其失，于是改之为易矣。"❸

---

❶ 《东都事略》卷九六《李清臣传》。

❷ 《范文正公集》卷七。可参见皇祐五年（1053年）七月蔡襄在代皇帝拟制的《戒励臣僚奏荐敕》中"朕制临天下，思与贤材而共治之"的说法，见《端明集》卷一○；《宋大诏令集》卷一六六所载是诏，文字略有不同。

❸ 杨时：《龟山集》卷十二《语录三》。

426

仁宗对于"自揽权柄"与外朝"公议"乃至"天下"之间可能存在的矛盾之清醒认识，反映出他身为帝王对于"共治"原则的肯定，以及对于"共治"方式的理性思考。

将近一个半世纪后的这段记载，或许不十分准确；但仁宗朝抵制"内降"的政治实践的确是屡见不鲜。这显然在历经政局动荡之后的南宋士大夫中引起了积极的反响：陈亮称之为"祖宗上下相维之法"；而作《大事记讲义》的吕中更称"此言真为万世法"❶。

北宋王朝自开创向守成转型的时期，皇帝和参预决策的士大夫们都感受到沉重的压力。在这种情形下，遵循"祖宗法度"，提供着一条被共同接受的出路，希望以此防范过失，对国家政治运作行使有效的制约。经过真宗后期至仁宗初年的酝酿，出现了效行"祖宗之法"的正式提法。

"祖宗之法"（"祖宗法"、"祖宗家法"）一经在朝廷正式提出，其双刃剑的性质即迅速显露出来。一方面参预塑就"祖宗之法"的士大夫们在政坛上稳固了自己的位置，寻得了利便的精神武器；另方面本是精英共同杰作的"祖宗之法"，却又转而束缚了相当一批精英人物的头脑。

---

❶ 《类编皇朝大事记讲义》卷二二《徽宗皇帝·小人创御笔之令》。

第 6 章

概览："祖宗之法"对于
两宋政治的影响
——北宋中期到南宋后期

　　明清之际的思想家王夫之在其《宋论》中，比较了西汉初年、唐代初年及北宋初年的统治状况，他说：

　　　　三代以下称治者三：文景之治，再传而止；贞观之治，及子而乱；宋自建隆息五季之凶危，登民于衽席，迨熙宁而后，法以敝，民以不康。由此言之，宋其裕矣。

他继而提出了宋代"称治"的原因：

　　　　夫非其子孙之克绍、多士之赞襄也。即其子孙之令，抑家法为之檠括；即其多士之忠，抑其政教为之熏陶也。呜呼，自汉光武以外，爰求令德，非宋太祖其谁为迥出者乎？❶

王夫之认为，其原因在于"家法为之檠括"、"政教为之熏陶"。这就点到了赵宋"家法"之意义。

---

❶《宋论》卷一《太祖一五》。

一　"法祖宗"与"不足法"：
北宋中后期的朝政风波

　　对于两宋时期的各个历史阶段，几乎都已经有了丰富专门的研究。笔者希望依循"祖宗之法"这一脉络，在既有研究的基础上，以相对简略的篇幅对于北宋中期以后的情形做一概观式的梳理。

（一）从"庆历新政"到"熙丰新法"❶

　　宋代较为开放的时代氛围，无疑鼓励了士大夫们参政议政的积极性，在一定程度上左右着时局与世风的趋向。这种局面的出现，一方面由于统治者政策上鼓励敞开言路，不罪言者；另一方面也是由于儒家文化传统的熏陶与济世精神的复振，使得士大夫们的批判意识、参预意识空前高涨，蔚为渗透于政治、思想、文化等各个层面的时代风气 ❷。仁宗中期，以范仲淹、欧阳修等为代表的一批士大夫，"每感激论天下事，奋不顾身，一时士大夫矫厉尚风节"❸。作为知识结构、能力结构比较全面的综合型人材 ❹，他

---

❶　学界对于北宋时期的变革运动，特别是对于熙丰年间推行新法的讨论已经很多（参见李华瑞：《王安石变法研究史》）。一般而言，"熙丰新法"与"王安石变法"的提法差异反映着研究者对于变法主持者的不同认识。本节仅围绕变革与"祖宗之法"的关系略作探讨，因涉及元丰期间的个别问题，姑贯通熙宁、元丰二时段，而以"熙丰新法"称之。

❷　参见陈植锷：《北宋文化史述论》，页 51—52。

❸　《宋史》卷三一四《范仲淹传》。

❹　王水照在其《宋代文学通论》中说，宋代士人的身份有个与唐代不同的特点，即大都是集文士、学者、官僚三位于一身的复合型人才，其知识结构比较淹博，格局宏大。见该书页 27。

们学术上"是非自相攻，去取在勇断"❶，政治上"开口揽时事，论议争煌煌"❷。他们以天下为胸怀，以"天道""公议"的旗帜，作为凝聚自身的号召、制约君主的力量。他们一方面自本朝的政治实践中汲取思想资源，一方面也积极建树当时社会所需要的理性价值体系❸。

庆历（1041—1048）初期，国家面临空前的内外压力，财政、吏治、军备问题及各类社会矛盾愈益突出，引起强烈关注。范仲淹、富弼、欧阳修等人抨击积弊，力倡新政。在日渐高涨的改革呼声中，庆历三年秋，范仲淹进《答手诏条陈十事》，指出"穷则变，变则通，通则久"；批评国家"纲纪制度日削月侵"，"不可不更张以救之"。他开宗明义地提出"端本澄源"的原则，即"约前代帝王之道，求今朝祖宗之烈"，"庶几法制有立，纲纪再振"❹。而这一奏章，即成为"庆历新政"的纲领性文件。

同年秋，新政的另一主持者、枢密副使富弼上章《乞编类三朝故典》，其中强调"法制既立，然后万事有经而治道可必也"。而他所说的"法制"，也是指祖宗之"成宪"；他认为，"守基图救祸乱之本"，即"振颓纲、除弊法"的可行办法，是搜讨三朝典故及诸司文字，分门类聚，编成一书，"置在两府，俾为模范"❺。

这些批评时政的士大夫，所揭举的改革旗帜，是弘扬祖宗创立的"纪纲"、"成宪"，是复振祖宗之法。他们的主张着眼于振兴法制，寄寓着对政治清明的憧憬；其中所传达的，不是因循保守的倾向，而是

---

❶ 《欧阳修全集·居士集》卷九《读书》。

❷ 《欧阳修全集·居士集》卷二《镇阳读书》。

❸ 参见漆侠：《范仲淹集团与庆历新政》，《历史研究》1992 年 3 期，页 126—140；陈植锷：《北宋文化史述论》第一章。

❹ 《范文正公政府奏议》卷上《答手诏条陈十事》。

❺ 《宋朝诸臣奏议》卷一二《君道门·法祖宗》。

对于现实政治的不满，以及要求整饬、要求有为的迫切愿望。

意识到"革弊于久安，非朝夕可能"，新政的倡行者们，在变革的启动阶段，是比较谨慎小心的。范仲淹、富弼、韩琦等人入朝之初，主要精力用于对付西北边患。庆历三年八月丁未，范仲淹被用为参知政事，富弼任枢密副使，二十天后，仁宗开天章阁，仍是问御边大略；其间再颁手诏催促：

> 今来用韩琦、范仲淹、富弼，皆是中外人望，不次拔擢。韩琦暂往陕西，范仲淹、富弼皆在两地，所宜尽心为国家，诸事建明不得顾避。兼章得象等同心忧国，足得商量。如有当世急务可以施行者，并须条列闻奏，副朕拔擢之意。❶

并于天章阁召对，赐坐，给笔札，使条陈当世急务于前。这样"迟回近及一月"，才有了范仲淹等人的奏陈。欧阳修将这种"迟回"解释为范仲淹等人的"避权"，庆历五年二月，他在新政黯淡退场时愤愤不平地上疏，论"小人欲害忠贤必指为朋党"，其中说及新政发动时的情形：

> 仲淹深练世事，必知凡事难遽更张，故其所陈，志在远大而多若迂缓，但欲渐而行之以久，冀皆有效。弼性虽锐，然亦不敢自出意见，但举祖宗故事，请陛下择而行之。❷

显然，在涉及根本性问题，涉及君臣关系的方面，范、富等人相当慎

---

❶ 《范文正公政府奏议》卷上《答手诏条陈十事》；《长编》卷一四三。
❷ 《宋朝诸臣奏议》卷七六《上仁宗论小人欲害忠贤必指为朋党》。

重。而这种时候，针对时政需要"举祖宗故事"，则成为可行的手段。

对于新政派而言，多层面的祖宗法具有多重的意义：不仅是新政派复振纲纪的楷模，也是他们主观上保护自己的屏障。庆历三年盗起淮南，高邮知军晁仲约度不能御，厚赂使去。事闻，富弼议诛之，范仲淹欲宥之。面对富弼"举法而多方沮之"的责备，范仲淹语意深长地"密告之曰"：

> 祖宗以来，未尝轻杀臣下，此盛德之事，奈何欲轻坏之！且吾与公在此，同僚之间，同心者有几？虽上意亦未知所定也。而轻导人主以诛戮臣下，他日手滑，虽吾辈亦未敢自保也。

此事后来令富弼感慨万端，以至于称"范六丈，圣人也"❶。

从现象上看，庆历新政的支持、反对双方并未就"祖宗之法"正面展开冲突；新政是由于触犯了部分官僚的既得利益，受到诬谤而失败的。李焘在《续资治通鉴长编》卷一五〇，庆历四年六月壬子条中记载道：

> 天子以仲淹士望所属……召还倚以为治。中外想望其功业，而仲淹亦感激眷遇，以天下为己任，遂与富弼日夜谋虑，兴致太平。然规模阔大，论者以为难行。及按察使多所举劾，人心不自安；任子恩薄，磨勘法密，侥幸者不便；于是谤毁浸盛，而朋党之论滋不可解。❷

---

❶《长编》卷一四五，庆历三年十一月辛巳条。
❷《长编》卷一五〇，庆历四年六月壬子条。

当时，被认为"深厚有容"的宰臣章得象❶，虽被委以与范仲淹等共同"经画当世急务"的重任，史称其"依违众议"❷，"无所建明"❸，事实上乐观新政之败，甚至在背后组织抨击；二府的执政贾昌朝、陈执中，御史中丞王拱辰等，都对新政持否定态度。监察御史刘元瑜、右正言钱明逸等，对于新政主持者的批评主要集中于两个方面：一是"多挟朋党""欺罔擅权"，二是"更张纲纪，纷扰国经"❹（例如考课法、任子法、磨勘法等）。而他们针对新政提出的主张，是"望酌祖宗旧规，别定可行之制"❺。

双方为论证自身意见的合理性，皆标榜"祖宗之法"以为依据，而他们所阐述、所宣扬的祖宗之法，关键迥然不同。一派力量要求更张变通，以期再振祖宗纲纪；另一派则强调成规旧制的稳定，反对纷纭生事。

赵宋的"祖宗之法"受到尊崇并且愈益在现实政治生活中发挥作用，是在仁宗时期。"祖宗之法"提法的出现，并不意味着在当时对其含义有着一致的认识；相反，正是由于这个提法一方面倾向鲜明、一方面内涵外延含混，因而使它更易于为当时的士大夫普遍接受并援引利用。透过表象的纷繁，我们看到，"祖宗之法"的出发点着眼于防范弊端，主要目标在于保证政治格局与社会秩序的稳定；它以"召和气"为念，希望庶政平和而警惕变更的代价。基于这一立意，它要求充分贯彻维系、制约的原则，允许一定限度内的调整与"革弊"，但戒惕抵斥强烈的冲击。范仲淹、杜衍、韩琦、

---

❶ 《宋史》卷三一一《章得象传》。
❷ 《宋宰辅编年录校补》卷五，庆历五年四月戊申条引《拜罢录》。
❸ 《长编》卷一五五，庆历五年四月戊申条。
❹ 《长编》卷一五四，庆历五年正月乙酉条。
❺ 《长编》卷一五四，庆历五年二月辛卯条。

富弼、欧阳修等人的相互扶持、和衷共济，他们敢为天下先的任事精神，他们对于政策法规的锐意更革，无不冲击着长期以来固守现状的循默政风，进而触动了帝王意识深处对于高级官僚中形成集团势力、对于朝野间掀起政治波澜的警惕。

仁宗朝，朝政以宽松开明著称，却又暴露出国家行政施为滞缓的问题。或许可以说，这种一体两面的特点，是北宋开国以来政策基调发展造就的结果。庆历新政的出现与夭折，正与此有关。由于其滞缓，当时士大夫"皆患法之不变"；由于其开明而"德泽深厚"，使这段时期成为后世士大夫心目中的"盛世"——甚至是"圣世"。

庆历之后，社会上仍然涌动着变革的思潮。陈亮曾经说"方庆历、嘉祐，世之名士常患法之不变"[1]。嘉祐四年（1059年）三月，翰林学士欧阳修针砭时弊，称：

> 国家自数十年来，士君子务以恭谨静慎为贤。及其弊也，循默苟且，颓惰宽弛，习成风俗，不以为非，至于百职不修，纪纲废坏。[2]

据马永卿《元城语录》，刘安世在讲到熙宁变法的初始原因时，曾经说：

> 天下之法未有无弊者。祖宗以来，以忠厚仁慈治天下，至于嘉祐末年，天下之事似乎舒缓，萎靡不振。当时士大夫亦自厌之，多有文字论列。

---

❶《陈亮集》卷十二《铨选资格》。
❷《欧阳修全集·奏议集》卷十五《论包拯除三司使上书》。

熙宁变法大约百年之后，朱熹亦曾批评"嘉祐间法可谓弊矣"❶，并且批评历代承袭之弊，

> 因及熙宁变法，曰："亦是当苟且废弛之余，欲振而起之，但变之不得其中尔。"❷

从这里可以看出，对于一味固守"祖宗之法"、不知变通而造成的"舒缓萎靡""苟且废弛"，比较清醒的士大夫们多是持批评态度的。

庆历改革未能成功，而范仲淹等人的所作所为，却深刻影响着宋代的士风；改革者议政的锐气，也带动起宋人的言事之风❸。前代王禹偁等"才虽无闻，谏则有素"的先驱精神❹，至此得到光大。范仲淹等"儒者报国，以言为先"的鲜明立场❺，进言者以道自任与坦率无忌的态度，揭开了宋代历史上富于生气的篇章。这正如陈傅良所说：

> 宋兴七十余载，百度修矣。论卑气弱，儒士犹病之。及乎庆历，始以通经学古为高，救时行道为贤，犯颜纳说为忠。呜呼盛矣！❻

英宗以宗室而继统，即位初期，郑獬曾经进言说：

---

❶ 《朱子语类》卷一〇八《论治道》。
❷ 《朱子语类》卷一二八《本朝二·法制》。
❸ 对于庆历之后的仁宗朝政治，特别是其言事与政争的"吊诡"之处，刘静贞有敏锐的分析，见《皇帝和他们的权力：北宋前期》，页195—196。
❹ 《宋文鉴》卷四二《应诏言事》。
❺ 《范文正公集》卷十六《让观察使第一表》。
❻ 《止斋集》卷四三《策问十四首》。

> 陛下初临御，恭默不言，所与共政者七八大臣而已，焉能
> 尽天下之聪明哉？愿申诏中外，许令尽言，有可采录，召与之
> 对。至于臣下进见，访以得失，虚心求之，必能有益治道。

这段话的内容，实际上是建议皇帝与更多的士大夫"共政"。对于
这一意见，据说"帝嘉纳之"❶。尽管英宗"有性气，要改作"❷，但
在位期间短，只留下濮议一事在后人的议论之中。

自仁宗后期至神宗前期，忧患意识强烈的士大夫们竭力抨击苟
且姑息的官场作风，纷纷提出救世良方。即以具有代表性的司马
光、王安石二人为例：司马光在此期间的一系列议论中，反复强调
树立纪纲、整饬风俗的必要❸；而王安石在回答神宗"卿所施设以
何先"的问题时，答曰"变风俗，立法度，最方今之所急也"❹。二
人观察到的问题与希望达到的目标可以说相当接近。但是，他们用
以革弊的思路却大不相同。

神宗继英宗之后，"性气越紧，尤欲更新之"❺。熙宁年间，"新
法"大规模的迅疾推行，在朝野激起了强劲的政治冲击波。新法直
接的目标所指首先是国家的财政经济问题，之所以演化成为集中而
突出的政争，关键之一正是因为涉及了对于"祖宗之法"的更革，
从而引发出由此带来的一系列深层次问题。

王安石与司马光，无疑都是当时士大夫中一流的精英人物。今

---

❶ 《宋史》卷三二一《郑獬传》。

❷ 《朱子语类》卷一三〇《本朝四·自熙宁至靖康人物》。

❸ 参见《温公集》卷十八《进五规状》、卷二二《谨习疏》、卷四十《体要疏》；《资治通
鉴》卷一周威烈王二十三年、卷十一汉高帝七年、卷六八汉献帝建安二十四年"臣光
曰"等。

❹ 《宋史》卷三二七《王安石传》。

❺ 《朱子语类》卷一三〇。

天，当我们重读王安石、司马光等人的争议辩驳时，我们或许不肯再陷入他们固拗执持的立场；而与此同时，我们也观察到，正如司马光熙宁三年在《与王介甫书》中所说，他们一个是"方欲得位以行其道，泽天下之民"，另一个"方欲辞位以行其志，救天下之民"，"光与介甫趣向虽殊，大归则同"❶。在势如冰炭的不同立场、不同治世策略背后，却燃灼着共同的忧国忧民的炽诚精神，这使我们不能不为之感动。

早在嘉祐（1056—1063）年间，在被称作"万言书"的《上仁宗皇帝言事书》中，刚自江东提刑召还阙廷的王安石即尖锐地批评时政：

> 顾内则不能无以社稷为忧，外则不能无惧于夷狄。天下之财力日以困穷，而风俗日以衰坏。四方有志之士谔谔然常恐天下之久不安，此其故何也？患在不知法度故也。今朝廷法严令具、无所不有，而臣以谓"无法度"者，何哉？方今之法度多不合乎先王之政故也。❷

这里对于"无法度"的批评，使我们联想到范仲淹在其《答手诏条陈十事》中关于"纲纪制度日削月侵"的说法 ❸。但二者的不同之处在于：当年范仲淹与富弼等人澄本清流的共同思路是"约前代帝王之道，求今朝祖宗之烈"，而"采其可行者"；"今朝祖宗"之庙谟休烈，是其振举法度的重要思想资源。而王安石则以"先王之法

❶ 《温公集》卷六〇。
❷ 《临川集》卷三九；据同书卷四一《拟上殿札子》及《王文公文集》卷一《上皇帝万言书》校。
❸ 《范文正公政府奏议》卷上。

度"作为效法的目标，这虽然不是公开否定宋初以来的"祖宗法度"，至少也表露出强烈希望超越本朝习行故事的倾向 **❶**。

嘉祐六年八月，知谏院司马光曾向皇帝进呈"保业"、"惜时"、"远谋"、"重微"、"务实"《五规》 **❷**，他说：

> 伏以祖宗开业之艰难，国家致治之光美，难得而易失，不可以不慎。
>
> 天下重器也，得之至艰，守之至艰。……承祖宗光美之业，奄有四海，传祚万世，可不重哉！可不慎哉！……臣愿陛下夙兴夜寐兢兢业业，思祖宗之勤劳，致王业之不易，援古以鉴今，知太平之世难得而易失。

《五规》中篇篇渗透出与王安石一样"常恐天下之不久安"的忧思。具体说来，他认为：

> 夫安国家、利百姓，仁之实也；保基绪、传子孙，孝之实也；辨贵贱、立纲纪，礼之实也；和上下、亲远迩，乐之实也；决是非、明好恶，政之实也；诘奸邪、禁暴乱，刑之实也；察言行、试政事，求贤之实也；量材能、课功状，审官之实也；询安危、访治乱，纳谏之实也；选勇果、习战斗，治兵之实也。实之不存，虽文之盛美无益也。

而讲到"守邦之要道，当世之切务"，司马光的处方则是：

---

❶ 对于《万言书》的全面评述，参见邓广铭：《北宋政治改革家王安石》，页28—37；漆侠：《王安石变法（增订本）》，页85—89。

❷ 《温公集》卷十八《进五规状》。

继体之君谨守祖宗之成法。苟不隳之以逸欲，败之以谗谄，则世世相承，无有穷期。

仁宗晚年，王安石《上时政疏》，简明扼要地提出他对于"保守天下"的主张：

盖夫天下至大器也，非大明法度不足以维持，非众建贤才不足以保守。苟无至诚恻怛忧天下之心，则不能询考贤才，讲求法度。贤才不用，法度不修，偷假岁月，则幸或可以无他，旷日持久，则未尝不终于大乱。❶

同样要维持天下，同样要修举法度立纲纪，而"修明法度"与"众建贤才"的救弊思路，看上去也类似于时宰"选用才能，修立法度"的意向 ❷，类似于司马光等人执守纲纪的主张。在当时，其革弊兴利的具体办法似乎尚不明朗，而其"祖宗不足法"的激烈态度也尚未被人们注意。或许正因为如此，司马光等人曾一时充满期待：

向者与介甫议论朝廷事，数相违戾，未知介甫之察不察，然于光向慕之心未始变移也。窃见介甫独负天下大名三十余年，才高而学富，难进而易退，远近之士识与不识，咸谓介甫不起则已，起则太平可立致，生民咸被其泽矣。❸

神宗即位后，思虑"祖宗平天下，能百年无大变，粗致太平，

---

❶《临川集》卷三九。
❷《临川集》卷七四《上富相公书》。
❸《温公集》卷六〇《与王介甫书》。

以何道也？"熙宁元年（1068 年）四月，针对皇帝的发问，王安石上《本朝百年无事札子》，其中总结道：

> 赖非夷狄昌炽之时，又无尧汤水旱之变，故天下无事过于百年。虽曰人事，亦天助也。盖累圣相继，仰畏天，俯畏人，宽仁恭俭，忠恕诚悫，此其所以获天助也。

他指出前代帝王"虽俭约而民不富，虽忧勤而国不强"，批评

> 本朝累世因循末俗之弊……一切因任自然之理势，而精神之运有所不加，名实之间有所不察。❶

次年八月，司马光向神宗皇帝进《体要疏》，"披肝沥胆，以效区区之忠"，他再论"当今之切务"说：

> 臣闻为政有体，治事有要。……何谓为政有体？君为元首，臣为股肱，上下相维，内外相制，若网之有纲，丝之有纪。

奏疏中继而指出，"祖宗创业垂统，为后世法"，坚持执守其法，则可以统御内外，秩序上下，"此所谓纲纪者也"❷。司马光除弊致治的基本思路，还是要振举祖宗之法。

正如研究者早已注意到的，对于"祖宗之法"认识与态度的不同，决定了王安石与司马光救弊致治方略的重大分野。不过，力图

---

❶《临川集》卷四一。
❷《温公集》卷四〇。

突破祖宗法度束缚的王安石，对于祖宗之法中注重制衡、防患于未然的原则精神，实际上持有一定的认同态度。在嘉祐六年的奏疏《论舍人院条制》中，他就说过：

> 自古乱之所生，不必君臣为大恶，但无至诚恻怛求治之心，择利害不审，辨是非不早，以小失为无伤而不改，以小善为无补而不为，以阿谀顺己为悦而其说用，以直谏逆己为讳而其言废，积事之不当而失人心者众矣，乃所以为乱也。❶

但他心目中的防微杜渐，并不限止于关注"小失""小善"，其方式亦不满足于和缓的微调。在《上田正言书》中，王安石说：

> 本朝太祖武靖天下，真宗以文持之。今上接祖宗之成，兵不释鞴者盖数十年，近世无有也。所当设张之具，犹若阙然。❷

新法推行期间，熙宁五年六月，当神宗说到"王者之法如江河，使人易避难犯"，并且称赞仓法效果时，时为宰相的王安石回答道："今新法关防犹未尽"，继而具体指出了存在的问题 ❸。

注重"关防"，是赵宋祖宗之法的核心精神。王安石并非完全站在祖宗法度的对立方面，但他也从不将祖宗法度理想化。他所追求的，不是以恪守成法、因仍自然来维持统治的稳定，而希望通过"择利害"、"辨是非"，通过"询考贤才、讲求法度"的"大有为"措施，来达到强化中央力量、治弊防乱的目的。他倡行变

---

❶《王文公文集》卷三一。
❷《临川集》卷七六，据《王文公文集》卷二校。
❸《长编》卷二三三，熙宁五年五月乙巳条。

法的指导思想，即要根据"所遭之变"及"所遇之势"进行改易更革，以期解决"内则不能无以社稷为忧，外则不能无惧于夷狄"的严重问题 ❶。

以有为的、发展的观点看待祖宗之法，在这一层面上，较之于司马光、文彦博等人"祖宗之法不可变" ❷、"祖宗法未必皆不可行，但有偏而不举之弊尔" ❸、"祖宗法制具在，不须更张以失人心" ❹ 的主张，应该说，王安石的见识高出一筹。

熙宁新法颁行之后，朝中众多士大夫掀起了一波波要求恪守祖宗法度的声浪。而对于"祖宗法度"的理解与诠释，事实上互不相同。不仅各派主张之间并不相同，同一群体内部也不尽相同；双方也都会以祖宗故事作为防身的盾牌。这种复杂的状况，与"祖宗之法"本身的复杂性质相关。祖宗之法并非确切条文的集合，而是内容纷纭的组合；其主旨无疑是保守祖宗基业，而"保守"的途径，则主要是通过防范弊端。核心目标清楚而具体做法模糊的这样一套"祖宗法"，自然为时人留有足够的诠释空间；而祖宗的"故事"也很容易被不同政治人物引作强化个人立场的工具。

熙宁（1068—1077）年间王安石与韩琦之间的往来争辩即是一例。熙宁三年二月，时判大名府的韩琦针对青苗法进奏，反对兴利扰民。他举述"祖宗百年仁政"，建议仍"依常平旧法施行" ❺。王安石以"周公遗法"竭力解释，却终于难使神宗完全信服。五年后，韩琦建议倚阁（按指搁置、暂缓）预买绸绢，王

---

❶ 《临川集》卷三九《上仁宗皇帝言事书》。
❷ 《宋史》卷三三六《司马光传》。
❸ 《宋史》卷三一三《文彦博传》。
❹ 《长编》卷二二一，熙宁四年三月戊子条。
❺ 《宋文鉴》卷四四《论青苗》。

安石则不仅强调用度所需，而且对以"自祖宗以来未尝倚阁"❶，堵塞了商量的余地。

与预买绸绢事相关的还有另一情节：韩琦的进奏引起神宗不悦，王安石乘间说，韩琦任宰相期间再经大变，于朝廷可谓有功，陛下以礼遇之可也，而不必与之计议国事。或许是"再经大变"的说法引起了神宗的联想，他翻出一段旧账，说：

> "初亦不意琦用心如此。琦尝对使人云：'先帝臣所立，陛下先帝儿子，做得好，臣便面阔，做得不好，臣亦负惭愧。'"因称郭子仪事代宗以为忠顺。❷

这段引惹皇帝不快的往事，显现出老臣韩琦与神宗对于"尽忠"的不同理解。皇帝注意的是"忠顺"；而韩琦的寥寥数语，则把"臣"与"先帝"、"陛下"直接联系在一起，强调着彼此间的荣辱与共，令人感觉到他作为参预决定国家命运者之堂堂正正的责任感。《三朝名臣言行录》卷一"丞相魏国韩忠献王琦"条中，说到熙宁时期的韩琦：

> 公虽在外，然其心常系社稷。至身老而心益笃，虽病不忘国家。或有时闻更祖宗一法度，坏朝廷一纪纲，则泣血终日不食。

王安石与他出官之初这位上司的关系，一直为人所注意，"幕

---

❶《长编》卷二六三，熙宁八年闰四月己酉条。

❷《长编》卷二六三，熙宁八年闰四月己酉条。李焘在注文中埋下一段伏笔说："此段据王安石《日录》"，并且表示"今具载之，更俟考详"。

府少年今白发，伤心无路送灵辀"❶的句子，也有着不同的解读。无论二人的关系如何，他们对待祖宗政事的基本看法实际上很不相同：韩琦视祖宗法之重，令人心动；而王安石则比较持批评的倾向，但这并不影响他在论争之际引祖宗故事以为佐证。

应该说，在宋神宗的心目中，从来没有放弃对于"祖宗家法"的尊崇。他对于祖宗设范立制的深意，特别是维系制衡的原则，始终念念不忘。尽管元代史臣批评他的政策"卒致祖宗之良法美意，变坏几尽"❷，但就他的目标而言，是要通过自己的作为，振兴祖宗的基业。他和王安石，正是在"大有为"的诉求上声气相通的。而对于"祖宗之法"的基本态度，两人却颇不相同 ❸。

另外，值得指出的是，作为君主，神宗自有其希望能够"独裁"的一面。王安石主持政事多年，有"得君"之称，但他在致吕惠卿的私人信函中"勿令上知"一语，却犯下了人臣之大忌❹。变法以来，神宗虽曾明确表示不宜在朝中"异论相搅"，但他在最高人事安排方面却多兼用对于新法持有异议之人，明显地留有"异论"余地，这并非出于照顾旧臣的温情，而正是要防备被一派臣僚所蒙蔽包围。从这一角度来看，帝王与执政臣僚的着意之处大不相同。与王安石有隙的吕惠卿，不愧是政坛上有心计的人物，他向皇帝缴进的安石给他的私人手书，有效地离间了这对君臣的关系。信中"勿令上知"、"勿令齐年知"等说法，无疑使神宗忿懑而震惊。种种"勿令"本是官场常有之事，长年徜徉于行政系统的官员们自难避免，但这恰恰触动了赵宋祖宗以来对于防范壅蔽的深切警觉。

---

❶ 《临川集》卷三五《忠献韩公挽辞二首》之二。
❷ 《宋史》卷十六《神宗纪三》赞语。
❸ 参见邓广铭：《北宋政治改革家王安石》，页 252—254。
❹ 见《长编》卷二七八，熙宁九年十月丙午条。

面对着"先王法度"与"祖宗休烈",有些士大夫宁肯采取较为折衷的态度,将神宗的作为与两者同时挂起钩来。明显的一例是,元丰三年闰九月曾巩移知沧州,过阙上殿,上疏《乞兢兢寅畏以保祖宗基业》。奏疏中追述了太祖以来诸帝功业,既而说到神宗所进行的事业:

> 自晚周秦汉以来,世主不能独见于众人之表,其政所出,大抵踵袭卑近、因于世俗而已。于是慨然以上追唐虞三代荒绝之迹、修先王法度之政为其任。在己可谓有出于数千载之大志,变易因循,号令必信,使海内观听莫不奋起,群下遵职以后为羞,可谓有能行之效。今斟酌损益,革弊兴坏,制作法度之事,日以大备;非因陋就寡、拘牵常见之世所能及也。继一祖四宗之绪,推而大之,可谓至矣。❶

明明是不甘于"踵袭卑近、因于世俗"而"慨然以上追唐虞三代荒绝之迹,修先王法度之政",明明是从事于"斟酌损益,革弊兴坏,制作法度之事";作者明明对于皇帝能否"兢兢寅畏以保祖宗基业"怀有潜在的担忧,却一定要笔锋回旋,转而落实到本朝祖宗,称颂神宗是"继一祖四宗之绪,推而大之"。由曾巩的良苦用心,亦可推见当时继承祖宗法度的呼声之盛。

庆历新政与王安石变法,都是北宋历史上影响深远的改革运动。这两次变革,有着明显的类似之处:所针对的社会问题类似,主持者锐意变革的精神类似,未能真正达致根本目标的结局也算类似。二者亦有明显的不同之处:改革的纲领不同、重点不同,主

---

❶《宋朝诸臣奏议》卷十二《君道门·法祖宗》,原文系年有误。

动汲取的思想资源也不同。但给人印象最深的不同，是对于宋代历史的影响以及后世评价的不同——王安石变法对于宋代历史影响的深度及广度，非庆历新政所能比拟；它像宋代历史网络上的一个纽结，以致其后很长一段时间的历史从某种意义上可以称为"后王安石时代"❶。就其评价而言，庆历新政尽管失败了，却受到后世几乎一致的称扬；而对于王安石变法，则在近代以前，批评意见远远多于赞颂与支持 ❷。

这种类似与不同，给后人留下广阔的思考空间。

（二）从"更化"到"绍述"

如果不考虑其他因素，仅仅把目光投向宋廷对于"祖宗之法"的态度，似乎可以将宋哲宗亲政后的绍圣、元符时期与徽宗在位的四分之一个世纪联系起来。从表面上看，这两大段时期具有相当明显的继承性。它们从来不曾直接否定"本朝家法"，但都强调对于"先帝"即神宗之政的"绍述"，都将对于"家法"的继承具体解释为对于熙丰"新法"的奉行不辍。如果我们把恪守"祖宗之法"视为两宋三百年间演奏的主旋律，那么，这一时期弹拨的音调则多少有些离谱。

熙宁时期，尽管有对于"祖宗之法"的强烈冲击，但基本上是针对政策设施及具体法度，并未从根本上改变赵宋家法的性质。而徽宗以后的北宋晚期政治则大不相同：祖宗法度被君相臣僚们玩弄于股掌之上，已经很大程度上背离了"防弊兴治"的基本原则。熙宁新法在一定程度上打破了旧有的平衡，而新的平衡关系由于元祐

---

❶ 参见余英时：《朱熹的历史世界——宋代士大夫的政治文化》自序二，页9。

❷ 参见李华瑞：《王安石变法研究史》。

446

更化的翻覆、由于绍圣至崇观的波折动荡，而未能充分、有效地发展建立起来。

在熙丰（1068—1085）到崇观（1102—1110）之间，哲宗在位的十五年发生了关键性的转折。从"新法"到"更化"再到"绍述"，历史走过了一段重大的曲折。不幸的是，并没有真正像时臣所期待的那样，重现他们心目中往日的辉煌。

哲宗初年，是制度与政策趋向调整的关键时期。洛下时期的司马光，作为士论领袖，强烈反感于王安石的专愎，力主减少政府干预❶；而在他当权之后，废除新法如救焚拯溺，排斥众议，以政府力量竭力推动而惟恐不及。相比于王安石的"拗相公"之称，他也不免"司马牛"之讥❷。这使我们注意到"权位"的作用。人们有时会将某些政治家的主张"定格"于他们某一时期的看法上，认为那就是他们代表性的、一贯的立场。但在有些情况下，历史人物所处位置、职任高下的变化，往往会影响其具体态度与意见倾向，甚至导致其原有观点的"变形"。而身在权位者之权力意志越是遇到"异议"，遇到抵拒，越容易强化；某种程度的反作用正构成对于权力强度的刺激。这里存在的"时间差"、"地位差"，值得予以注意。

从司马光当政后的举措来看，他恢复祖宗法度的确不遗余力。但当年的政治家对于何谓"祖宗法度"，本来有着不同的理解。或许也是因为如此，"家法"坚定的主张者们，在"更化"的过程中，迅速呈现出不同的立场；在司马光去世后，甚至进一步分化为不同的派别。

元祐八年（1093 年）九月，实际执政多年的太皇太后高氏去

---

❶ 参见包弼德：《政府、社会和国家——关于司马光和王安石的政治观点》，田浩编《宋代思想史论》，页 111—183。

❷ 蔡絛：《铁围山丛谈》卷三。

世。高太后在世时，信用以司马光为代表的传统派官僚，在"以母改子"的说法之下，全面废罢了神宗时期所行新法。在士大夫圈子中，元祐虽有"小尧舜"之说，却也确切无疑地埋下了派别纷争的种子。皇帝赵煦成年后，与祖母高氏之间意见趋向的不和逐渐明朗。哲宗亲政，一时间"中外议论汹汹，人怀顾望，在位者畏惧，莫敢发言"❶。

时任翰林学士的范祖禹，首先抬出"祖宗家法"，试图说服刚刚亲政的皇帝，确立恪守祖宗大业的统治基调：

> 古人有言：创业非难，守成为难。盖危亡必起于治安，祸乱必生于逸豫也。今陛下承六圣之遗烈，守百三十四年之大业，当思天下者，祖宗之天下，不可一日而怠；人民者，祖宗之人民，不可须臾而忘；百官者，祖宗之百官，不可私非其人；府库者，祖宗之府库，不可用非其道。常自抑畏，儆饬圣心，一言一动如祖宗临之在上，质之在旁，则可以长享天下之奉而不失矣。❷

这类告诫，不仅出自范祖禹，也不仅出自此时，自少年哲宗登极后，吕公著、傅尧俞、丁隲、曾肇、吕大防等人就一直在讲。年轻的皇帝自认为已经听得够多，与他心中期冀的大有为之世全不相干，于是，"章累上，不报"❸。

当宰相吕大防被任命为山陵使，出京料理宣仁太后丧事时，他一向倚信、认为"助己""敢言"的杨畏，看准了当时的政治风向，

---

❶《宋史》卷三三七《范祖禹传》。
❷《历代名臣奏议》卷六九《法祖》。
❸《宋史》卷三三七《范祖禹传》。

上疏进言说：

> 神宗更法立制以垂万世，乞赐讲求，以成继述之道。❶

此话正中哲宗下怀。从此开始了"绍述"的进程。

元祐九年三月，御试进士，由中书侍郎李清臣起草的策题中表现出明显的"思述先志"的倾向。四月，哲宗接受曾布"请复先帝政事，且乞改元以顺天意"的建议 ❷，改元祐九年为绍圣元年，并下御札要求"布告多方，咸知朕意"；自此，"天下晓然知上意矣"❸。此后，绍述神宗之政即成为北宋后期朝廷倡说的主调。徽宗朝，所谓"继志述事"更成为各种荒唐举措的堂皇借口。

关于哲宗当时的绍述意向，在蔡京于徽宗大观四年（1110年）进呈的《哲宗实录》（"旧录"）❹中说：

> 上亲政，内出策问，士莫不欣庆，知上绍述之意。

而南宋高宗绍兴八年（1138年）赵鼎领衔修改后的《哲宗实录》（"新录"）则辩称：

> 祖宗之所以望于后世，子孙之所以丕承先志者，要归于治耳，不在于法令因革之间也。况策问固曰"可因则因，否则革

---

❶ 《通鉴长编纪事本末》卷一〇一《逐元祐党人上》。
❷ 《九朝编年备要》卷二四《哲宗皇帝·诏改元》。
❸ 《通鉴长编纪事本末》卷一〇〇《绍述》。
❹ 有关《哲宗实录》的修纂，参看平田茂树：《〈哲宗实录〉编纂始末考》，日本宋代史研究会研究报告第五集《宋代的规范和习俗》，页29—66；蔡崇榜：《宋代修史制度研究》第六章《历朝实录的修纂》，页98—101。

矣",亦曷尝必哉!而云"士莫不欣庆,知上绍述之意",此史官之私意也,今删去。❶

《新录》的说法有其道理。绍述风头明朗之后,新一轮的动荡已不可免,朝廷内外有人喜有人忧。

动荡首先反映在人事黜陟方面。元祐以来,见惯了正常上下的臣僚们,也目睹了前执政重臣的大起大落。元祐四年五月,为车盖亭诗案事❷,宋廷议论从重贬谪前宰相蔡确。对于蔡确的处理,关系到朝政的走势。在他身上,实在牵系着太多的复杂关联。太皇太后希望藉人事处置之机,判定"邪""正",并且为年轻的"官家"安排下可靠的执政班底。自更化以来,她与执政的朝臣们始终担心着"未甚可否朝政"❸的皇帝他日亲政后的趋向,此时无疑是再度整顿——不仅芟枝叶,亦除根株——以彻底解决朝廷内外"异议"的机会❹。

宰相范纯仁当时即对于重贬蔡确持有不同意见,他说:

> 方今圣朝宜务宽厚,不可以语言文字之间暧昧不明之过,诛窜大臣。今日举动,宜与将来为法式,此事甚不可开端也。❺

平淡的说法,透露着内在的沉重。同样是考虑到将来,范纯仁对

---

❶ 《通鉴长编纪事本末》卷一〇〇《绍述》。

❷ 有关车盖亭诗案的研究,可参见金中枢:《车盖亭诗案研究》,《宋史研究集》第二十辑,页183—256,台北国立编译馆,1990年。

❸ 《长编》卷四二三,元祐四年三月甲申刘挚上书。

❹ 在《从"车盖亭诗案"到"调停"》(2003年北京大学历史系本科生毕业论文)一文中,方诚峰指出,当时政治漩涡中的人们推动着一场内部"整顿",其目的不仅在于清洗熙丰旧人,更在于使朝廷中不再出现异议,一劳永逸地解决政见之争和派系分别。

❺ 《长编》卷四二七,元祐四年五月丙戌条。

于"语言文字"的宽容态度，使他呈现出自己真正的士大夫代言人立场。而他"今日举动，宜与将来为法式"的思虑，使我们体悟到处于关键时刻的范纯仁所具有的强烈历史责任感。在一些研究者心目中，范纯仁与其父范仲淹不同，似乎是无甚意趣的人物；但事实上，像他这样的人，对于赵宋的祖宗之法正有着独到的理解。

在11世纪末、12世纪初的"绍述"期间，除去元符（1098—1100）末年至建中靖国（1101年）的短暂时期外，士大夫们要求发扬"祖宗之法"的声音相当沉寂。这与流传着、批评着"祖宗不足法"之说的熙宁时期大不相同。而这种不同，正提醒人们注意到决策取向及其性质的不同。

之所以将哲宗亲政后的六年与徽宗的廿五年放在一起论说，主要是为了本章叙事的方便。从绍圣（1094—1098）到宣和（1119—1125）时期，政策取向的相似，更多的是在其表象层面。尽管擎举着"绍述""继志"的同样旗帜，两个阶段中朝廷举措的实质内容却并不完全相同。

从赵宋列圣相沿的"祖宗家法"收缩到专一"继述"神宗一朝，所反映的，并不是将抽象原则具体化的努力；恰恰相反，通过强调"神宗皇帝更法立制以垂万世"❶、"神考新一代之典刑以遗我后人"❷，事实上拉开了与前代习称的"祖宗家法"的距离，或者说是旨在"架空"祖宗之法。

这样一种调子，无疑与整个宋朝的主旋律不相和谐。正因为如此，招致了其后无数士大夫的强烈批评，从亡国的道君追溯到"神考"，甚至将北宋靖康之耻的责任，全部归结为自熙宁以来的"变

---

❶ 《太平治迹统类》卷二四《元祐党事本末下》。
❷ 《九朝编年备要》卷二五《徽宗皇帝·下绍述诏》。

法乱制"❶。

熙丰变法以来，数十年间政治风云变幻翻覆。我们有时会发现，看似水火不容的两极之间，往往具有比人们意料中更多的共通之处。无论是王安石或是司马光、二程等人，都不仅仅从理论学术上探讨经学，都注重其经世致用的一面；他们都批评"人执私见，家为异说"❷，"一人一义，十人十义"❸，追求学术统一、认识统一的理想境界；他们都希望"一道德以同俗"❹，在实际诠解"道德"之际，都脱不出"君子""小人"的判分模式，都具有依事划线的主观倾向。道德理想主义的诉求，本来是人文精神进步的反映；但要求道德学术"同于己"、"定于一"，则是当时士大夫共同认识局限的表现；也正是因此而导致了北宋后期士大夫集团内部深刻的分裂。而当朝廷致力于"人无异论""议论专一"时，就无可避免地会导致思想上和现实中的专制倾向❺。

"更化"期间，所谓"正人端士"立于朝者不少，却未能抓住历史曾经赋予的整奋时机。他们中的许多人虽欲更新政治却又热衷于各立门户，致力于制造清一色的政治局面。其派系、主张尽管可能方向相反，而执持的逻辑有时却是惊人地类似。"君子、小人不参用"的声浪，北宋中期以后日益高涨。这种以政治立场取代理性判断，以立场划限定界、甚至解释一切的思维态势，使不同的派别

---

❶ 例如，罗从彦当靖康初，"以为本朝之祸起于熙丰不遵祖宗故事"，因采"祖宗故事、四圣所行，可以开今传后者"，作《尊尧录》一书。参见《直斋书录解题》卷五八《尊尧录》，《福建通志》卷七十罗从彦《尊尧录序》。

❷《二程遗书》卷二，程颢《请修学校尊师儒取士札子》。

❸《文献通考》卷三一《选举考四》。

❹ 参见《礼记正义》卷十三《王制》；《二程遗书》卷二，程颢《请修学校尊师儒取士札子》；《临川集》卷七二《答王深甫书》二，卷七五《与丁元珍书》。

❺ 对于 11 世纪七八十年代道德理想主义以及政统、道统的分析，参见葛兆光：《洛阳与汴梁：文化重心与政治重心的分离》，《历史研究》2000 年 5 期，页 24—37。

乃至个人一概搅入政治漩涡之中，终至使"立场"等同于、沦落为"好恶"二字，从而再无真正的独立立场可言。

即如朋党问题，北宋统治者对于臣僚纠结朋党的戒惕，恰恰促使了朋党之议的勃兴。作为政治利益群体，"朋党"范畴之不确切，使其难于查实而易于被利用；同时容易激发情绪冲动，调动群体间的敌对意识，导致酷烈的派系政争。

在宋代，处于政治地位流动不居的大环境中，士人们凭藉多层面的关系联结为群体、划分为派系，相当自觉地构筑着交错蔓衍的关系网络。无形的社会关系渗透于社会生活的各个方面，直接或间接地形成为不容忽视的社会力量，影响着诸多事物的运行进程。宋代许多重大的历史事件、事件中风云人物的纵横捭阖，都潜藏着群体利害关系的作用力。无休止的党争既与这种群体利害密切相关，同时，亦与北宋帝王为使臣下"各不敢为非"而鼓励"异论相搅"的祖宗家法有直接关系。

北宋后期，从朋党之防到党籍之禁，逐步升级，愈演愈烈。当时所谓的"朋党"，经常犬牙交错，并不是畛域严格的团体，而是适应政治斗争需要产生、人为推定的"派别"。这只要看看崇宁以来的"元祐党籍"名单，就完全清楚了。

长期以来，宋王朝有意识地强调礼义道德规范，而且不惜以功利化的手段予以奖惩、刺激。而在诠释之际，统治集团往往自主观的善恶、义利角度出发，甚至与现实政治直接联系，为"道德""奸邪"、"君子""小人"列队划线。高悬的终极目标与应用手段、评价标准之间出现了深刻的矛盾。在这种背景之下，一方面，手段的膨胀，使其极易与目的发生错位，"道德"与"刺激"不期然而然地结缘，甚至成为寻求奖赏的工具，所谓"君子"为追求褒扬升迁而力图彰显其立场与"德行"；另一方面，在政治氛围紧张非常的情势下，即使是正常认识差异、学术文化问题亦可能被人为政治化、道德化。对于"一道德、同风俗"的片面追求，不合理地将道德标准过度拔高、涵盖一切，结果恰会导致道德实践的虚伪，真所谓"尊之适所以卑之"。在当时，士大夫个人的道德失落经常受到鄙夷；而政治斗争中集体性的道德失落，却往往隐蔽在道德标准绝对化的高扬旗帜之下。

在"为宗庙社稷计"的说法下❶，具备艺术气质而奢浮成性的赵佶成为帝王，不仅导致他个人的悲剧，更是家国之大不幸。徽宗在位期间，尽管一仍前期诸帝说法，自称"朕嗣承丕业，率循旧章，夙夜于兹，大惧弗克祗绍"❷，表示"永惟继志之重，深念守文之艰"❸，但他绝非继体守成之君。他与他所倚重的蔡京、王黼等人，恰恰抛弃了其列祖列宗一贯注重的谨慎持重政风。他在位时"变乱旧章"的举措不一而足，诸多所谓"新政"呈现着复杂的情形，虽有某些合理、积极的成分，但更多的则是居心于夸饰太平，也严重地破坏了法制程序与制度运行中的制约关系。招权纳贿，贪赃腐败，成为北宋晚期政治的一大特色❹。

徽宗朝持续多年的大规模政治整肃，全无是非可言。它将政治上的对立关系推向极端，使北宋赖以立国之"元气"大伤。无休止的党派纷争，使得士人间正常平和的人际关系骤然紧张，破坏了以往派系间的大致平衡；而这种制衡关系，本是赵宋的祖宗之法所着意维持的。元祐以来，"祖宗之法"在历史发展进程中愈益凸显的弊端，没有得到正面的、严肃的评判；赵宋政治所面临的深刻问

---

❶ 《九朝编年备要》卷二五《皇弟端王即皇帝位》。

❷ 《宋会要辑稿·职官》一之四二，政和七年四月二十七日手诏。

❸ 《宋大诏令集》卷二《改大观元年赦》。

❹ 参见王曾瑜：《北宋晚期政治简论》，载《中国史研究》1984 年 4 期，页 82—87。

题，朝廷无人予以正视，更毋论得到解决。此时，所谓"新法"的继承人们，不仅毁掉了以"富国强兵"为目标的新法，毁掉了不止一代精英人物，也毁掉了赵宋王朝百余年间养育起来的士大夫政治传统，最终毁掉了以温厚宽仁"召和气"自诩的北宋❶。

宣和七年（1125 年）十二月下旬，金军大兵压境，徽宗计无所出，在朝臣们的压力之下，下罪己诏，表示要痛改前非，革除弊政，"尽复祖宗之故"❷。在天下国家命运攸关的危急时刻，徽宗称疾禅位。

继位登极的钦宗，在短暂的靖康时期，曾有"尽遵复祖宗法"、"一遵祖宗之典"的小小一波❸，诏敕中"遵用祖宗旧制""修复祖宗故事"等说法不绝于书❹。但终因数十年间立国元气已伤，此时北边大势已去，加之钦宗懦弱犹疑，绝无胆魄奋起开创新的局面。而再度被祭出乞灵的"祖宗之法"，其积极内核究竟何在，当时的君臣一概摸不到头脑；前朝规矩在现实中也备受桎梏，终至回天无术。

靖康元年（1126 年）七月初，"以一身用舍为社稷生民安危"的李纲❺，被排挤出朝，宣抚河北河东，途经北宋诸帝陵寝，感慨万端。于是进呈《乞深考祖宗之法札子》，说：

> 臣总师道出巩洛，望拜陵寝，潸然涕流。恭惟祖宗创业守
> 成垂二百年，圣圣传受以至陛下，适丁艰难之秋，戎狄内侵，

---

❶ 参见张邦炜：《论北宋晚期的士风》，《四川师范大学学报》2000 年第 2 期，页 76—84。

❷ 参见《宋史》卷三六二《吕好问传》、《通鉴长编纪事本末》卷一四六《内禅》。

❸ 《靖康要录》卷二，靖康元年二月六日、七日手诏。

❹ 《宋史》卷二三《钦宗纪》。

❺ 《宋史》卷三五九《李纲传》。

中国势弱，此诚陛下尝胆思报，励精求治之日。伏望圣慈深考祖宗之法，一一推行之。进君子，退小人。无以利口善谝言为足，使益固邦本，以图中兴。上以慰安九庙之灵，下以为亿兆苍生之所依赖。天下不胜幸甚。

钦宗表示："览所上章，陈深考祖宗之【法】等事，足见忠义爱君之心。当一一铭记于怀。"❶

劲敌当前，而北宋自身的一系列结构性问题积重难返，加以决策失当，只能是徒唤祖宗了。拥有当时世界上首屈一指的人力、物力和财力的北宋帝国，在新兴金朝的攻击下，仅一年之间覆亡❷。

二　"我朝家法，远过汉唐"：
　　南宋时期对于"祖宗家法"的尊崇

南宋时期，民族矛盾激烈突出。逃避金军而至临安（今杭州）的赵宋朝廷，内部突出的政治纷争遂也大多具有民族战争的背景。"和""战""降""守"的不同派别，纵横捭阖，演绎出一个半世纪的历史。

这一时期，对于标榜"尊祖敬宗"的赵宋帝王，对于一向将"祖宗"与"社稷""国家"等同观之的宋廷来说，无疑面对着无可回避的考验：祖宗陵寝沦落在敌方之手，徽钦二帝饮恨于异国他乡；国土褊狭，退居一隅，"谨守祖宗基业"的高调如何再唱？

---

❶ 李纲：《梁溪集》卷四八《表札奏议十》。
❷ 王曾瑜：《北宋晚期政治简论》，《中国史研究》1984 年 4 期，页 82—87。

南宋一百五十年间，朝廷上经常是了无生气；而对于回顾与标榜"祖宗之法"，却怀有相当的热情。尽管朝廷的政治倾向及具体措置多有不同，但总是处处祭起"祖宗之法"的法宝，力图予人以向北宋"祖宗朝"靠拢的印象。

赵宋王朝的"祖宗之法"，自北宋前中期以来，实际上是朝廷处理内政的指导原则，其"用心"的重点不在外忧而在于内患。希望以这样一套成法来解决南宋所面临的严重问题，事实上并不可能。就"祖宗之法"自身而言，并非没有发展再创之可能，而南宋君臣的举措，却导致了一系列历史机遇的接连丧失。

（一）"绍祖宗垂创之基"

"绍祖宗垂创之基"，是南宋第一个皇帝赵构登极后的明确宣示。

历史上凡王朝更替、皇权递嬗之际，都为纠正政治偏差、改变政策趋向提供着机会，这也是君主制度自我调节机制的反映。而在两宋之交的关键时刻，我们看到的是，国家死而复生之余，对于改变祖宗法度有深恶痛绝的批评，对于祖宗之法本身却缺乏痛定思痛的反省；倒是"赖祖宗之灵相祐"、"思宪祖宗之旧"、"恪守祖宗成法"……诸如此类的说法汇为一片声浪。利用"祖宗德泽深厚"之影响以立朝施政，成为当时的突出现象。

赵构的登极，是在十分特殊的历史环境中实现的。他行居第九，素无声望，之所以能够即位，只是由于北宋亡国，金人扶植的伪楚政权得不到中原军民的承认；尖锐的民族矛盾使人们强烈要求恢复赵宋统治，抵御女真贵族的侵略。用时人的话来说，当时"人思宋德，天眷赵宗"❶，而"二圣二后、诸王、皇族，悉渡河而北，

---

❶《建炎以来系年要录》卷五，建炎元年五月庚寅条引册文。

唯大王在济"❶，结果成为不期然而然的帝位继承人。

靖康二年（1127年）四月四日，钦宗一行北去未远，耿南仲等即上表劝进，其中搬出了"祖宗在天之灵"，举述出"以宗庙社稷为念"的堂皇理由：

> 愿大王即皇帝位以定天下，上以慰祖宗在天之灵，次以慰二圣南望之意。然后号令天下，回戈灭虏，以迎还二圣，为大宋中兴之主。天下幸甚。❷

数日之后，当时的副元帅宗泽也"具状申大元帅府，乞即宝位以安天下"，并在札子中表达了"不忘祖宗"的期望：

> 泽愿大元帅左右尝胆，不忘在济时；夙夜羹墙，不忘我祖宗时。则天下自安，宗庙社稷自宁，二帝二后诸王自回，贼虏虽炽，自翦绝殄灭。夫何远之有，在大元帅大王力行之而已。❸

赵构清楚地知道，当时国步艰危、人心涣散，对其帝位的威胁，绝不仅仅来自消灭了北宋、扶植了伪楚的金人。他自己"由康邸之旧藩，嗣宋朝之大统"，最直接的依据在于孟太后迎立诏书中所说"献公之子九人，唯重耳之尚在"❹。他之所以急于登极，主要原因正如劝进臣僚所指出的，是"恐有不当立而立者"❺。证明自己作为帝

---

❶《建炎以来系年要录》卷四，建炎元年四月乙丑条。
❷《三朝北盟会编》卷九〇，靖康二年四月四日癸亥条。
❸《三朝北盟会编》卷九三，靖康二年四月十三日壬申条。
❹《建炎以来系年要录》卷四，建炎元年四月甲戌条。
❺《建炎以来系年要录》卷三，建炎元年三月癸巳条。

位继承人的正统地位、合法身份，就赵构而言，是头等要切的大事。

这时的"祖宗"，成为患难中的年轻皇帝之精神依托，也是他用以争取人心的鲜明旗帜。作为"中兴之君"，宋高宗在臣民心目中，被期以承负"于守文之时而行创业之事"的重任❶。而他证明自己"正统"身份、修饰自身形象的主要手段之一，即是标示事无巨细"谨守祖宗成宪"。

早在靖康二年春，赵构尚以大元帅身份拥兵于济州时，即已开始召集明习本朝宪章礼仪之士。登极之后，更曾专门设置"讨论祖宗法度检讨官"，以期确立仪轨规制❷。汪伯彦《中兴日历》中有一段记载，说到在赵构正式登上帝位之前，元祐皇后孟氏命内侍邵成章等管押乘舆、服御、仪仗等来迎请。其中有一项道冠，"非人间样制"，邵成章将其捧至赵构面前，并且说了这样一番话：

> 太母传语：此冠自祖宗以来，凡退朝宴闲，不戴头巾，只戴此冠。后来神宗皇帝易以头巾，循袭至哲宗皇帝、道君皇帝，非祖宗制也。愿殿下即位后，退朝宴闲戴此冠，便是祖宗太平气象。❸

前辈帝王退朝宴闲间服巾戴冠的惯习，被赋予了严肃的意义，甚至涂抹上"祖宗太平气象"的浓重色彩，话语中对于神宗以来"非祖宗制"的委婉批评，微言大义，无疑是希望给赵构以明确的启示。

建炎元年（1127 年）五月初一日，赵构即位于南京应天府（今河南商丘）。在《三朝北盟会编》卷一〇一"改元建炎元年"条

---

❶《历代名臣奏议》卷三《君德》，殿中侍御史张守上高宗札子。

❷《宋史》卷三七五《滕康传》。

❸《三朝北盟会编》卷一〇一，建炎元年五月一日庚寅条。

下，有这样的回溯：

> 初议改元，命幕府官属聚议。耿南仲等议曰："王者即位，求端于天。探一元之意以正本始，故必建元。故汉光武中兴改元建武，大王再造王室，宜用光武故事纪元。恭惟艺祖皇帝诞弥之年太岁丁亥，大王殿下诞弥岁亦丁亥；丁亥天元属火，宋以炎德王。艺祖开基改元建隆，累圣相授，逮至靖康，乃遭中微。殿下绍隆，益光前烈。南仲等请改元为建炎。"

曾经有学者指出，"统览历朝历代年号的发展变化，可以说两宋时期的改元建号与政治发展（之关系）最为密切。透过改元建号可以从一个侧面折射出两宋政治发展的运行轨迹。"❶建炎改元之议算得上突出的一例。当时一方面国运艰危，稳定局势需要强劲的号召力；一方面纷纷攘攘之中，有以"二圣尚存"质疑赵构登极者，亦有其他觊觎帝位者，新皇帝及其近臣们急切地乞灵于本朝祖宗之神祐。正是在这种考虑之下，赵构与太祖同系诞生于丁亥岁，丁亥属火，赵宋火德……诸如此类的论据都被特地搬出来，被解释为宋世中兴的征兆，以示康王即帝位为德运所系、天命所归。

　　高宗登极之次日，即"尊靖康皇帝为孝慈渊圣皇帝，元祐皇后为元祐太后"，同时下诏为宣仁太后高氏辩诬。这一系列举措，不仅是为了对于钦宗、孟后的位号有个交代，更是为了明确新皇帝自身位号之正统、合法 ❷；不仅是要安慰已经辞世三十余年的曾祖母，

---

❶ 李华瑞：《宋代建元与政治》，见氏著《宋史论集》，页 33。

❷ 高宗之立，与孟后有直接关联。被哲宗废黜的孟后，是宣仁太后高氏为哲宗选聘，且深得宣仁赏识。孟后的命运，实际上与宣仁太后的地位、与元祐政治及北宋后期的党派纷争密不可分。

更是为了彰示回归"祖宗之法"的政治方向。李心传《建炎以来系年要录》引吕中《大事记讲义》说：

> 当靖康元年二月敌退之后，士大夫争法新旧、辨党邪正，识者讥其治不急之务。今高宗即位，首诏改宣仁谤史，不几覆蹈前辙邪？曰：不然。张敬夫谓此乃拨乱反正之宏纲、古今人心之天理（按：《南轩集》卷三三《题赵鼎家光尧御笔》，后句作"天下古今之公理"）……使非元祐之治在人耳目，又何以开炎兴之运哉？❶

北宋亡国前夕，钦宗痛楚地感到，"祖宗之法，子孙当守之如金石。蔡京首倡绍述，变乱旧章，至于今日"❷；南宋立国之初，在许多士大夫心目中，王朝中兴的命运就寄托在这"拨乱反正"的纲领之上。

在即位赦文中，新皇帝表示要"宵衣旰食，绍祖宗垂创之基"❸；数日后又诏告天下，宣布施政方针说：

> 思宪祖宗之旧，仰承天意，庶或悔过，以辑宁我邦家，赉及赤子。呜呼！惟孝悌可以动天，惟忧勤可以成务；惟恭俭可以富民，惟兢慎可以保国；惟大公可以悦人，惟至仁可以安众；惟来谠论、屏侧言可以达聪，惟近正人、远佞幸可以成德；惟守大信可以规远图，惟有常德可以立武事。不弛不扰，

---

❶ 《建炎以来系年要录》卷五，建炎元年五月辛卯条。按，今见《类编皇朝大事记讲义》卷二三文字与此不同。
❷ 《靖康要录》卷七，靖康元年六月二日条。
❸ 《三朝北盟会编》卷一〇一。

慎终如初，夙夜惕励，式禳不祥，庶几降鉴，俾复我父母兄弟宗族。

朕将规复旧章，不以手笔废朝令，不以内侍典兵权。容受直言，虽有失当，不加以罪。谨听断，除苛挠，抑末作，去浮靡。斥声乐之奉，绝畋游之荒。非奉典祀，尚方无饰绣绘；非急缮治，大匠无营土木。非军功，无异赏；非戎备，无傋工。弗利于众，虽衣服饮食皆可废；有宜于国，虽赴汤蹈火皆可为。断之必行，无或有二。❶

这段话，看上去既有抽象表态，又有具体措施；既仰承天地祖宗，又牵念赤子国家；既表达了更新政治，"来说论"、"近正人"的意向，又明确表示今后凡事"谨视旧章"……不由人不动情，于艰难之中翘首期盼万象更始。何俌《龟鉴》对此大加称颂说：

治天下不出此数十条。回天下之势者在人主一动念、一转手间耳。观此一诏，则高宗恻然之心、实然之政，真足以转移天心而感动人心，中兴之业已卜于此矣。❷

"回天下之势"的希望，似乎就全靠赵构"绍祖宗垂创之基"的这番承诺。

事实上，这位嗣皇帝在即位之初，尽管对于今后有种种宣示，作出了诸多保证，但他与左右谋臣们对于关系到国家前途命运的"所以兴复之策"、"所以救难之方"，全然心中无数。赦书中涉及

---

❶ 《太平宝训政事纪年》卷五（据《三朝北盟会编》卷一〇二"诏修国政"、《中兴两朝圣政》卷一"下革弊诏"校补）。

❷ 《中兴两朝圣政》卷一"下革弊诏"条下。

的废神霄宫朝拜、罢常平司散敛青苗钱谷，以及选人循资等等，当时即被批评为"如此等事，于朝政非大安危也，于国体非大利害也，于人情非大休戚也"；人们期待的是"起中兴之运，而成再造之功"❶。

高宗即位初期，新皇帝与各派臣僚"光复祖宗基业"的共同口号，掩盖着各异的政治倾向，一度模糊了在同一旗帜下截然不同的具体目标。而随着时势的发展，这种差异很快即趋于明朗。绍兴年间，高宗一意与金议和，不少有正义感、有见识的臣僚竭力以"承祖宗二百年大一统基业"❷、"祖宗之大业，生灵之属望"❸、"祖宗在天之灵震怒既久，岂容但已！异时恭行天罚，得无望于陛下乎？"❹等等说法来打动皇帝，但这些晓之以理，动之以情的苦口婆心，在当时一概被赵构以"屈己尽孝"等种种借口敷衍。所谓"祖宗"的企盼，在高宗苟且图存的现实期冀面前，显露出令人寒心的苍白无力。

绍兴元年（1131年）四月辛巳，在与执政范宗尹等人议论程俱所进有关名臣列传之札子时，高宗说：

> 初止令进累朝《实录》，盖欲尽见祖宗规模。此是朕家法，要得遵守。❺

将祖宗时的治国规模概括为赵宋的"家法"，表示出要着眼于根

---

❶ 参见《三朝北盟会编》卷一〇一改元赦书、卷一〇四建炎元年五月十七日唐重上书。

❷《三朝北盟会编》卷一一六，建炎二年五月二日东京留守宗泽乞回銮奏札。

❸《宋史》卷三五九《李纲传下》。

❹《宋史》卷三八二《张焘传》。

❺《中兴两朝圣政》卷九。

本、全盘继承的意向。次年十二月，在朝廷上讨论人才选拔问题时，宰相吕颐浩回忆到所见太祖书札，强调了其中希望子孙谨守祖宗法度的寓意❶。三年五月，吕颐浩奏事，谈论到祖宗朝的兵制，高宗重申：

> 祖宗制度，自朕家法。至于仁宗，临御最久，恩泽及人最深，朕于政事间未尝不绎思仁祖，庶几其仿佛也。❷

在这段话之下，何俌的《龟鉴》有一番评议：

> 我高宗之法祖也，论兵制则曰："祖宗制度，自朕家法"；进《实录》则曰："祖宗规模，此朕家法"；吏部条法创之可也，而曰："祖宗成宪，不可废也"；尚书绳墨宽之可也，而曰："祖宗成宪，不敢改也"；谓"仁祖临御最久，德泽在人最深，朕于政事，专以仁祖为法"；景德与契丹讲和故事，今日可以遵行，命以《真宗宝训》进呈。于是而得继志述事之孝。

宋高宗恪守家法的自我标榜，以及《龟鉴》对于高宗"法祖"精神之敏感、赞誉，都可谓无所不至其极。除去"朕于政事，专以仁祖为法"的说法外，高宗也自称"最爱元祐"。这种说法，明显地与乃伯乃父"绍述先帝"的提法拉开了距离。而且，当有臣僚遮遮掩掩地批评"道君皇帝止缘京等以'绍述'二字劫持，不得已而从之"时，高宗却直截了当地说："人君之孝不在如此，当以安社

---

❶ 《建炎以来系年要录》卷六一，绍兴二年十二月癸巳条。
❷ 《中兴两朝圣政》卷十三（《建炎以来系年要录》卷六五略同），绍兴三年五月癸亥条。

稷为孝。"❶在臣僚转对时，高宗特别表示："诚欲追法祖宗，不特举行故事为文具而已。"❷如此这般的作为，无非是要明确表示向北宋前期"祖宗之法"的回归，以此为朝廷赚得政治上的立足之本，也赚得个人的美名。

对于南宋初年的军政形势，对于发生在高宗朝的赵宋历史上第二次削兵权之举，学界已有许多研究❸；对于这一事件的分析，有助于我们认识"祖宗之法"在南宋初期的影响。

高宗朝的释兵权，经过了相当长的酝酿过程，称得上蓄谋已久。一方面，经过北宋一个半世纪的熏陶，"事为之防，曲为之制"的防弊之政深入人心，士大夫们对于外重内轻、尾大不掉的状况敏感而警觉。另一方面，建炎三年（1129年）的苗刘之乱，使高宗经历了即位以来最直接的挑战；而绍兴七年（1137年）的郦琼兵变，则又一次使南宋政权遭受到严重考验。

削兵权的举措，是与对于"御将"问题的焦虑联系在一起的。"御将"呼声的第一波，大致出现在建炎绍兴之交。

南宋建立之初，人们关注的视线集中于张邦昌之"伪命"，批评也集中于"受祖宗涵养二百年"的士大夫们围城期内不能仗节尽忠于赵宋皇室。当时所谓"大振纪纲，信赏必罚，以革前日之弊"，其针对性是指靖康年间朝廷中"上下相蒙"苟且恬安者，是"老奸

---

❶ 《建炎以来系年要录》卷七九，绍兴四年八月戊寅条。

❷ 《建炎以来系年要录》卷一一〇，绍兴七年四月丁巳条。

❸ 例如王曾瑜：《荒淫无道宋高宗》十二章第二节《宋朝第二次释兵权》；何忠礼、徐吉军：《南宋史稿》，页119—122；黄宽重：《南宋军政与文献探索·军政篇》二《郦琼兵变与南宋初期的政局》、三《从害韩到杀岳：南宋收兵权的变奏》；虞云国：《论宋代第二次削兵权》，《上海师范大学学报》1985年3期；等等。本文不拟再追溯事件的详细过程，而只自当时标榜的"祖宗之法"的角度作一粗浅讨论。

腐儒误国如此"❶。与此相应，首批被诏责贬斥的也是城内"料敌失宜"、城外"顾望徘徊"的"偷生取容"之文职臣僚❷。

建炎元年五月十七日，天章阁待制、知同州唐重上书，指出当时天下大患有五：

> 法令滋彰而吏缘为奸；朝纲委靡而不振，故士大夫相习而诞谩；军政败坏而不举，故将兵相煽而奔溃；国用竭矣而利源又失；民心离矣而调发方兴。❸

在唐重眼中，"吏缘为奸"、"朝纲委靡"、"士大夫诞谩"与"军政败坏"等问题，一并被视为天下大患；所谓"军政败坏"，主要是指将兵纪律松弛、战斗力低下。而军队的控御体制，此时尚未被视为突出的问题。

同年六月，李纲进奏"控御之策"，痛切批评了祖宗以来的强干弱枝策略：

> 祖宗革去前弊，削弱藩镇，州郡之权一切委以文吏。非沿边诸路，虽藩府亦屯兵不多，无敢越法行事。以处太平无事之时可也，一旦夷狄长驱、盗贼蜂起，州郡莫有能抗之者，遂至于手足不足以捍头目。

---

❶ 《三朝北盟会编》卷九六引《靖康小录》。

❷ 例如《三朝北盟会编》卷一〇二，建炎元年五月二日辛卯"诏责李邦彦等"；卷一〇四，建炎元年五月十六日、二十一日条；卷一〇八，建炎元年六月八日"内降黜责士大夫手诏"；卷一一二，建炎元年六月二十七日"戒谕士大夫诏"等等。

❸ 《三朝北盟会编》卷一〇四。

李纲认为，

> 为今之计，莫若稍仿方镇之制，择人任之，假以权柄，减
> 上供钱谷之数，使养兵而训练之。大小相维，远近相援，庶几
> 可以救今日之患。**❶**

他并且明确提出：

> 若夫尾大不掉，则非今之所虑也。事定然后徐图之可也。**❷**

很明显，李纲所谓的"控御"，是自总体军事格局角度而言，而非
针对个别军将。当时虽然部分采纳了他"因帅府以寓方镇之法"的
主张，"诏京东西、河北东路、永兴军、江淮荆湖等路皆置帅府要
郡"，并以文臣为安抚使 **❸**，但习熟于"祖宗成宪"的君臣们事实上
对"仿方镇之制"不能无疑。

　　建炎（1127—1130）年间，对金战场一溃千里，加以苗刘之变
在君臣心中造成的震撼，"驭将"的问题骤然凸显出来。建炎四年
正月三十日，汪藻上疏说：

> 自陛下即位以来，祖宗土宇日蹙一日，生灵涂炭岁甚一
> 岁……其所以至此者何哉？将帅不得其人，而陛下所以御将帅
> 者未得其术也。

---

❶ 《三朝北盟会编》卷一〇九，建炎元年六月二十八日条。
❷ 《梁溪集》卷一四七《论方镇》。
❸ 参见《建炎以来系年要录》卷六，建炎元年六月己卯、丙戌条。

奏疏中提出应"大明赏罚,立纪纲,新人耳目",而"立纪纲"所针对者,则是"诸将悍骄如此而无以治之"。他大声疾呼:

今日所急在于驭兵驭将,其他皆非先务。❶

同一天,太常少卿陈戬也进言道:

兵将用命,则寡可敌众;不用命,则多适至败。今国之典刑不能加之将,将之威令不能施之军,宜申严纪律,使左右进退惟命之从,则敌可破矣。❷

次年二月,认定"方今所急者唯驭将一事"的汪藻,再度进言,反映"陛下群臣平居时聚谈切齿,无不以诸将负国为言",他继而征引祖宗法度说,

自古以兵权属人久而未有不为患者。岂不以予之至易,收之至难,不蚤图之,后悔无及耶!……国家以三衙管军,而一兵之出,必待密院之符。祖宗于此盖有深意。今诸军之骄,密院已不得而制矣。臣恐寇平之后方有劳圣虑。❸

疏中进呈了"驭将三说":一曰示之以法,二曰运之以权,三曰别之以分;强调诸将过失不可不治,树立等威之严以足相制,不许其随时进见,不准其参预议论。其中,反对诸将参与谋议的说法,集

❶ 《三朝北盟会编》卷一三六,建炎四年正月三十日条。
❷ 《建炎以来系年要录》卷三一,建炎四年正月癸酉条。
❸ 《三朝北盟会编》卷一四五,绍兴元年二月二十六日条。

中体现出当时"专以文学议论居儒官从臣之列"❶的部分文臣之狭隘而泥不知变:

> 兼国家出师遣将,诏侍从集议者,所以慎之重之,博众人
> 之见也。而诸将必在焉。夫诸将者,听命于朝廷而为之使者
> 也,乃使之从容预谋。彼既各售其说,则利于公而不利于私
> 者,必不肯以为可行;便于己而不便于国者,必不肯以为可
> 罢。欲责其冒锋镝、趋死地,难矣。❷

徐梦莘在《三朝北盟会编》中抄录了汪藻上述奏章后,接着摘引了
赵甡之《中兴遗史》中反驳"诸将负国"的一段话:

> 《遗史》曰:藻之言深切时务,伟矣哉!唯论将帅之名分
> 抑之太甚,不能无文武党比之私。……是待将帅以无人矣!
> 此书既传,兵将官皆不堪之,有令门下士作《不当用文臣论》
> 者。其略曰:今日误国者皆文臣:蔡京坏乱纲纪,王黼"收
> 复"燕云之役,执政侍从以下持节则丧节,守城则弃城;建议
> 者执讲和之论,奉使者持割地之说;提兵勤王则溃散,防河拒
> 险则遁逃。自金人深入中原,蹂践京东西陕西淮南江浙之地,
> 为王臣而弃民,误国败事者皆文臣也;时时有一二竭节死难、
> 当横溃之冲者,皆武臣也。又其甚也,张邦昌为伪楚,刘豫为
> 伪齐,非文臣谁敢当之?
> 自此文武二途若冰炭之不合矣。❸

---

❶ 见孙觌所作《浮溪集》序。
❷ 《浮溪集》卷一《行在越州条具时政》。
❸ 《三朝北盟会编》卷一四五,绍兴元年二月二十六日条。

按《中兴遗史》一书今佚。据陈振孙《直斋书录解题》卷四云："其书大抵记军中事为详，而朝政则甚略。意必当时游士往来边陲、出入幕府者之所为。"从引语中对汪藻的批评来看，这一推测有其道理。在国家危难，亟须文武上下精诚团结之际，一些士大夫宣扬猜忌家法的言论无疑加剧了北宋以降的文武紧张。强干弱枝政策，本与太宗以来守内虚外的战略方针密切关联，在北宋时期即有不容忽视的负面影响，"靖康之祸，虏骑所过，莫不溃散"❶的局面，显然与之有关；何况南宋初年大敌当前，时势与祖宗时迥异，而不予置辩，兀自称说"祖宗深意"，这种惯常的"恪守"思路正窒息了赵宋"祖宗之法"可能寓含的积极作用。

宋高宗本人，当然存有强烈的"（使）诸将知尊朝廷"❷的愿望。赵宋本有根深蒂固的猜忌武将之传统，更何况苗刘兵变是他内心难以释去的大痛，对于武将干政犯上的可能，他始终深具戒心。但在南宋初期对金战争的艰危形势之下，汪藻等人的议论却难以付诸实施，只能当作对于帝王及执政者的反复提醒而已。外有劲敌，内部又处于宋军大部溃散之后的整编过程中，宋廷不得不首先应对眼前的窘境，组建临时的统兵体制，也不得不倚赖统兵大将去外御强敌。在嗣后的几年间，宋金对峙形势渐趋平缓，赵宋历来忌讳的大将专兵、外重内轻状况日益受到朝野上下的关注。不少臣僚考虑到：

> 今朝廷与诸路之兵悉付诸外，外重内轻，指大臂小，平居已不能运掉，则缓急将何以使之捍患而却敌哉？❸

---

❶ 《朱子语类》卷一二八《本朝二·法制》。

❷ 《建炎以来系年要录》卷一〇六，绍兴六年十一月癸酉条。

❸ 《梁溪集》卷八四《论进兵札子》，参见《建炎以来系年要录》卷九九，绍兴六年三月己巳条。

这种内外情势，终于导致了绍兴五年（1135年）后张浚主持的军政变革。这次变革，以推动文臣领兵、军队直隶中央、强化中央权威为目标；却因操之过急、措置失当而激成绍兴七年八月的郦琼兵变❶。

释兵权事遭遇到挫折，却并没有就此终止。枢密副使王庶认为"军不可专，专则难制；兵不可骄，骄则不用命"，主张"威令行，纪纲立"，以制强敌❷。高宗中意的办法，则是绍兴初年汪藻即曾提出的"精择偏裨"，"以渐销诸将之权"❸。在监察御史张戒"言诸将权太重"时，高宗明确表示"朕今有术"，即"抚循偏裨"以分大将之势❹。这样的措置，导致其对金战略选择只能立足于"和"❺。如罗大经所说，宋高宗削诸将权的决策，与其"决意和戎"、与选择秦桧"专执国命"，三者间有着密切的内在关联❻。

绍兴十一年四月，由秦桧及范同、王次翁等人共同设计导演的赵宋历史上第二次"杯酒释兵权"拉开了帷幕。李心传在《建炎以来系年要录》中，对于这一事件之背景及其经过，有相当详细的说明：

> 辛卯，诏给事中直学士院范同令入对。初，张浚在相位，以诸大将久握重兵难制，欲渐取其兵属督府，而以儒臣将之。会淮西军叛，浚坐谪去，赵鼎继相，王庶在枢府，复议用偏裨以分其势。……至是同献计于秦桧，请皆除枢府而罢其兵权。

---

❶ 参见黄宽重：《南宋军政与文献探索·军政篇》二《郦琼兵变与南宋初期的政局》。
❷ 《建炎以来系年要录》卷一一八，绍兴八年三月庚寅条。
❸ 《三朝北盟会编》卷一四五，绍兴元年二月二十六日条。
❹ 《建炎以来系年要录》卷一一九，绍兴八年五月戊子条。
❺ 参见王曾瑜：《荒淫无道宋高宗》，页171。
❻ 《鹤林玉露》甲编卷五《格天阁》。

桧纳之，乃密奏于上，以柘皋之捷召韩世忠、张俊、岳飞并赴行在，论功行赏。

时世忠、俊已至，而飞独后。桧与参知政事王次翁忧之，谋以明日率三大将置酒湖上。欲出，则语直省官曰："姑待岳少保来。"益令堂厨丰其燕具，如此展期以待至六七日。及是，飞乃至。上即召同入对，谕旨，令其与给事中兼直学士院林待聘分草三制。是夕锁院。❶

事件表面上波澜不惊，暗地里紧锣密鼓。操办者的紧张，透露出对于风险的担忧。王次翁曾经亲口对其子伯庠说："吾与秦相谋之久矣。虽外示闲暇，而终夕未尝交睫。"❷

尽管学界对于建隆年间是否确有"杯酒释兵权"之事尚存疑问，但绍兴十一年的高宗、秦桧等人，一方面蓄谋下手，一方面置酒款待"丰其燕具"，显然示人以仿效"祖宗"的做法。这种仿效，当然只是形式上的近似。国家军政大局的迥异，决定着两次"释兵权"性质的根本不同。人们也会感觉到，太祖在运用手腕的同时不乏襟怀之坦荡，而高宗在合谋销兵之际则显露出心地的阴暗与委琐。

高宗君相不顾代价，决计罢大将专兵。为使"离山"之"虎"能够俯首听命甚至感恩戴德，对其安排煞费周章。在提升三位武将为枢密使副的授任制书中，堂而皇之地表示："朕远稽帝王之令猷，仰奉祖宗之治训"，"合将相之权，均任安危之寄；兼文武之用，式恢长久之图"❸。既"仰奉祖宗"，却又不惜违背"祖宗成宪"，表示

---

❶《建炎以来系年要录》卷一四〇，绍兴十一年四月辛卯条。
❷《宋宰辅编年录校补》卷十六，绍兴十一年四月壬辰条引《王次翁叙记》。
❸《宋宰辅编年录校补》卷十六，绍兴十一年四月壬辰条。

安排武将参预最高军政决策。在这种相互矛盾的表象背后，究其实际，我们看到，尽管高宗声称"今付卿等以枢府本兵之权甚大"❶，但当时的枢密并非独立于相权的最高军政首脑，重要的军政决策都在皇帝与宰相的控制之下；而且，高宗、秦桧对于接续处置的步骤显然业已成竹在胸。

如研究者指出，这次释兵权之举，交互运用"推恩"与"众建"政策，以三大将"升任"枢密使副，既不取容易激起武人反感的文臣领兵方式，亦有效地架空了大将们的权位——这不能不说是其高明之处❷。继之而起的岳飞冤案，对于当时主政的君臣来说，更是一箭双雕之举：杀害了"尽忠报国"的一世英杰，逼使同样力斥议和的"韩世忠破胆"❸，扫除了对金和议的障碍；同时也经由这种卑劣的手段，结束了困扰皇帝十数年的大将专兵问题。

应该承认，宋代长期以来崇文抑武的"家法"，在士大夫们心中，有着深刻的影响；南宋前期，虽属政治倾向不尽相同的文臣，也多不同程度地对于内轻外重的局面感到不安。但这并不是导致收诸将兵权的惟一原因，更不是迫害岳飞事件的缘由。

我们看到，面对绍兴十一年收大将兵权、与金和议、岳飞诏狱等相互关联的一系列事件，面对宋廷罔意边防、祸及忠义之举，真正以社稷国家为念的正直士人，即便是以往强烈主张强干弱枝的文臣们，亦持谴责态度❹。时在福州的张浚，坚持"敌不可纵，和不可

---

❶ 《建炎以来系年要录》卷一四〇，绍兴十一年四月乙未条。

❷ 参见黄宽重：《南宋军政与文献探索》，页 88、125—127。

❸ 《朱子语类》卷一三一。

❹ 绍兴九年二月，吉州免解进士周南仲上书，一方面提出"今日诸将尾大不掉"，警惕"倒持太阿授人以柄"，建议制其权势，"欲驭诸军不可不将将"；一方面则强调"欲雪前羞，不可主和议"。见《三朝北盟会编》卷一九三。

成"❶；而曾经在其《中兴业·整师旅》中批评军队"知有大将而已，不知有主上"的胡宏❷，更痛斥"柄臣擅国，违天逆理"、"戕伐国本，以奉事仇敌"❸。"祖宗家法"在高宗、秦桧那里，不过是时时挂在口边的一套说辞，并不能成为宋廷自弛武备、自毁长城的理由。

对于宋高宗赵构这个"多面派"皇帝在位期间的功过是非，学者已有全面深入的专门研究❹。高宗热衷于标榜"祖宗成宪，朕不敢改"❺。我们看到，在诸事扰攘的情形下，体现为诸般规矩的"祖宗家法"，为制度的稳定而易于施行提供着方便。绍兴四年五月间，高宗曾经说：

> 禁中百事皆遵守典故，不惟祖宗家法不敢轻议改更，亦厌纷纷多事也。❻

这里仅举日常内政事务之二三例，看其如何"谨守祖宗成宪"。

南宋朝廷初建，君主以"祖宗之法"作为号召，士大夫们也抬出"祖宗法度"作为约束皇帝统治行为的轨范。建炎元年十二月，右谏议大夫卫肤敏上疏论"后族戚里"邢焕、孟忠厚授职名事，强调守法度、慎爵赏、正纪纲。他将"守法度"解释为"本朝列圣莫不尽循祖宗之法"，并提出"或戾祖宗成宪者，皆许执奏"❼。高

---

❶ 《建炎以来系年要录》卷一四二，绍兴十一年十一月辛酉条。

❷ 《五峰集》卷三。

❸ 《五峰集》卷二《与高抑崇书》。

❹ 例如王曾瑜：《荒淫无道宋高宗》。

❺ 《建炎以来系年要录》卷七十，绍兴三年十一月乙丑条。

❻ 《中兴两朝圣政》卷十五，绍兴四年五月癸亥条。

❼ 《建炎以来系年要录》卷十一，建炎元年十二月甲子条；《中兴两朝圣政》卷二，建炎元年十二月甲子、庚辰条；《宋史》卷三七八《卫肤敏传》。

宗表示"朕欲尊依旧制，以复祖宗平治之时"，将后父邢焕易为武资；而为报答孟太后，未夺其侄忠厚职名。给事中刘珏继而上疏曰："宪度者，祖宗所以维持天下，列圣奉之而不敢违者。"在对他们温言慰谕的同时，朝廷将卫、刘二人调离了言职。围绕此事，朱胜非、张浚、汪藻、张悫、郭三益等纷纷进言。高宗指示把相关奏疏交付忠厚，"令自为谋"，孟太后得知后，要求将忠厚换为武资。事后，"上以谕辅臣，仍诏后族自今不得任侍从官，著为令。"针对此事，史臣称颂道："呜呼，此我宋家法，万世所当守也！"❶

这件小事使我们看到建炎之初宋廷的政治风向。尽管对金交涉中议论纷纭无所适从，在日常内政方面却蜂起维护"祖宗法度"。在饶有政治手腕的黄潜善、汪伯彦等人调教之下，21岁的新皇帝言归言，行归行，出手并不稚嫩：一方面在孟太后处挣够了面子，一方面又维护了自己"宪祖宗之旧"的形象；一方面作出"博谋兼听"的姿态，一方面却将"受命才两旬，言事至十数"的卫膚敏等调离了言职，同时又下诏抚慰说"朝廷以次迁除，非由论事"❷。

如此解决，就宋高宗个人而言，确实显得虚伪；而作为一种分别处理"事"与论事之"人"的做法，又显得颇为老到。这种处置方式，实际上正是复杂而多面的"祖宗之法"所提供、所要求的。

高宗朝的另外一些事例，使我们注意到赵宋"祖宗之法"本身在实践中易于发生的问题。所谓"祖宗之法"，缺乏稳固的范畴界定和确切的条款内容，对其解释自然容易出现参差。即便是孰为"祖宗"，何谓"成宪"这一类基本问题，也时常引发出不同的认识。

---

❶《建炎以来系年要录》卷十二，建炎二年正月壬子条。
❷《中兴两朝圣政》卷二，建炎元年十二月庚辰条。

《建炎以来系年要录》卷六七，绍兴三年（1133年）八月乙巳条有这样一条记载：

> 初，婺州兵马都监骆公彦等七人，皆以潜邸恩得添差，而左司谏唐言其非祖宗旧制。吏部引上皇初即位时敕旨为言。是日，诏随龙官系国朝故事添差，札与谏院照会。（原注：吏部奏到元符三年六月五日圣旨，盖为上皇随龙人创设也。）

这段话中，值得注意的是：诏令中用以回应唐煇关于"祖宗旧制"之质疑的，是所谓"国朝故事"，具体说来，是指徽宗即位时的敕旨。诸如此类的"圣旨"和不同性质的一时措置，赵宋历朝不胜枚举，而徽宗即位之滥恩就此被举证为"故事"，肯定为"祖宗旧制"，显然相当随意而唐突。

三个月后，又有类似的一件事：殿中侍御史常同上言，说到皇城司、阁门、秘书省等机构不隶台察的问题，针对阁门皇城司援引靖康诏旨"依祖宗法隶属中书省"的辩解，常同援引《御史台格》，吁请"望复旧制"；于是，"诏并隶台察"。对于常同提出的"六曹长贰拘执绳墨"事，高宗则表示态度说：

> 国朝以法令御百执事，故凡有司以奉法为能，而不敢以私意更令。如三代皆有所尚，两汉而下亦各自有制度。祖宗成宪，朕不敢改也。❶

在《中兴两朝圣政》中，留正等人就此而赞叹道：

---

❶《建炎以来系年要录》卷七〇，绍兴三年十一月乙丑条。

太上皇帝谓"祖宗成宪，朕之家法，不敢改也。"是宜宝之，以为致治之龟鉴。**❶**

不料事隔数日，高宗听说皇城司"自祖宗至今并无隶台察指挥"，又颁布一道御笔，不但"已降指挥更不施行"，且称"自今臣僚不得妄有陈请更改祖宗法度，如违，重行黜责。"而且又对辅臣们发表感想说：

政使皇城司隶台察何所惮？顾祖宗法不可易。今如易之，后将轻言变祖宗成宪者众，故不可不慎也。**❷**

一方面是"隶台察"规定上的前翻后覆，一方面是"守祖宗法"的姿态做足。不过，应该说明，以上现象的发生，并不完全是高宗个人的问题。

赵宋的"祖宗之法"看似权威隆重而不容轻犯，在现实中却是彼行吾用，矛盾四出，这并非完全出自人为的故意。尽管在宋人的议政言谈中，"祖宗之法"至高无上，但将百年以来的前规后矩统统归之于"祖宗法度"的做法，又使其内容非常之驳杂。这种状况给后来的"奉行者"们预留了广阔的选择空间，一方面提供了操作执行的灵活界域，另方面也成为政令淆乱的根源之一。对于今日的研究者来说，这样的空间，也正是我们观察当年政治抉择、分析决策意图的良好平台。

宋高宗赵构，应该说谙熟于"祖宗之法"所提供的思想资源。

---

❶《中兴两朝圣政》卷十四，绍兴三年十一月乙丑条。
❷《建炎以来系年要录》卷七〇，绍兴三年十一月壬申条。

在善作谀词的史臣政客笔下，这位"中兴之主"，是恪守祖宗法度的典范：

> 高宗深惩祸乱之源，慨念更张之弊，凡前日法度之废者无不复，谨存者无不举，当行者无不申明，遵守惟恪。……不以特旨废法，不以私恩废法，不以戚里废法，此高宗所以为善守法。❶

高宗自己，更曾经颇有感触地表白"遵守惟恪"的艰难：

> 朕常思创业中兴事殊。祖宗创业固难，中兴亦不易。中兴又须顾祖宗已行法度如何，坏者欲振，坠者欲举，然大不容易。此实艰难，朕不敢不勉。❷

在赵构看来，中兴较之于创业的"不易"，很大程度上在于"须顾祖宗已行法度如何"。祖宗以来的法度在他心目中既构成为楷模，又形成为使其不得不瞻前顾后的羁绊。对他来说，这也是实情，并不完全是口头表白而已❸。

在高宗朝，尊崇"祖宗之法"的调门提得很高。诸如"执祖宗之制坚如金石，行祖宗之令信如四时"❹，"祖宗之法万世不可改易"❺之类的说法，屡见不鲜。朝廷对于"祖宗之法"的宣示，充塞

---

❶ 《宋会要辑稿·帝系》一一之一二至一三。
❷ 《中兴两朝圣政》卷十二，绍兴二年十一月辛未条。
❸ 参见朱瑞熙：《宋高宗朝的中央决策系统及其运行机制》，载《暴城集》，页249—266。
❹ 《建炎以来系年要录》卷八〇，绍兴四年九月戊申条。
❺ 《建炎以来系年要录》卷七七，绍兴四年六月癸未条。

于方方面面，成为令人无法忽视的话语框架。这既是由于南宋初年对于靖康亡国教训的总结，归咎于北宋后期的"变更祖宗法度"❶；更是因为南宋立国的特殊背景，不能不藉重于祖宗"德泽在人"的影响。

（二）"本朝家法，远过汉唐"

说到对于"祖宗之法"的尊重，孝宗朝应该是一段典型时期。当时朝廷上对于赵宋的"祖宗"，对于"家法"有相当集中的议论；而孝宗本人所受"祖宗成宪"的实际影响与羁绊也较他时为甚。

绍兴三十二年（1162年）十月庚午，孝宗即位之初，君臣们即揭举出"以祖宗为法"的旗帜：

> 侍读洪遵进读《宝训》，……上曰："祖宗精于治道如此。"遵奏云："愿陛下以祖宗为法，天下幸甚。"

留正等针对这番对话阐释道：

> 自古国家之久长者，未有不由子孙遵守祖宗之训也。夫继体守文之世，前圣之法见于已为，而验于既往，遵而行之，以克永世。理有灼然不易者。……寿皇讲论治道，动以祖宗为法，所谓监于先王成宪，其永无愆者哉！❷

---

❶ 例如《三朝北盟会编》卷一二七引《建炎复辟记》载隆祐太后语；《建炎以来系年要录》卷十一，建炎元年十二月甲子卫膚敏奏；卷七九，绍兴四年八月戊寅范冲奏；《五峰集》卷二《上光尧皇帝书》等。

❷ 《建炎以来系年要录》卷二〇〇，绍兴三十二年十月庚午条。

孝宗由于其"入嗣大统"的特殊背景，对于孝道尤为尽心。隆兴元年（1163 年）五月，侍御史王十朋进奏曰：

> 圣人之德无以加孝，而天子之孝，莫大乎光祖宗而安社稷。历代帝王守成、中兴、雪耻、复仇之迹不同，其功光祖宗、孝安社稷则一而已。……臣愿陛下推诚尽孝，终始如一；言动之间不忘社稷，食息之顷必念祖宗。……如是，则可以动天地，可以通神明，可以慰祖宗在天之灵，可以无负太上皇帝付托之意矣。❶

乾道七年（1171 年）正旦，为太上皇赵构加尊号曰"光尧寿圣宪天体道太上皇帝"；数日后，孝宗对辅臣说及此事："前日奉上册宝，太上圣意甚悦。翌日过宫侍宴。邦家非常之庆，汉唐所无也。"❷同年二月，左司员外郎兼侍讲张栻进奏，论本朝治体以忠厚仁信为本，并且谈到北宋后期朝廷政策方针的改变。孝宗说：

> 祖宗法度，乃是家法。熙丰之后不合改变耳。❸

被批评为"睿察太精，宸断太严，求治太速，喜功太甚"的孝宗 ❹，在位期间，一方面长期生活于德寿宫太上皇帝（高宗）的阴影之下 ❺；另一方面，有鉴于高宗朝宰相秦桧擅权之教训，相对于

---

❶ 《宋史全文》卷二四上，隆兴元年五月甲午条。

❷ 《中兴两朝圣政》卷五〇，乾道七年正月丙子、癸未条。

❸ 《中兴两朝圣政》卷五〇，乾道七年二月丙辰条。

❹ 《宋史》卷三九七《刘光祖传》。

❺ 参见柳立言：《南宋政治初探——高宗阴影下的孝宗》，《中研院史语所集刊》第 57 本第三分册，页 553—584，1986 年。

朝臣，他又力图"独运万几"而独揽权纲❶。

　　与南宋诸帝相较，孝宗对于"祖宗之法"中针对臣僚的"事为之防，曲为之制"精神，有着独到的领悟。孝宗一朝，不仅宰辅更迭频仍；而且十分注意在位宰辅之间的相互制约，防范他们对于帝王的蒙蔽。他曾经问参知政事周必大说：

> 执政于宰相，固当和而不同。前此宰相议事，执政更无语，何也？

深谙赵宋家法的周必大回答道：

> 大臣自应互相可否。……惟小事不敢有隐，则大事何由蔽欺。

听到这样的答复，孝宗深表赞同。周必大做了宰相之后，又曾有过类似的表示。当时，上封事者多提及大臣之间见解的异同，周必大对孝宗说：

> 各尽所见，归于一是，岂可尚同？陛下复祖宗旧制，命三省覆奏而后行，正欲上下相维，非止奉行文书也。❷

大臣对于赵宋祖宗旧制中"上下相维"精神的深刻领悟，不能不说

---

❶ 《困学纪闻》卷十五《考史》称"孝皇独运万几，颇以近习察大臣"。有研究者认为，孝宗朝的"政治运营"方式有所变化，从宰执、台谏等官僚机构为中枢的政治运营变质为皇帝为主体的政治运营；正是在这一背景之下出现了"侧近体制"。见安部直之：《南宋孝宗朝的皇帝侧近官》，《集刊东洋学》88辑，页83—103，2002年10月。

❷ 《宋史》卷三九一《周必大传》。

是祖宗以来长期涵养的成功；但时移世变，仅仅拘守防弊成法却无高瞻远瞩驾驭局势之气度能力，这又不能不说是长期受到"祖宗之法"浸润的孝宗以及周必大们的悲剧。

淳熙（1174—1189）年间，孝宗曾在刘光祖试馆职策后有一段批语，其中说：

> 用人之弊，人君乏知人之哲，宰相不能择人。国朝以来，过于忠厚，宰相而误国，大将而败军，未尝诛戮。要在人君必审择相，相必当为官择人，懋赏立乎前，诛戮设乎后，人才不出，吾不信也。

"手诏既出，中外大耸。"当时的右丞相史浩上奏说：

> 唐虞之世，四凶极恶，止于流窜，三考之法，不过黜陟，未尝有诛戮之科。诛戮大臣，秦汉法也。太祖制治以仁，待臣下以礼，列圣传心，迨仁宗而德化隆洽。本朝之治，与三代同风，此祖宗家法也。圣训则曰"过于忠厚"，夫为国而底于忠厚，岂有所谓过哉？臣恐议者以陛下自欲行刻薄之政，归过祖宗，不可不审也。❶

孝宗本是南宋历史上最为注重"祖宗家法"的帝王，而此时他对于"国朝以来，过于忠厚"的质疑，却引得"中外大耸"，遭到了臣僚的强烈抵制。用来抵制的武器，则仍然是"祖宗家法"。

宋太祖是否曾经立有"不杀大臣及言事者"的誓碑，一直是宋

---

❶《宋史》卷三九六《史浩传》。

史学界讨论的问题❶。从孝宗君臣的意见往返看来，他们似乎不很知道祖宗曾经留下这样的誓言。从宋代的政治实践来看，这项内容可以算得是"祖宗之法"的组成部分之一，但这并不等于说确有这样的成文规定。若真有叮嘱子孙世代遵守，"否则不祥"的誓约，应该是传达到历代嗣皇帝，使其熟知，而不应当隐秘不宣的。

《宋会要辑稿·帝系》中，有这样一段话：

> （本朝家法）孝宗守之尤严。尝谓国家承平二百余年，法令明备，讲若画一，倘能守之，自足为治。又曰：大凡法度，须是（法度）【上下】坚守❷。又曰：国家或有大事，须赖谋猷；平居无事，且当遵守法度。凡此者，皆严于守法之意，而其所以守之，则有道矣。……当时议论大抵贵信不贵轻改，贵要不贵烦渎，如是而法不行，未之有也。故曰：朝廷不必变法，能以实意守法可也；士大夫不必议法，勿以私意败法可也。❸

所谓"守之尤严"，不过是溢美之词。孝宗朝政治的突出弊端之一是宠信佞幸，为信用其潜邸旧僚曾觌、龙大渊以及"帝姻贵戚"钱端礼、张说事，孝宗不惜与朝臣间接甚至直接冲突。当时，不少臣僚曾经引述"本朝家法"作为阻遏的理由，却不为孝宗所采纳。就孝宗而言，或许是企图通过任用近习亲信来制约士大夫势力；而这种相互牵制的原则，正体现着他心目中"祖宗之法"的真谛。

对于具体行政部门的祖宗成法，孝宗始终注意维护。隆兴元年

---

❶ 参见张荫麟：《宋太祖誓碑及政事堂刻石考》，载《张荫麟先生文集》，页 927—932；徐规：《宋太祖誓约辨析》，载《仰素集》，页 589—592。

❷ 参见《宋史全文》卷二六上。

❸ 《宋会要辑稿·帝系》一一之一三至一四。

（1163 年）四月，宋廷诏"有司所行事件，并依祖宗条法"；同时重申了绍兴三十一年（1161 年）十二月十七日指挥，要求三省六曹凡四方奏请措置的事件，"各以成法来上"，比照施行 **❶**。淳熙二年（1175 年）闰九月，为淮南转运司申请巡检耿成再任事，孝宗先举述"祖宗成法"说，惟监司及沿边郡守方许再任，他"不欲以小官差遣坏祖宗成法"；然后又借题发挥：

> 因论及国家承平二百年，法令明备，讲若画一，倘能守之，自足为治。盖天下本无事，庸人扰之耳。**❷**

对于有志于天下的孝宗来说，"恢复"事始终是其最大心结。对于国势之不振，他颇感痛楚；所谓"本朝家法，远过汉唐，惟用兵一事未及"的状况 **❸**，在他心上压得十分沉重。淳熙三年十月，执政龚茂良、李彦颖等由"中宫恭俭"进而赞颂孝宗的"齐家之要"，孝宗回答说：

> 家道如此，深以为喜。

面对辅弼，皇帝随即道出了缠绕于自己心中多年的忧虑：

> 本朝文物家法远过汉唐，独用兵差为不及。

龚茂良等旋即应对说：

---

❶《宋会要辑稿·帝系》一一之六。
❷《中兴两朝圣政》卷五四，淳熙二年闰九月辛未条。
❸《中兴两朝圣政》卷五〇，乾道七年正月癸未条。

国家自艺祖开基，首以文德化天下，列圣相承，深仁厚泽，有以固结天下之心，盖治体似成周，虽似失之弱，然国祚绵远，亦由于此。汉唐之乱，或以母后专制，或以权臣擅命，或以诸侯强大，藩镇跋扈；本朝皆无此等。可以见祖宗家法足以维持万世。**❶**

在外有强敌的暂安形势下，本来正是从根本上对于"祖宗家法"有所检讨的机会，而龚茂良等人略无远见的开释，令人不禁扼腕叹息。孝宗表示同意辅臣的看法，并且说：

大抵治体不可有所偏正，如四时春生秋杀，乃可以成岁功，若一于肃杀，则物有受其害者；亦犹治天下者，文武并用则为长久之术，不可专于一也。**❷**

"文武并用"，是孝宗朝人事政策的特点之一，这也是他思考"本朝家法，远过汉唐，惟用兵一事未及"的结果；但由于这一方针与皇帝用人的"侧近性"纠缠在一起，自来未得充分发挥其积极效用。

林骃在《古今源流至论》后集卷九《齐家》中的说法，应该是对孝宗忧虑的回应：

我宋立国大体，兵力虽不及于汉唐，而家法实无愧于三代。

与孝宗的担忧相比较，林骃笔下"兵力"（用兵）、"家法"二单句

---

❶ 《中兴两朝圣政》卷五四，淳熙三年十月己卯条。

❷ 同上。

的前后位移，实际上是阐论中重心的颠倒。孝宗赵眘乃至朝野有识之士心中的担忧和焦虑，就在这样的转换之中被无形地消解着。

同是在淳熙年间，陈亮曾经向孝宗上书评议时政说：

> 艺祖皇帝经画天下之大略，盖将上承周汉之治。太宗皇帝一切律之于规矩准绳之内，以立百五六十年太平之基。至于今日而不思所以变而通之，则维持之具穷矣。……要之人各有家法，未易轻动，惟在变而通之耳。❶

叶适也曾痛心地批评"夫以二百余年所立之国，专务以矫失为得，而真所以得之之道独弃置而未讲"，并且进而指出：

> 本朝之所以立国定制、维持人心，期于永存而不可动者，皆以惩创五季而矫唐末之失策为言。细者愈细，密者愈密，摇手举足辄有法禁；而又文之以儒术，辅之以正论，人心日柔，士气日惰，人才日弱，举为懦弛之行以相与奉繁密之法。……靖康以后，本朝大变，乃与唐末、五季同为祸难之余，绍兴更新以至于今日；然观朝廷之法制、士大夫之议论，提防局钥，孰曰非矫唐末而惩创五季也哉？❷

他又说：

> 国家因唐、五季之极弊，收敛藩镇，权归于上，一兵之

---

❶《陈亮集》(增订本) 卷一《上孝宗皇帝第三书》。
❷《叶适集·水心别集》卷十二《法度总论二》。

籍、一财之源、一地之守，皆人主自为之也。欲专大利而无受
其大害，遂废人而用法，废官而用吏，禁防纤悉，特与古异，
而威柄最为不分。……故人材衰乏，外削中弱，以天下之大而
畏人，是一代之法度又有以使之矣，宜其不能尽天下之虑也。❶

朱熹曾经说，"祖宗于古制虽不能守，然守得家法却极谨。"❷赵
宋的"祖宗家法"，自其不容轻议之日起，即无可挽回地走向了它
的反面。南宋时，一方面有陈亮、叶适等人针对"祖宗家法"的深
刻反思与批评；一方面朝廷长期充斥着诸如"自汉唐以来，家法之
美，无如我宋"❸、"圣朝家法，宏远深长，质诸三代而无愧"❹一类
说法。这种凝滞僵化的认识，一直伴随赵宋走完了最后的历程。

（三）"乞复旧典以彰新化"

"祖宗家法"的影响，一直维持到南宋灭亡之时。表面上看，
直至南宋中后期，朝廷君臣对于"祖宗家法"仍然奉行不辍，而实
际上，其中具有积极意义的部分已经日益消磨。"祖宗"留传下的
规矩仍在，朝廷对其特定条件下的合理精神却缺乏自觉，更谈不上
突破与发展；对其具体规定，时时称善，现实中却以虚应故事而我
行我素为多。

淳熙十六年（1189年）二月初，孝宗赵昚禅位给太子赵惇
（即光宗），受尊号"寿皇圣帝"。数日内，光宗即诏百官轮对，在
面对皇帝时，秘书郎兼权吏部郎官郑湜提出：

---

❶《叶适集·水心别集》卷一〇《始议二》。
❷《朱子语类》卷一二八《本朝二·法制》。
❸《南轩集》卷八《经筵讲义》。
❹《宋会要辑稿·帝系》七之二三。

> 三代以还，本朝家法最正：一曰事亲，二曰齐家，三曰教
> 子，此家法之大经也。❶

绍熙（1190—1194）中，起居舍人彭龟年述"祖宗之法"为
《内治圣鉴》，进呈光宗。据彭龟年自己说，这部书中主要记述了
赵宋立国以来的"宦官、女谒之防"，他并且因此而担心"此曹若
见，恐不得数经御览"❷。这样看来，所谓《内治圣鉴》，与郑湜的
进奏类似，都是自狭义上阐发赵宋家法的。郑湜进奏，应属一般
性谏言，而非确有预见；而彭龟年的进谏，对于"疑畏不朝重华
宫"、有失孝道的光宗来说，应该是有针对意义的。光宗对彭龟年
表示："祖宗家法甚善"❸，但并未见有小心恪守、注重"内治"的
举动。

绍熙元年二月，光宗曾经下诏编修《寿皇圣政》，并且强调遵
守孝宗以来的典章法度。诏旨中说：

> 恭惟寿皇圣帝临御岁久，典章法度粲若日星。合令日历
> 所……类编成书，常遵而行之，仰称付托之意。❹

从光宗本人的所作所为来看，他对于这"付托之意"，似乎并未看
得太重；倒是士大夫中崇奉"祖宗"的观念以及对祖宗传承下来的
制度之执守，使其作为受到了一些牵制。

绍熙中，给事中尤袤一再缴奏光宗迁除耶律适嘿为承宣使的手

---

❶ 《续编两朝纲目备要》卷一，淳熙十六年二月二日条。
❷ 《宋史》卷三九三《彭龟年传》。
❸ 《宋史》卷三九三《彭龟年传》。
❹ 《续编两朝纲目备要》卷一，绍熙元年二月。

诏，皇帝不肯接受，继而颁降内批，要求"特与书行"，尤袤气愤地上疏说：

> 天下者祖宗之天下，爵禄者祖宗之爵禄，寿皇以祖宗之天下传陛下，安可私用祖宗爵禄而加于公议不允之人哉？❶

并终于不肯书行。无独有偶，那一时期的中书舍人楼钥，

> 代言坦明，得制诰体，缴奏无所回避。禁中或私请，上曰："楼舍人朕亦惮之，不如且已。"❷

对于"祖宗之法"的解释和行用，从来就是因人因时因事而异的。南宋中期的事例又一次验证了这一点。仅就"家法"中历来限制的宗室、外戚执政事而言，不同立场的士大夫针对不同具体人物的态度大不相同。绍熙四年三月，宗室赵汝愚被任命为同知枢密院事，此系"故事之所无"，监察御史汪义端站出来反对，理由是"祖宗之法，宗室不为执政"❸，并且引述高宗说法为证。《续编两朝纲目备要》卷二，绍熙四年三月"赵汝愚同知枢密院事"条中记载了这件事：

> 绍兴中，高宗尝谕赵鼎曰："唐用宗室为宰相。本朝虽有贤才，不过侍从而止，乃所以安全之也。"久之，因执政进拟，又谕秦桧曰："宗室贤者，如寺监、秘书省皆可以处之。祖宗

---

❶ 《宋史》卷三八九《尤袤传》。
❷ 《宋史》卷三九五《楼钥传》。
❸ 《宋宰辅编年录校补》卷十九，《宋史》卷三九三《黄裳传》。

不用宗室为宰相，其虑甚远，可用至侍从而止。"……至是枢府有阙，寿皇欲用汝愚。既出命矣，察院汪义端有言："高宗圣训，不用宗室以为宰执。"

汪义端的说法受到给事中黄裳的反驳。黄裳针锋相对地说：

> 汝愚事亲孝，事君忠，居官廉，忧国爱民，出于天性。义端实忌贤，不可以不黜。❶

这等于是指责汪义端以祖宗法度为借口，忌贤害能。但事涉祖宗典故，赵汝愚等相当犹豫。经过一番反复，皇帝出面解释说，"高宗圣训本以折秦桧之奸谋"❷，言外之意是不必拘泥。几经周折，赵汝愚终于做了执政。

　　光宗在位的五年，在是否"朝重华宫"（孝宗所居宫）的君臣摩擦与尴尬中，匆匆而过。在人们眼中，由于其"政治日昏、孝养日怠"，致使"乾、淳之业衰焉"❸。孝宗去世之际，在迫使光宗内禅之幕后操作中，赵汝愚起着关键的作用。同样曾为嘉王府（宁宗赵扩即位前之藩邸）宫僚的彭龟年、黄裳，也都持积极的态度。当时，在内外汹骇的情势之下，他们所希望倚靠、所能够动员的主要是太皇太后吴氏；而他们所利用来穿针引线的人物——外戚、知阁门事韩侂胄，慈福宫内侍张宗尹及重华宫内侍关礼等人——正属于"祖宗法度"一向强调限制的类型。

　　但是，这并不意味着赵汝愚一派人物不以"祖宗之法"限制宗

---

❶《宋史》卷三九二《赵汝愚传》。
❷《续编两朝纲目备要》卷二，绍熙四年三月条。
❸《宋史》卷三六《光宗纪》赞语。

室外戚的规矩作为武器。宁宗初即位，以赵汝愚为右丞相。数月后，彭龟年上书，坚决反对外戚韩侂胄干预政事：

> 祖宗待外戚之法，远鉴前辙，最为周密：不令务政，不令管军，不许通宫禁，不许接宾客。不惟防禁之，使不害吾治，亦所以保全之，使全吾之恩也。❶

所谓"以保全之"这一理由，其实正合于宋高宗当年语及"不用宗室为宰相"之原因。

禅位六年后，光宗去世。在其丧礼活动的一系列文字中，群僚们围绕"祖宗之法"做足了文章。在其哀册中，奉承大行皇帝"远遵烈祖之制度，近守淳熙之规画"❷；上徽号册文中，赞誉其"家法继承，皇纲接统"❸；百官的谥议中，称扬先帝说：

> 述寿皇已行之规，期于必遵，以见继承之实；念祖宗已成之宪，自有深意，以塞更张之源。先器识而务典实，则鉴取士之家法；贵久任而重数易，则循命守之圣谟。尊老成以悦重华，扬宝册以庆慈福。业业孜孜，守以一道也。❹

而谥册中"临御六年之间，垂模亿载之远。有典有则，贻厥子孙，道在敬承，罔敢失坠"❺的说法，又把我们带回了北宋诸帝"谨守奉

---

❶ 彭龟年《止堂集》卷五《论韩侂胄干预政事疏》。
❷ 《宋会要辑稿·礼》三〇之七二。
❸ 《宋会要辑稿·礼》四九之八五。
❹ 《宋会要辑稿·礼》三〇之六五；四九之七九文字略有不同。
❺ 《宋会要辑稿·礼》三〇之七〇。

行，不敢失坠"的话语重叠之中。

宋宁宗的第一个年号是庆元（1195—1200）。宰辅们选定这一年号，应该说颇有深意。陈傅良执笔草拟的《庆元改元诏》，今存于《止斋先生文集》卷十。制敕全文如下：

> 敕：门下：朕以眇身托于兆人之上，惟日兢兢，惧无以绍列圣之休而对扬上皇之慈训也。永惟当今之务，何者为急？非欲百官修辅而民力裕钦？夫亲君子远小人，庆历元祐之所以尊朝廷也；省刑罚、薄税敛，庆历元祐之所以惠天下也。是彝是训，历年弥长；肆于中兴，举偏补敝，皆于此乎取法。克至今日，中外乂宁，朕幸蒙遗业，绳祖武，而敢一日忘此乎！掇取美号于纪元。《诗》云："不愆不忘，率由旧章。"盖庶几周成焉。其以明年为庆元元年。故兹昭示，想宜知悉。❶

一切取法于庆历元祐，绳祖武而由旧章，这是执政大臣赵汝愚等人为宁宗朝政治定下的基调。但就在改元诏书颁布的前后，朝廷中不同政治派别的立场已经鲜明地表现出来。

引起学者注意的标志性事件，即绍熙五年闰十月戊寅日（改元诏书面世前四日）朱熹因上疏忤韩侂胄，而被罢侍讲。朱熹承载士人厚望，而立于朝者仅四十日，成为随后"风流云散"的征兆。当时，"赵汝愚力谏，不听；台谏、给舍交章请留朱熹，亦不听。"❷

朱熹罢任出守，以宁宗的手诏内批付外执行，这也引起臣僚抗论。李壁即曾以"祖宗家法"为据，慷慨激昂地上言说：

---

❶《止斋集》卷一〇《内制》。
❷《宋史》卷三七《宁宗本纪》。

陛下始初临御，召熹劝讲，闻者无不兴起。盖以熹海内鸿硕，学术醇正，足以辅导圣质，开广德心。……今在朝甫四旬，得望清光，密输忠款，未数数也，而命忽中发，不由中书。何陛下始者召之之勤，而今者去之之亟也！祖宗立国，全在纪纲维持；命令必由三省，墨敕专行乃是衰乱之事。陛下始初清明，岂得效尤侧僻，尽弃家法！❶

宋人虽有"宁皇动法祖宗"❷之说，而实际上，宁宗是个木讷愚钝之人。从他在嘉王府的日子里，周围的师傅臣僚即不断向他灌输"祖宗家法"，收效似乎并不显著。他长期倚信的韩侂胄，荒疏于政事却热衷于弄权。由于韩侂胄与赵汝愚等人的政治冲突，导致"道学"成为官僚集团某些人口中的政治标签，引出了长达数年的"伪学"之禁❸。学术与政治取向、派别恩怨的缠绕纠结，至此而达到了极端。

面对着这样的帝王，"为君之难"，无疑一直徘徊于许多士大夫的脑际。袁说友曾经上奏说：

本朝太祖皇帝尝谓近臣曰："尔谓帝王可容易行事耶？"仁宗皇帝尝下诏曰："当念守文之难，敢忘置器之重。"祖宗念为君之难，其形诸诏诰者，不敢一毫有易心，故能垂裕于万世。此又陛下之家法也。❹

---

❶ 《西山集》卷四一《故资政殿学士李公神道碑》。
❷ 《四朝闻见录》戊集《罢韩侂胄麻制》目下"又臣僚上言"后之"考异"。
❸ 参见余英时：《朱熹的历史世界——宋代士大夫政治文化的研究》下篇第十一章《官僚集团的起源与传承》，页 623—685。
❹ 《东塘集》卷十二《君道状》。

韩侂胄被杀后，议及对金讲和事，宁宗向臣僚表示：

> 朕不惮屈己为民，讲和之后，亦欲与卿等革侂胄弊政，作家活耳。

所谓"作家活"，是指经营家业生计；以帝王之身而"作家活"，自应是经营祖宗基业、国计民生。当时在场的签书枢密院事林大中，事后将此"圣训"解释为"以革弊倖为经久之计"❶。但嘉定（1208—1224）时期"有更化之名，无更化之实"❷，苟且延宕十七年，以史弥远专政擅权而为后人所知。

理宗在位的四十年，朝政颇多起伏，他虽有"绍休圣绪"的志向❸，却未能与臣下共同挽狂澜于既倒。赵宋的统治终至走向末路。

宝庆元年（1225年）正月，雪川之变逼死了宁宗原定的接班人、时封济王的赵竑；同月，经筵开读《三朝宝训》，君臣从容讨论着"以仁立国"事。据《宋史全文》卷三一载：

> 甲申，程珌进读《三朝宝训》，奏曰："艺祖皇帝受禅之初，与三军约，不许杀戮一人。自后圣圣相承，守为家法。"
>
> 上曰："祖宗以仁立国，朕当以仁守之。"
>
> 上问曰："《宝训》中云治世少而乱世多，君子少而小人多，何也？"
>
> 珌奏："治世所以少，乱世所以多者，正缘君子少而小人多。盖君子初未尝少，圣君出而君子多；小人初未尝多，庸君

---

❶ 《宋史》卷三九三《林大中传》。

❷ 参见《西山集》卷四四《赵华文墓志铭》、《宋史》卷三九八《倪思传》。

❸ 《咸淳临安志》卷一《复古殿》条引理宗"御制记"。

出而小人多。"

　　上曰："然。"

此后，无论是理宗受制于史弥远的"渊默"阶段，还是他亲揽朝政的时期，"君子"、"小人"的调子，一直流行于朝廷之上。

　　绍定六年（1233 年）十月权臣史弥远死后，理宗亲政，"赫然独断"而意欲对于家国颓势有所振饬。身负天下重望的名臣真德秀、魏了翁、洪咨夔等人被宣召重用，皇帝"厉精为治，信向真、魏"，一时间，朝政似有新的气象❶。端平（1234—1236）年间的"更化"曾被艳称为"小元祐"，其后的淳祐（1241—1252）时期，也曾被称为"又一端平"。而这批当世名臣心目中的"当今急务"，仍然不脱于"君子"、"小人"之分。

　　绍定六年冬，当理宗问询"鲠亮忠悫"的洪咨夔以"今日急务"时，他对以"进君子而退小人，开诚心而布公道"❷；端平元年，"望之者无不以公辅期之"的真德秀，入见，首进《大学衍义》，"复陈祈天永命之说"❸；次年，"上因民望而并招之"的魏了翁，"入对，首乞明君子小人之辨，以为进退人物之本，以杜奸邪窥伺之端。"❹"可为朝廷重"的崔与之，力辞宰执之任，理宗"乃访以政事之孰当罢行，人才之孰当用舍"，崔与之回答说："天生人才，自足以供一代之用，惟辨其君子小人而已。……用人之道，无越于此。"❺

---

❶《宋季三朝政要》卷三，景定五年十月条。
❷《宋史》卷四〇六《洪咨夔传》。
❸《宋史》卷四三七《真德秀传》。
❹《宋史》卷四三七《魏了翁传》。
❺《宋史》卷四〇六《崔与之传》。

"明君子、小人之辨"的关键，被认为在于君主的正心诚意。在宋代三百年的历史中，这始终是士大夫们反复进谏、讨论不完的话题；也是看似抓住了实质所在，却又无法自根本上解决的问题。具体到南宋后期，这一主张明显的思考误区之一，在于它期待"尧舜之君"，认定"君子"即能够成功治理国家；而所谓"君子"，又主要是根据其操守学行进行判断的。

《尚书·召诰》中的"祈天永命"之说，成为当时儒家士大夫揭举以救国运的鲜明旗号。嘉定六年（1213年），真德秀曾经对宁宗说：

> 深惟今日之势，必也君臣上下皆以祈天永命为心，然后可以安元元、固社稷，销未形之变，迓将至之休。❶

能够反映出真德秀之胆魄与识见的，是三年前，他担任秘书郎兼学士院权直时，面对宁宗侃侃而论，阐发"公议"的一番话：

> 臣闻天下有不可泯没之理，根本于人心、万世犹一日者，公议是也。自有天地以来，虽甚无道之世，破裂天常、戕坏人纪、敢为而弗顾者，能使公议不行于天下，不能使公议不存于人心。善乎先正刘安世之论曰：公议即天道也。天道未尝一日亡，顾所在何如耳！❷

从北宋的刘安世到南宋的真德秀等人，视"公议"、"人心"为"天

---

❶ 《西山集》卷三《直前奏劄一》。
❷ 《西山集》卷二《庚午六月十五日轮对奏札二》。

道"的体现，以此作为制约皇权的理据 ❶。其后，在南宋晚期的六十年中，"天道""天理"讲说更盛，与此同时，士大夫胸中的这股浩然之气却日渐销蚀。

南宋晚年 ❷，自宁宗后期始，从朱熹、张栻的学生吴猎、曹彦约，再到真德秀、魏了翁、陈贵谊、包恢、赵必愿、王埜、徐元杰乃至牟子才、杨文仲等，几乎形成了宣扬"祈天永命"的"话语圈"。度宗也曾在讲筵中提到：

> 先帝圣训有曰："得圣贤心学之指要，本领端正，家传世守，以是而君国子民，以是而祈天永命，以是而贻谋燕翼。"大哉先训，朕朝夕服膺。❸

嘉定六年十月，真德秀向宁宗进"祈天永命六事"；十二年后，宝庆元年（1225年）六月，真德秀藉奏对垂拱殿之机，力劝初即天子之位的宋理宗"容受直言，祈天永命，用贤臣，结人心，为自立根本"❹。针对雪川之变，他直截了当地批评理宗"处天伦之变未尽其道"，极论"三纲五常所以扶持天地"的道理，并且劝告皇帝"此既往之咎而臣犹有言者，欲陛下知此一大欠阙，自此益进圣学、益修圣德。"❺他苦心孤诣地强调说：

---

❶ 王瑞来认为，在宋代，"祖宗法"与"公议"是限制皇权极端化的两大利器。见氏著《宋代の皇帝权力と士大夫政治》，页508。

❷ 胡昭曦先生在《宋理宗·宋度宗》一书的前言中，谈到晚宋史的分期，认为"就政治史的发展而言，其晚期历史大致是从宋宁宗嘉定元年（1208年）到南宋灭亡（1279年），共约72年"。见该书页1—2。

❸ 《宋史》卷四二五《杨文仲传》。

❹ 《宋季三朝政要》卷一。

❺ 《鹤山集》卷六九《参知政事资政殿学士致仕真公神道碑》。

惟我祖宗继天立极，其于事亲教子之法、正家睦族之道、尊主御臣之方，大抵根本仁义。故先朝名臣或以为家法最善，或以为大纲甚正，或以为三代而下皆未之有。猗欤休哉！圣子神孙所当兢兢保持而勿坠也。**❶**

绍定二年（1229年），真德秀为陈均所作纲目体史书《皇朝编年举要备要》作序，五年为《续通鉴长编要略》作序，都将书中所载"圣祖神孙之功德、元臣故老之事业"与"祈天永命、植国于千万祀"的目标联系在一起**❷**。

这些一时名臣为"祈天永命"开列的药方，小异而大同。其中比较有代表性的，是前举真德秀任起居舍人时，于嘉定六年十月向宁宗奏进的《直前奏札》。这篇奏札列举了"祈天永命"之六事，综括其基本主张，大致为诏求言、召和气，守家法、恢远图，惩贪吏、慰民情，禁苛征、纾民力，宽刑狱、用中典，以宽恕待士大夫。而最具"南宋特色"、最值得体味的，是其中的第二条：

> 昔商周君臣更相启告，不曰"率乃祖攸行"，则曰"监于先王成宪"。由古暨今，未有作聪明、改法度而天下久安者。臣观三代而下，治体纯粹莫如我朝，德泽深厚亦莫如我朝：盖其立国不以力胜仁，理财不以利伤义，御民不以权易信，用人不以才胜德。圣子神孙世守一道，故虽强不如秦、富不如隋，机变之巧不如齐晋，材能之盛不如武宣，然其恩结乎人心，富

---

❶《西山集》卷四《召除礼侍上殿奏札一》。
❷《西山集》卷二七《〈皇朝编年举要备要〉序》、卷二九《〈续通鉴长编要略〉序》。

498

藏乎天下，君民相孚而猜忌不作，材智不足而忠信有余。社稷长远赖此而已。……惟陛下察截截之谝言，守闷闷之家法，舍一时之近效，恢长世之远图：此祈天永命之二事也。

所谓"治体纯粹"的"闷闷之家法"，显然是要强调其德泽深厚、不事张扬而务实低调。但我们也看到，这些鞠躬尽瘁、一心致治的士大夫，已经失去了他们的前辈士大夫谈论"家法"时的锐气与果决，也失去了对于"家法"的总体把握与创新力。在奏章结束之前，真德秀又强调了"君德""民心"二者：

> 昔周至成王，天下既极治矣，而召公作诰，一则曰"祈天永命"，二则曰"祈天永命"，若不能以朝夕安者。盖天命靡常，圣贤所畏，而况今乎！然尝反覆《召诰》一篇，其纲目不过二事，曰敬德，曰小民而已。盖国之将兴，不在强兵丰财，而在君德；国之将亡，不在敌国外患，而在民心。此召公所以勤勤于戒王，而臣复推演之为陛下告也。[1]

真德秀、魏了翁等人，当理宗中期再度入朝后，怀着"老臣事少主"的"惓惓之心"[2]，却只能再三再四申进"祈天永命"之说，重祭"祖宗家法"大旗。绍定五年（1232年）九月，被任命为户部尚书的真德秀利用"内引"的机会，当面向皇帝再度提及上述奏议，他回忆了嘉定中当"鞑日以兴，金日以削"之际，"进祈天永命之戒"的经过，继而沉重地批评道：

---

❶ 《西山集》卷三《直前奏札一》。
❷ 见《大学衍义》卷二八《召诰》条真德秀语。

权臣寡识，懵不之省。自是二十余年，德政未尝增修，人心惟益咨怨。所谓"祈天永命"之言，直视以为迂阔；而欺天罔人之事则益甚焉。

联系到绍定政局，他痛感"因人事以推天心，殆有甚可惧者"，于是"复进祈天永命之说"：

然所谓祈者，岂世俗禬禳小数、谄渎鬼神之谓也！稽诸《召诰》，曰敬德，曰小民而已。……然召公既曰敬德，又必以小民参之，何邪？盖天之视听因民之视听，民心之向背即天心之向背也。❶

这种认识，立足于"天之所助者，顺人之所助者"的理念。真德秀、魏了翁等人一方面"直声震朝廷"❷，苦口婆心地劝导帝王信守家法，修行德政；另一方面，即便他们自己，也明明白白地看出了朝廷政治的走向，"祈天永命"的提出，正是万般无奈之下冀求有所奋起的反映。

《宋史》卷四三七《魏了翁传》中有这样一段话：

了翁念国家权臣相继，内擅国柄，外变风俗，纲常沦致，法度堕弛，贪浊在位，举事弊蠹，不可涤濯。遂应诏上章论十弊，乞复旧典以彰新化：

一曰复三省之典以重六卿，二曰复二府之典以集众议，三

---

❶ 《西山集》卷十三《召除户书内引札子一》。
❷ 《宋史》卷四三七《真德秀传》。

日复都堂之典以重省府，四曰复侍从之典以来忠告，五曰复经筵之典以熙圣学，六曰复台谏之典以公黜陟，七曰复制诰之典以谨命令，八曰复听言之典以通下情，九曰复三衙之典以强主威，十曰复制阃之典以黜私意。

疏列万言，先引故实，次陈时弊，分别利害，粲若白黑。

这段话中引起我们注意的，是"乞复旧典以彰新化"句。

这篇万言疏，进呈于端平元年，今载《鹤山先生大全文集》卷十八，题为《应诏封事》。本传文字中凡作"复……之典"者，在其奏议原文中皆作"复……旧典"。在陈述"旧典"之前，魏了翁语气迫切地说：

今陛下始亲政事，登吁众俊，弼辅丞疑之选，言语侍从之臣，下逮百司，旷然丕变。失此时而不复旧典，则将日远日忘，孰为可望之时乎！

该文既综论，又贴黄；贴黄之下，再附贴黄；十事之后，又复陈辞。惓惓忧国忧民之心，跃然纸上。但痛斥时弊之后，却只能徘徊于祖宗旧典的窠臼中，拯时救弊措施软弱苍白。

不仅清议、时贤之代表人物如此，理宗自"端平更化"以来所任用的宰相郑清之、乔行简、崔与之、史嵩之等人，以及淳祐以后的杜范、吴潜、董槐、程元凤等人，虽多有时望，却终于未能扭转颓运。理宗的用人不专，甚至"事多内出"❶，在当时为人所共知。蒙古崛起，外有强敌，朝廷君臣应对不暇，内部制度环

---

❶《竹溪鬳斋十一藁（续集）》卷二三《后村刘公行状》。

境积重难返。运势已去，徒唤奈何。淳祐十一年（1251年）五月一日，刚到阙下不久、身任太常少卿直学士院的刘克庄，进《召对札子》，痛切地回顾了端平以来近二十年的"更化"历程，他说：

> 陛下慨然改号端平，一变之功，侔于元祐。不幸金灭鞑兴适丁是时，外患之来势如风雨。谓宜坚初志、修内治以待之；执事者方咎用贤之无益，疑更化之致寇。再变而为嘉熙，三变而为淳祐，皆求以愈于端平也，然而足（卒？）不能有所愈也！于是四变而为乙巳，五变而为丁未，其间岂无贤揆？率不能久，局面随之而变。

> 此如沉痼之人，屡汗屡下之余，难乎其处方矣！夫亟易相而图任靡终，数更化而规模不立，此所以每变而愈下欤？[1]

在理宗朝，宋廷终于失去了它得以自救的最后一个机会。

三 附谈"祖宗之法"的诠释与 "祖宗"形象的塑造： 从北宋中期到南宋后期

从历史上看，对于祖宗朝法度的肯定与追念，通常产生于参政议政者们针对目前形势的反思之中。唐代总结太宗治国之法的《贞观政要》，出现于经历过数十年曲折之后的开元时期；对于祖宗治

---

[1] 《后村集》卷五二《召对札子》。

世的怀恋，盛于中唐以后。这种背景，使得被追忆的祖宗法度不可避免地带有自后人出发的主观色调。赵宋亦同样如此。

在许多宋人心目中，赵宋的"祖宗"，就是"祖宗之法"的人格象征。而他们所称道的"祖宗之法"，既是列祖列宗所确立的诸多规矩之总括，也是其中体现的调整内外关系准则之通称；它不仅包括某些可列举的具体内容，更包括渗透于社会政治生活各个方面的防微杜渐精神。作为集合性概念，"祖宗之法"界域的模糊性，使得它相对富于弹性，便于有针对性地发挥引申；同时，也使得对于它的解释有可能歧异纷纭。至于"祖宗之法"究竟应该包括哪些具体内容，即使在宋代，也是言人人殊。不同时期，在不同政治群体的心目中，显然有着不同的祖宗之法；它依照人们的不同理解，而凸显出不同的侧重面。

（一）对于"祖宗之法"的主观认识

从宋代的政治实践来看，所谓"祖宗之法"，从标树到运用，无不与朝廷的现实生活紧密相关。既然如此，在面临政策抉择之际，士大夫阐论己见之时，议论者心中、口中的"祖宗之法"，必定带有倡行者的主观认识色彩。它不一定是祖宗们创法立制原意不折不扣的反映，而可能是寄寓着后人理想、有赖于后人阐发（甚至经过改造）而被述说为"祖宗之制"的。对于"祖宗之法"，两宋士大夫有一些基本的共识；但在不同社会群体的心目中，应该效行的具体内容并不相同，即便是同一群体，由于时移事变，对于祖宗之法的理解也会有所不同。

仅以对于仁宗之政的认识为例。

当庆历（1041—1048）前后范仲淹和他的同道同志者走向朝廷的政治核心时，他们都希望能够从"前代帝王之道"及"今朝祖宗之烈"中寻求治世之道的思想资源，以解决"纲纪制度日削月侵"的问题 ❶。富弼要求编类三朝故典，是由于"近年纪纲甚紊"，未能谨守祖宗成法；石介也认为"苟更能斟酌祖宗垂宪，效而行之，可谓《韶》尽美矣，又尽善也"❷。

皇祐元年（1049 年），文彦博《上仁宗论治必有为而后无为》，提醒皇帝：

> 臣以为方今之务，正在谨守祖宗之成法，使爵赏刑罚不失其当矣。……纪纲正而朝廷尊，号令行而天下服。❸

嘉祐四年（1059 年），司马光向仁宗进《五规》，其《惜时篇》中着意强调：

> 夫继体之君，谨守祖宗之成法，苟不骤之以逸欲，败之以谗谄，则世世相承，无有穷期。❹

从上述章奏的内容来看，无论在仁宗当政的前期、中期或是后期，范仲淹、富弼、石介、文彦博、司马光等人都不曾认为他是祖宗法度的模范继承者。然而，到了四五十年以后，宋仁宗的形象却似乎有所转变，俨然成为祖宗之法的化身，成为后世帝王所应直接取法的榜样。

---

❶ 《范文正公政府奏议》卷上《答手诏条陈十事》；《宋朝诸臣奏议》卷十二《君道门·法祖宗》。

❷ 《徂徕集》卷十八《三朝圣政录序》。

❸ 《宋朝诸臣奏议》卷八《君道门·政体》。

❹ 《温公集》卷十八《进五规状·惜时》。

哲宗元祐（1086—1094）年间，忧心国是的范祖禹再三上言，请"专法仁宗"❶。元祐七年三月，他在《迩英阁奏对札子》中说：

> 臣掌国史，伏睹仁宗皇帝在位四十二年，丰功盛德固不可得而名言，所可见者，其事有五：畏天、爱民、奉宗庙、好学、纳谏。仁宗能行此五者于天下，所以为仁也。……臣愿陛下深留圣思，法象祖宗，日新辉光，昭示所好，以慰答群生之望，则天下幸甚。❷

同年十二月，范祖禹采集"仁宗圣政"三百余事，编录为《仁皇圣典》六卷进呈，并且再次将"法祖宗"落实到"专法仁宗"：

> 修德之实，唯法祖宗。恭惟一祖五宗畏天爱民，后嗣子孙皆当取法。惟是仁宗在位最久，德泽深厚，结于天下，是以百姓思慕，终古不忘。陛下诚能上顺天意，下顺民心，专法仁宗，则垂拱无为，海内晏安，成康之隆不难致也。❸

自然，数十年前的仁宗之政不可能改变；有所改变的，是一些士大夫对于仁宗之政的看法。而这种看法的转变，显然与王安石变法在士大夫层中激起的认识反弹有关，是时移事变的结果。

南宋理宗淳祐（1241—1252）时，吕中在《类编皇朝大事记讲义》中也说：

---

❶ 《范太史集》卷二四《迩英留对札子》。
❷ 《范太史集》卷二三，据《国朝诸臣奏议》卷十二《上哲宗乞法仁宗五事》校。
❸ 《范太史集》卷二四《迩英留对札子》。

汉唐而下言家法者，莫如我朝；我朝家法之粹者，莫如
仁宗。❶

士大夫心中、笔下的这种差异，并不完全是看法上的错位。对于祖
宗朝、仁宗朝的认识，都是反思现实政治的结果，都是在比较中形
成的；"祖宗之法"也不是虚幻的抽象，不是独立的实体，对于它
的理解，始终是嵌在当年的政治情境、政治话语之中的。

观察赵宋的"祖宗观"与"本朝史观"，既要注意宋代士大夫
对于祖宗、对于本朝历史的基本看法，也要注意他们如何通过阐发
弘扬来培育、来强化这种认识。"道理最大"说的申说与阐发，正
是这种努力的例证之一。

（二）"道理最大"说的提出及其阐发

宋朝相对宽松的政治环境，是许多研究者直接或间接提到过
的。在宋人心目中，也将开国以来迥然有别于前朝的政治基调看得
很重，宋初统治者思想中的理性成分被后人充分地开掘、阐发。构
成"祖宗之法"基本内容的，有一些标志性、易懂易记的言辞警
句；感受到王朝政治命运起伏的压力，焦虑于时事而又渴求精神支
持、需要论证依据的士大夫们，经常会郑重地予以引述。这也更促
使这些说法得以广泛流传。

在诸多"说法"之中，所谓"道理最大"，是经常被征引的
一项。

这一说法的出处，来自沈括《梦溪笔谈·续笔谈十一篇》，其
中有这样一条记载：

---

❶《宋大事记讲义》卷十九《哲宗皇帝·家法》。

太祖皇帝尝问赵普曰："天下何物最大？"普熟思未答间，再问如前，普对曰："道理最大。"上屡称善。

　　根据沈括如上的叙述，"道理最大"说出现于太祖之时，而且受到太祖的充分肯定。这番问答，无疑有资格被时人认定为"祖宗"的"宝训"、"圣政"。今天的研究者也十分重视当时的这一提法，并曾指出它与两宋士大夫政治之间的关系❶。但多少有些奇怪的是，与"道理最大"相关的记载，在现存的北宋史料中，似乎仅见于沈括笔下。

　　《续笔谈》成书于元祐后期❷，时距太祖君臣对答已有一个世纪以上。该对话沈括自何处听来、得来，已经无从追溯。记载这条材料的《续笔谈》，或因其晚出，流传征引不似《笔谈》广泛❸，其中有关"道理最大"的故事，看起来北宋时影响面相当有限。即便我们相信此说，或者推测有更早、更直接的记述曾经存在，我们也难免心存疑问，感到这一说法，至少在北宋士大夫的心目中，并未受到特殊的重视。

　　记载中向太祖提出了"道理最大"说的赵普，还曾向太宗提出过另一"最大"说。在《续资治通鉴长编》卷二七中，有这样一段叙述：雍熙三年（986年）五六月间，时为武胜节度使兼侍中的赵普，听说北伐不利的消息，上手疏进谏，并且将自己的观点总结为如下的一句话：

---

❶ 参见张其凡：《宋初政治探研》卷一《北宋"皇帝与士大夫共治天下"略说》，《赵普评传》第九章《赵普的政治思想》；张邦炜：《宋代皇亲与政治》导言、余论；程民生：《论宋代士大夫政治对皇权的限制》，《河南大学学报》1999年3期，页56—64。

❷ 参见徐规：《沈括事迹编年》，载《仰素集》，页277。

❸ 沈括《续笔谈》见于尤袤《遂初堂书目·小说类》，而不见于晁公武《郡斋读书志》、陈振孙《直斋书录解题》及马端临《文献通考·经籍考》。

　　　　有道之事易行，无为之功最大。

"无为之功最大"的说法，与宋初黄老思想的流行与影响有关；而将其与"有道之事"并称，则使人们联想到"道理最大"一说。无论是"道理"之说还是"有道"之说，都是针对当时的政治现实而言，强调符合治道的合理原则，而非志在阐发天道、义理。

　　结合宋初的政治实践来看，有关"道理最大"的对话之意义，在于它反映出当时决策层施政措置中明显的理性趋向。这一说法被后人引述时，往往是用以赞颂宋太祖赵匡胤之卓越识见的；而细究其实，所谓"最大"一语，却恰恰是用以限制至高无上的帝王之统治行为的。逢长期动乱之后，"道理"被再度凸显，成为辨识判断与政治措施的依据，这有着显著的积极意义。

　　"道理最大"说建立起一种独立于君王欲念之外的客观标准，在一定程度上可以说是对于"君王至上"体制的一种精神限制。这一说法尽管简单，却是深思熟虑（"熟思"）的结果，人们相信它出自太祖的辅弼近臣、善于审时度势的赵普之口。正因为如此，文天祥指称"道理最大"为"韩王有德之言"❶。

　　"道理最大"之说，其实算不上赵宋统治者的发明。关于所谓"道理"，前代的统治者不能说未曾重视。秦始皇刻石琅琊台，其歌咏秦德的颂词中就说：

　　　　维二十八年，皇帝作始。端平法度，万物之纪。以明人事，合同父子。圣智仁义，显白道理。东抚东土，以省卒士。❷

---

❶《文山文集》卷八《回吉守李寺丞芾》。
❷《史记》卷六《秦始皇本纪第六》。

唐代贞观年间太宗君臣讨论治道时亦曾多次谈及"道理"。王方庆缀辑于唐高宗时的《魏郑公谏录》卷三《对齐文宣何如人》中，记载着这样一段对话：

> 唐太宗谓侍臣曰："齐文宣何如人？"
>
> 公（魏徵）对曰："非常颠狂。然与人共争道理，自知短屈，即能从之。臣闻齐时魏恺先任青州长史，尝使梁还，除光州长史，不就。杨遵彦奏之。文宣帝大怒，召而责之。恺曰：'臣先任青州大藩长史，今有使劳，更无罪过，反授小州，所以不就。'乃顾谓遵彦曰：'此汉有理。'因令舍之。"
>
> 太宗曰："往者卢祖尚不肯受官，朕遂杀之。宣帝虽颠狂，尚能容止此事，朕所不如也。祖尚不受处分，虽失人臣之礼，朕即杀之，大是伤急。一死不可再生，悔所无及！宜复其官荫。"

《贞观政要》卷六《慎言语第二十二》也记载了如下一件事：

> 贞观二年，太宗谓侍臣曰："朕每日坐朝，欲出一言，即思此一言于百姓有利益否，所以不敢多言。"
>
> 给事中兼知起居事杜正伦进曰："君举必书，言存左史。臣职当兼修起居注，不敢不尽愚直。陛下若一言乖于道理，则千载累于圣德，非止当今损于百姓。愿陛下慎之。"
>
> 太宗大悦，赐绢百段。

贞观十年（636年），太宗因祖护所宠异的越王而引起魏徵"正色进谏"，太宗于是对群臣说：

> 凡人言语，理到不可不伏。朕之所言，当身私爱；魏徵所
> 论，国家大法。朕向者忿怒，自谓理在不疑，及见魏徵所论，
> 始觉大非道理。为人君言，何可容易！❶

而在太宗责备辅臣李靖等思虑不周时，也是批评其"大非道理"❷。

以上所说"道理"，事实上就是指理由、事理或者情理，指言行、治事应该遵守的轨范。魏徵、杜正伦都以"道理"作为依据来评议君主、规谏君主，而君主也以"道理"作为衡量是非的标准。杜正伦从其职事出发的谏言，所谓"非止当今损于百姓"之说，立论之基点显然是对帝王形象的维护；尽管当时没有冠以"最大"二字，但"陛下若一言乖于道理，则千载累于圣德"的说法，也揭举出"道理"作为至上标准的警示之义。

尽管北宋史料中很少直接引述"道理最大"者，但君臣之间有关"道理"的议论却颇为不少。其中影响较大的一例是，元祐元年（1086年）十二月，学士院出题策试馆职。围绕苏轼所出策题，在朝廷上掀起了轩然大波。左司谏朱光庭、御史中丞傅尧俞、侍御史王岩叟等人认为苏轼"不当置祖宗于议论之间"，要求惩戒"为臣不忠"之罪。当时临朝听政的太皇太后高氏，出于对朋党相争的戒惕，并不赞成如此小题大做。在傅尧俞、王岩叟等人的追问之下，她断然否认有偏袒苏轼之意，王岩叟等进而紧逼说：

> 陛下不主张苏轼，必主张道理，愿于道理上断事。❸

---

❶《贞观政要》卷二《纳谏第五》。
❷《贞观政要》卷五《忠义第十四》。
❸《长编》卷三九四，元祐二年正月辛未条。

510

这句话虽然使高氏感受到压力，却未能结束殿廷上的激烈争辩，关键显然在于双方所认定、所执持的具体"道理"并不相同。

除去通常是指情由、事理，指具体原则之外，在有些场合下，"道理"用来指称带有根本性的规律、法则。例如宋太宗雍熙元年（984 年），

> 上尝语宰相曰："统制区夏自有道理。若得其要，不为难事。必先正其身，则孰敢不正？若恣情放志，何以使人凛惧！朕每自勉励，未尝少懈。"❶

到北宋中期，这一类用法逐渐增多。熙宁年间，以"变风俗，立法度"为宗旨的新法迅疾推开，人才问题成为突出的"瓶颈"：

> （王）安石因言今文章之士不难得，有才智实识道理者至少。上以为识道理者殆未见其人。❷

作为根本性法则的"道理"，不止是指治国之道。熙宁五年（1072 年）五月，宋神宗与宰辅王安石、冯京等人讨论"一道德"之说，有一番关于"道理"的对话：

> 王安石说道："臣观佛书，乃与经合。盖理如此，则虽相去远，其合犹符节也。"
>
> 神宗接着说："佛西域人，言语即异，道理何缘异！"

---

❶《长编》卷二五，雍熙元年十二月甲辰条。
❷《长编》卷二一五，熙宁三年九月壬子条。

王安石："臣愚以为苟合于理，虽鬼神异趣，要无以易。"

神宗："诚如此。"❶

在这里，神宗口中的"道理"，实际上即是王安石所说的"理"。这使我们联想到北宋中期儒家学者对于"道德性命之理"的探讨与追求，联想到"理"之内涵"由认知性向本体性升华"的过程❷。

北宋后期蔡卞在讲到王安石的学术贡献时，说：

自先王泽竭，国异家殊。由汉迄唐，源流浸深。宋兴，文物盛矣，然不知道德性命之理。安石奋乎百世之下，追尧舜三代，通乎昼夜阴阳所不能测，而入于神。初著杂说数万言，世谓其言与孟轲相上下。于是天下之士始原道德之意，窥性命之端云。❸

理学家以"道理"为其学说中最重要的范畴，二程即曾明确地将"天理"称为"道理"：

天理云者，这一个道理更有甚穷已？不为尧存，不为桀亡。……这上头来更怎生说得存亡加减？是它元无少欠，百理具备。❹

---

❶ 《长编》卷二三三，熙宁五年五月甲午条。

❷ 参见关长龙：《两宋道学命运的历史考察》，页33，学林出版社，2001年。

❸ 《郡斋读书志校证》卷十二"王氏杂说十卷"，以同书卷十九"王介甫《临川集》一百三十卷"下引文字校正。

❹ 《二程遗书》卷二上《元丰己未吕与叔东见二先生语》。

"元无少欠"的"道理"，无疑是至高无上的。

在北宋中期整体学术氛围的影响下，伴随理学的形成与发展，出现了一个对于以往文本重新解读的过程。士大夫们逐渐倾向于将"道理"上升到"天理"层面予以阐发；而"道理最大"说正是随着这一情势的发展，得到了重新解释。

有学者指出，所谓"道理最大"，是在文彦博所谓皇帝"为与士大夫治天下"的语境中才被士人们确认其意义的。在普遍的皇权世界中，士大夫只有借用绝对的和超越的领域，来制约无边的皇权。也就是说，士大夫所能够依靠的只有至高无上的"道理"[1]。南宋大儒朱熹在对他的学生们讲谈治国之道时，曾经说：

> 天下事有大根本，有小根本。正君心是大本。其余万事各有一根本。[2]

注重"根本"与注重"道理"，实际上反映出同样的理念与追求。正是在这种认识推动下，原本平实朴素的"道理最大"一语，被赋予了无尽的意义。南宋的儒生士大夫纷纷将自己迭出的新见、理解与创获，纳入到对于"祖宗圣训"的诠释体系中。

绍兴（1131—1162）年间，李季可作《松窗百说》[3]，其中的"朱五经"条，提及"道理最大"事，说：

> 昔我太祖皇帝尝问忠献赵普曰："天下何者最大？"普曰：

---

[1] 葛兆光：《拆了门槛便无内无外：在政治、思想与社会史之间——读余英时先生〈朱熹的历史世界〉及相关评论》，《当代》198 期，2004 年 2 月号，86—96 页。

[2] 《朱子语类》卷一〇八《论治道》。

[3] 该书成书年代不详，但王十朋、曾几、史浩为其所作跋语，皆在绍兴末年。

"道理最大。"上深以为然。所以定天下垂后世者，莫不由之。

从沈括笔下的"上屡称善"到此时的"所以定天下垂后世者，莫不由之"，显然已经从总结祖宗经验的角度上了一个台阶。

宋孝宗乾道五年（1169年）三月，明州州学教授郑耕道在进对中提到赵普与太祖关于"道理最大"的对话，并且说，"夫知道理为大，则必不以私意而失公忠。"孝宗肯定说："固不当任私意。"针对这番对话，纂辑《中兴两朝圣政》的留正等人发挥道：

> 天下惟道理最大。故有以万乘之尊而屈于匹夫之一言，以四海之富而不得以私于其亲与故者。……寿皇圣帝因臣下论道理最大，乃以一言蔽之曰：固不当任私意。呜呼，尽之矣。❶

这番议论似乎全属"套话"，实际上其中颇有"道理"。留正等人所说，将"道理最大"视为帝王有可能"以万乘之尊而屈于匹夫之一言，以四海之富而不得以私于其亲与故"的缘由，透露出"道理"对于帝王可能具备的规范作用，而这正是士大夫们无限推崇"道理"的重要原因。

两年之后，孝宗再度与辅臣提到祖宗时的这一说法：

> 上曰："朕于听言之际，是则从之，非则违之，初无容心其间。"
>
> 梁克家奏："天下事惟其是而已，是者，当于理之谓也。"
>
> 上曰："然。太祖问赵普云：'天下何者最大？'普曰：

---

❶ 《中兴两朝圣政》卷四七，乾道五年三月戊午条。

'惟道理最大。'朕尝三复斯言，以为祖宗时每事必问道理，夫焉得不治？"

我们又看到"臣留正等"曰：

> 天何言哉！四时行焉，百物生焉，夫天之所以能成造化之功者，以其无容心也。是以生育肃杀自然有至理寓乎其间。夫圣人之心亦如是而已。举天下之事，是非利害杂然至乎其前，而吾一概以无心处之，方寸湛然，处处洞彻，天下之事焉往而不得其当哉！臣知艺祖之心、寿皇之心即天之心也。❶

留正等人将赵普当年所说"道理"引申到"天心"、"至理"的高度，并且将此意加诸于"艺祖之心"，不知太祖君臣对此会做何感想。若能起赵普于地下，精吏干而"寡学术"的他，在后人阐发的这番有关"道理最大"的"大道理"面前，恐怕要喟叹弗如了。

"道理最大"作为"家法最善"之组成部分，频频出现于南宋后期的臣僚章奏、士大夫议论之中。淳祐间，时为侍左郎官的徐元杰上奏，讲到其师真德秀教授的"君臣交际之礼"，并且说：

> 陛下为四海亿兆万姓纲常之主，大臣身任道揆扶翊纲常者也。《孝经》曰：天子有争臣七人，虽无道，不失其天下。况有道之世，市议道谤，其可咈哉！天地间惟道理最大，人言之所以必争者，顾惜此耳。❷

---

❶《中兴两朝圣政》卷五○，乾道七年四月庚戌。
❷《楳埜集》卷三《甲辰冬轮对札子》。

淳祐九年（1249年），吴渊在其为《鹤山先生大全文集》所作
之序中称：

> 艺祖救百王之弊，以"道理最大"一语开国；以"用读书
> 人"一念厚苍生。文治彬郁，垂三百年，海内兴起未艾也。

这一说法表述比较平易，对"道理最大"说的政治估价却相当之
高，实际上是视该说为赵宋开国致治的基调了。

与褒崇理学的思想氛围相呼应，南宋后期的儒者致力于阐发
"道理最大"说中的义理含意。淳祐七年，前兴国军军学教授刘实
甫在为《类编皇朝大事记讲义》所作序文中强调说：

> 尝拜观艺祖皇帝问赵普曰："天下何物最大？"普对曰：
> "道理最大。"此尧舜之问，稷契之对也。我朝所以理学昌明
> 者，其论已兆于此。而国家延洪之休所以超轶汉唐者，徒恃有
> 此义理耳。舍义理而言治，非知言者也。

他努力开掘这番问答中深奥的义理内涵，认定北宋初年的"道理最
大"说为宋朝"理学昌明"之朕兆，并且将"国家延洪之休所以超
轶汉唐"的原因归结至此。

宝祐元年（1253年），姚勉在其廷对中写道：

> 天开我朝，道统复续。艺祖皇帝问赵普曰："天下何物最
> 大？"普对曰："道理最大。"此言一立，气感类从；五星聚
> 奎，异人间出：有濂溪周惇颐倡其始，有河南程颢程颐衍其
> 流，有关西张载翼其派；南渡以来，有朱熹以推广之，有张栻

以讲明之。于是天下之士亦略闻古圣人之所谓道矣。❶

姚勉从宋初"道理最大"的对答中绎绎出有宋之"道统"谱系，勾勒出覆盖天下之道学流派。这种搜源探流、由此及彼的功夫确实令人钦佩，而他自己也凭藉这份"一笔万言，水涌山出"❷的殿试对策获取为当年状元。

景定五年（1264年）理宗去世后，议谥于朝堂，群臣斟酌再三，最后选定谥曰"理"。据周密说，

　　盖以圣性崇尚理学，而天下道理最大，于是人无间言。❸

掩映于"道理最大"这面旌旗背后的，其实是当时士大夫们的痛苦与无奈。宋季士风平弱芜浅，理学门徒往往囿于"正心""诚意"而不能针对时事有确当发明。痛感国势日去，却无力挽狂澜于既倒。所谓"明其道不计其功"的追求，在严酷的社会现实面前，其局限性暴露无遗。"道理最大"之说三番四复挂于口头，却终究未能寻得治国治世抵御外侮之具体"道理"❹。

咸淳四年（1268年）十月，度宗临轩策试进士，试题中先声说一番"自身而家，自家而国"、"天下虽大，治之在道；四海虽广，治之任心"的道理，继而说，

　　惟我艺祖以"何物最大"质之元臣，上接三圣传心之印；

---

❶ 《雪坡集》卷七《策·癸丑廷对》。
❷ 见《雪坡集》卷七该对策所附考官评语。
❸ 《齐东野语》卷十六《理度议谥》。
❹ 可参看黄宽重：《晚宋朝臣对国是的争议——理宗时代的和战、边防与流民》。

洞开诸门,"正如我心",用肇造区夏,丕式于后之人。朕获承
至尊休德,乃念为君之难。❶

次年初,时任嘉兴知府的文及翁作《传贻书院记》,其中一段,
几乎是照搬了数月前的进士策题:

> 有宋受命,肇基立极,艺祖皇帝一日洞开诸门,曰:"此
> 如我心,少有私曲,人皆见之。"识者谓得三圣传心之妙。又
> 一日,问"世间何物最大?"时元臣对以"道理最大"。识者
> 谓开万世理学之原。猗欤盛哉!❷

从"洞开诸门"说到"三圣传心",进而推演到帝王之"正心"——
这一阐述思路,究其实际,是从南宋大儒朱熹处得来。朱熹本人似
乎从未直接提及"道理最大"一说,即便是在他纂辑于孝宗乾道年
间的《五朝名臣言行录》之前集卷一《韩国忠献王赵普》目下,虽
然肯定赵普"谋虑深长"、"国初大臣鲜能及者",却也未及"道理
最大"事❸。不过,就太祖"洞开重门"且称"此如我心,少有邪
曲"事,他倒曾经向孝宗皇帝抒发感慨说:

> 臣窃谓太祖皇帝不为文字言语之学,而其方寸之地正大光
> 明,直与尧舜之心如合符节。此其所以肇造区夏而垂裕无疆

---

❶ 《咸淳遗事》卷下。
❷ 《至元嘉禾志》卷二五。
❸ 朱熹纂辑《五朝名臣言行录》于孝宗乾道年间,该书自序中称"尚恨书籍不备,多所遗
阙,嗣有所得,当续书之",与吕祖谦信中亦称"言行二书,亦当时草草为之"(见《晦
庵集》卷三三《答吕伯恭》)。是资料的搜集取舍在当时即感觉有遗憾之处。

也。伏惟陛下远稽前圣，而近以皇祖之训为法，则一心克正，而远近莫敢不一于正矣。❶

曾经游于朱子之门的滕珙，将上引这番话概括为"论太祖正心之法"❷。而晚宋诸儒进而将"何物最大"与"太祖正心之法"联系起来，甚至将"道理最大"拔高到"开万世理学之原"，则可以说是不大不小的一项发明。

把"道理最大"与"正君心"合为一体的认识，影响到后代许多儒生。明人魏校《庄渠遗书》卷二《皇极讲义》中，有这样一段平白通俗的解释：

> 天下惟君最尊，惟道理最大。君不能尽这道理，天下何所宗名？虽至尊，实与凡庶何异？故周公曰："其惟王位在德元"。必须君心略无偏邪，行出来的事事尽善，大中至正，更无以加，与天下做个样子。

这一段话讲得明明白白，不像当年那般"南渡末流"，尽管忧国忧民，言谈举止却充溢着一派"冗沓腐滥之气"❸。

度宗试策题目中，将"道理最大"说与尧舜禹"三圣传心"相连，这使我们注意到，赵宋的"家法"，南宋人多视之为"列圣传心"之法❹。《类编皇朝大事记讲义》卷六《真宗·圣学经筵》目下

---

❶ 《晦庵集》卷十一《戊申封事》。
❷ 《经济文衡（续集）》卷四《论太祖正心之法》。
❸ 《四库全书总目》卷一五九《止斋文集》。
❹ 参见史浩《鄮峰真隐漫录》卷一○《回奏宣示御制策士圣训》；程珌《洺水集》卷二《轮对札子》之五；《咸淳遗事》卷下，咸淳四年御试策等。

的"讲义"中有这样一段话：

> 三代而上传家之法备，而传心之法为尤详；……三代而下
> 传家之法既略，而传心之法不复续。故不惟人主之成德也难，
> 而子孙之成德也亦难。惟本朝以家学为家法，故子孙之守家法
> 自家学始。

将"祖宗家法"与上古圣贤的"传心之法"联系起来，这种认识的
出现，与理学家对于"人心惟危，道心惟微，惟精惟一，允执厥
中"的着意阐发有关。对于"家法"的诠释，也就随之有了与"心
法"相连的新说法。《群书会元截江网》卷四有"家法心法"条，
其中谈及二者的表里关系：

> 有家法有心法。圣谟洋洋，嘉言孔彰，此家法也；沉潜刚
> 克，高明柔克，此心法也。祖宗家法之所传，无非心法之所
> 寓。后之守其家法者，容可不体其心法乎！

既然是"传心之法"，其内在要旨的传承自然是最为关键之处，因
此而更加提升了对于"圣学""家学"的重视。

南宋覆亡前后，"道理最大"的调子一直在弹。黄应龙上奏，
围绕着"道理最大"一说，从太祖到理宗、度宗，拉出一系"上继
尧舜"的道统：

> 自艺祖皇帝开辟宇宙以来，一以"道理最大"为立治之
> 本。陛下熙明之学，亲得理宗皇帝之的传，道统大原，上继尧

舜……❶

咸淳十年（1274年）王义山在为稼村书院所拟秋试策题中，着意梳理出有宋一朝理学发展之脉络，说道：

> 本朝自"道理最大"之言发于开国之元臣，而吾道之脉有
> 所寄。迨至仁祖，宋兴已七十余年矣，而斯道之在天下，既衍
> 而昌，既沃而光，日以鸿庞。自天圣五年赐进士《中庸》篇、
> 宝元元年赐进士《大学》篇，而后周程张之学始出。盛哉，仁
> 祖之有功于斯道也！迨至理皇，又从而表章硕大之，而理学又
> 大明于天下……理学一源固得于我祖宗阐明之功。❷

就是这位王义山，在入元之后，作《宋史类纂》一书，其自序中说：

> 尝谓洙泗而下，理学之粹惟宋朝为盛。自国初"道理最
> 大"之言一发，至仁宗天圣四年赐新进士《大学》篇，于后
> 又与《中庸》间赐，著为式。自是而天下士始知有《庸》、
> 《学》。厥后周程诸子出焉，至晦翁而集大成。理学遂大明于
> 天下后世。❸

对于天圣年间"御赐"《大学》、《中庸》篇的叙述，王义山本人前后并非一致，但这并不妨碍他将"道理最大"追溯为"吾道"

---

❶ 《历代名臣奏议》卷九。
❷ 《稼村类稿》卷十五《稼村书院（甲戌秋课试）》。
❸ 《稼村类稿》卷四《宋史类纂序》。

之源，不妨碍他阐明"理学遂大明于天下后世"的脉络。

南宋灭国之后，像王义山、文及翁这样自视为"宋人"、或者至少有"先朝"情结的入元遗民，仍然念念不忘"道理最大"之说。至元二十八年（1291年），文及翁为淳祐十年（1250年）进士第一的方逢辰撰写墓志铭，其铭文曰：

> 猗欤先朝，以儒立国；道理最大，继天立极。於穆理皇，道久化成；观乎人文，理学大明。❶

咸淳末举进士不第，入元后官至翰林学士的吴澄，在其《无极太极说》中，将"道理"与"太极"联系起来：

> 道者，天地万物之极也。……曰太极者，盖曰此极乃甚大之极。……此天地万物之极，极之至大者也，故曰太极。邵子曰：道为太极。太祖问曰："何物最大？"答者曰："道理最大。"其斯之谓欤？❷

从各个方面对于"道理最大"予以发挥的例子还有不少。而且，除去士大夫讲义、奏疏、策题、序跋、碑记之外，在南宋后期的制诏命词乃至往来笺启中❸，也不时出现"道理最大"的说法。君臣之间的一段简单对话被如此高频率地重复，在宋代的历史上并

---

❶ 《蛟峰文集》外集卷三《故侍读尚书方公墓志铭》。
❷ 吴澄：《吴文正集》卷四《无极太极说》（文渊阁四库全书本），据《国朝文类》卷三八《无极而太极说》校。
❸ 制诰文字如《后村集》卷七一《外制·钱可则升徽猷阁除浙东提举》；往来笺启如宋末短暂出仕的刘壎《谢吴提刑特荐》，见《水云村稿》卷一〇。

不多见，这正使我们得以观察士大夫形成集体历史记忆的过程及其意义所在。

（三）兼谈宋人对于"祖宗"形象的塑造

如上所述，据信出现于北宋初年太祖时期的"道理最大"一说，直至南宋时期才有了日益广泛的传布与流行。伴随着理学驶驶乎日盛的过程，这一说法蕴涵的意义被充分地开掘出来。太祖君臣对话究竟出自什么样的具体背景之下，本已不易考明；而可以确知的是，这一说法与北宋立国以来为政施治的理性化趋势相吻合，并且因此而被宋人认定为赵宋"祖宗之法"的内容。就这一方面而言，"道理最大"说与宋太祖誓碑（"不杀士大夫"）说颇有类似之处。我们今天的讨论，不是要对此说证实或是证伪，而是希望从这一具体说法出发，探讨赵宋"祖宗之法"、祖宗形象的塑造形成。

赵宋的"祖宗之法"，事实上是指宋朝的列祖列宗建立与维持的基本轨范。随着宋代历史的推移，对于"祖宗之法"的重新发掘、对于"祖宗"形象的再描绘与再定位也表露得日益明显。也就是说，"祖宗之法"以及与之相关的"祖宗"形象实际上处于不断被重新解释与再度塑造的过程之中。在这种重新诠释背后起主导作用的，是当时群体性的政治取向。

所谓"祖宗之法"，是由历代的决策措施积淀而成，但这当然并不意味着列祖列宗的所有举措都被不加甄别地包容在内，而是根据现实需要，择取"祖宗故事可行者"予以认定。经过后世判别筛选（当然，"筛选"的标准各不相同，这也正是宋人口中"祖宗之法"内容不同的原因之一）的方针原则，被层层叠叠地融汇其中，认定为可资凭据的"法式"。对于这一点，宋朝清醒的执政者与议政者具有相当自觉的意识。

在国人习惯的思路中，总是倾向于为特定的事件、趋势、政策"包装"出特定的形象代表。创业君主，在宋代更是毫无疑义地被认定为"祖宗之法"的形象代表。南宋吕中在其《大事记讲义》中曾经说：

> 创业之君，后世所视以为轨范也。❶

惟其如此，有志于天下国家的宋代士大夫们尤其注意于刻画、维护"创业之君"的形象。

朱熹《三朝名臣言行录》卷一《魏国忠献王韩琦》目中记载着这样一件事：

> 石守道编《三朝圣政录》，将上，求质于公，公指数事为非：其一，太祖惑一宫嬖，视朝晏，群臣有言，太祖悟，伺其酣寝刺杀之。公曰："此岂可为万世法？己溺之，乃恶其溺而杀之，彼何罪？使其复有嬖，将不胜其杀矣！"遂去此等数事。守道服其清识。

这一例证很能说明问题。韩琦、石介的取舍润饰，其实主要不是为了太祖本人。"此岂可为万世法"一句，以反诘的方式清楚地揭示出《圣政录》、《宝训》等著述的编纂用意。如前章所述，《圣政录》、《宝训》是重在政治导向的"祖宗嘉言懿行录"；修撰之主要目的在于流布祖宗朝的"盛美之事"❷，传授治国章法，以垂范后

---

❶《类编皇朝大事记讲义》卷二《太祖·抑奢崇俭》"乾德四年四月禁献美余"条。
❷《长编》卷九六，天禧四年十一月壬戌条。

世。"为万世法"，无疑是当时具备强烈历史责任感的士大夫们追求的目标。在这样正义而神圣的目标之下，拣选祖宗言行、塑造可供仿效的祖宗形象，在当时显然被认为是合情合理的做法。

在宋代的政治实践中，造就诱导新帝王的努力与塑造足以"为万世法"的祖宗形象是密不可分的过程。且举元祐年间范祖禹的一番话为例。当范祖禹劝说少年天子哲宗勤于讲读时，他抬出神宗的榜样说：

> 神宗皇帝即位之初，多与讲读之臣论政事于迩英，君臣倾尽，无有所隐。而帝天资好学，自强不息，禁中观书，或至夜分。其励精勤政，前世帝王未有也。自熙宁至元丰之末，间日御经筵，风雨不易，盖一遵祖宗成宪，以为后世子孙法也。可不念哉！❶

《帝学》一书，"本法祖之意以为启迪"❷，范祖禹或许称得上是合理择取与通盘塑造帝王形象的高手。就政治倾向而言，他显然并不赞成凡事一遵神宗成宪，但在向小皇帝进说时，他却有针对性地拣选出"圣学"一个方面，进而跨越一大步，将神宗树立为"一遵祖宗成宪，以为后世子孙法"的楷模。这既满足了嗣皇帝对于先帝的尊崇，又合于垂范后世的需要。作为历史学家的范祖禹，以其实际的所作所为，使我们感悟到所谓"历史记忆"的可塑性之强。

诸多事例表明，士大夫对于"祖宗"的追念，往往折射出他们对于时政的不满与变更的愿望。在宋人对于"祖宗之法"的征引、

---

❶《帝学》卷八，《宋朝事实》卷三《圣学》。

❷《帝学》提要。

说明与阐发中，浸透着精心的选择与权衡，存在着突出的主观色彩。正因为如此，企图一一凿实宋代的"祖宗之法"究竟有哪些内容，很容易走入误区。"祖宗之法"并非祖宗行为举止与创制措施原原本本的反映，而是经过士大夫筛选、寄寓着士大夫理念、有赖于士大夫们整合阐发而被认定为祖宗之制的。作为今日的研究者，我们与其纠缠于"祖宗之法是什么"，不如致力于分析宋代的历史人物们如何创造着、阐释着"祖宗之法"❶。

宋代的"道理最大"说，正是在开掘阐发"祖宗之法"的整体背景之下，被不断赋予新的认识意义。仅就太祖君臣对话的原本含义而言，后世无尽的发挥事实上是一种主动的"误读"，这种刻意为之的误读，无疑有其深刻的人文内涵。北宋中期以后成长起来的儒家学者们，坚持"道理"的超越特性，"道理"是他们由以出发，批评既有政治措置、矫正帝王失误的标准与依据。南宋后期，焦虑于国是却苦觅不得出路的士大夫们，深深困扰于锐利思想武器的欠缺；据称经由太祖认可的"道理最大"说，遂被他们滔滔陈说，以致形成为特定的"话语"套路。

尊崇"祖宗之法"，是宋代政治的突出特征。通过以上叙述我们不难看出，对于赵宋"祖宗之法"的理解，事实上不可能逐一凿实，而只能从其总体精神上予以把握。在宋代，恪守"祖宗之法"并不仅止是一种政治模式，同时也是一种思想文化模式。在所谓"祖宗之法"层层复复、高度包容的内容之中，倾注着当时士大夫们建树统治规范、实现长治久安的深切热情，体现着一代代人对于

---

❶ 可参见列文森（Joseph Levenson）著：《儒教中国及其现代命运》（*Confucian China and its Modern Fate*，Univ.of CA Press，1968）导言中对于"传统"的分析。

时代责任所特有的认识与追求，也折射出一种整体性的社会理想。而对于"祖宗之法"不恰当的倚重与抬高，也是酿就赵宋因循保守政风乃至关键时刻无所作为的重要原因之一。应该说，对于"祖宗之法"的分析，是我们理解 10 世纪后期至 13 世纪中叶帝国政治特殊性质的主要线索之一。"祖宗家法"在赵宋一朝的历史命运，它的倡行者、维护者、更革者、破坏者们的是非功过，或许不是本书有限的研究所足以判明，但这毕竟是关系到对于两宋整体认识的重要课题，值得我们致力。

对于"祖宗之法"的再认识

　　阅读老一辈学者的政治史著述，犀利绵密，索隐钩沉，判别真伪，常有痛快淋漓的感觉。本书的写法却颇为不同，因此也觉得十分忐忑。

　　笔者在本书中，大体上并未逐一铺陈解析事件，而是择取本人所关心的若干"点"，围绕赵宋历史上的"祖宗之法"进行思考讨论。讨论的问题，并不在于"祖宗之法"是此是彼，是好是坏，也不在于其具体规矩的利弊得失；而是试图自这一取径出发，观察当时政坛习见、甚至是落入冗套的一些说法、一些现象，希望藉以窥见宋代政治的精神脉络与整体气氛，并且追踪其形成过程中的若干关键环节。

一 "祖宗之法"与宋代政治

　　如今，对于赵宋王朝的"祖宗之法"（"祖宗家法"），应该做出更为理性的分析。只有将其置于特定的社会政治情势下，才能把握其合理内核及演变趋势，充分认识其对于宋代政治所具有的实际意义。

中国历史上所谓"汉家制度"、"祖则"、"宗轨"，所谓"祖宗休烈"、"祖宗故事"乃至历代"祖训"，这些前主、后主"所是"的整理与积累，都将帝王之家世代传承的"治家"与"治国"原则紧密地联系在一起。赵宋"祖宗家法"这样一种说法的出现，与中晚唐以来家族维系功能的强化有关。它使人们想到传统社会中"家"与"国"的沟通，想到治家原则放大为治国之道，也想到渗透其中的温存色彩与调适功能。它既是祗奉祖制的结果，又反映着历史发展的现实进程。

宋代的中央集权制度，大体上是在"专务以矫失为得"❶的原则基础上建立起来的。政权之主要注意力集中于如何防范文武重臣的篡夺之祸；如何防止人事、财政、军政等大权旁落；如何禁制百官间凭藉种种因缘相互朋比，以致构成为专制政权的离心力量；如何消除地方上已在或潜在的割据势力；等等。任人格局中"且要异论相搅，即各不敢为非"❷的良苦用心，诸般施设中所贯彻的文武相制、内外相维、上下相轧原则，都分明体现出"事为之防，曲为之制"的精神。

（一）稳定至上："祖宗之法"的中心目标

如果我们试图离开宋人习惯的阐发角度，或许不难观察到，赵宋的"祖宗之法"，是实践性很强的综合性的基本原则，其积极意义正在于务实应变。"事为之防、曲为之制"的内在精神，既有其戒

---

❶《叶适集·水心别集》卷十二《法度总论二》。
❷《长编》卷二一三，熙宁三年七月壬辰条。

惕、掣肘的消极着眼处，又有其因应时事、防患未然的积极考虑。就稳定政局而言，宋廷立足于防微杜渐的措置确实有相当成功之处。

北宋初年，宋太祖及其决策集团对于自身实力及面临的局势、潜在的对手有较为清醒的认识，他们以比较理智的态度，采取相对宽缓平和的方式，层层推进，步步为营，化解了许多棘手矛盾；同时，也为国家日后在各个方面的发展奠定了相对稳定宽松的政治基调。对于民间文化发展、经济事业、社会生活等方面，自建国之初宋廷即因仍自然趋势而未予过多干预❶。这一政治环境，为士大夫群体力量的形成、为其参政议政提供了适宜的外在条件。到北宋中期，"与士大夫治天下"已经成为君臣双方的共识。

宋代的防弊之政，并非彻底拘谨内缩。防弊是以具体制度作为载体实施的。即以防范"壅塞"为例，制度化的臣僚转对、轮对、召对等，增多了君臣间直接沟通的途径；从中央到地方之考察渠道、社情民意搜集途径的拓展，内外信息交流的频繁以及一定程度的公开，增加了士大夫的参政议政机会。伴随这些举措而来的，事实上是走向开放。

在士大夫们积极参预设计更革之下，设官分职体制中趋向理性化的精神，比较充分地显现出来。中央官僚机构既相互补充又相互制约，形成为事任分立的相互维系态势；即便是宋神宗元丰年间的官制改革，仍然一以贯之地强调了寓含"祖宗深意"的相互制衡格局。在政务运作方面，倚重于规范严密、易操作可把握的制度程序，拘牵于具体法规而限制着决策人、执行人的能动作用。"以程文为去留"的考试录用方式，以"依资序迁"为准绳的常调官员选

---

❶ 邓广铭：《宋代文化的高度发展与宋王朝的文化政策》，《历史研究》1990 年 2 期，页 66。

任原则；人事管理、财务审计、鞫谳分司、磨勘复核等各项事务中浸透的制衡精神；文牍档案材料的完备，技术性实施手段的绵密；士大夫们对于行政运作程序及其内容的密切关注，对于各环节人为因素干扰之警惕；……凡此种种，无不体现出宋代官僚政治运行体制中防范弊端、追求稳定的自觉程度。

宋人所说的"法制"，经常是与"祖宗之法"相联系的[1]。开国以来制度化的诸多纲纪，冠以"祖宗之法"名义予以固定；尚未稳定实施者，通过不懈不休的解释，将其收拢入"祖宗之法"范围中，逐渐制度化。不适用于当前者，小心翼翼地予以"封存"；新创的做法，则渐次整合。这些背景情形颇不相同的规矩法度之所以会与"祖宗"联系在一起，是因为这些法度中体现着列祖列宗以来形成的"正家"与"治国"的一脉传统。

"任法"与"任人"的权衡与争执、互补与折衷，几乎贯穿了两宋三百年。尽管士大夫们普遍认识到"制而用之存乎法，推而行之存乎人"[2]，但在现实政治生活中却经常难以恰当处理二者关系。南宋时，陈亮在其策文《人法》中曾经说，"汉，任人者也；唐，人法并行者也；本朝，任法者也。""今日之法可谓密矣：举天下一听于法，而贤智不得以展布四体，奸宄亦不得以自肆其所欲为。"他指出："任法者，本朝之规模也；易其规模，则非后嗣子孙所当出也。"他建议施行变通之道，并且分析这一论争长期未得以解决的原因在于：

今儒者之论则曰："古者不恃法以为治。"而大臣之主画、

---

❶ 参见《宋朝诸臣奏议》卷十二《君道门·法祖宗》，《朱子语类》卷一二八《本朝二·法制》。

❷ 《临川集》卷八四《周礼义序》。

议臣之申明，则曰："某法未尽也，某令未举也，事为之防，不可不底其极也；人各有心，不可不致其防也。"其说便于今而不合于古，儒者合于古而不便于今。所以上贻有国者之忧，而勤明执事之下问。❶

此处有关"事为之防"的解说，抓到了祖宗之法的核心精神，可谓一语中的，点破了"人""法"之争的机窍所在。

"祖宗之法"的落脚处是规矩法度，而较之于冷冰冰的"法度"二字，它从整体上着意强调"祖宗"的威灵，突出作为家族尊长、人治象征的祖宗之导向与决定作用。这一方面贯穿着祖辈对于后嗣的垂范，带有子孙承嗣祖业的脉脉温情；另一方面又以祖宗的神圣权威，对于继承者的行为有所约束。也就是说，作为特定政治文化形态的反映，赵宋的"祖宗之法"联结着"家"与"国"两端，既体现着朝廷"法治"的意向，体现着对于"人治"的限制与规范，又依赖"祖宗"的权威，因而仍然是"人治"的延伸，是寓含一定理性精神的"人治"。

此外，"祖宗之法"一说，自然而然地联系着祖宗以来惯于行用的调节机制，这在当时人的心目中，是亲切具体而非空泛高悬的。它渗透到社会生活的诸多方面，其覆盖影响面、其适用范围，显然远远超过法制条格。

宋代统治者"防弊"之针对性相当具体，不幸却缺乏应变机制，缺乏远见卓识。在这一政治体制长期运转过程中培养出来的习熟政务、舒卷有致的官僚受到器重，而真正以天下为己任、具有气魄的政治改革家则往往受到疑忌，被认为触犯了祖宗法度。

---

❶《陈亮集（增订本）》卷十一《人法》。

朱熹在总结赵宋政治教训时曾经说，宋代的列祖列宗们，"于古制虽不能守，然守得家法却极谨"；而"本朝祖宗积累之深，无意外仓猝之变。惟无意外之变，所以都不为意外之防。"❶宋代设范立制的目标在于防范"意外仓猝之变"，因此而塑就了重在维系的精细制度。不幸在矫枉的同时却又严重过正，结果适得其反。就内外格局而言，一方面是强干弱枝，一方面又是守内虚外：

> 本朝鉴五代藩镇之弊，遂尽夺藩镇之权。兵也收了，财也收了，赏罚刑政一切收了，州郡遂日就困弱。靖康之祸，虏骑所过，莫不溃散。❷

"无意外仓猝之变"则已，遇变即应付无着，正所谓"矫失以为得，则必丧其得"。❸

宋代的"祖宗之法"既有其僵滞的一面，又有其弹性的一面。既非真正至高无上而不可逾越，亦非一成而绝然不变，其内容既时而有所调整补充，即在一定程度上对以往的成规定制有所变更。但总体上说，保持纲纪稳定少变，从而保持政治局面乃至整个社会的安定，无疑是宋朝"祖宗之法"的中心目标。尽管政策法令层面的内容变更不已，因时因事的局部调整屡见不鲜，但从政治史的大局来看，从赵普、李沆对于僚属"生事"的断然反对，从吕端"利不百，不变法"的主张到司马光等人对于"祖宗不足法"的激烈批判，除去既得利益的驱动使然，也令人体味出祖宗之法讲究恒定镇重、警惕翻覆纷乱的要谛。

---

❶ 《朱子语类》卷一二八《本朝二·法制》。
❷ 同上。
❸ 《叶适集·水心别集》卷十二《法度总论二》。

本书着重讨论的北宋前七八十年，与其前后的时期、前后的朝代相较，内部政治态势的发展尚属平稳，惊心动魄的场面并不很多。"祖宗之法"的长养形成及其良性运行，大体上是在这一期间。

（二）防微杜渐："纪纲"与"和气"

尽管宋代的士大夫们经常把政策法规层面的具体内容直称为"祖宗之法"，但是，从实质上看，所谓"祖宗之法"的深层内涵，主要是一种导向，是当时所奉行的基本原则；说到底，是"事为之防，曲为之制"这一防微杜渐精神的应用，而不是确切固定的成文条款。正因为如此，企图循着宋代的某些具体做法、具体规定，去印证"祖宗之法"是否存在，去探寻"祖宗之法"的内容与性质，必定是不成功的。与其把它看成一条条规定，不如将其理解为诸多规定背后起着制约作用的一种轨范，一种既辐射延展、又相对稳定的毂轴。

为达致防微杜渐目标所应采取的基本方略，在宋人的认识中，似乎大体上包括两个主要方面，一是立纪纲，二是召和气。"立纪纲"是强调实施王朝的规矩、法度；"召和气"则是指顺应天地阴阳之交感，展布万物发生、和睦融洽的氛围。

程颐、吕大防、朱熹等人都曾申说"本朝超越古今"之处在于仁厚，至诚，朱熹称"自祖宗以来，多尚宽仁"❶；楼钥也曾经说，"皇朝以忠厚为家法"❷。"宽仁"、"忠厚"，正是所谓"和气"的具体化；而"镇静"舒缓的政风，亦与"和气"的提倡有关。从宋代的历史记录中，我们也确实看到，建隆三年（962年），时为户部

---

❶《二程遗书》卷十五，《长编》卷四八〇，元祐八年正月丁亥条；《朱子语类》卷一三三《本朝七·盗贼》。

❷《攻媿集》卷五六《清芬堂记》。

郎中的沈义伦即对太祖建议："国家方行仁政，自宜感召和气。"❶宋太宗在位期间，更对于"感召和气"表现出特别的关心❷。

以"和气""纲纪"系念，无疑是以五代为鉴的结果。这正像欧阳修在《新五代史·杂传》论赞中所慨叹的：

> 呜呼！道德仁义，所以为治；而法制纲纪，亦所以维持之也。……是以善为天下虑者，不敢忽于微，而常杜其渐也。可不戒哉！❸

在宋人心目中，"祖宗之法"一方面体现为王朝的基本制度、经国纪纲，另一方面又浸润着礼制的精神，具备着感召和气的特有功能。南宋宁宗嘉定六年（1213 年），真德秀奏"祈天永命"之六事，其中称"三代而下，治体纯粹莫如我朝，德泽深厚亦莫如我朝……社稷长远赖此而已"。❹理宗绍定二年（1229 年），郑性之为陈均《九朝编年备要》所作序文中也说："祖宗以仁厚得民，以纪纲立国。……此其泽在斯人，法垂后世。"刊刻于淳祐七年（1247年）的《大事记讲义》，开篇即《治体论》，其中说：

> 我朝治体之所以远过汉唐者，盖其仁意常浑然于纪纲整肃之中，而纪纲常粲然于仁意流行之地。……无仁意则纪纲固无所本而立，无纪纲则仁意无所辅而行。

---

❶ 《长编》卷三，建隆三年正月己巳条。
❷ 参见《宋史》卷一九九《刑法志（一）》、《宋朝事实》卷十六载雍熙二年录囚事；《长编》卷二九，端拱元年十二月赵普与太宗对话；卷三二，淳化二年七月己亥条。
❸ 《新五代史》卷四六。
❹ 《西山集》卷三《直前奏札一》。

在作者吕中看来，二者若能相辅相成、并行不悖，则是理想的"治体"。

两宋三个多世纪中，很少有人对于"祖宗之法"发起直接的批判或冲击。其中的原因是多方面的，很难简单归结为士人们的思想皆被因循保守政风所强烈左右甚至严密控制。统治政策中"纲纪制度"与"仁意和气"二端的互补，应该是造成这种状况的原因之一。

北宋初期所创建的制度法规，从总体上讲，在当时有利于社会的谐调发展。其具体措置以务实为特色，不拘一格，渗透着不少创新的精神。而其中一些合理思路，经过政治家们的整理，形成为可资凭藉的统治规范。列祖列宗的做法，由于时移事异，本不相同；被笼统称之为"祖宗法"者，既非客观实体，更非铁板一块。它既存在着自身固有的矛盾，又经历着不断的调整充实；其原则、其内容，也都有待于士大夫们的解释阐发。这一提法的出现，形式上是尊崇祖制的结果，实质上反映着历史发展现实进程的需要。

在帝国时代，皇帝具有至高无上的权威，如何对其形成制约，是官僚政治遇到的难题之一。宋朝君臣共同维系的"祖宗之法"，从一定程度上缓解了这一纽结。"祖宗之法"实际上由士大夫们参预提炼形成，却以"祖宗"定立的规矩这样一种神圣面目呈现出来，因而对于宣称尊祖敬宗的嗣皇帝可能显示为某种约束力。

侯延庆《退斋笔录》中的记载，曾为许多学者所注意：

> 神宗时，以陕西用兵失利，内批出，令斩一漕臣。明日，宰相蔡确奏事，
>
> 上曰："昨日批出斩某人，已行否？"

确曰："方欲奏知。"

上曰："此事何疑？"

确曰："祖宗以来未有杀士人事，不意自陛下始。"

上沉吟久之，曰："可与刺面，配远恶处。"

门下侍郎章惇曰："如此，即不若杀之。"

上曰："何故？"

曰："士可杀，不可辱。"

上声色俱厉曰："快意事便做不得一件！"

惇曰："如此快意事，不做得也好。"❶

蔡确、章惇等人抵制神宗内批的主要依据即"祖宗以来未有杀士人事"，之所以能够成功，是借重于祖宗楷模的权威，也与"召和气"的统治基调有关。"祖宗之法"的原则，对于国家政事及君主皆形成一定程度的制约，因而宋代的独裁专制并未走向极端，政治文化风气比较开放自由。

二 虚实之间：再谈"说法"与"做法"

关于"祖宗之法"及其对于宋代历史的影响问题，学界存在着不同的意见。一种观点认为，"祖宗之法"对于宋代政治与制度的影响相当深刻，在一定程度上决定着宋代政局的走势；另一种看法则认为，所谓"祖宗之法"，主要存在于当时的话语体系之中，对于现实政治生活的影响其实相当有限，甚至质疑这种影响是否真正

---

❶ 《说郛》卷三七。

存在，是否构成为宋代历史上的重要问题❶。

　　上述意见分歧，从某种角度说，或许是产生于对"做法"与"说法"关系的不同认识。

　　笔者个人以为，自不同的角度、立场，阐发出"祖宗之法"的不同面相，是复杂多变的政治环境的自然产物，并不能由此而否认赵宋"祖宗之法"的存在。"祖宗之法"既有其客观内容，更有其主观意义；应该从"实"与"虚"两个方面来加以认识。一方面，"祖宗之法"的根本精神与宋代诸多法度的深层意义相联系，在宋代政治生活中的切实影响力是无从绕过、无法回避的，无论事实上对于"祖宗之法"采取何种态度的群体，都不得不顾及到这一点：从这一意义上，我们可以剖析其精神实质及客观影响——是为其"实"；而与此同时，就其整体而言，"祖宗之法"又并非固定具象、条目清晰的实体，它更多地反映着一些探求治道的政治群体心目中的理念，受到追述者主观立场直接或间接的影响，它的内容远非统一确定，甚至给人一种难以捉摸把握之感——是为其"虚"。

（一）宋人的"本朝"史观

　　讨论宋代政治文化史方面的问题，会突出地感觉到宋人"本朝史观"的影响❷。宋代的士大夫对于本朝的"祖宗"，对于"祖宗之法"，有许许多多的阐说；而假若我们逼近历史的细节，则会发现其中的某些说法经不起验证。但宋人大都那样表述，也倾向于那样相信，这实际上就反映出他们心目中或隐或显的本朝史观念。

---

❶ 参见李立：《宋代政治制度史研究方法论之反思》，包伟民主编：《宋代制度史研究百年》，页20—39。

❷ 宋人的"唐史观"、"五代史观"，也日渐受到学界注意。例如刘浦江《正统论下的五代史观》，《唐研究》第十一卷，页73—94。

今人研究宋史，离不开宋代的史料，当然也不能脱离宋人对于宋代史事的诠释。但我们不能不意识到宋人的理解和阐发，与当年的史实既相关联，又可能是性质不同的两回事。我们面对的历史记载中，有事实，也有润饰和塑造。作为研究的出发点，需要把层层包裹的解释与史实本身剥离开来。

所谓"本朝史观"，是一牵涉方方面面的复杂问题，笔者在本书中无意做包容万象的全面探求，而仅仅是从宋代士大夫"祖宗观"的角度，试图窥其一角。我们看到，时人的"祖宗观"有一形成过程，它体现着时人的创造力，也是两宋时期主流政治文化熏陶培育的结果。宋人的"祖宗观"中浸透着不同的理解，在看似同样的"祖宗旧制"、"祖宗故事"之类泛称背后，有着复杂的权衡与抉择。

"祖宗之法"被正式提出之后，逐渐成为臣僚们阐发政治主张时立论的依据、谏诤规劝皇帝时通用的利器。如前所述，它并非将列祖列宗之政不加甄选地一概包容，而是择取"祖宗故事可行者"予以认定。这一提法受到形势变化带来的各种压力，因而不断修正，不断解释，不断更新再造。正是伴随着这一过程，对于"祖宗"、"祖宗朝"、"祖宗法"有了更多的着意塑造。正如有学者所指出的：

> 在实际的历史中，并不像历史学家所通常说的那样，对历史的回顾决定了对未来的选择。真实的情形往往是，对未来的估计在相当大的程度上左右着人们应回忆哪些历史，凸现哪一部分过去，强调什么样的遗产，突出何种传统。所以，任何所谓的"回顾"、"检讨"，几乎都是有立场、有预设的。历史不是自我呈现的，而是被叙述的……❶

---

❶ 王学典：《近五十年的中国历史学》，《历史研究》2004 年第 1 期，页 165。

我们看到，宋人对于"祖宗"的叙述亦是如此。他们笔下的祖宗，不一定是帝王形象的原本记录，而是反映着士大夫对于帝王行为规范的理解；他们所强调、所突出的内容，往往取决于时下的政治需求。这在当时的政治文化环境下，不一定是曲笔阿世，而是曲折体现着士大夫提升"本朝"治世水平的努力。范纯仁"今日举动，宜与将来为法式"❶的说法，我们都不陌生。在宋代的现实政治生活中，我们所观察到的是，一方面，士大夫强烈地要求人主与朝廷的政治举措能够垂范将来；另一方面，即便现实中帝王的实际举措不能尽如人意，他们也会考虑如何使自己笔下的历史记叙能够垂范后世，为继嗣君主树立效法的楷模。从这一意义上说，对于祖宗之法的阐述，对于祖宗形象的塑造，都体现着统治阶级集体的"政治智慧"❷。

与士大夫之家的家法、家训、家规不同，作为赵宋治国之法的"祖宗家法"，包罗万象，巨细无遗，似乎具有涵盖一切的性质。对其范畴，对其形式与内容，宋人从未做出过明确排他的界定与回答。这种边缘模糊化的状况，正是其高度适应性所需求的。"祖宗之法"本身从来不是固定永恒的排他性框架，正因为如此，它才有可能在宋代被意见迥异而如许众多的士大夫所侃侃引论。如果我们把"宋人"当作一个集合名词，而不去注意他们个体之间的彼此差异，那么，可以说，"祖宗之法"在宋人的叙述中，既是统辖万事的"纲"，也是包容万物的"筐"。

从北宋到南宋，"祖宗之法"时时处处被不同群体在不同的场合下就其不同侧面不同意义加以引述。而对于影响如此重大的轨范

---

❶ 《长编》卷四二七，元祐四年五月丙戌条。

❷ 参见王水照：《宋代文学通论·绪论：宋型文化与宋代文学》，页1，1997年。

典则，臣僚们并未积极要求朝廷澄清其实质内涵；另一方面，即便在强调整齐观念的时候，宋廷也无意着力就此关键来统一认识。这种看似奇怪的现象，或许正提醒我们注意，"祖宗之法"范畴的不确定性，适应着不同信念的官僚士大夫们争取自身"话语空间"的需要，为其倡行者、实践者提供着阐发、解释的机会。而这种阐发解释活动，在弘扬"祖宗之法"神圣性的同时，也赋予解释者们以权威的地位。

宋代的"祖宗观"（乃至本朝史观）影响所及，不仅限于殿堂之上。在科举文化、出版文化发达的大环境中，士子对于政治主流话语的关心及熟悉程度，无疑远远超过了前代。南宋中后期涌现出来的类书，与科举士子的需求有直接关系。以《群书会元截江网》为例，该书是理宗时"程试策论之本"，按照清代四库馆臣的说法，"在当日为俗书，在后世则为古籍"。该书卷四《法祖》门，《家法心法》目下，有"偶句"，有"警段"，辑录以备士子应试之用，这正透露出殿堂之上的"祖宗观"放下身段走向民间，走向"常识化"的过程。

（二）被尊崇与被利用

在宋代，对于"祖宗之法"，有缓进的调整，也有激进的更革；有严肃恳切的发掘借鉴，也有增重时下主张的缘饰；当然也有风诡云谲中阳奉阴违的玩弄。但无论哪一情形，恰恰都显示出"祖宗之法"在当时的影响，实在是难于轻易绕过。

"祖宗之法"在赵宋一朝被尊崇，并不意味着它是奉行不辍的指导思想。王朝的具体政治举措，主要生发于现实的需要和事变的压力；政治军事事务的瞬息万变，往往迫使决策者不拘定法而采取灵活务实的应变措施。尽管防微杜渐的精神原则，体现在赵宋政治举措的方方面面，但当时掌控政坛的政治活动家们，却也都清楚这套祖宗传下来的规矩，并非疗治百病的妙药灵丹。在残酷的政治实践面前，"祖宗之法"经常显出它无力无奈的一面。

在前近代社会，前敕后令相抵互异的情形十分常见，这事实上为解释时的各执一词与施行中的各取所需预备了条件。宋代的决策者们将含有"事为之防，曲为之制"寓意的诸多制度方针章程细则一概包容入"祖宗之法"范围之中，希望以此应付万变。这使得"祖宗之法"既蕴涵着防范弊政的根本性原则，又包括了时效性较强的政策法令，甚至囊括入不同方面不同层次的具体规章；因而自其提出之日起，即存在着内在的"稳定"与"时效"的矛盾、前法与后令的冲突。这样一组集合体，内容互有关联而性质、适用范围各不相同，无疑难以适应变化中的政治、经济、社会形势而恒定地发挥其主导作用。

就"祖宗之法"这一组合而言，人们通常注意的是包裹于内核之外的具体法令规章，而直接体现"祖宗"们大纲深旨的，应该是贯彻其中的精神原则。这一点宋人即曾注意到。胡宏曾经批评说："人皆知（王）安石废祖宗法令，而不知其并与祖宗之道废之也。"❶强调较法令更加邃奥根本的"祖宗之道"，反映出理学家的认识。

对于"祖宗之法"的倡行与维护，通常认为出自保守派别的政治主张；而变革派必定反对祖宗之法，或者是表面上拥护，形式上高举，只为了便于保护自己。但是事实并非那么简单。对于这一问题，需要结合特定的政治情势具体分析。在有些情况下，遵行"祖宗之法"，是作为限制时下弊端、批评现实政治的理论依据被提出来的。基于这一认识，我们或许可以了解，在宋代，为什么不仅是

---

❶《五峰集》卷二《上光尧皇帝书》。

主张恪守传统的人物高扬祖宗之法的旗帜，强调凡事依照祖宗朝的"既定方针"行事；即便是主张变革更新的士大夫们，也时常以"斟酌祖宗垂宪"❶为念。

对于祖宗之法的守与不守，变与不变，改革势力与传统势力的争论，比较激进的改革思想与相对缓进的变更主张之差异，主要是围绕政策法规层面展开的，矫失防弊的核心精神则相对稳定地始终发生着作用。当然，政策法规中敏感问题的背后，通常关系到更深层次的症结，因而会触动到朝廷维系防范的根本原则，从而可能为注重"镇静"的传统派和以"继统"为念的君主所不容。

有关"祖宗之法"的说法，充斥于赵宋朝廷的话语体系，某种意义上形成为一种"套话"。其年年讲月月讲，创生了一种特殊的言论氛围。所谓"套话"，无疑是脱离社会真实的。但我们也不禁要问，在当时为什么会生成这样的套话？套话通常反映着特定时代政治上的主导趋向、主流话语，它使研究者得以清楚地感受到当时的政治文化气氛与政治生态环境。

曾经引起无数后人钦敬的许多精英贤达，在寻觅向前的出路时，却可能采取回头看的途径，他们试图开掘传统中的资源，希望通过阐释与"回归"祖宗而达致再振时势的目标；他们中的一些先进者，也曾不满于"祖宗法"的束缚，也曾求溯到先王、三代这些更加资深的"老祖宗"，努力从历史的更深处，从根本性的经典中探寻应对现实的新意。

新儒家代表人物孜孜以求的道统、学统，高调的道德境界追求，体现着那一时代的社会良知。其努力既独立于现实政治，又互动于现实政治。他们将"道理"无限放大，希望沟通"内圣""外

---

❶《徂徕集》卷十八《〈三朝圣政录〉序》。

王", 重建社会的理想秩序。而道德与政治两端的紧密联结, 一方面会导致"道德政治化"和"政治道德化"❶, 另一方面也反映出当时的儒家精英对于制度建设及实施的相对淡漠, 反映出其"治国—平天下"延展逻辑上的重要缺环。

高度重复、落入套路的话语, 其出现与流行, 是思想桎梏、缺乏活力的结果。"祖宗之法"被提出, 本来是为了保证制度与政策的延续性, 保证创业君主精神原则的渗透与延展。而斤斤于祖宗的具体做法, 喋喋于有关祖宗的种种说法, 则显然是时代精英们思想资源枯竭、难以开创新的理论与现实境界之表现。

当"祖宗之法"作为一个整体被视为神圣以后, 立国初期注重实际的合理务实取向反而不得发扬。将其当作固定的政治模式, 不切实际地乞灵依赖, 形式上是尊崇, 事实上则将其置于难以再生之境地。

对于宋代的士大夫而言, 影响其言行举止的, 不仅是特有的制度、突发的事件; 在某种意义上, 更是他们参预塑成的政治生态环境。这些看似无形的"空气", 充盈于天地之间, 笼罩着当时的朝野, 士大夫们正是呼吸吐纳于其间。他们经历了无数的跌宕波折、无数的起伏悲欢, 在历史上曾经付出了执著的努力。这一份政治文化遗产, 后来者需要认真去面对。

---

❶ 参见汤一介:《内圣外王之道》, 载氏著《在非有非无之间》, 页127—143。

赘　语

最后，还有些话想藉机说出。有时候，我觉得这本小书承荷着太重的负载。这也是我之所以迟迟不敢把它呈奉出来的原因之一。

我自己多年来没有拿出一本像样的著作，一直深感愧对学界诸位前辈、诸位师友。面对手中的这一叠文稿，我至今也没有足够的信心，不知道自己做出的这份工作，究竟是否有其价值。

"祖宗之法"并非解析宋代历史哪怕仅止是宋代政治史的万能钥匙，一本小书中显然也无法回答宋代前期政治史中所有的重大问题。今天，进行政治史、制度史方面的研究，条件应该说比以往更好，却也越加困难了。其中有些困境，恐怕是政治史的关心者如我等自己所造就的。就我本身而言，一方面心仪于近年来强调多元、着重底层、注意偶然的学术潮流，一方面轻车熟路于以往就制度讲制度、只见规定不及现实的习惯方式。这使得个人的研究难免陷入形形色色的人为误区。我也知道，将自己包裹得尽量严密，或许可以"藏拙"；但若要走出困境，实现学术的进步，还须靠直面而切实的讨论，靠切磋琢磨。期待个人"精雕细刻"导致研究的成熟，或许是不现实的选择。

明年三月，正逢先父邓广铭百岁冥诞。二十年前，我在北京大学历史系毕业后不久，第一次读到父亲论述赵宋"祖宗家法"的文章❶，正是这篇文章，使我开始注意到这个问题。1989 年春，我第一次在系里开设宋辽金史专题课，其中即准备了讲授"祖宗家法"的章节。备课中我才发现，这个问题看似简单，实际上自己却没有能力讲清。从那时起，这个问题便总是盘桓在我的心头。八年之后，1997 年的秋天，在友谊医院的病房中，已经卧床不起的父亲问我为纪念北大百年校庆的汉学研讨会准备了什么文章。我说想以一直在考虑的"祖宗家法"为题，父亲说："这个题目值得做。"

在 1998 年写就的一段纪念文字中，我曾经说："作为女儿，我从学业到处事，都不曾使父亲满意。这种愧疚，直到今日仍在啮蚀着我的心。"❷常有朋友告诉我，有话说出来，情绪释放出来，心里就会轻松得多。而这种愧疚感至今还是压在我的心上，至今还是那么沉重。

这几年来断断续续的写作过程中，得益于太多的前辈及师友。漆侠先生一向对我十分关心，2001 年 10 月最后一次见到先生，先生提到我写"祖宗家法"的文章，勉励我写文章不必求多，要继续实实在在地做，争取"写一篇是一篇"。当时我即自心底感受到理解的温暖。11 月初，先生却遽然而去，我的心中陡然间空了，顿时感悟到，失去了一种引导支撑的亲切力量。

我从作硕士论文开始，给我实际指导最为具体、帮助最为直接的，应该说是王曾瑜先生。自那时起，我的一些想法、多篇论文，都曾预先呈请先生审阅，而先生也每每提出切当细致的批评。代表

---

❶ 《宋朝的家法和北宋的政治改革运动》，《中华文史论丛》1986 年第 3 辑。
❷ 《父亲最后的日子》，《仰止集》，页 547。

宋代政治制度史研究前沿水平的朱瑞熙先生和张邦炜先生，多年间不仅给予我学术方面的点拨与启发，还给予我许多宝贵的支持和及时的鼓励。

在本书形成过程中，我先后应香港中文大学历史系、台湾中研院史语所、日本早稻田大学、法国高等社会科学学院之邀，作有关《"祖宗之法"与宋代政治》的报告，讨论过程中陈学霖、黄宽重、柳立言、近藤一成、平田茂树、蓝克利（Christian Lamouroux）等先生提出的许多认识，予笔者以深刻启发。2006年初春，刘静贞教授阅读了部分书稿，提出许多中肯的意见。田浩（Hoyt Tillman）、韩森（Valerie Hansen）教授百忙中帮助审订了目录的英译文。要感谢的师友还有太多，长长的名单不是短短的篇幅所能承载。

最后要说的是，我的学生们，经常是我的文章的第一批读者。终日往复过从，我常常担心自己会耽误了这些有潜质的、优秀的青年人。朱子关于"有疑难处同商量"[1]的教诲，经常萦回在我的脑际。学生们坦率而有见地的议论，使我受益匪浅，也使我看到了日后学术界的希望所在。

"路漫漫其修远兮，吾将上下而求索。"任重道远，我们惟有努力。

邓小南
2006年3月于蓝旗营[2]

---

[1] 《朱子语类》卷十三《学·力行》。
[2] 本书在校订阶段，得到北京大学历史系博士生高柯立、张祎、王化雨、梁建国、方诚峰等鼎力襄助，特此致谢。

参考书目 *

一、引用史料

［汉］班固著、［唐］颜师古注《汉书》，中华书局，1962 年。

北京图书馆金石组编《北京图书馆藏中国历代石刻拓本汇编》，中州古籍出版社，
　　1989 年。

［宋］蔡絛著，冯惠民、沈锡麟点校《铁围山丛谈》，中华书局，1983 年。

［宋］蔡襄：《端明集》，影印文渊阁四库全书本。

［宋］曹彦约：《昌谷集》，影印文渊阁四库全书本。

［宋］曹彦约：《经幄管见》，影印文渊阁四库全书本。

［宋］晁补之：《鸡肋集》，影印文渊阁四库全书本。

［宋］晁公武著、孙猛校证《郡斋读书志校证》，上海古籍出版社，1990 年。

［明］陈邦瞻编《宋史纪事本末》，中华书局，1977 年。

［宋］陈傅良：《八面锋》，影印文渊阁四库全书本。

［宋］陈傅良：《止斋先生文集》（简称《止斋集》），四部丛刊本。

［宋］陈经：《陈氏尚书详解》，影印文渊阁四库全书本。

---

* 本书目依编著者姓名音序排列。
　书目由北京大学历史系博士生方诚峰、张祎等协助完成，谨致谢忱。

［宋］陈均：《九朝编年备要》，影印文渊阁四库全书本。

［宋］陈亮著、邓广铭点校《陈亮集（增订本）》，中华书局，1987年。

［宋］陈师道著、李伟国点校《后山谈丛》，上海古籍出版社，1989年。

［宋］陈思编、［元］陈世隆补《两宋名贤小集》，影印文渊阁四库全书本。

［宋］陈振孙：《直斋书录解题》，上海古籍出版社，1987年。

［宋］程珌：《洺水集》，影印文渊阁四库全书本。

［宋］程颢、程颐著《二程遗书》、《二程外书》，影印文渊阁四库全书本。

［宋］程俱：《北山集》，影印文渊阁四库全书本。

［宋］程俱著、张富祥校证《麟台故事校证》，中华书局，2000年。

［宋］丁谓：《丁晋公谈录》，影刊咸淳百川学海本。

［清］董诰等编《全唐文》，中华书局影印本，1983年。

［宋］杜大珪编《名臣碑传琬琰集》，影印文渊阁四库全书本。

［唐］杜佑著、王文锦等点校《通典》，中华书局，1988年。

［晋］杜预注、［唐］孔颖达等正义《春秋左传正义》，中华书局影印《十三经注疏》
　　本，1980年。

［南朝·宋］范晔著、［唐］李贤等注《后汉书》，中华书局，1965年。

［宋］范仲淹：《范文正公集》，四部丛刊本。

［宋］范仲淹：《范文正公政府奏议》，四部丛刊本。

［宋］范祖禹：《帝学》，影印文渊阁四库全书本。

［宋］范祖禹：《范太史集》，影印文渊阁四库全书本。

［宋］范祖禹：《唐鉴》，上海古籍出版社影印宋刻本，1984年。

［宋］方逢辰：《蛟峰文集》，影印文渊阁四库全书本。

傅璇琮等主编、北京大学古文献研究所编《全宋诗》，北京大学出版社，1991年。

［唐］房玄龄等：《晋书》，中华书局，1974年。

［宋］高承：《事物纪原》，中华书局，1989年。

［清］顾炎武著、黄汝成集释《日知录集释》，清道光十四年嘉定黄氏刻本。

［宋］韩琦：《安阳集》，影印文渊阁四库全书本。

［宋］韩维：《南阳集》，影印文渊阁四库全书本。

［宋］洪迈：《容斋随笔》，上海古籍出版社，1978年。

［宋］胡宏：《五峰集》，影印文渊阁四库全书本。

［宋］胡瑗述、倪天隐记《周易口义》，影印文渊阁四库全书本。

［清］纪昀等：《四库全书总目》，中华书局影印浙本，1965年。

［宋］江少虞：《宋朝事实类苑》，上海古籍出版社，1981年。

［宋］江休复：《嘉祐杂志》，影印文渊阁四库全书本。

［汉］孔安国传、［唐］孔颖达等正义《尚书正义》，中华书局影印《十三经注疏》
    本，1980年。

［宋］黎靖德编、王星贤点校《朱子语类》，中华书局，1994年。

［唐］李翱：《李文公集》，四部丛刊本。

［唐］李德裕：《李文饶文集》，四部丛刊本。

［宋］李昉等编《太平广记》，中华书局，1961年。

［宋］李昉等编《太平御览》，中华书局影印上海涵芬楼影印宋本，1960年。

［宋］李昉等编《文苑英华》，中华书局，1982年。

［宋］李纲：《梁溪集》，影印文渊阁四库全书本。

［宋］李觏：《李觏集》，中华书局，1981年。

［宋］李焘：《续资治通鉴长编》（简称《长编》），中华书局点校本。

［宋］李心传：《建炎以来系年要录》，上海古籍出版社影印文渊阁四库全书本，1992年。

［宋］李心传著、徐规点校《建炎以来朝野杂记》，中华书局，2000年。

［元］李冶：《敬斋古今黈》，影印文渊阁四库全书本。

［宋］李攸：《宋朝事实》，国学基本丛书本，上海商务印书馆，1935年。

［宋］林駉、黄履翁：《古今源流至论》，台北：新兴书局影印明末翻刻元圆沙书院
    本，1970年。

［宋］林希逸：《考工记解》，影印文渊阁四库全书本。

［宋］林希逸：《竹溪鬳斋十一稿续集》，影印文渊阁四库全书本。

［宋］刘敞：《公是集》，丛书集成初编本。

［宋］柳开：《河东先生集》，四部丛刊本。

［宋］刘克庄：《后村先生大全集》（简称《后村集》），四部丛刊本。

［后晋］刘昫等：《旧唐书》，中华书局，1975 年。

［元］刘壎：《水云村稿》，影印文渊阁四库全书本。

［宋］楼钥：《攻媿集》，四部丛刊本。

［宋］陆九渊：《象山先生全集》（简称《象山集》），四部丛刊本。

［宋］陆游：《陆游集》，中华书局，1976 年。

［唐］陆贽著、刘泽民点校《陆宣公集》，浙江古籍出版社，1988 年。

［宋］罗从彦：《豫章文集》，影印文渊阁四库全书本。

［宋］罗大经著、王瑞来点校《鹤林玉露》，中华书局，1983 年。

［宋］吕中：《类编皇朝大事记讲义》，台湾文海出版社影印清道光抄本。

［宋］吕祖谦编《皇朝文鉴》，四部丛刊本。

［宋］吕祖谦编、齐治平点校《宋文鉴》，中华书局，1992 年。

［元］马端临：《文献通考》，上海商务印书馆十通本，1936 年。

［宋］马永卿编《元城语录》，影印文渊阁四库全书本。

［宋］孟元老：《东京梦华录（外四种）》，上海古典文学出版社，1956 年。

［宋］欧阳修、宋祁：《新唐书》，中华书局，1975 年。

［宋］欧阳修著、李伟国点校《归田录》，中华书局，1981 年。

［宋］欧阳修著、徐无党注《新五代史》，中华书局，1974 年。

［宋］欧阳修：《欧阳修全集》，中国书店，1994 年。

［宋］彭百川：《太平治迹统类》，适园丛书本。

［宋］彭龟年：《止堂集》，影印文渊阁四库全书本。

［宋］钱若水等：《宋太宗实录》，四部丛刊本。

［宋］钱易著、黄寿成点校《南部新书》，中华书局，2002 年。

［宋］潜说友:《咸淳临安志》,中华书局《宋元方志丛刊》本,1990年。

［宋］邵伯温著,李剑雄、刘德权点校《邵氏闻见录》,中华书局,1983年。

［宋］邵雍:《伊川击壤集》,四部丛刊本。

［宋］沈该:《易小传》,影印文渊阁四库全书本。

［宋］沈括著、胡道静校证《梦溪笔谈校证》,上海古籍出版社,1987年。

［梁］沈约:《宋书》,中华书局,1974年。

［宋］史浩:《鄧峰真隐漫录》,影印文渊阁四库全书本。

［宋］石介著、陈植锷点校《徂徕石先生文集》(简称《徂徕集》),中华书局,1984年。

［宋］司马光:《传家集》,影印文渊阁四库全书本。

［宋］司马光:《温国文正司马公文集》(简称《温公集》),四部丛刊本。

［宋］司马光:《温公易说》,影印文渊阁四库全书本。

［宋］司马光著,邓广铭、张希清点校《涑水记闻》,中华书局,1989年。

［宋］司马光编著、［元］胡三省音注《资治通鉴》,中华书局,1956年。

［汉］司马迁:《史记》,中华书局,1959年。

［明］宋濂等:《元史》,中华书局,1976年。

［宋］宋敏求编、洪丕谟等点校《唐大诏令集》,上海:学林出版社,1992年。

［宋］宋祁:《景文集》,丛书集成初编本。

［宋］苏轼著、孔凡礼点校《苏轼文集》,中华书局,1986年。

［宋］苏颂著、王同策等点校《苏魏公文集》,中华书局,1988年。

［元］苏天爵编《国朝文类》,四部丛刊本。

［宋］苏洵著,曾枣庄、金成礼笺注《嘉祐集笺注》,上海古籍出版社,1993年。

［宋］苏辙著、俞宗宪点校《龙川别志》,中华书局,1982年。

［宋］苏辙著,曾枣庄、马德富校点《栾城集》,上海古籍出版社,1987年。

［宋］孙甫:《唐史论断》,影印文渊阁四库全书本。

［宋］孙光宪:《北梦琐言》,上海古籍出版社,1981年。

［宋］陶毂:《清异录》,丛书集成初编本。

［宋］陶岳：《五代史补》，影印文渊阁四库全书本。

［明］陶宗仪等编《说郛》，影印文渊阁四库全书本。

［宋］滕珙编《经济文衡》，影印文渊阁四库全书本。

［宋］田况：《儒林公议》，丛书集成初编本。

［宋］田锡：《咸平集》，影印文渊阁四库全书本。

［元］脱脱等：《宋史》，中华书局，1985年。

［宋］王安石：《临川先生文集》（简称《临川集》），四部丛刊本。

［宋］王安石著、唐武标校《王文公文集》，上海人民出版社，1974年。

［魏］王弼注、［唐］孔颖达等正义《周易正义》，中华书局影印《十三经注疏》本，1980年。

［宋］王称：《东都事略》，宋史资料萃编第一辑影印适园丛书本，台北：文海出版社，1979年。

［五代］王定保：《唐摭言》，中华书局，1959年。

［宋］王溥：《唐会要》，上海古籍出版社，1991年。

［宋］王溥：《五代会要》，上海古籍出版社，1978年。

［清］王夫之著、舒士彦点校《宋论》，中华书局，1964年。

［宋］王巩：《闻见近录》，影印文渊阁四库全书本。

［宋］王珪：《华阳集》，丛书集成初编本。

［宋］王君玉：《国老谈苑》，丛书集成初编本。

［宋］王明清：《挥麈录》，中华书局，1961年。

［宋］王明清著，汪新森、朱菊如校点《玉照新志》，上海古籍出版社，1991年。

［宋］王钦若等编《册府元龟》（明本），中华书局影印本，1960年。

［宋］王钦若等编《册府元龟》（宋本），中华书局影印本，1989年。

［宋］王十朋著、梅溪集重刊委员会编《王十朋全集》，上海古籍出版社，1998年。

［宋］王素：《王文正公遗事》，百川学海本。

［宋］王义山：《稼村类稿》，影印文渊阁四库全书本。

［宋］王应麟：《困学纪闻》，影印文渊阁四库全书本。

［宋］王应麟：《玉海》，江苏古籍出版社、上海书店影印本，1987年。

［宋］王禹偁：《五代史阙文》，影印文渊阁四库全书本。

［宋］王禹偁：《小畜集》，四部丛刊本。

［宋］汪藻：《浮溪集》，影印文渊阁四库全书本。

［宋］汪藻：《靖康要录》，宋史资料萃编第一辑影印十万卷楼本，台北：文海出版
　　社，1967年。

［宋］王曾：《王文正笔录》，影印文渊阁四库全书本。

［宋］魏了翁：《鹤山先生大全文集》（简称《鹤山集》），四部丛刊本。

［宋］魏齐贤、叶棻辑《五百家播芳大全文粹》，影印文渊阁四库全书本。

［宋］魏泰著、李裕民点校《东轩笔录》，中华书局，1983年。

［明］魏校：《庄渠遗书》，影印文渊阁四库全书本。

［宋］文天祥：《文山先生文集》，四部丛刊本。

［宋］文彦博：《潞公文集》，影印文渊阁四库全书本。

［宋］文莹：《玉壶野史》，影印文渊阁四库全书本。

［宋］文莹著，郑世刚、杨立扬点校《湘山野录、续录、玉壶清话》，中华书局，
　　1984年。

［元］吴澄：《吴文正集》，影印文渊阁四库全书本。

［唐］吴兢：《贞观政要》，上海古籍出版社，1978年。

［唐］吴兢著、谢保成集校《贞观政要集校》，中华书局，2003年。

［宋］夏竦：《文庄集》，影印文渊阁四库全书本。

［梁］萧统编、［唐］李善注《文选》，上海古籍出版社，1986年。

［宋］熊克著，顾吉辰、郭群一点校《中兴小纪》，福建人民出版社，1985年。

［元］徐硕：《至元嘉禾志》，中华书局《宋元方志丛刊》本，1990年。

［宋］徐梦莘：《三朝北盟会编》，上海古籍出版社影印许刻本，1987年。

［清］徐松辑《宋会要辑稿》，中华书局影印本，1957年。

［宋］徐元杰：《楳垾集》，影印文渊阁四库全书本。

［宋］徐自明著、王瑞来校补《宋宰辅编年录校补》，中华书局，1986 年。

［宋］薛居正等：《旧五代史》，中华书局，1976 年。

［宋］晏殊：《元献遗文》，影印文渊阁四库全书本。

［宋］杨时：《龟山集》，影印文渊阁四库全书本。

［明］杨士奇、黄淮等编《历代名臣奏议》，上海古籍出版社影印本，1989 年。

［宋］杨万里：《诚斋集》，四部丛刊本。

［宋］杨亿：《武夷新集》，影印文渊阁四库全书本。

［宋］杨亿口述、黄鉴笔录、宋庠整理、李裕民辑校《杨文公谈苑》，上海古籍出版
　　社，1993 年。

［宋］杨亿等著、王仲荦注《西崑酬唱集注》，中华书局，1980 年。

［宋］杨仲良：《通鉴长编纪事本末》，广雅书局本。

［宋］姚勉：《雪坡集》，影印文渊阁四库全书本。

［宋］叶梦得：《春秋考》，影印文渊阁四库全书本。

［宋］叶绍翁著，沈锡麟、冯惠民点校《四朝闻见录》，中华书局，1989 年。

［宋］叶适著，刘公纯、王孝鱼、李哲夫点校《叶适集》，中华书局，1961 年。

［宋］佚名编《皇宋中兴两朝圣政》，宋史资料萃编第一辑影印宛委别藏影宋钞本，
　　台北：文海出版社，1967 年。

［宋］佚名编《群书会元截江网》，影印文渊阁四库全书本。

［宋］佚名编《宋大诏令集》，中华书局，1962 年。

［元］佚名编《宋季三朝政要》，粤雅堂丛书本。

［宋］佚名编《宋史全文》，影印文渊阁四库全书本。

［宋］佚名编《太平宝训政事纪年》，宋史资料萃编第四辑影印抄本，台北：文海出
　　版社，1981 年。

［元］佚名：《咸淳遗事》，影印文渊阁四库全书本。

［宋］佚名编、汝企和点校《续编两朝纲目备要》，中华书局，1995 年。

［宋］佚名著、赵维国整理《道山清话》，大象出版社《全宋笔记》第二编，2006年。

［宋］袁燮：《絜斋家塾书钞》，影印文渊阁四库全书本。

［宋］袁说友：《东塘集》，影印文渊阁四库全书本。

［宋］岳珂：《宝真斋法书赞》，影印文渊阁四库全书本。

［宋］曾巩：《元丰类稿》，四部丛刊本。

［宋］曾巩（旧题）：《隆平集》，影印文渊阁四库全书本。

［宋］曾巩著，陈杏珍、晁继周点校《曾巩集》，中华书局，1984年。

［宋］曾慥编《类说》，影印文渊阁四库全书本。

曾枣庄、刘琳主编《全宋文》，巴蜀书社，1988年。

［宋］曾肇：《曲阜集》，影印文渊阁四库全书本。

［宋］张邦基著、孔凡礼点校《墨庄漫录》，中华书局，2002年。

［宋］张方平：《乐全集》，影印文渊阁四库全书本。

［宋］张浚：《张魏公集》，影印文渊阁四库全书本。

［宋］章如愚：《山堂先生群书考索》，京都：中文出版社影印明正德刻本，1982年。

［宋］张栻：《南轩集》，影印文渊阁四库全书本。

［宋］张世南著、张茂鹏点校《游宦纪闻》，中华书局，1981年。

［唐］长孙无忌等著、刘俊文点校《唐律疏议》，中华书局，1983年。

［唐］长孙无忌等著、刘俊文笺解《唐律疏议笺解》，中华书局，1996年。

［宋］张咏著、张其凡整理《张乖崖集》，中华书局，2000年。

［宋］张载：《张载集》，中华书局，1978年。

［宋］赵鼎：《忠正德文集》，影印文渊阁四库全书本。

［宋］赵汝愚编、北京大学中国中古史研究中心校点整理《宋朝诸臣奏议》，上海古
　　　籍出版社，1999年。

［宋］真德秀：《大学衍义》，影印文渊阁四库全书本。

［宋］真德秀：《西山先生真文忠公文集》（简称《西山集》），四部丛刊本。

［宋］郑樵著、王树民点校《通志二十略》，中华书局，1995年。

［汉］郑玄注、［唐］贾公彦疏《周礼注疏》，中华书局影印《十三经注疏》本，1980 年。

［汉］郑玄注、［唐］孔颖达疏《礼记正义》，中华书局影印《十三经注疏》本，1980 年。

中华书局编辑部编《全唐诗》（增订本），中华书局，1999 年。

［宋］周必大：《文忠集》，影印文渊阁四库全书本。

［宋］周必大：《周益国文忠公集》，清道光镌、咸丰续刊本。

［宋］周煇著、刘永翔校注《清波杂志校注》，中华书局，1994 年。

［宋］周麟之：《海陵集》，影印文渊阁四库全书本。

［宋］周密著、张茂鹏点校《齐东野语》，中华书局，1983 年。

［宋］朱弁著、孔凡礼点校《曲洧旧闻》，中华书局，2002 年。

［宋］朱熹：《晦庵先生朱文公文集》（简称《晦庵集》），四部丛刊本。

［宋］朱熹：《四书章句集注》，中华书局，1983 年。

［宋］朱熹：《五朝名臣言行录》、《三朝名臣言行录》，四部丛刊本。

［明］朱元璋：《皇明祖训》，四库存目丛书本，齐鲁书社，1996 年。

［宋］庄绰著、萧鲁阳点校《鸡肋编》，中华书局，1997 年。

二、研究论著

白钢主编《中国政治制度史》，天津人民出版社，1991 年。

包弼德（Peter K.Bol）著、刘宁译《斯文：唐宋思想的转型》，江苏人民出版社，
2001 年。

包伟民主编《宋代制度史研究百年》，商务印书馆，2004 年。

蔡崇榜：《宋代修史制度研究》，台北：文津出版社，1991 年。

蔡美彪主编《庆祝王钟翰先生八十寿辰学术论文集》，辽宁大学出版社，1993 年。

岑仲勉：《隋唐史》，中华书局，1982 年。

陈峰：《北宋武将群体与相关问题研究》，中华书局，2004 年。

陈苏镇：《汉代政治与〈春秋〉学》，中国广播电视出版社，2001 年。

陈学霖：《宋史论集》，东大图书公司，1993 年。

陈寅恪：《唐代政治史述论稿》，三联书店，1957 年。

陈寅恪：《金明馆丛稿初编》，上海古籍出版社，1980 年。

陈寅恪：《金明馆丛稿二编》，上海古籍出版社，1980 年。

陈垣：《陈垣学术论文集》，中华书局，1980 年。

陈振主编《中国通史》（白寿彝总主编）第七卷《中古时代·五代辽宋夏金时期》，
    上海人民出版社，1998 年。

陈振：《宋史》，上海人民出版社，2003 年。

陈植锷：《北宋文化史述论》，中国社会科学出版社，1992 年。

淡江大学中文系编《晚唐的社会与文化》，台北：台湾学生书局，1990 年。

邓广铭：《北宋政治改革家王安石》，人民出版社，1997 年。

邓广铭：《邓广铭治史丛稿》，北京大学出版社，1997 年。

邓小南：《宋代文官选任制度诸层面》，河北教育出版社，1993 年。

樊文礼：《唐末五代的代北集团》，中国文联出版社，2000 年。

方震华：《帝制中国的权力结构与文化特性：晚唐至宋初的文武权力》（*Power
    Structures and Cultural Identities in Imperial China:Civil and Military Power
    from Late Tang to Early Song Dynasties*，*A.D.875—1063*），布 朗 大 学（Brown
    University）博士学位论文，2001 年。

傅乐成：《汉唐史论集》，台北：联经出版事业公司，1977 年。

甘怀真：《皇权、礼仪与经典诠释：中国古代政治史研究》，台湾大学出版集团，
    2004 年。

高毅：《法兰西风格：大革命的政治文化》，浙江人民出版社，1991 年。

葛兆光：《七世纪至十九世纪中国的知识、思想与信仰》（《中国思想史》第二卷），
    复旦大学出版社，2000 年。

何冠环：《宋初朋党与太平兴国三年进士》，中华书局，1994 年。

何冠环：《北宋武将研究》，香港中华书局，2003 年。

何忠礼、徐吉军：《南宋史稿》，杭州大学出版社，1999 年。

洪业：《洪业论学集》，中华书局，1981 年。

胡戟、张弓、李斌城、葛承雍主编《二十世纪唐研究》，中国社会科学出版社，2002 年。

胡昭曦、蔡东洲：《宋理宗·宋度宗》，吉林文史出版社，1996 年。

黄宽重：《南宋军政与文献探索》，台北：新文丰，1990 年。

黄宽重：《晚宋朝臣对国是的争议——理宗时代的和战、边防与流民》，台湾大学文
　　史丛刊，1978 年。

黄彰健：《明清史研究丛稿》，台湾商务印书馆，1977 年。

贾玉英：《宋代监察制度》，河南大学出版社，1996 年。

蒋復璁：《珍帚斋文集》，台北：商务印书馆，1985 年。

李华瑞：《宋史论集》，河北大学出版社，2001 年。

李华瑞：《王安石变法研究史》，人民出版社，2004 年。

李裕民：《宋史新探》，陕西师范大学出版社，1999 年。

梁启超：《中国历史研究法补编》，河北教育出版社，2001 年。

梁天锡：《宋枢密院制度》，台北：黎明文化事业公司，1981 年。

列文森（Joseph R.Levenson）著、郑大华、任菁译《儒教中国及其现代命运》
　　（*Confucian China and its Modern Fate*，Univ.of California Press，1968），中国社
　　会科学出版社，2000 年。

刘复生：《北宋中期儒学复兴运动》，台北：文津出版社，1991 年。

刘后滨：《唐代中书门下体制研究》，齐鲁书社，2004 年。

刘静贞：《皇帝和他们的权力：北宋前期》，台北：稻乡出版社，1996 年。

逯耀东：《魏晋史学的思想与社会基础》，台北：东大图书公司，2000 年。

罗丰：《固原南郊隋唐墓地》，文物出版社，1996 年。

吕思勉：《吕思勉读史札记》，上海古籍出版社，1982 年。

马驰：《唐代蕃将》，三秦出版社，1990 年。

毛汉光：《中国中古社会史论》，台北：联经出版事业公司，1988 年。

毛元佑、雷家宏：《宋太祖》，吉林文史出版社，1996 年。

牟发松主编《社会与国家关系视野下的汉唐历史变迁》，华东师范大学出版社，2006 年。

牟宗三：《政道与治道》，台北：学生书局，1987 年。

聂崇岐：《宋史丛考》，中华书局，1979 年。

漆侠：《探知集》，河北大学出版社，1999 年。

漆侠：《王安石变法（增订本）》，河北人民出版社，2001 年。

任爽：《南唐史》，东北师范大学出版社，1995 年。

任爽：《唐代礼制研究》，东北师范大学出版社，1999 年。

日本宋代史研究会编《宋代的规范和习俗》，东京：汲古书院，1995 年。

寺地遵著，刘静贞、李今芸译《南宋初期政治史研究》，台北：稻禾出版社，1995 年。

宋旭轩论文集编委会编《宋旭轩教授八十荣寿论文集》，台北：宋旭轩教授八十荣寿
    论文集编辑委员会，2000 年。

苏基朗：《唐宋法制史研究》，香港中文大学出版社，1996 年。

孙国栋：《唐宋史论丛（增订本）》，香港商务印书馆，2000 年。

汤一介：《在非有非无之间》，台湾正中书局，1995 年。

唐长孺：《魏晋南北朝隋唐史三论》，武汉大学出版社，1996 年。

陶晋生：《宋辽关系史研究》，台北：联经出版事业公司，1984 年。

陶懋炳：《五代史略》，人民出版社，1983 年。

田浩（Hoyt Tillman）编《宋代思想史论》，社会科学文献出版社，2003 年。

田余庆：《东晋门阀政治》，北京大学出版社，1991 年。

田余庆主编《庆祝邓广铭教授九十华诞论文集》，河北教育出版社，1997 年。

Wang Gungwu（王赓武），*The Structure of Power in North China during the Five Dynasties*,
    Stanford: Stanford University Press, 1967.

汪篯：《汪篯隋唐史论稿》，中国社会科学出版社，1981 年。

王瑞来：《宋代の皇帝权力と士大夫政治》，东京：汲古书院，2001 年。

汪圣铎：《两宋财政史》，中华书局，1995 年。

汪圣铎：《宋真宗》，吉林文史出版社，1996 年。

王水照：《宋代文学通论》，河南大学出版社，1997年。

王小甫主编《盛唐时代与东北亚政局》，上海辞书出版社，2003年。

王曾瑜：《宋朝兵制初探》，中华书局，1983年。

王曾瑜：《荒淫无道宋高宗》，河北人民出版社，1999年。

尾形勇：《中国古代の「家」と国家——皇帝支配下的秩序构造》，东京：岩波书店，1979年。

吴晗、费孝通等著《皇权与绅权》，上海书店影印民国丛书第三编，1991年。

吴丽娱：《唐礼撷遗——中古书仪研究》，商务印书馆，2002年。

吴宗国：《唐代科举制度研究》，辽宁大学出版社，1992年。

谢维扬：《至高的哲理：千古奇书〈周易〉》，三联书店，1997年。

邢义田：《秦汉史论稿》，台北：东大图书公司，1987年。

徐规：《仰素集》，杭州大学出版社，1999年。

阎步克：《士大夫政治演生史稿》，北京大学出版社，1996年。

严复：《严复集》，中华书局，1986年。

杨一凡主编：《中国法制史考证》，中国社会科学出版社，2003年。

余英时：《朱熹的历史世界——宋代士大夫政治文化的研究》，三联书店，2004年。

虞云国：《宋代台谏制度研究》，上海社会科学院出版社，2001年。

张邦炜：《宋代皇亲与政治》，四川人民出版社，1993年。

张邦炜：《宋代政治文化史论》，人民出版社，2005年。

张国刚：《唐代藩镇研究》，湖南教育出版社，1987年。

张其凡：《赵普评传》，北京出版社，1991年。

张其凡：《五代禁军初探》，暨南大学出版社，1993年。

张其凡：《宋初政治探研》，暨南大学出版社，1995年。

张其凡：《宋太宗》，吉林文史出版社，1997年。

张荫麟：《张荫麟先生文集》，台北：九思出版社，1977年。

张泽咸：《唐代阶级结构研究》，中州古籍出版社，1996年。

郑学檬：《五代十国史研究》，上海人民出版社，1991年。

郑学檬：《中国古代经济重心的南移和唐宋江南经济研究》，岳麓书社，1996年。

周良霄：《皇帝与皇权》，上海古籍出版社，1999年。

周良霄：《元代史》，上海人民出版社，1993年。

朱瑞熙：《中国政治制度通史》第六卷《宋代》，人民出版社，1996年。

朱瑞熙：《嘐城集》，华东师大出版社，2001年。

祝总斌：《两汉魏晋南北朝宰相制度研究》，中国社会科学出版社，1990年。

佐伯富编《宋史职官志索引》，京都大学东洋史研究会，1963年。

再版后记

八年前,《祖宗之法——北宋前期政治述略》一书准备交稿时,曾有学生关切地建议改个书名,因为有做出版工作的朋友提醒说,内容如此专门的书,肯定不好卖,最好把题目"包装"一下。我当时觉得,书稿完成,自己心中的目标就算达到了,销路既无法预期,也就不必操心——现在想来,颇有点"只问耕耘,不问收获"的意思。那时虽然没有接受学生这番好意,心中却也暗自替三联担心,怕影响了人家一向不错的出版业绩。

未曾料到的是,2012年春,有朋友告诉我这本书已经不易买到。去年夏天,责任编辑、挚友孙晓林打电话来商议再版事。这些年学术著作再版已经常见,和诸多作者一样,我也很高兴借此能有订正疏失的机会。

2006年此书出版后,受到许多师友同道的关爱。报刊上、网络中、书信里,有热诚的勉励,有坦率的批评,有细心的提示,也有厚重的期待。八年间,自己对于一些问题逐渐有了新的认识,有些内容,可能需要重新思考,重新结构,重新撰写。此次再版,基本保留了原作的面貌,并未作"伤筋动骨"的调整,只作了有限的修订:再度核对了材料,更正了已经发现的错误,根据通行的学术规范补充了一些信息。

再版修订过程中，得到北京大学历史系宋史方向博士生、硕士生的许多具体帮助。负责协调工作的博士生贾连港、聂文华，尤其付出了积极努力。

本书的初版、再版，都有幸被纳入"三联·哈佛燕京学术丛书"。说来也巧，在修订再版的过程中，我正有机会作为哈佛燕京学社的访问教授，在哈佛大学东亚系授课，度过难忘的一个学期。

值此再版之际，要对本书所有的读者、对哈佛燕京学社和三联书店、对责编晓林、对我的学生们，致以最深挚的谢意！

邓小南

2014 年 5 月 15 日于麻州剑桥

三联·哈佛燕京学术丛书

［一至十六辑书目］